HISTÓRIA
DO SUICÍDIO

FUNDAÇÃO EDITORA DA UNESP

Presidente do Conselho Curador
Mário Sérgio Vasconcelos

Diretor-Presidente
Jézio Hernani Bomfim Gutierre

Superintendente Administrativo e Financeiro
William de Souza Agostinho

Conselho Editorial Acadêmico
Danilo Rothberg
Luis Fernando Ayerbe
Marcelo Takeshi Yamashita
Maria Cristina Pereira Lima
Milton Terumitsu Sogabe
Newton La Scala Júnior
Pedro Angelo Pagni
Renata Junqueira de Souza
Sandra Aparecida Ferreira
Valéria dos Santos Guimarães

Editores-Adjuntos
Anderson Nobara
Leandro Rodrigues

GEORGES MINOIS

HISTÓRIA DO SUICÍDIO
A SOCIEDADE OCIDENTAL DIANTE DA MORTE VOLUNTÁRIA

Tradução
FERNANDO SANTOS

editora
unesp

© 2018 Editora Unesp
© 1995 Librairie Arthème Fayard

Título original:
Histoire du suicide – La societé occidentale face à la mort volontaire

Direitos de publicação reservados à:

Fundação Editora da Unesp (FEU)
Praça da Sé, 108
01001-900 – São Paulo – SP
Tel.: (0xx11) 3242-7171
Fax: (0xx11) 3242-7172
www.editoraunesp.com.br
www.livrariaunesp.com.br
atendimento.editora@unesp.br

Dados Internacionais de Catalogação na Publicação (CIP) de acordo com ISBD
Elaborado por Vagner Rodolfo da Silva - CRB-8/9410

M666h

Minois, Georges
   História do suicídio: a sociedade ocidental diante da morte voluntária / Georges Minois; traduzido por Fernando Santos. – São Paulo: Editora Unesp, 2018.

   Tradução de: *Histoire du suicide: La societé occidentale face à la mort volontaire*
   Inclui bibliografia.
   ISBN 978-85-393-0764-7

   1. História social. 2. Suicídio. 3. História das ideias. 4. Minois, Georges. I. Santos, Fernando. II. Título.

2018-1437   CDD: 919
                                                                           CDU: 94

Editora afiliada:

To be, or not to be, that is the question:
Whether 'tis nobler in the mind to suffer
The slings and arrows of outrageous fortune,
Or to take arms against a sea of troubles,
And by opposing end them? To die, to sleep,
No more; and by a sleep to say we end
The heart-ache and the thousand natural shocks
That flesh is heir to, 'tis a consummation
Devoutly to be wished. To die, to sleep;
To sleep! perchance to dream: ay, there's the rub.

Shakespeare, *Hamlet*, III, 1.

[Ser ou não ser, eis a questão: será mais nobre
Em nosso espírito sofrer pedras e setas
Com que a Fortuna, enfurecida, nos alveja,
Ou insurgir-nos contra um mar de provocações
E em luta pôr-lhes fim? Morrer, dormir: não mais.
Dizer que rematamos com um sono a angústia
E as mil pelejas naturais – herança do homem:
Morrer para dormir... é uma consumação
Que bem merece e desejamos com fervor.
Dormir... Talvez sonhar: eis onde surge o obstáculo.]*

---

* Tradução de Péricles Eugênio da Silva Ramos. *A tragédia de Hamlet*. São Paulo: Abril, 1976.
[Coleção Teatro Vivo]

SUMÁRIO

INTRODUÇÃO.. 1

PRIMEIRA PARTE
A HERANÇA: UMA QUESTÃO RECALCADA

Capítulo 1
AS NUANCES DO SUICÍDIO NA IDADE MÉDIA............................... 7
Crônica do suicídio comum na Idade Média / Os substitutos nobres do suicídio / A morte voluntária na literatura / Um suicídio para cada classe / Suicídios judaicos e hereges / O suicídio no mundo hebraico

Capítulo 2
A HERANÇA MEDIEVAL: ENTRE LOUCURA E DESESPERO 27
"Eu dou minha vida pelas ovelhas" / O martírio voluntário / Santo Agostinho e a proibição do suicídio / O contexto sociopolítico da oposição ao suicídio (séculos V-X) / Os fundamentos teológicos da proibição do suicídio / O responsável: o desespero diabólico / As sanções canônicas e seculares contra os suicidas / A prática medieval do suicídio / Uma desculpa amplamente utilizada: a loucura / Alguns sinais de tolerância

Capítulo 3
A HERANÇA ANTIGA: SABER SE RETIRAR A TEMPO 51
Diversidade de opiniões entre os gregos / Nuances de Platão e recusa de Aristóteles / As inquietações dos antigos romanos / Liberdade do cidadão diante do

suicídio / O taedium vitae / Velhice e suicídio / Os suicídios políticos / A tendência de oposição ao suicídio

SEGUNDA PARTE
O RENASCIMENTO: UMA QUESTÃO FORMULADA, DEPOIS ABAFADA

Capítulo 4
PRIMEIRO RENASCIMENTO: A REDESCOBERTA DO MISTÉRIO DO SUICÍDIO.. 71
O problema dos números / O caso inglês / Retorno do suicídio arcaico na literatura / Suicídio: solução utópica para os males da humanidade / Ofensiva do desespero e resposta católica / Satanização do suicídio no mundo protestante / Imutabilidade do direito / Suicídio: loucura ou sabedoria? De Brant a Erasmo / O novo suicídio: desejo de absoluto (Fausto) e de glória / Avanço do individualismo e contestação dos valores tradicionais, fatores de angústia

Capítulo 5
SER OU NÃO SER? A PRIMEIRA CRISE DA CONSCIÊNCIA EUROPEIA (1580-1620) 105
Shakespeare, Hamlet, 1600 / As perguntas de Sidney e de Montaigne / De Charron a Bacon: o suicídio analisado / O Biathanatos de John Donne / John Donne, um contemporâneo de Galileu / Duvergier de Hauranne justifica alguns suicídios / O advento da melancolia. Robert Burton / O debate sobre o suicídio no romance / O suicídio no teatro / Shakespeare e o suicídio: da questão à derrisão / O suicídio literário: libertação simbólica de uma sociedade desorientada / Interesse da época pela prática do suicídio

Capítulo 6
A RESPOSTA DAS AUTORIDADES NO SÉCULO XVII: A REPRESSÃO DO SUICÍDIO 143
Os casuístas e o suicídio / As hesitações dos moralistas católicos / A ética confusa de Jean-Pierre Camus / Teólogos e moralistas protestantes / Thomas Browne e o problema existencial do suicídio / Sempre o diabo / As nuances jurídicas / A medicina e a loucura suicida / O relaxamento da repressão e a ordenança de 1670 / Suicídio: um privilégio da nobreza e do clero?

HISTÓRIA DO SUICÍDIO

CAPÍTULO 7

PERSISTÊNCIA DO PROBLEMA E SUBSTITUTOS DO SUICÍDIO NO SÉCULO XVII 183

Estabilidade do número de suicídios / Suicídio e peste / Um substituto: o duelo / Um refúgio: a literatura / O debate filosófico e moral / Um substituto religioso: a espiritualidade do "aniquilamento" / Um remédio: o humanismo devoto / A ambiguidade do jansenismo

TERCEIRA PARTE
O ILUMINISMO: UMA QUESTÃO ATUALIZADA
E DESCULPABILIZADA

CAPÍTULO 8

A ORIGEM DA "DOENÇA INGLESA" (1680-1720) 221

De Thomas Creech a George Cheyne: The English Malady / *O nascimento de uma palavra: suicídio / As estatísticas e a imprensa / Causas novas e antigas / A aristocracia inglesa e o suicídio / Os tratados contra o suicídio / Tolerância crescente (Inglaterra e França) / Recrudescimento dos suicídios de nobres e religiosos na França / Banalização da ideia de morte voluntária / Os suicídios na prisão e a preocupação do governo / O endurecimento dos casuístas / Substitutos espirituais e tolerância na prática / O dilema ganha forma*

CAPÍTULO 9

O DEBATE SOBRE O SUICÍDIO NO SÉCULO DAS LUZES: DA MORAL À MEDICINA 261

Um elemento sintomático: a proliferação de tratados contra o suicídio / A oposição religiosa / As obras contra o suicídio na Inglaterra / Os filósofos: favoráveis ao suicídio? / Suicídio literário: afetação epicurista ou exorcismo? / As explicações de Montesquieu / Voltaire: "Não é próprio das pessoas amáveis se matar" / As hesitações dos filósofos / Suicídio e loucura

CAPÍTULO 10

A ELITE: DO SUICÍDIO FILOSÓFICO AO SUICÍDIO ROMÂNTICO 309

O suicídio dos Smith (1732) / O tratado de David Hume / D'Holbach e Chamfort: "A morte é o único remédio para o desespero" / Os anos do suicídio filosófico

/ Natal de 1773: "Estamos desiludidos com o cenário universal" / Os suicídios na aristocracia inglesa: filosofia ou jogo? / O suicídio romântico: os amantes de Lyon, e Rousseau / Goethe, mestre do suicídio romântico (Werther) e do suicídio filosófico (Fausto) / Chatterton e os concorrentes de Werther e Fausto / Madame de Staël e a análise do suicídio

Capítulo 11
A PERSISTÊNCIA DO SUICÍDIO COMUM ENTRE O POVO 347
Crônica do suicídio na Bretanha rural / O recuo das condenações / Um aumento do suicídio na segunda metade do século XVIII? / Deve-se falar do suicídio? / A jurisprudência favorável à descriminalização do suicídio / Vida religiosa e vida militar: do pensamento sobre a morte ao gesto de morte

EPÍLOGO: DA REVOLUÇÃO AO SÉCULO XX, OU DO LIVRE DEBATE AO SILÊNCIO 377
Desconfiança dos governos revolucionários em relação ao suicídio / A síntese entre Catão e Werther / Os suicídios revolucionários e contrarrevolucionários: a volta de Brutus e dos mártires / Persistência do suicídio comum / O século XIX e a culpabilização do suicídio / Sociologia, psicanálise, medicina e suicídio / Necessidade do debate

CONCLUSÃO 407
REFERÊNCIAS BIBLIOGRÁFICAS 411

INTRODUÇÃO

Nas célebres análises de Michel Vovelle, François Lebrun, Pierre Chaunu, Philippe Ariès, John MacManners, dentre outros, sobre a morte nos tempos de outrora, que influenciaram a historiografia dos anos 1970 e 1980, existe uma grande ausência: a morte voluntária. Ela quase nunca aparece ao longo de todas essas obras volumosas e admiráveis que são *História da morte no Ocidente: da Idade Média aos nossos dias*,[1] *Les Hommes et la mort em Anjou aux XVIIe et XVIIIe siècles* [Os homens e a morte em Anjou nos séculos XVII e XVIII],[2] *La Mort à Paris (XVI-XVIIIe siècle)* [A morte em Paris (do século XVI ao século XVIII)],[3] *O homem diante da morte*,[4] *Death end the Enlightenment* [A morte e o Iluminismo].[5]

Antes de mais nada, essa lacuna tem causas documentais. As fontes que fazem referência às mortes voluntárias são diferentes das que relatam as mortes naturais. Os famosos registros paroquiais de óbito não têm nenhuma serventia nesse caso, já que os suicidas não tinham direito ao sepultamento religioso. Portanto, o historiador tem de lançar mão dos arquivos judiciais, pois a morte voluntária era considerada crime. Como esses arquivos são muito incompletos, é preciso recorrer a fontes variadas, heterogêneas e, aliás, pouco abundantes: memórias e crônicas, jornais, literatura. Os casos

---

1 Vovelle, *La Mort et l'Occident de 1300 à nos jours*, Paris, 1983.
2 Lebrun, *Les Hommes et la mort em Anjou aux XVIIe et XVIIIe siècles*, Paris, 1971.
3 Chaunu, *La Mort à Paris*, Paris, 1977.
4 Ariès, *L'Homme devant la mort*, Paris, 1977.
5 MacManners, *Death end the Enlightenment*, Oxford, 1981.

de morte voluntária também podem parecer pouco numerosos: algumas centenas por ano no reino da França, por exemplo, o que os torna pouco significativos nos estudos de caráter serial, demográficos e sociológicos.

A essas razões metodológicas vem se juntar uma razão de fundo: não podemos estudar os suicídios como podemos fazê-lo em relação à destruição provocada pela peste ou pela tuberculose, pois a morte voluntária é um tipo de óbito cujo significado não é de ordem demográfica, mas filosófica, religiosa, moral, cultural. O silêncio e a dissimulação que a rodearam durante muito tempo instauraram um clima de mal-estar em torno dela.

Desde o célebre tratado de Durkheim *O suicídio*, publicado em 1897, sociólogos, psicanalistas e médicos utilizaram as estatísticas contemporâneas para analisar o suicídio do ponto de vista de sua disciplina. O estudo histórico do suicídio até o fim do Antigo Regime resultou, sobretudo, em obras especializadas ou em publicações consagradas a alguns exemplos célebres. Quanto à Antiguidade, deve-se mencionar, em particular, o excelente estudo de Yolande Grisé, *Le Suicide dans la Rome antique* [O suicídio na Roma antiga], baseado em fontes literárias.[6] No que se refere à Idade Média, Jean-Claude Schmitt apontou os problemas metodológicos no admirável artigo "Le suicide ao Moyen Age" [O suicídio na Idade Média].[7] Em relação ao Renascimento, a tese de Bernard Paulin *Du couteau à la plume:* Le suicide dans la littérature anglaise de la Renaissance (1580-1625) [Da faca à pena: O suicídio na literatura inglesa do Renascimento (1580-1625)] ultrapassa os limites estreitos indicados pelo título.[8] No que diz respeito à Inglaterra, a Idade Moderna (séculos XVI-XVIII) em seu conjunto foi estudada na obra *Sleepless Souls:* Suicide in Early Modern England [Almas inquietas: Suicídio nos primórdios da Inglaterra moderna],[9] de Michael MacDonald e Terence Murphy, publicada em 1990, sem dúvida a mais bem documentada e com as conclusões mais profundas. Atualmente existe uma única síntese da história do suicídio, que vai da Antiguidade ao século XX: *Le Suicide et la morale* [O suicídio e a moral],[10] de Albert Bayet, publicada em 1922, uma obra já ultrapassada, mas que continua sendo uma mina de referências.

---

6 Grisé, *Le Suicide dans la Rome antique*, Paris, 1982.
7 Schmitt, Le suicide ao Moyen Age, *Annales ESC*, jan.-fev. 1976, p.3-28.
8 Paulin, *Du couteau à la plume*, Lyon, 1977.
9 MacDonald; Murphy, *Sleepless Souls*, Oxford, 1990.
10 Bayet, *Le Suicide et la morale*, 1922.

INTRODUÇÃO   3

Doravante, nenhuma esfera da atividade humana é estranha aos pesquisadores. Tudo que contribuiu para a criação do homem não deve ser estudado sem preconceitos nem tabus? Como lembrava Jean Baechler, o que existe de mais especificamente humano do que a morte voluntária? Os "suicídios" de animais são "mitos";[11] só o homem é capaz de refletir sobre sua própria existência e tomar a decisão de prolongá-la ou pôr fim a ela. A humanidade existe porque, até o momento, o homem encontrou motivos suficientes para permanecer vivo. Alguns deles, porém, decidiram que não valia mais a pena viver esta vida e preferiram partir por vontade própria, antes de ser tragados pela doença, a velhice ou a guerra. Há quem os chame de loucos. Catão, Sêneca, Montherlant, Bettelheim e muitos outros consideraram que a morte voluntária, gesto especificamente humano, era a prova suprema de liberdade, a de decidir eles mesmos se viviam ou morriam. Diante de sua escolha, devemos nos perguntar, como Raymond Aron: "Dar-se a morte é capitular diante da provação, ou adquirir o controle supremo, o controle do homem sobre a própria vida?".[12]

É em 1600 que Shakespeare formula, em *Hamlet*, com uma simplicidade terrível, a pergunta fundamental: "Ser ou não ser? Eis a questão". É essa pergunta que nos servirá de guia. Por que, em uma determinada época, alguns homens escolheram não mais ser? Cada um tinha suas razões, e é importante compreendê-las, pois essa atitude revela os valores fundamentais da sociedade. Ela afeta ao mesmo tempo o indivíduo e o grupo. Ninguém a exprimiu melhor do que Albert Camus:

> Só existe um problema filosófico realmente sério: é o suicídio. Concluir que a vida vale ou não a pena ser vivida é responder à questão fundamental da Filosofia. O resto, se o mundo tem três dimensões, se o espírito tem nove ou doze categorias, vem depois. São jogos; primeiro é preciso responder. [...] O verme encontra-se no coração do ser humano. É lá que se deve procurá-lo. É preciso seguir e compreender esse jogo mortal que leva da lucidez diante da existência à fuga para longe da luz.[13]

---

11 Baechler, *Les Suicides*, p.108.
12 Ibid., p.3.
13 Camus, *Le Mythe de Sisyphe*.

Desde a mais remota Antiguidade até os dias de hoje, homens e mulheres escolheram a morte. Essa opção nunca foi vista com indiferença. Aclamada em raras circunstâncias como um ato de heroísmo, ela foi, na maioria das vezes, objeto de reprovação social. Isso porque o suicídio é considerado ao mesmo tempo uma ofensa a Deus, que nos deu a vida, e à sociedade, que provê o bem-estar de seus membros. Recusar o dom de Deus e também a companhia de nossos semelhantes no banquete da vida são duas faltas que os representantes religiosos, que administram as dádivas divinas, e os dirigentes políticos, que organizam o banquete social, não podem tolerar.

Ser ou não ser: a questão não é essa, dizem eles. Se existimos, é porque devemos existir para glorificar a Deus e nos tornar úteis à sociedade. Aqueles que fogem são punidos com rigor, por um lado, no além, e, por outro, em seu cadáver. Essa postura predomina de forma absoluta e sem contestação na Europa até o fim da Idade Média. Ela começa a evoluir a partir do primeiro Renascimento, no final do século XV, com o surgimento, por intermédio da loucura e em tom de brincadeira, de uma primeira contestação, que se amplia com rapidez até fazer explodir o problema em plena luz do dia em 1600, provocar um debate cada vez mais áspero ao longo das crises da consciência europeia e se tornar um desafio aberto na época do Iluminismo.

O próprio termo "suicídio", que aparece pouco antes de 1700 e substitui a expressão, até então utilizada, "morte de si mesmo", é um sinal dessa evolução. As resistências por parte das autoridades não desapareceram, é claro, mas pouco a pouco, entre os séculos XVI e XVIII, a pergunta passa a ser formulada em público, e alguns ousam reivindicar a liberdade de que cada pessoa possa responder a ela, o que força os poderes públicos a mudar sua atitude. É essa mudança crucial nas mentalidades ocidentais, à qual se deu pouquíssima atenção até o momento, que gostaríamos de examinar.

PRIMEIRA PARTE

A HERANÇA:
UMA QUESTÃO RECALCADA

– 1 –

AS NUANCES DO SUICÍDIO NA IDADE MÉDIA

CRÔNICA DO SUICÍDIO COMUM NA IDADE MÉDIA

1249: Pierre DellaVigna, jurista e poeta, ministro do imperador Frederico II, se suicida. É reencontrado no *Inferno* de Dante.

1257: um parisiense se joga no Sena; retirado da água a tempo, ele comunga antes de morrer. Sua família reclama o corpo, já que ele morreu em estado de graça; porém, como houve suicídio e ele estava em pleno uso das faculdades mentais – na verdade, deu sinais de arrependimento –, a justiça condena o corpo ao suplício.

1238 e 1266: duas mulheres se suicidam na jurisdição da justiça da abadia de Santa Genoveva, em Paris; seus corpos serão "escondidos".

1274: Pierre Crochet, de Boissy-Saint-Léger, suspeito de assassinato, se mata. A justiça da abadia de Saint-Maur-des-Fossés condena o cadáver a ser arrastado e enforcado.

1278: um homem se suicida em Reims; os religiosos de Saint-Remi mandam arrastar e enforcar o corpo; mas o Parlamento de Paris os condena a restituir o cadáver à jurisdição do arcebispo, o único que tem o direito de enforcar.

Ainda em 1278: Philippe Testard, centenário, antigo preboste do arcebispo de Paris, levanta-se certa noite com o pretexto de ir urinar pela janela e se joga na rua. Reconduzido ao leito, ele se apunhala depois de ter recebido a comunhão. Para evitar o confisco de seus bens, os herdeiros atribuem o gesto à loucura. Um processo é aberto, durante o qual doze testemunhas ratificam seu comportamento estranho: "Ele cometia tantos disparates que todos diziam que estava fora de si".

1288: um homem se suicida na jurisdição da abadia de Santa Genoveva, que manda enforcar o corpo. Pouco depois, o preboste real condena a abadia a recomeçar a execução e a "arrastar o acima citado assassino" pelas ruas puxado por um cavalo, pois esse ritual fora omitido.

1293: é atribuído a Adam Le Yep, arrendatário livre no condado de Worcestershire, um arrendamento servil em razão de sua pobreza. Recusando essa degradação social, ele se afoga no Severn.

1302: na batalha de Courtrai, Raoul de Nesles se lança no meio da refrega com o objetivo de ser morto, em vez de sofrer a humilhação da derrota.

1358: Jacquet de Fransures, camponês rebelde, preso, "estrangulou-se com a corda que o prendia pelos ombros e, tomado de desespero, se matou".

1382: depois do retorno de Carlos VI a Paris, vários homens são executados. "A mulher de um deles", conta Jean Juvénal des Ursins, "que estava grávida, se jogou pela janela de sua casa e se matou."

1387: Jean Lunneton, arrendatário da abadia de Chaalis, se enforca de desespero por causa das extorsões dos soldados. A justiça decide confiscar seus bens, depois permite, finalmente, que sua mulher os herde, "considerando que não se pode saber ao certo se o caso acima citado ocorreu pelo desespero de seu citado defunto marido ou de outra maneira".

1394: Jean Massetoir, doente há vários dias, decide se afogar no rio; salvo a tempo, mas ainda sofrendo de "melancolia da cabeça", ele reincide se jogando em um poço.

1418: um antigo açougueiro de Sarcelles, Pierre le Vachier, arruinado pela guerra civil, além de ter perdido os dois filhos e com a mulher muito doente, ele mesmo abandonado por todos e não tendo mais do que viver, "foi se pendurar em uma árvore, onde morreu e se estrangulou". Visivelmente, diz a crônica, ele foi "tentado pelo inimigo [o diabo]".

1421: "por tentação do inimigo, como por ocasião do frenesi e da doença acima citadas", o padeiro parisiense Denisot Sensogot se enforcou. Ele sofria de uma doença infecciosa. O processo deve determinar se seu gesto se deve ao diabo – e então seu cadáver deve ser arrastado, pendurado e privado de sepultura cristã, e seus bens confiscados – ou à loucura (o "frenesi"), o que o inocentaria. A viúva, grávida e mãe de uma garotinha de 1 ano, encaminha uma súplica nesse sentido, pois

> coisa muito infeliz seria à acima citada viúva [...] perder seus bens e haveres por ocasião do acima descrito, e também os citados depoentes, além de outros parentes e amigos seus que são pessoas notáveis e de boa linhagem, iriam lançar injúrias, caso se decidisse pela execução do defunto.

1423: Michelet le Cavelier, bordador parisiense, ao contrair uma doença que o faz sofrer terrivelmente, se joga pela janela.

1426: Jeannette Mayard, mulher de um cordoeiro, católica devotada, mas que bebe demais e tem ciúme do marido, se enforca.

1447: uma mulher, em um surto de loucura, se levanta no meio da noite: "Seu marido lhe perguntou aonde ela queria ir, e ela respondeu que queria ir urinar. Assim saiu a acima citada mulher da casa, toda nua, como foi mencionado, e foi se jogar em um poço bem fundo, de treze braças".

1460: Philippe Braque, conselheiro do Parlamento de Paris, com cerca de 50 anos de idade, suicida-se em sua adega.

1484: um camarada de Metz se enforca depois de uma briga por causa de uma moça.

Essa breve crônica do suicídio comum na Idade Média, extraída de memórias e diários mantidos por clérigos e burgueses, bem como de registros judiciais que sobreviveram,[1] permite constatar, apesar de seu caráter muito

---

1 O caráter muito fragmentário e a disparidade das fontes são os principais obstáculos a um conhecimento aprofundado da prática do suicídio na Idade Média. Quanto aos documentos judiciais, que oferecem os casos mais numerosos, citemos Boutaric, *Actes du parlement de Paris* [Atas do parlamento de Paris; *Registre criminel du Châtelet (1389-1392)* [Registro criminal de Châtelet (1389-1392)]; Des Maisons, *Nouveau Recueil d'arrests et règlements du parlement de Paris* [Nova coletânea de sentenças e regulamentos do parlamento de Paris]; Beugnot, *Les Olim ou*

fragmentário, que o suicídio é praticado em todas as categoriais sociais e pelos dois sexos. A morte voluntária é considerada consequência de uma tentação diabólica por meio do desespero, ou como um comportamento tresloucado; o gesto, condenado como um assassinato, é brutalmente reprimido no cadáver, e seguido do confisco dos bens. Às vezes, porém, os juízes se mostram indulgentes, levando em conta as circunstâncias e a situação familiar. A justiça civil e a justiça eclesiástica colaboram na repressão. Quanto aos motivos do suicídio, eles são variados: miséria, doença, sofrimento físico, medo da punição, honra, recusa da humilhação, amor, ciúme.

No entanto, é provável que as crônicas e os registros judiciais contenham apenas um número insignificante de casos. Em seu artigo, pioneiro em muitos aspectos, Jean-Claude Schmitt só conseguiu reunir 54 deles em um período de cerca de três séculos, e apontou que essa amostra, "limitada e heterogênea, não se prestaria aos tratamentos estatísticos elaborados pelos sociólogos".[2] É impossível estabelecermos algum dia um índice de suicídio medieval, que permitisse fazer comparações com outras épocas.

Sem chegar a ponto de afirmar, como Bourquelot em 1842, que no século XIII "a mania do suicídio penetrou em todas as classes da sociedade",[3] nada nos autoriza a pensar que a morte voluntária tenha sido mais rara do que em outras épocas. Pelo contrário, a frequência dos textos legislativos, canônicos e civis, a quantidade de tomadas de posição filosóficas e teológicas sobre o assunto, assim como a ausência de qualquer manifestação de surpresa nas crônicas e nos relatórios dos julgamentos de caso de homicídio voluntário são sintomas de certa regularidade do fenômeno. Aliás, os estudos sociológicos recentes mostram que o índice de suicídio é constante, seja qual for o tipo de sociedade.

---

registres des arrêts rendus par la cour du roi [Os Olim ou registros de sentenças proferidas pela corte do rei]. Os registros de tribunais eclesiásticos também apresentam inúmeros casos, mas poucos estão publicados. Citemos Le registre de l'officialité de Cerisy [O registro do tribunal eclesiástico de Cerisy], Mémoires de la Société des antiquaires de Normandie [Memória da sociedade dos antiquários da Normandia]; e o Registre des officialités de Chartres [Registro dos tribunais eclesiásticos de Chartres], Bibliothèque de l'École des de Chartres [Biblioteca da Escola de Cartas]. As regras consuetudinárias medievais são mais numerosas e se referem a casos precisos. Encontramos uma relação extensa dessas regras em Bayet, op. cit., p.436. Quanto às crônicas, só muito raramente fazem menção a suicídios.

2 Schmitt, op. cit., p.5.

3 Bourquelot, Recherches sur les opinions et la législation en matière de mort volontaire pendant le Moyen Age, Bibliothèque de l'École des Chartres.

OS SUBSTITUTOS NOBRES DO SUICÍDIO

É pouco provável que a sociedade medieval tenha sido uma exceção, muito embora a Idade Média se caracterize por uma ausência quase total de suicídios ilustres, o que contrasta fortemente com a Antiguidade pagã. Aqui, nada de Lucrécia, Brutus, Catão ou Sêneca. Em mais de mil anos, nenhum suicídio célebre. O descrédito lançado pelo catolicismo onipresente sobre uma prática rotulada de covarde com certeza desempenha um papel importante entre as elites, de resto bastante limitadas e profundamente marcadas pela influência clerical. Mas os modos de vida da aristocracia guerreira implicam condutas substitutas que também são suicídios indiretos: os torneios podem ser comparados, em vários aspectos, a "suicídios lúdicos", assim como os duelos judiciais e as diferentes formas de julgamentos divinos. Onipresente, a guerra é, ao mesmo tempo, um derivativo essencial de pulsões suicidas e uma proteção contra o suicídio direto. Ora, sabe-se que a taxa de suicídio diminui muito em tempo de guerra, quando a coesão reforçada do grupo, a solidarie-dade, a paixão e o desejo de vencer dão novamente sentido e atração à vida.

Uma das explicações psicológicas clássicas do suicídio é que, na maioria dos casos, o indivíduo volta contra si mesmo uma agressividade que ele não pode liberar contra os outros nas sociedades civilizadas. O guerreiro merovín-gio, o cavaleiro da época clássica e, mais tarde, o mercenário não são muito inibidos pelas proibições pacifistas: a livre manifestação de violência contra os semelhantes diminui, na mesma proporção, sua tendência à autodestruição.

Esse jogo complementar entre agressividade exteriorizada e risco per-manente e voluntário contra a própria vida oferece um substituto eficaz ao suicídio direto, como demonstram alguns exemplos. Segundo Froissart, no século XIV noventa cavaleiros preferiram ser mortos no campo de batalha a recuar. O mesmo acontece com Raoul de Nesles em Courtrai: segundo as *Chroniques de Flandre* [Crônicas de Flandres], ele teria declarado "que não que-ria mais viver quando via a flor do cristianismo morta". Aliás, os regimentos da ordem de cavalaria da Estrela, fundada por João II, proíbem a fuga. Um grande número de acontecimentos idênticos tem lugar durante as cruza-das. Guibert de Nogent assinala que, em lugar de se entregar nas mãos dos turcos, muitos cristãos se afogam, "preferindo escolher a maneira de mor-rer". Joinville foi testemunha de fatos semelhantes, que dizem respeito até a eclesiásticos: o bispo de Soissons, que se recusa a aceitar a derrota, joga-se na frente dos turcos para encontrar a morte; a rainha, esposa de São Luís, pede a um velho cavaleiro que lhe corte a cabeça se os sarracenos ameaçarem capturá-la. Quando Joinville e seus companheiros estão prestes a ser feitos prisioneiros, um de seus clérigos exclama: "Concordo que nos entreguemos à morte; pois iremos todos para o paraíso". O conselho não é aceito, mas ilustra a mentalidade que inspira a cavalaria, em que se recusa a considerar o martírio voluntário como um suicídio. Encontramos o mesmo estado de espírito em alguns religiosos, como os franciscanos que, na Sevilha do século XIII, provocam os muçulmanos gritando insultos a Maomé.[4]

As crônicas medievais estão cheias desses suicídios indiretos de tipo guerreiro. Algumas vezes, o assassinato chega a ser direto; é o caso do arcebispo de Bourges e seus companheiros, derrotados por Eudes, que se trespassam com a espada, segundo os *Miracles de Saint Benoît* [Milagres de São Bento].[5] Às vezes, são prisioneiros que preferem a morte à humilhação, como o conde de Bolonha, Renault, ou Jean de la Rivière, que proclama: "Não, eu não verei os vilões de Paris desfrutarem o espetáculo de minha morte ignominiosa".[6]

Os cronistas também relatam casos de suicídio em decorrência de estupro, que lembram a morte de Lucrécia: a mulher de Jean de Carrouges[7] e várias mulheres violentadas pelos normandos, por exemplo;[8] suicídios por fidelidade ao marido;[9] por abnegação e para salvar a vida dos parentes.[10] O sacrifício dos burgueses de Calais também tem todas as características do suicídio altruísta. Até mesmo a piedosa Branca de Castela demonstra veleidades suicidas com a morte de seu esposo, Luís VIII. Em 1461, circulam boatos de suicídio por ocasião da morte de Carlos VII, que teria parado de se alimentar voluntariamente; alguns falam em envenenamento. O rei, sofrendo de um fleimão e de um amolecimento cerebral, encontra-se em tal estado de depauperação que decerto não precisa provocar a própria morte.

---

4 Amstrong, *Holy War*, Londres, 1992, p.409.
5 *Miracles de saint Benoît*, p.197.
6 *Chronique du religieux de Saint-Denis*, p.57.
7 Ibid., p.464.
8 Vital, *Histoire de Normandie*, col. Guizot, XXVI, p.215.
9 Suger, *Vie de Louis le Gros*, col. Guizot, VIII, p.65-6.
10 Tyr, col. Guizot, p.12.

Mais perturbador: Joana d'Arc, prisioneira, se joga do alto de uma torre, por motivos mal esclarecidos. No interrogatório, ela declara "que preferia morrer a viver depois de tamanho extermínio de pessoas humildes", fazendo alusão a um massacre de civis de Compiègne; em outra ocasião, porém, ela responde que "preferia morrer do que cair nas mãos dos ingleses, seus inimigos". Depois, contradizendo as declarações anteriores, afirma que não tinha a intenção de se matar. Uma das acusações será a de tentativa de "homicídio de si mesma" por desespero.

A Idade Média, portanto, conheceu a prática da morte voluntária, mas com modalidades muito diferentes segundo as categorias sociais. O camponês e o artesão se enforcam para fugir da miséria e do sofrimento; o cavaleiro e o clérigo se matam para escapar da humilhação e privar o infiel de seu triunfo. Suicídio direto no primeiro caso, e de tipo egoísta, de acordo com as categorias sociológicas; suicídio indireto e de tipo "altruísta" no segundo caso. O objetivo é o mesmo, embora os meios e as motivações sejam diferentes.

A moral dominante, que é a moral da elite, sanciona essa diferença de motivações e meios: o primeiro tipo de suicídio, identificado com um gesto de covardia e fuga, é reprimido com rigor por meio do suplício do cadáver, da recusa de sepultamento em terreno sagrado, da certeza de condenação eterna e do confisco dos bens. O segundo, considerado um gesto corajoso fiel à honra cavaleiresca ou uma demonstração de fé inquebrantável até no martírio, é transformado em modelo. A sociedade medieval, dirigida por uma casta militar e sacerdotal, está em conformidade consigo mesma ao transformar em norma moral o ideal cavaleiresco e a busca do sacrifício cristão.

A MORTE VOLUNTÁRIA NA LITERATURA

A literatura ilustra essa visão dicotômica do suicídio, condenável em um caso, louvável no outro. Os autores, clérigos ou trovadores, condenam em geral a morte voluntária em nome dos princípios cristãos. As advertências não faltam. Albert Bayet levantou um grande número delas,[11] das quais reteremos alguns exemplos. No *Conte de la belle Maguellonne* [Conto da bela Magalona],

---

11 Bayet, op.cit., p.451-61.

Pierre de Provence pensa em se matar por mágoa de amor, "mas, como era um católico de verdade, imediatamente se recompôs e recorreu às armas da consciência". No *Lancelot* em prosa, Galahad se deixa morrer de fome, e os religiosos o advertem de "que, se ele morresse dessa maneira, sua alma estaria perdida e condenada"; a Dama do Lago previne Lancelot de que seria "um pecado muito grande" se ele se matasse. Em *Fergus*, quando Galiene quer se jogar do alto de uma torre para não se casar com um príncipe que ela não ama, Deus se opõe, pois não quer perder uma alma: "Sua alma perecerá", adverte a dama pela qual Guilherme do falcão quer morrer. A aversão pelo suicídio é expressa várias vezes nos romances cortesãos como *La Charette*, *Yvain*, *Beaudous*, *Floriant et Florte*, *Ipomédon*, *Éracles*, *L'Escoufle*, *Manekine*, *Amadis et Idoine*.

O teatro popular, nos mistérios e milagres que encenam diretamente a moral da Igreja, condena o suicídio de forma irrevogável. Ele é apresentado como o resultado do desespero inspirado pelo diabo, como nos *Miracles de Notre Dame* [Milagres de Nossa Senhora]. Nos *Miracles de sainte Geneviève* [Milagres de Santa Genoveva], uma religiosa declara:

> De bom grado eu me mataria
> Mas esse caminho leva direto ao inferno.
> Ó Deus, proteja-me do desespero!

No *Miracle de Théophile* [Milagre de Teófilo], de Rutebeuf, o personagem mau, Teófilo, está indeciso: "Vou me afogar ou me enforcar?". Os arquétipos dos malvados, dos anti-heróis e dos malditos são nessas peças três suicidas, ou supostos suicidas: Judas, Herodes e Pilatos. No *Mystère de la Passion* [Mistério da Paixão], o arcanjo Gabriel declara que Herodes, que se apunhalou, "morreu de morte violenta, feia, abominável e vergonhosa".

O ambiente das canções de gesta é muito diverso. O suicídio continua representando, é verdade, um fracasso, sejam quais forem os motivos ou as circunstâncias: as pessoas se matam por causa de um amor impossível, por excesso de mágoa, por remorso, pela vontade de evitar a humilhação da derrota, em suma, porque foram vencidas e não conseguem suportar a derrota. O gesto fatal é provocado pela cólera, por um acesso de ciúme ou de desespero, logo, por um pecado. Além disso, são sobretudo os malvados que se suicidam, como Gaumadrus, em *Garin de Montglane*, que se mata invocando

AS NUANCES DO SUICÍDIO NA IDADE MÉDIA

os demônios. Essa também é a morte reservada com frequência aos infiéis, quando são conduzidos à derrota; não se trata, então, de lhes conceder a mínima admiração: o muçulmano que se mata para escapar à prisão, como na *Chanson d'Antioche* [Canção de Antíoco] ou em *Guy de Bourgogne*, é um infame. Algumas canções chegam até a sugerir a fuga aos cavaleiros cristãos, em vez da resistência desesperada. Para a *Chronique rimée* [Crônica rimada] de Geoffroy de Paris, essa conduta heroica nada mais é do que um suicídio: "Pelo contrário, eu a considero um homicídio". E, em *Florent et Octavian* [Florent e Otaviano], clérigos afirmam que a guerra é uma forma de morte voluntária. Em outras narrativas, como a *Châtelaine de Vergy* [Castelã de Vergy], a partida para uma cruzada é apresentada como um substituto saudável do suicídio: o duque, desesperado depois de matar a mulher, parte para a Terra Santa. Na vida real, essa longa e perigosa viagem, que equivalia a uma "morte" do senhor, o qual deixa seus familiares e bens, com certeza desempenhou muitas vezes esse papel de comportamento de substituição, contribuindo assim para reduzir o número de suicídios reais na cavalaria.

À primeira vista, o tom geral das canções de gesta parece, portanto, contrário a qualquer suicídio. É preciso, contudo, observar mais de perto. Por isso, quando Albert Bayet constata que "entre os heróis ilustres das canções mais conhecidas nenhum é autor de sua morte", ele reúne, para ilustrar esse tema, exemplos como os de Roland, que luta até a morte sem jamais pensar em se matar; de Ogier, que, feito prisioneiro, pede a Turpin que lhe corte a cabeça porque não quer fazer mal a si mesmo; de Braminonde, que implora que o matem; de Florence, que pede a Miles: "Corte-me a cabeça"; de Jérome, que, consternado por ter ferido Huon sem querer, lhe diz: "Pegue minha espada e corte-me a cabeça"; de Garsion, que solicita o mesmo favor depois de ter matado seu irmão; de Galienne, que grita a Carlos Magno: "Mate-me!".[12] Nenhum desses personagens se mata diretamente; porém, ao pedir a morte pelas mãos de outro, eles não executam um suicídio indireto? A diferença do suicídio direto é apenas formal: a intenção é idêntica, o resultado é o mesmo; eles apenas emprestam o braço de outro para se matar. Ora, todos esses episódios provocam admiração, tanto do escritor como do ouvinte medievais.

---

12 As referências destas passagens podem ser encontradas em Bayet, op. cit., p.457.

As canções de gesta contêm até mesmo suicídios diretos e honrosos: em *Auberi*, Gauteron se enforca no lugar de seu pai; na canção de *Daurel et Beton* [Daurel e Beton], Beatriz, depois da morte do filho e do exílio do marido, se joga do alto de uma torre; Dieudonné se afoga em *Charles le Chauve* [Carlos, o Calvo]; Florent se joga pela janela em *Hemaut de Beaulande*, Doraine e Aye d'Avignon se matam para escapar da desonra em *Charles le Chauve* e *Aye d'Avignon*, sem contar todos os heróis que manifestam o desejo de se suicidar em vez de sobreviver aos fracassos.

Na literatura cortesã, numerosos são os suicídios de tipo altruísta, como o cavaleiro Lambègue, que se entrega para salvar uma cidade sitiada, e a irmã de Perceval, que morre depois de ter dado a vida para salvar um leproso. Em *Lancelot*, Galahad se deixa morrer de fome depois de saber que seu amigo se matou, e o autor saúda sua morte como a de um herói. O próprio Lancelot tenta atravessar o corpo com sua espada, sendo salvo apena *in extremis* por uma mensageira da Dama do Lago. De maneira invariável, quase instintiva, os personagens dos romances da Távola Redonda falam em se matar toda vez que lhes acontece uma desgraça. Tristão se joga do alto de um penhasco para não ser entregue aos leprosos. O suicídio de amor é até mesmo uma conduta obrigatória quando surge um obstáculo intransponível: rejeitado por sua dama, Yvain quer se trespassar com a espada, e declara:

> *Quem perde a alegria e o prazer*
> *por sua culpa e seu erro,*
> *muito deve se odiar mortalmente,*
> *deve se odiar e se dar a morte.*[13]

Aucassin anuncia que esmagará a cabeça contra a parede se lhe tirarem Nicolette. Em *Tristan* [Tristão], Gloriandre se joga pela janela para não desposar o filho de Clodoveus; Píramo e Tisbe antecipam Romeu e Julieta, e conhecem o mesmo fim; a dama de Coucy se deixa morrer de fome; em *Lancelot*, uma dama se joga de um penhasco para não sobreviver ao amante; Lancelot, acreditando que Guinevere está morta, prepara-se para se suicidar,

---

13 *Yvain*, v.3540.

AS NUANCES DO SUICÍDIO NA IDADE MÉDIA 17

passando ao redor do pescoço uma corda presa na estrutura da sela de seu cavalo. Enfim, inúmeras são as mulheres que preferem a morte à desonra.

Todos esses suicídios representam, é claro, atitudes fracassadas, e é possível concordar com Jean-Claude Schmitt que, "também na literatura, o suicídio era um gesto funesto por excelência, que só podia ser ditado por uma dor insuperável".[14] Mas, em todas essas obras aristocráticas, ele aparece como um gesto heroico e admirável, que se evita condenar. Os heróis fazem o sacrifício supremo, único meio de redimir uma culpa vergonhosa ou de superar um obstáculo humanamente insuperável. Através do suicídio, eles superam sua condição mortal e se elevam acima do comum dos mortais. Se Roland encontrasse a salvação fugindo ou entregando sua espada ao sarraceno, jamais teria se transformado no valente imortal da epopeia medieval. Existe um acordo absoluto entre o comportamento real e a literatura, que diferenciam o suicídio nobre do suicídio desprezível. Mais do que o gesto, é a personalidade e a motivação do suicida que importam. Tanto no romance como na vida, o camponês que se enforca para escapar da miséria é um covarde cujo corpo tem de ser supliciado e cuja alma vai para o inferno; o cavaleiro impetuoso que prefere a morte no campo de batalha à rendição é um herói ao qual se prestam as honrarias civis e religiosas. Não encontramos, na Idade Média, um único caso de processo contra o cadáver de um nobre que tenha morrido de morte voluntária.

UM SUICÍDIO PARA CADA CLASSE

O suicídio na Idade Média tem duas faces. Ele parece servir de modo quase exclusivo aos plebeus e poupar os nobres, pois comportamentos de substituição lhes evitam o "homicídio de si mesmo": o torneio, a caça, a guerra e a cruzada são ocasiões para se fazer matar ou para sublimar tendências suicidas, ao passo que o camponês e o artesão só dispõem da corda ou do afogamento para pôr fim aos seus sofrimentos. Os suicídios diretos são muito mais numerosos entre eles.

Essa diferença também está presente no direito e na moral. O suicídio do nobre ou é do tipo altruísta, quando ele se sacrifica pela causa que

---

14 Schmitt, op. cit., p.17.

defende, ou é provocado pelo amor, pela cólera ou pela loucura: nos dois casos, é justificável. De todo modo, é um suicídio ligado à função social do nobre: quer se trate de suicídio guerreiro ou amoroso, ele compromete o círculo mais próximo do personagem, diluindo, portanto, a responsabilidade deste último. Gesto social, o suicídio do nobre é, de certa maneira, honroso. O suicídio do homem rude é um gesto isolado, de uma pessoa egoísta e covarde: ele foge de suas responsabilidades, indo se enforcar às escondidas; é motivado pelo desespero, defeito fatal que lhe é inoculado pelo diabo. O nobre enfrenta suas responsabilidades até a morte gloriosa.

As representações pictóricas alegóricas – letras capitulares de manuscritos, vitrais, estatuários de catedrais, afrescos – ilustram essa visão das coisas. Na maioria das vezes, trata-se de pôr em imagens o texto do poema alegórico de Prudêncio, que data do século V, "Psychomachie", no qual *Ira*, a cólera, se trespassa com uma espada por não conseguir derrotar *Patientia*. Mas, nas representações medievais, o principal defeito que leva ao suicídio é *Desperatio*, o desespero, ao passo que a cólera ou é vencida pela paciência, ou se contenta com manifestações violentas como rasgar as vestes. É isso que representa, em particular, um afresco de Giotto na capela da Madonna dell'Arena, em Pádua, datando de 1303-1308, no qual *Desperatio* se enforca, enquanto *Ira* rasga suas vestes. Tanto nos tratados de moral como nas letras capitulares, a cólera, defeito "nobre", raras vezes provoca o suicídio. Este último resulta quase sempre do desespero, salvo os casos de loucura e "frenesi".

Os membros do clero que tentam o suicídio constituem uma categoria particular. O suicídio de um padre ou de um monge é, segundo os textos, um fato raro. Mas a dissimulação dos casos, seu disfarce em acidente ou morte natural a fim de evitar o escândalo sem dúvida é frequente.

> Fala-se de epidemias de suicídio nos mosteiros: seja por misticismo, seja por desespero – a famosa *acedia* –, batalhões de religiosos e religiosas teriam fugido deste mundo. O fenômeno sem dúvida existiu, mas nada permite afirmar que ele assumiu tais proporções,[15]

---

15 Paulin, *Du couteau à la plume:* Le suicide dans la littérature anglaise de la Renaissance (1580-1625), p.32.

escreve Bernard Paulin. A solidariedade clerical, a forte coesão do grupo e seu caráter relativamente privilegiado são provavelmente muitos dos fatores que limitaram os suicídios. Certo número de exemplos, no entanto, estão bem demonstrados, até nas fileiras do episcopado, como o de Jacques de Chastel, bispo de Soissons na época de São Luís.

O corpo de um eclesiástico suicida escapa da execução por meio da justiça civil. No final do século XIV, Jean le Coq, advogado real, declara que se um clérigo, mesmo com pleno controle das faculdades mentais, põe fim a seus dias, seu corpo deve ser levado ao bispo do local, e acrescenta, a propósito de um prior da Santa Cruz que acabou de se suicidar: "Ele não devia ter sido enforcado, já que era padre".[16] Em 1412, um caso marcante explode em Rouen: o clérigo Jean Mignot se enforcou; para abafar o escândalo, o oficial (juiz do tribunal episcopal) manda enterrá-lo discretamente no cemitério, à noite. O fato é descoberto; o corpo tem de ser desenterrado e o cemitério reconsagrado, em razão da profanação sofrida. Porém, contentam-se em enterrar novamente o cadáver em um solo não consagrado, sem arrastá-lo nem enforcá-lo.[17]

Na verdade, às vezes surgem controvérsias entre a justiça civil e a justiça da Igreja, sobretudo no que concerne ao confisco dos bens do suicida, segundo as tradições locais. Assim, em Anjou, a questão foi levantada a propósito de um padre, Jean Ambroys, que se matou com uma facada em Montreuil-Bellay. O bispo de Poitiers e o conde de Tancarville disputam seus bens. L'Ancienne Coutume d'Anjou [A antiga tradição de Anjou], no texto de 1463, parece dar razão ao conde:

> Toda pessoa que é homicida de si mesma deve ser arrastada e depois enforcada; são-lhe confiscados todos os seus bens móveis e pertences pelo senhor, barão, castelão ou outros justiceiros qualificados para o citado confisco; no dito caso foi cometido e perpetrado o delito, faça-se saber quem possui toda a justiça em sua terra. E a citada tradição não faz diferença de qualquer natureza, seja qual for a pessoa, nem se ela morre sem deixar testamento ou não. Declarado para o monsenhor conde de Tancarville, sr. de Montereul Bellay, a respeito de um padre chamado sr. Jean Ambroyes, domiciliado em Montereul Bellay, que

---

16 *Quaestiones Joannis Galli*, II, p.599.
17 Beaurepaire, *Précis des travaux de l'Académie de Rouen*, 1892, p.133.

se matou com uma faca, cujos bens o monsenhor de Poitiers quis pôr em discussão, dizendo lhes pertencer por ser ele homem da Igreja e o morto não ter deixado testamento.[18]

SUICÍDIOS JUDAICOS E HEREGES

A Idade Média conhece ainda outras categorias de suicídio: o dos judeus e o dos hereges. Os primeiros são provocados geralmente pelas perseguições cristãs, em especial nos períodos de exaltação que antecedem e acompanham as cruzadas. Assim, em 1065, em Mogúncia, o cronista Albert d'Aix relata:

> Os judeus, vendo os cristãos se levantarem em armas contra eles e seus filhos, sem nenhum respeito pela fragilidade da idade, levantaram-se em armas, por sua vez, contra eles mesmos, contra seus correligionários, contra suas mulheres, seus filhos, suas mães e suas irmãs, e se massacraram entre si. Que coisa horrível de dizer! As mães pegavam o punhal, cortavam a garganta dos filhos que elas amamentavam e trespassavam também os outros filhos, preferindo se matar com as próprias mãos que sucumbir aos golpes dos incircuncisos.[19]

Outros suicídios coletivos, ao estilo do massacre de Massada, são assinalados em 1069, e também na Inglaterra, no século XII, depois em 1320 e 1321.[20]

Em relação aos hereges, o suicídio pode ser provocado seja pela perseguição, seja em virtude de suas próprias crenças. As imolações voluntárias pela recusa de abjurar e pelo medo dos suplícios são numerosas. Raoul Glaber cita vários casos no século XI, como em Orléans, onde um grupo de hereges se apresenta, ele mesmo, diante do carrasco.[21] Durante a cruzada contra os albigenses, a cena se repete diversas vezes. Sessenta e quatro cavaleiros cátaros se jogam nas chamas.[22] Aliás, os líderes das cruzadas estão

---

18 Citado por Bayet, op. cit., p.471.
19 D'Aix, *Histoire des faits et gestes dans les régions d'Outre Mer*, org. Guizot, Paris, 1824, t.XX,p.39.
20 Cohen, *Vallée des pleurs*, Paris, 1881, p.188; Glaber, *Chronique*, org. Guizot, VI, p.267; em 1320, 500 judeus cercados por pastores se matam entre si, e em 1321 outros 40, acusados de envenenamento (Nangis, *Chronique*, org. Guizot, VI, p.344 e 352).
21 Glaber, op. cit., III, p.279.
22 Nangis, op. cit., p.107.

convencidos de tal maneira da firmeza da fé dos albigenses que não hesitam em estimulá-los ao suicídio, a fim de se livrarem da responsabilidade por sua morte. Assim é que Arnaud Amaury, abade de Cîteaux, depois da captura dos hereges de Minerve, "desejava vivamente a morte dos inimigos de Cristo; porém, por ser monge e padre, ele não ousava fazê-los morrer", relata o cronista Pierre de Cernail. Ele lhes oferece, então, a escolha entre a morte e a abjuração, sabendo muito bem, como ele próprio diz a Simon de Montfort, que escolheriam a primeira opção.[23] Mas se a conduta dos mártires cristãos voluntários dos séculos heroicos era admirável, os albigenses que marcham alegres e por vontade própria para o carrasco não têm mérito algum, pois é o diabo que lhes insufla essa audácia. De todo modo, os primeiros estão salvos, e os últimos, condenados, apesar da semelhança do gesto suicida.

Os cátaros também têm seu ritual suicida, a *endura*, isto é, uma greve de fome que deve se seguir ao recebimento do *consolamentum*, ou batismo espiritual. Ao se tornar "perfeito", o cátaro deve se deixar morrer a fim de alcançar a salvação eterna e não cair novamente sob o poder do mal ao prolongar sua vida na Terra. Em geral, isso só acontece por ocasião de uma doença grave, que faz que se vislumbre a possibilidade de morrer. Emmanuel Le Roy Ladurie apresentou vários exemplos de *consolamentum* em relação a Montaillou, no final do século XIII. Ele também demonstrou que essa prática não tem nada de sistemática, e que muitos renunciam a ela ou a abandonam antes do fim: "Mesmo com o maior desejo do mundo – e seja qual for o cátaro, ele é um bom suicida –, ela está longe de ser agradável",[24] conclui ele.

A Idade Média apresenta, portanto, uma visão matizada do suicídio, muito distante de uma condenação monolítica. Mais do que o próprio gesto, são os motivos, a personalidade e a origem social do suicida que importam. É bem verdade que a doutrina e o direito são muito rigorosos, mas sua aplicação é marcada por uma flexibilidade surpreendente. A condenação de princípio do suicídio na civilização cristã não é nem evidente nem original. As fontes religiosas do cristianismo são, na verdade, omissas, ou melhor, ambíguas, a esse respeito.

---

23 Cernai, *Chronique*, org. Guizot, XII, p.98.
24 Ladurie, *Montaillou, village occitan, de 1294 à 1324*, Paris, 1975, p.343.

O SUICÍDIO NO MUNDO HEBRAICO

O Antigo Testamento relata várias mortes voluntárias, de maneira estritamente neutra. Saul se transpassa com uma espada ao fim de uma batalha perdida contra os filisteus: "Saul tomou da espada e se lançou sobre ela", diz simplesmente o livro de Samuel.[25] Abimeleque, ferido depois de ser atingido na cabeça por uma pedra lançada por uma mulher, diz ao moço, seu escudeiro: "Desembainha a tua espada e mata-me, para que não se diga de mim: Mulher o matou".[26] Sansão se suicida, provocando o desmoronamento do palácio sobre sua cabeça e as cabeças dos filisteus. Eleazar, filho de Matatias, "se sacrificou para salvar seu povo e adquirir um nome imortal" na batalha de Bet-Zacaria, contra Antíoco V, jogando-se debaixo de um elefante"[27] Razis, perseguido pelas tropas de Nicanor, se mata de forma espetacular:

> Razis, quando ia ser preso, transpassou-se com a própria espada, preferindo morrer nobremente antes que cair nas mãos dos ímpios e padecer ultrajes indignos de seu nascimento. Na precipitação, porém, dirigiu mal o golpe. [...] Todavia, ainda respirando, cheio de ardor, ergueu-se e, embora o sangue lhe jorrasse como uma fonte de suas horríveis feridas, atravessou a multidão em uma carreira; em seguida, de pé sobre uma rocha escarpada e já inteiramente exangue, arrancou com as próprias mãos as entranhas que saíam, e lançou-as sobre os inimigos. Foi assim seu fim.[28]

Zinri, cercado, põe fogo na casa do rei e morre nas chamas.[29] Na época do rei Davi, Aitofel, vendo que não escutavam seus conselhos, "pôs em ordem os seus negócios e se enforcou; morreu e foi sepultado na sepultura do seu pai".[30] Ptolomeu Macron, acusado de traição, se envenena.[31] Sara, filha de Raquel, ultrajada, pensa em se enforcar.[32]

---

25 1Sm 31,4.
26 Jz 9,54.
27 1Mc 6,46.
28 2Mc 14,41-46.
29 1Rs 16,18.
30 2Sm 17,23.
31 2Mc, 10,13.
32 Tb 3,10.

AS NUANCES DO SUICÍDIO NA IDADE MÉDIA

Quase todos esses suicídios são até mesmo considerados atos de heroísmo. Essa tradição prosseguirá e se fortalecerá por ocasião das guerras judaicas dos séculos I e II, que assistirão a um grande número de suicídios individuais e coletivos. A obra de Flávio Josefo relata esses atos heroicos. É o caso de Fazael, prisioneiro dos partas, que, embora acorrentado, "não deixou de encontrar um meio de se matar, arrebentando a cabeça em uma pedra, demonstrando por meio de um gesto tão digno de sua vida gloriosa que ele era um verdadeiro irmão de Herodes, não um covarde como Hircano".[33] Por ocasião do ataque a uma torre de Jerusalém pelos romanos, que incendiaram as muralhas, os judeus "se mataram, para morrer pelo ferro em vez de morrer pelo fogo".[34] Durante esses combates, Simão, filho de Saul, matou ele mesmo toda a família, depois "subiu em uma pilha de cadáveres e, erguendo o braço para que todos pudessem vê-lo, aplicou-se um golpe de espada tão poderoso que sobreviveu apenas por um breve instante".[35] Os romanos não ficam atrás: Longo enterra a espada no peito.[36]

Em vez de multiplicar os exemplos, passemos a Massada, o ponto culminante desses "atos heroicos", como os denomina Josefo. No ano 73, após uma resistência encarniçada em seu esporão rochoso, cerca de mil judeus estão prestes a sucumbir aos ataques dos romanos. Seu comandante, Eleazar, pede-lhes então que procedam a um suicídio coletivo, em um discurso bastante longo que extrapola as circunstâncias precisas do episódio. Trata-se de uma verdadeira apologia do suicídio, na qual se misturam ao contexto veterotestamentário reminiscências estoicas, neoplatônicas e hinduístas. Estão presentes ali os argumentos clássicos do suicídio filosófico: a morte é como o sono, ela nos resgata de uma existência breve e infeliz; é absurdo continuar vivendo quando só podemos vislumbrar desgraças; já que devemos partir um dia, por que não decidirmos nós mesmos o melhor momento de fazê-lo? Nossa alma aspira a deixar a prisão do corpo para ir gozar de uma imortalidade bem-aventurada depois desta vida terrena desprezível. O suicídio é a marca suprema de nossa liberdade, e nos permite triunfar sobre todos os

---

33 Flávio Josefo, *La Guerre des Juifs*.
34 Ibid., II, 5.
35 Ibid., II, 34.
36 Ibid., VI, 19.

males. De todo modo, Deus deseja nossa punição. Algumas passagens têm uma repercussão que vai muito além da mentalidade judaica:

> Não nos tornemos indignos da graça que Deus nos faz de poder morrer de modo voluntário e glorioso estando ainda livres, felicidade que não tiveram aqueles que se vangloriaram da esperança de não poderem ser vencidos. O que nossos inimigos mais querem é nos pegar vivos; e, por maior que seja nossa resistência, não conseguiríamos impedir de sermos tomados de assalto amanhã; mas eles não podem evitar que nos antecipemos por meio de uma morte generosa, e que terminemos nossos dias todos juntos, com as pessoas que nos são mais queridas. [...] Esse castigo que aplicaremos a nós mesmos será muito menor do que aquele que merecemos, porque morremos com o consolo de ter preservado nossas mulheres da perda de sua honra, nossos filhos, da perda de sua liberdade, e de nos ter dado, apesar de nossa má sorte, uma sepultura honrosa, desaparecendo debaixo das ruínas de nossa pátria, em vez de nos expormos ao sofrimento de um cativeiro vergonhoso.
>
> [...] Quem pode, imaginando tão horríveis calamidades, ainda querer enxergar a luz do sol, apesar de ter a garantia de poder viver sem ter mais nada a temer; ou, dizendo melhor, quem pode ser tão inimigo de sua pátria e tão covarde que não considere uma grande desgraça ainda continuar vivo, e não invejar a felicidade daqueles que morreram antes de ter visto esta cidade santa demolida de cima a baixo, e nosso Templo sagrado totalmente destruído por um incêndio criminoso? Pois se a esperança de podermos, resistindo com bravura, nos vingar de alguma maneira de nossos inimigos nos sustentou até aqui, agora que essa esperança se esvai, o que esperamos para corrermos todos ao encontro da morte enquanto ainda podemos, e dá-la também a nossas mulheres e a nossos filhos, já que esse é o maior favor que lhes poderíamos fazer? Nascemos para morrer; é uma lei essencial da natureza, à qual todos os homens estão sujeitos, por mais vigorosos e felizes que sejam. Mas a natureza não nos obriga a sofrer os ultrajes e a servidão, nem a assistir, por causa de nossa covardia, a honra de nossas mulheres e a liberdade de nossos filhos serem arrancadas, quando está em nosso poder lhas garantir por meio da morte.[37]

---

37 Ibid., VII, 34.

AS NUANCES DO SUICÍDIO NA IDADE MÉDIA

Novecentos judeus se suicidaram nesse dia.

Depois do veneno, o antídoto. *A guerra dos judeus* contém, na verdade, a contrapartida do discurso de Eleazar. Dessa vez, é o próprio Flávio Josefo que se exprime em circunstâncias delicadas. Ameaçado de ser preso com os companheiros pelos romanos, que prometeram mantê-los vivos, ele quer persuadir seus camaradas a não se suicidarem. Uma vez mais, o discurso extrapola o contexto e assume uma dimensão filosófica e religiosa genérica. Ele contém, na verdade, todos os argumentos que serão retomados pelos adversários do suicídio até nossa época: esse gesto é um sinal de covardia, análogo à deserção; é um ato contra a natureza, pois ela nos dotou do instinto de vida; é um atentado contra Deus, pois foi ele que nos deu a vida e que continua senhor dela; não temos o direito de privá-lo de uma de suas criaturas; aqueles que se matam vão para o inferno e seus corpos ficam expostos:

> Quando nada obriga a procurar a morte, não existe menos covardia em se entregar a ela do que em temê-la e fugir dela, quando o dever obriga a nos expormos a ela. O que nos impede de nos entregarmos aos romanos, senão o medo da morte? E, portanto, que verdade existe em escolher uma morte certa para se preservar de outra que é incerta? Se se diz que é para evitar a escravidão, eu pergunto se o estado a que nos vemos reduzidos pode ser considerado liberdade. E se se acrescenta que é um ato de coragem se matar, eu sustento, ao contrário, que é um ato de covardia: que é imitar um piloto pusilânime que, preocupado com a tempestade, afunda ele mesmo seu barco em vez de correr o risco de perecer; e, por fim, que é lutar contra o sentimento de todos os animais e, por meio de uma blasfêmia sacrílega, ofender ao próprio Deus, que, ao criá-los, deu a todos um instinto contrário. Pois, vemos algum deles se matar voluntariamente? E a natureza não lhes incute, como uma lei inviolável, o desejo de viver? Não é também por esse motivo que consideramos nossos inimigos e os punimos como tais aqueles que atentam contra nossa vida? Como a recebemos de Deus, podemos acreditar que ele sofre sem se ofender que os homens ousem desprezar o dom que ele lhes deu? [...] Não existe ninguém que discorde que é justo punir um escravo que foge de seu senhor, por pior que esse senhor seja; e nós imaginamos poder abandonar impunemente Deus, que não é apenas nosso senhor, mas um senhor extremamente bom! [...] As almas desses ímpios que, por uma obsessão criminosa, se dão a morte com as próprias mãos, são lançadas nas trevas do inferno.

[...] É por isso que nosso mui sábio legislador, sabendo o horror que existe em tal crime, ordenou que os corpos que se entregam de modo voluntário à morte permaneçam sem sepultura até o pôr do sol, embora seja permitido enterrar antes aqueles que foram mortos na guerra; e existem até mesmo povos que cortam as mãos parricidas daqueles cuja loucura armou-os contra si mesmos, porque consideram justo separá-las de seus corpos, como eles separaram seus corpos de suas almas. [...] Eu não quero me transformar em meu próprio inimigo, faltando à fidelidade que devo a mim por meio de uma traição indesculpável.[38]

O discurso não convence os companheiros de Josefo. O suicídio começa, cada um morrendo nas mãos de um camarada escolhido por sorteio, até só sobrarem dois: o autor então convence o amigo a viver e ambos se entregam aos romanos.

Em quem devemos acreditar: no Josefo que argumenta contra o suicídio quando se vê diante dele, ou no Josefo que defende o suicídio por meio da voz de Eleazar, cujo discurso, é evidente, foi escrito por ele? O problema é bastante secundário. O importante é constatar que o mundo judeu, saído diretamente do Antigo Testamento, não tem uma posição definida em relação ao suicídio, e isso na segunda metade do século I, no momento em que ocorre a separação do cristianismo. Todos os argumentos favoráveis e contrários são apresentados por Flávio Josefo. Moralistas, teólogos e filósofos não acrescentarão quase nada até o século XX. São as circunstâncias históricas que farão pender a balança ora do lado da indulgência, ora do lado do rigor, pois nenhum argumento peremptório pode ser extraído dos textos bíblicos, nem a favor nem contra o suicídio.

É certo que a lei mosaica proíbe matar, através do quinto mandamento, mas nada especifica que isso se aplica à vida da pessoa, e, como vimos, os suicídios mencionados na Bíblia nunca são acompanhados de uma reprovação explícita como no caso dos assassinatos de outras pessoas. Além disso, o quinto mandamento admite várias exceções, como o fato de matar os inimigos na guerra ou em legítima defesa, ou ainda de executar os condenados. Portanto, o cristianismo medieval tem pouco a extrair dos textos inspirados, o que pode justificar suas interpretações bastante variadas do suicídio.

---

38 Ibid., III, 25.

– 2 –

A HERANÇA MEDIEVAL:
ENTRE LOUCURA E DESESPERO

De início, a Idade Média parece hesitar diante da morte voluntária. É que os textos fundadores do cristianismo não são explícitos, e só aos poucos a Igreja elaborou uma posição coerente.

"EU DOU MINHA VIDA PELAS OVELHAS"

O Novo Testamento, por meio do qual os cristãos vão se diferenciar do mundo judaico, não aborda o tema em lugar nenhum. A morte de Cristo não é um verdadeiro suicídio? Apresentada dessa forma brutal, a pergunta escandaliza. No entanto, quando João faz que Jesus diga: "Minha vida, ninguém a tira de mim; pelo contrário, eu espontaneamente a dou", e: "Eu dou minha vida pelas ovelhas",[1] essa não é uma afirmação clara de escolha voluntária da

---

1 Jo 10,15-18.

morte, escolha que denominamos suicídio? Essas expressões joaninas desconcertam os teólogos medievais. Assim, Orígenes declara: "Se não temos medo das palavras, se estamos atentos às coisas, diremos talvez, na falta de outra expressão que se aplique aos fatos: divinamente, por assim dizer, Jesus se matou".[2]

Cristo sabe o que o espera quando sobe a Jerusalém para a Páscoa; ele caminha deliberadamente para a morte, e, durante seu processo, não faz nada para evitá-la. Visto no contexto do homem-Deus e da redenção, o suicídio de Jesus tem um significado e uma dimensão diferentes dos do suicídio comum. Mas a ambiguidade existe. Aliás, o cristão, que deve imitar seu mestre em todas as coisas, é convidado a sacrificar sua vida: "Quem quiser salvar a sua vida perdê-la-á; e quem perder a vida por minha causa achá-la-á";[3] "Se alguém vem a mim, e não aborrece a seu pai, e mãe, e mulher, e filhos, e irmãos, e irmãs e ainda a sua própria vida, não pode ser meu discípulo";[4] "Quem ama a sua vida perde-a; mas aquele que odeia a sua vida neste mundo preservá-la-á para a vida eterna";[5] "Ninguém tem maior amor do que este: de dar alguém a própria vida em favor dos seus amigos".[6]

A lista de passagens do Novo Testamento em que Paulo, Tiago, Pedro, Lucas e João exortam os fiéis a odiar a vida terrena é interminável. O tema retorna sempre: esta vida é desprezível, é um exílio cuja duração devemos desejar que seja a mais curta possível. "Em nada considero a vida preciosa para mim mesmo",[7] diz São Paulo, fazendo eco a inúmeros textos do Antigo Testamento.

As primeiras gerações de cristãos o concebem exatamente assim durante o período das perseguições, e se entregam ao martírio de modo voluntário. "Mesmo em face da morte, não amaram a própria vida",[8] diz João no final do século I, e põe no céu "as almas dos decapitados por causa do testemunho de Jesus, bem como por causa da palavra de Deus".[9] No século II, São

---

2 Orígenes, *Commentaire sur saint Jean*, XIV, 554.
3 Mt 16,25.
4 Lc 14,26.
5 Jo 12,25.
6 Jo 15,13.
7 At 20,24.
8 Ap 12,11.
9 Ap 20,4.

A HERANÇA MEDIEVAL   29

Justino, na obra *Apologia*, exalta os cristãos que correm para a morte, e, no início do século III, Tertuliano e os montanhistas fazem apologia do martírio voluntário. Os *Atos* dos mártires estão cheios de exemplos de cristãos que se entregam ou que, pela resposta que dão às autoridades, escolhem deliberadamente a morte.

O cristianismo nasce e se desenvolve em uma atmosfera ambígua: afirma que esta vida terrena, no "mundo", é detestável e que é preciso aspirar à morte para se encontrar com Deus e alcançar a vida eterna. Essa tendência triunfa claramente nos primórdios da Igreja. Segundo João, tamanha é a ambiguidade nos ensinamentos de Cristo que em determinados momentos os judeus acreditam que Jesus vai se suicidar.

> De outra feita, [Jesus] lhes falou, dizendo: Vou retirar-me, e vós me procurareis, mas perecereis no vosso pecado; para onde eu vou vós não podeis ir. Então, diziam os judeus: Terá ele acaso a intenção de suicidar-se? Porque diz: Para onde eu vou vós não podeis ir.[10]

Porém, a morte cristã tem de ser um testemunho de fidelidade a Deus. Portanto, ela não deve ser buscada por si mesma ou por motivo de desespero. A morte feliz do mártir contrasta com a morte desesperada do pecador. Assim, o suposto suicídio de Judas torna-se rapidamente o arquétipo da morte desonrosa e condenável, não tanto em razão do gesto em si como do desespero que o provoca. Só Mateus afirma que Judas se enforcou. Os outros evangelistas nada dizem, e os *Atos dos apóstolos* mencionam, ao contrário, que ele morreu de uma queda: "E, precipitando-se, rompeu-se pelo meio, e todas as suas entranhas se derramaram".[11] Os miniaturistas medievais reconciliaram as duas versões representando-o enforcado e com o ventre aberto. Do mesmo modo, quando Paulo e seus companheiros são libertados milagrosamente da prisão, o guarda, sabendo que será punido por sua desatenção, "puxa da espada" para "se suicidar"; Paulo o detém, e o carcereiro se converte. Matar-se por um motivo puramente humano ou por desespero é um ato "funesto", diz Paulo.

---

10 Jo 8,21-22.
11 At 1,18.

A vida é detestável, mas é preciso suportá-la; a morte é desejável, mas não podemos buscá-la: esse é o difícil exercício no qual deve repousar a vida cristã. Os ensinamentos fundamentais, tal como os encontramos no Novo Testamento e tal como serão desenvolvidos pelas correntes de espiritualidade, criam um contexto que predispõe à morte voluntária. Será necessária toda uma habilidade teológica dos pensadores cristãos, baseada em medidas canônicas dissuasivas, para criar uma moral que afirma a interdição do suicídio.

O MARTÍRIO VOLUNTÁRIO

O evento fundador do cristianismo é um suicídio, e os textos dos discípulos exaltam o sacrifício voluntário. O exemplo de Cristo é seguido por inúmeros mártires aquiescentes, de tal maneira que os patriarcas da Igreja se preocupam e se questionam durante três séculos.

Santo Atanásio, sem deixar de condenar em princípio os cristãos que se rendem, não consegue se decidir a culpá-los, pensando no exemplo dado por Cristo. São Gregório de Nazianzo elogia o suicídio da mãe dos macabeus, ao mesmo tempo que condena o suicídio em geral. São Gregório de Nissa louva a morte voluntária do mártir Teodoro, e São Basílio, a de Juliette. São Jerônimo não recua diante das contradições: condena os cristãos que se rendem e felicita as viúvas pagãs que preferem morrer a se casar outra vez.[12] Pedro de Alexandria condena aqueles que se rendem e felicita aqueles que não fraquejam. Orígenes e Dênis de Alexandria, ao mesmo tempo que afirmam que Jesus se matou, aconselham os cristãos a fugir em vez de se expor sem motivo. São Cipriano recomenda uma retirada cautelosa. Santo Ambrósio condena o suicídio, e, no entanto, escreve: "Quando se oferece a ocasião de uma morte honrosa, deve-se aproveitá-la de imediato", e: "Não fujamos da morte, o Filho de Deus não a menosprezou";[13] ele elogia o suicídio de Sansão. São Clemente de Alexandria é praticamente o único a condenar sem ambiguidade o suicídio cristão: aqueles que se rendem, diz ele, têm uma visão falsa do martírio e superestimam a vontade divina. Por outro

---

12 São Jerônimo, carta XCI.
13 Santo Ambrósio, *De officiis*, II, 30; *De excessu fratris sui satyri*, II, 44-46.

lado, textos cristãos como a *Didascalie* [Didascália] e as *Constituitions apostoliques* [Constituições apostólicas] hesitam continuamente entre a beleza do gesto e os perigos da fraqueza desonrosa. O historiador Eusébio relata, sem desaprovar, os inúmeros casos de martírio voluntário, entre os quais alguns chegam até a dar lugar a um culto espontâneo, como as três cristãs Donina, Berenice e Prosdoce.

Essa hesitação se estende a outras situações além do martírio. O cânon 25 do Concílio de Ancira, em 314, menciona uma jovem grávida que se suicidou de desespero, depois de ter sido seduzida e abandonada por seu amante, o qual é condenado. Nessa época, na maioria dos casos, os moralistas cristãos fazem parte da corrente neoplatônica, que, muito embora condene o princípio do suicídio, admite algumas exceções, como o fato de se matar por ordem da Cidade (caso de Sócrates), para se livrar da humilhação ou para evitar um destino cruel demais. De fato, a doutrina está longe de consolidação: na verdade, o direito canônico não prevê nenhuma sanção contra quem atenta contra a própria vida, embora para um grande número de pecados os regulamentos sejam extremamente severos e exijam uma reconciliação pública.

Como acontece em muitas esferas, a luta contra certas correntes heréticas provoca um endurecimento das posições doutrinárias e disciplinares. Desde 348, o Concílio de Cartago condena a busca da morte voluntária, como reação ao donatismo, que exaltava essa prática. Em 381, o bispo de Alexandria, Timóteo, decide que não haverá mais preces pelos suicidas, salvo em caso de loucura comprovada, o que significa que os assassinos de si mesmos estão condenados às penas do inferno.

SANTO AGOSTINHO E A PROIBIÇÃO DO SUICÍDIO

O endurecimento é ainda mais evidente em Santo Agostinho. É em *A cidade de Deus* que ele expõe a doutrina oficial da Igreja:

> Nós dizemos, declaramos e confirmamos que ninguém tem o direito de se entregar à morte de maneira espontânea com o pretexto de escapar dos tormentos passageiros, sob pena de mergulhar nos tormentos eternos; ninguém tem o direito de se matar pelo pecado de outrem, isso seria cometer um pecado

mais grave, pois a falta de um outro não seria aliviada; ninguém tem o direito de se matar por faltas passadas, pois são sobretudo os que pecaram que têm mais necessidade da vida para nela fazerem sua penitência e curar-se; ninguém tem o direito de se matar na esperança de uma vida melhor imaginada depois da morte, pois os que se revelam culpados da própria morte não terão acesso a essa vida melhor.[14]

A interdição de todos os tipos de suicídio se baseia no quinto mandamento, que não prevê nenhuma exceção. O bispo a reforçou por meio de outras considerações: quem se mata é um covarde que não consegue suportar a adversidade, um pretensioso que dá importância àquilo que os outros pensam dele. Catão reúne esses dois defeitos. Nenhuma circunstância pode desculpar o suicídio: nem o estupro, como no caso de Lucrécia (se sua alma permaneceu pura, por que se matar? Se ela sentiu prazer, ainda que involuntário, é preciso que viva para se penitenciar), nem a vontade de fugir da tentação (pois, nesse caso, comete-se um crime incontestável para escapar de um pecado possível, sem possibilidade de arrependimento), nem a fuga diante dos sofrimentos e da dor (é a covardia), nem o desespero diante da imensidão de seus erros (como Judas, que comete um segundo crime). Não temos, em nenhum caso, o direito de abrir para nós mesmos as portas da vida eterna.

Essa proibição absoluta do suicídio se deve, ao mesmo tempo, à influência platônica predominante e a uma reação exagerada diante do donatismo. Embora admitam algumas exceções, os platônicos consideram, na verdade, que o suicídio é um atentado contra os direitos de Deus, ideia retomada por Plotino, Porfírio, Macróbio e Apuleio. Santo Agostinho aprofunda esse princípio à luz do "Não matarás". A vida é um dom sagrado de Deus, diz ele, e só Deus tem o direito de dispor dela. E os hereges donatistas agem como criminosos quando defendem o martírio voluntário.

Agostinho não evita as dificuldades nem as contradições. Sansão seria, então, um criminoso? São Pelágio, que se matou para preservar sua pureza, e que é reverenciado pela Igreja, também? Em relação às exceções que não se encaixam em seu modelo, Agostinho admite que elas devem ter recebido

---

14 Santo Agostinho, *La Cité de Dieu*, l, 47.

A HERANÇA MEDIEVAL

um chamado específico de Deus. Quanto a Jesus, é inegável que sua morte é voluntária. O quinto mandamento, aliás, está longe de ser absoluto, já que permite matar um condenado e os inimigos na guerra. Durante séculos, as autoridades civis e religiosas não conseguirão escapar deste paradoxo: o infeliz que se mata para abreviar seus sofrimentos e os de seus familiares é um criminoso, enquanto o assassinato de milhões de jovens cheios de saúde, contra sua vontade, nos campos de batalha é um ato louvável. Finalmente, o próprio Santo Agostinho declara que "é melhor morrer de fome do que comer carne consagrada aos ídolos",[15] e que, em caso de perseguição, convém que os bispos não fujam.[16]

O CONTEXTO SOCIOPOLÍTICO DA OPOSIÇÃO AO SUICÍDIO (SÉCULOS V-X)

Como explicar o endurecimento da moral cristã em relação ao suicídio a partir do início do século V? Albert Bayet vê aí o resultado da pressão da opinião pública, totalmente contrária ao suicídio, sobre a elite culta favorável a uma moral matizada. Essa hipótese parece pouco plausível. Seria realmente a única esfera da moral na qual os dirigentes da Igreja se deixariam influenciar pelos sentimentos da massa de fiéis. Não há dúvida de que ocorre um grande número de contágios, e muitas superstições se infiltram, de maneira permanente, nas práticas cristãs, mas nunca em relação a uma questão tão fundamental. Além disso, não há nenhuma prova de que as camadas mais modestas da população se oponham mais à prática da morte voluntária do que as elites.

A ênfase que tanto o direito civil como o direito canônico dão à preservação da vida humana está ligada à transformação do Império no fim do século IV e início do século V. Em plena crise econômica e demográfica, o Estado romano se transforma, a partir de Diocleciano e Constantino, em um sistema totalitário no qual o indivíduo perde qualquer direito de dispor da sua pessoa. Nos campos se amplia o sistema do colonato. O colono é um

---

15 Id., *De bone conjugali*, XVI, 18.
16 Id., *Épître 228 à Honoré*.

homem livre, mas vinculado à terra, e depende de seu senhor, o *dominus*; ele não pode se casar, tornar-se religioso ou soldado sem a aprovação do senhor. A partir de 332, Constantino determina que todo colono fugido seja devolvido ao seu senhor. Nas cidades, os membros das corporações estão vinculados à sua condição social. A carência aguda de mão de obra e de braços para defender o Império exige a requisição de cada vida humana para apoiar a economia e a defesa. Por conseguinte, a legislação civil, tradicionalmente muito tolerante em relação ao suicídio no mundo romano, fica mais dura. Doravante, os bens de quem se suicida para escapar de uma acusação serão confiscados, enquanto vai se estabelecendo aos poucos a ligação entre confisco e culpa do suicida.

A Igreja, por sua vez, inicia um esforço para revalorizar o casamento ao condenar os desvios que transformavam a abstinência sexual em uma obrigação de todos os cristãos e que exaltavam, de forma exagerada, a virgindade. São proibidas todas as formas de contracepção e aborto, e, em 374, uma lei do Império proíbe o infanticídio. Também se combate o abandono de crianças. Todas essas medidas se completam e visam promover e proteger a vida humana; trata-se de uma reação defensiva de uma sociedade que se sente ameaçada em sua própria existência pela queda da natalidade. É inútil tentar descobrir que poder, o civil ou o religioso, influencia o outro, já que desde Constantino os dois colaboram estreitamente.

A Igreja, cujas propriedades fundiárias aumentam de maneira considerável, não busca, de maneira nenhuma, a emancipação dos colonos ou escravos. A vida desses homens pertence ao seu senhor: em 452, o Concílio de Arles condena o suicídio de todos os *famuli*, isto é, os escravos e os criados. O criado que se mata rouba seu senhor, que é seu proprietário: seu gesto é equiparado a uma rebelião, e diz-se que ele mesmo foi "tomado por um furor diabólico". Em 533, o Concílio de Orléans, homologando o direito romano, proíbe as oblações aos suspeitos que se matam antes de ser julgados. Portanto, o arsenal repressivo e dissuasivo contra o suicídio é posto gradualmente em prática. A pressão da situação econômica, social e política se sobrepõe à moral, transformando o suicídio em um crime contra Deus, contra a natureza e contra a sociedade. Em relação à Igreja, soma-se o fato de que a única forma de suicídio honroso, o martírio voluntário, ficou obsoleto desde a conversão do Império. Nenhum motivo religioso pode agora justificar o suicídio. Tanto na sociedade como na concepção religiosa, o senhor é o único que dispõe da vida de seus dependentes, que lhe devem tudo.

Essa atitude se agrava na época dos reinos bárbaros, e aí também as autoridades civis e religiosas atuam de maneira análoga. Assim, no início do século VI, a *Lex romana Visigothorum* mantém algumas distinções: os bens serão confiscados se o suicídio se dever ao remorso sentido depois de cometer um crime, mas não serão se ele estiver relacionado ao desgosto pela vida, à vergonha causada pelas dívidas, à doença. A condenação eterna não é, de modo algum, inevitável: no relato da vida de São Martinho, ele ressuscita um escravo que se matara e homens que haviam se jogado em um poço. Essas distinções desaparecem na segunda metade do século. O Concílio de Braga, em 563, e o de Auxerre, em 578, condenam todos os tipos de suicídio e proíbem todas as oblações e celebrações religiosas comemorativas. O suicídio é, então, punido mais severamente do que o homicídio de um terceiro, que tem como única consequência o pagamento de uma multa.

Nos célebres rituais de penitência anglo-saxões dos séculos VIII e IX, o único caso em que se admitia o suicídio era o dos loucos ou "endemoniados", desde que tivessem levado uma vida honrada antes de ser dominados pelo diabo. O suicídio por desespero é considerado o mais condenável de todos. Estamos em uma época na qual a Igreja começa a exigir a prática da confissão individual dos pecados, que reforça seu poder sobre as pessoas. Aquele que demonstra *desperatio* se suicida porque acredita que seus pecados não podem ser alcançados por nenhum perdão. Ele peca ao mesmo tempo contra Deus – de cuja misericórdia duvida, como Judas – e contra a Igreja – de cujo poder de intercessão duvida. O desespero se impõe como um dos pecados mais graves porque contesta o papel da Igreja no perdão dos erros por meio da absolvição, uma Igreja que afirma, portanto, seu papel de intermediária universal e obrigatória entre Deus e os homens.

Os rituais de penitência vão na mesma direção da justiça civil, ao interditar as orações por aqueles que se suicidam por temerem uma condenação judicial, e mesmo por aqueles que se matam por um motivo desconhecido, e que, desse modo, são suspeitos de não terem a consciência tranquila. Os sínodos francos endurecem ainda mais o tom: os de Châlons, em 813, de Paris, em 829, e de Valence, em 855, equiparam a morte em duelo a um suicídio, e proíbem as orações e o funeral cristão para as vítimas. Na segunda metade do século IX, o papa Nicolau I, em resposta às perguntas feitas por búlgaros recém-convertidos, decreta que estão proibidos todos os suicídios, e que não adiantava fazer nada pelos suicidas, os quais estão irremediavelmente condenados. Tem início a caça aos suicidas: no começo do século X, Réginon de Prüm pede que os bispos se informem sobre todos os casos existentes nas paróquias. E quando, na atmosfera de pré-cruzada contra os muçulmanos, alguns cristãos retomam as práticas do martírio voluntário, as autoridades eclesiásticas se opõem.

Assim, a interdição absoluta do suicídio é instituída durante o processo de barbarização do Ocidente, depois de um longo período de hesitação durante os quatro primeiros séculos do cristianismo. É impossível não se impressionar com o contraste entre o clima geral de violência sanguinária e desprezo pela vida e pela dignidade humanas que caracterizam o período entre os séculos V e X, de um lado, e, o rigor das autoridades em relação à morte de si mesmo, do outro. Essa evolução contraditória deve ser inserida no contexto de uma época em que as relações entre Deus e os homens se modificam, à imagem das relações entre os senhores e seus dependentes. Desde o Baixo Império, os laços de dependência se multiplicam. Os interesses de Deus são semelhantes aos dos proprietários: dispor da própria vida é usurpar tanto os direitos de um como os direitos dos outros. As autoridades civis e religiosas travam o mesmo combate contra o suicídio, e suas mensagens dissuasivas se completam: confisco de bens e condenação eterna. Nas duas esferas, a proibição do suicídio acompanha o recuo da liberdade humana: o homem perde o direito fundamental de dispor de sua própria pessoa, em proveito da Igreja, que tem um controle total sobre a vida da pessoa e retira sua força do número de fiéis, e em proveito dos senhores, alguns dos quais são eclesiásticos, que precisam conservar e aumentar sua mão de obra, em um mundo subpovoado no qual a fome e as epidemias comprometem regularmente a valorização das propriedades.

OS FUNDAMENTOS TEOLÓGICOS DA PROIBIÇÃO DO SUICÍDIO

A Idade Média clássica, entre os séculos XI e XIV, sistematiza e fixa aos poucos esse estado de coisas. As grandes sínteses escolásticas, os tratados de direito canônico e de direito secular adotam o fato consumado de uma estrutura racional e jurídica que ajuda a absolutizar e a dar um valor intangível àquilo que não passava de adaptação passageira a uma situação histórica definida. Esse trabalho de fixação vai conferir ao suicídio, durante muito tempo, um caráter desonroso. A dificuldade do questionamento que ocorre do Renascimento ao Iluminismo deve-se fundamentalmente à resistência desse "muro de vergonha" erguido pelos teólogos, juristas e moralistas medievais em torno do suicídio.

A concordância entre os teólogos é unânime, de Abelardo, no século XII, que em *Sic et Non* utiliza os argumentos platônicos para condenar todos os suicídios, a Duns Scot, no século XIV, que escreve: "Ninguém pode ser assassino de si mesmo sem uma ordem especial de Deus",[17] passando por São Bruno, que qualifica os suicidas de "mártires de Satã", São Boaventura, que vê no suicídio um amor excessivo por si mesmo, e João de Salisbury e João Buridan, que têm a mesma opinião.

No século XIII, dois doutores da Igreja tratam do problema segundo o método escolástico: argumentos favoráveis, argumentos contrários e *resolutio*. Alexandre de Halès expõe cinco argumentos a favor da legitimidade do suicídio, que são cinco citações das Escrituras – duas interjeições de Paulo: "Para mim [...] o morrer é lucro", e: "Quem me livrará do corpo desta morte?"; uma frase do livro de Jó: "[...] e tudo quanto o homem tem dará pela sua vida"; uma dos salmos: "O corpo é como uma prisão"; uma de Mateus: "[...] e quem perder a vida por minha causa achá-la-á". Além disso, ele recorda os suicídios gloriosos de Sansão e Razis. Depois apresenta oito argumentos contrários, que são retirados ao mesmo tempo das Escrituras e da filosofia pagã. Paulo declara que não se deve fazer o mal visando ao bem; uma virgem violentada não é culpada – portanto, ao se suicidar ela mata um inocente; o quinto mandamento proíbe qualquer assassinato; segundo Platão, nossa vida pertence a Deus; segundo Plotino, a ruptura violenta dos vínculos entre a alma e o corpo não pode acontecer sem uma paixão desastrosa; permanecendo vivos, sempre é possível nos aperfeiçoarmos; os pecadores precisam viver para fazer penitência; é a paixão que nos impele a terminar nossos dias mais rápido para gozar da felicidade eterna, e a paixão é um pecado.

---

17 Scot, *Lib. IV Sentent. dist.* X~ *quo 3.*

Alexandre oferece, então, seu julgamento pessoal. É preciso interpretar as citações das Escrituras apresentadas na tese: o homem só pode provocar aquilo que não acarreta um pecado; se o corpo é uma prisão, isso não nos dá o direito de sair dele; perder a vida significa apenas renunciar aos prazeres corporais; desejar morrer é unicamente desejar morrer para o mundo; o homem tem o dever de se amar; o "Não matarás" é intocável. Conclusão: "Em nenhum caso, sob nenhum pretexto, é lícito se matar".

São Tomás de Aquino, na *Suma teológica*, retoma o problema, que ele trata de maneira mais filosófica, e sua solução fornecerá argumentos contrários ao suicídio durante séculos. Argumentos favoráveis: ao me matar, eu não cometo uma injustiça; o poder público pode matar os malfeitores, logo, aquele que detém o poder público pode se matar se ele for um malfeitor; matar-se permite evitar males maiores; os suicídios de Sansão e Razis são louvados na Bíblia. Argumento contrário: o quinto mandamento proíbe matar. Solução: os cinco argumentos favoráveis são falaciosos: suicidar-se é injusto diante de Deus e da sociedade; ninguém pode julgar a si mesmo; matar-se não permite evitar o maior dos males, pois esse ato é, ele próprio, o maior mal, que nos impede de nos arrependermos e de fazermos penitência. O suicídio, portanto, é proibido por três razões fundamentais:

- é um atentado contra a natureza e contra a caridade, já que contradiz a inclinação natural de viver e o dever de amarmos a nós mesmos;
- é um atentado contra a sociedade, pois fazemos parte de uma comunidade e temos um papel a desempenhar;
- é um atentado contra Deus, que é dono de nossa vida. A comparação é esclarecedora: "Aquele que se priva da vida peca contra Deus, do mesmo modo que aquele que mata um escravo peca contra o dono do escravo".

Quanto a Sansão e Razis, eles receberam um chamado especial de Deus. Recorre-se, portanto, a Aristóteles e Platão, bem como à razão, a Santo Agostinho e às Escrituras, para assegurar a proibição do suicídio.

A HERANÇA MEDIEVAL

O RESPONSÁVEL: O DESESPERO DIABÓLICO

Os moralistas e os poetas acrescentam o peso de seu talento. Vincent de Beauvais condena o "desgosto pela vida", enquanto Dante reserva um lugar para os suicidas em seu *Inferno*. Eles são alojados na segunda parte do sétimo círculo, o dos violentos. Culpados de ofensa contra si mesmos, eles perderam qualquer forma humana: são árvores de uma imensa floresta tenebrosa com folhas descoloridas. Tendo recusado a vida, eles ficam paralisados para sempre a se lamentar, deformados pelo vento. Seu porta-voz é Pierre Della Vigna, ministro de Frederico II, que se suicidou por desespero. O suicídio não é um estado psíquico, mas um pecado, e decorre da ação do diabo, que convence o pecador de sua condenação certa e o faz duvidar da misericórdia divina.

Para dissuadir o cristão de se dar a morte, a Igreja recorre a toda uma literatura piedosa, que ela divulga por meio de narrativas presentes tanto nos *exempla* dos sermões como nas representações dos mistérios. Sua moral é que não se deve desesperar jamais, pois um milagre sempre é possível, como na desgraça que aconteceu a um peregrino de Santiago de Compostela: enganado pelo diabo, que se fez passar por São Tiago, ele corta o próprio pescoço, mas é ressuscitado pela Virgem, que arranca sua alma de Satã.[18] Em outras histórias, o desesperado é salvo no último instante pela intervenção de uma santa, da Virgem ou, ainda, por lhe fazerem o sinal da cruz ou aspergirem água benta.

No século XIV, o texto místico inglês intitulado *The Cloud of Unknowing* [A nuvem da ignorância] adverte contra a sedução diabólica que impele as mentes melancólicas para o "não ser", e William Langland, em sua obra alegórica dos anos 1360-1370, *Piers Ploughman* [O agricultor Piers], mostra Avareza que mergulha no desespero e tenta se enforcar, depois é salva por Arrependimento. Da mesma maneira, na narrativa de John Skelton, Magnificência, convencida por Desespero de que seus pecados são imperdoáveis, decide se apunhalar, mas é salva por Boa Esperança.[19]

---

18 Esta história é encontrada simultaneamente em Pierre de Beauvais, Guibert de Nogent e Afonso X, sendo retomada em inúmeros sermões.

19 Sobre as relações entre suicídio e desespero, ver Wymer, *Suicide and Despair in Jacobean Drama*; Sachs, Religious Despair in Medieval Literature and Art, *Medieval Studies*, XXVI, 1964, p.231-56; Wenzel, *The Sin of Sloth: Acedia in Medieval Thought and Literature*; Snyders,

O grande remédio contra o desespero e, portanto, contra o suicídio, é a confissão, pois ela permite obter o perdão dos pecados e a reconciliação com Deus. Os séculos XI e XII são decisivos no que diz respeito à elaboração da teologia da penitência. É o Quarto Concílio de Latrão, em 1215, que fixa a regra definitiva: "Todo fiel de ambos os sexos, tendo atingido a idade da razão, deve confessar sinceramente todos os seus pecados ao menos uma vez por ano ao seu próprio cura...". No século XIII, São Bernardo exorta os fiéis a se confessarem sem demora e a não ceder ao desespero ao constatar que voltaram a pecar. O processo do "tribunal da penitência" fica mais simples e suave: ao passo que até o ano 1000 a confissão dos pecados estava separada da reconciliação, que só ocorria para os pecados graves uma vez por ano (na Quinta-Feira Santa), confissão, sentença e perdão são reunidos a partir do século XI. Desse modo, o penitente se reconcilia com Deus antes mesmo de ter cumprido a penitência, pois o padre, em virtude do "poder das chaves", está em condição de absolvê-lo no mesmo instante. Ele pode, portanto, ficar tranquilo de imediato, e não tem mais motivo de se desesperar. Dar-se a morte depois de uma confissão parece impossível a uma mente equilibrada. Se ocorre um suicídio, haverá presunção de loucura aos olhos da Igreja.[20]

AS SANÇÕES CANÔNICAS E SECULARES CONTRA OS SUICIDAS

Assim, como o fiel dispõe de um recurso infalível contra o suicídio, aqueles que, apesar de tudo, se matam embora sendo mentalmente sadios, não podem esperar nenhuma compaixão. O direito canônico, que se estabelece no século XII nas obras de Burchard, Ives de Chartres, Graciano e Gregório IX, é extremamente rigoroso. Desde essa época, vários indícios revelam que a sepultura eclesiástica é negada aos suicidas, mesmo que seja preciso esperar o Sínodo de Nîmes, em 1284, para encontrar a primeira prova escrita incontestável disso. O sínodo confirma a recusa de sepultura para os excomungados, os hereges, os que morreram nos torneios e os que se mataram,

---

The Left Hand of God: Despair in Medieval and Renaissance Tradition, *Studies in the Renaissance,* p.18-59.

20 Schmitt deu alguns exemplos disso em seu artigo citado, notas 80 e 81.

A HERANÇA MEDIEVAL

41

sem nenhuma exceção, a não ser que tenha havido um sinal de arrependimento *in extremis*. Raimundo de Penaforte exprime, na obra *Somme*, a mesma opinião, e Guillaume Durant, bispo de Mende, apresenta em sua obra *Speculum juris*, no final do século XIII, um modelo de carta para pedir a exumação de um cadáver de suicida enterrado indevidamente no cemitério.

O direito secular vem acrescentar seus rigores ao direito canônico.[21] A grande quantidade de registros consuetudinários medievais representa uma fonte inestimável no que diz respeito às práticas locais em caso de suicídio. Na França, a questão é tratada sobretudo na metade norte do reino, onde o direito assimilou visivelmente práticas supersticiosas muito antigas que visavam impedir que os suicidas viessem importunar os vivos. Entre os textos mais antigos, um dispositivo da municipalidade de Lille do século XIII prevê que o cadáver seja arrastado até o cadafalso, em seguida enforcado, se se tratar de um homem, e queimado, se for uma mulher. O mesmo acontece em Anjou e no Maine. O *Très Ancienne Coutume de Bretagne* [O direito consuetudinário muito antigo da Bretanha], posto no papel no século XIV, especifica: "Se alguém se mata de propósito, deve ser pendurado pelos pés e arrastado como assassino, e seus bens móveis transferidos a quem eles pertençam". A *Loi de Beaumont* [Lei de Beaumont] vai mais longe: o cadáver deve ser arrastado "o mais cruelmente possível, para mostrar a experiência aos outros", e as pedras sobre as quais ele passar deverão ser arrancadas. Em Metz, o cadáver é retirado da casa por um orifício cavado debaixo da soleira; ele é fechado dentro de um tonel que é jogado no rio, com um cartaz pedindo que o deixem ir à deriva: "Batam nele na direção da corrente, deixem-no ir, é por justiça". O corpo maldito é assim levado para longe, sem poluir a água do rio, a fim de evitar a célebre desventura relativa ao corpo de Pilatos: depois de um suposto suicídio, seu corpo jogado no Tibre teria provocado inundações catastróficas. A mesma prática era usual em Estrasburgo, onde o corpo de um bispo que se enforcara teria sofrido a mesma sorte.

---

21 Este aspecto é, sem dúvida, o mais conhecido, graças à publicação, a partir do século XVII, de um grande número de registros de direito consuetudinário provincial. Bayet, em *Le Suicide et la morale*, fornece uma longa lista deles (p.436-7). A obra de Bourquelot contém, por outro lado, indicações preciosas: Recherches sur les opinions et la législation en matière de mort volontaire pendant le Moyen Age, *Bibliothèque de l'École des Chartes*, III, 1841-1842, e IV, 1842-1843. Por sua vez, Alexander Murray e Abigail Freedman preparam importantes pesquisas sobre o suicídio na Idade Média.

Em Zurique, aplica-se ao cadáver uma sina adaptada ao tipo de suicídio cometido: uma cunha de madeira é encravada no crânio se a morte foi provocada por um punhal; ele é enterrado na areia, a cinco pés da beira d'água, se ocorreu um afogamento; é enterrado no sopé de uma montanha, com três pedras grandes sobre a cabeça, o ventre e os pés, se a morte foi fruto de uma queda. A intenção de impedir o retorno do corpo nefasto evitando que ele reconheça os lugares está, sem dúvida, na origem do costume de jogá-lo pela janela ou de fazê-lo "passar por debaixo da soleira da casa através de um buraco, com o rosto virado para baixo, como um animal", tal como acontece em Lille e Abbeville. Em algumas regiões da Alemanha, o cadáver, depois de ser arrastado pelos obstáculos, é pendurado acorrentado e deixado apodrecendo no local. Na maioria dos casos, o corpo fica em posição invertida, sendo arrastado e pendurado de cabeça para baixo.

Na Inglaterra, o suicida é enterrado debaixo de uma estrada importante, de preferência um cruzamento movimentado, pregado ao solo com uma estaca de madeira que lhe atravessa o peito. Imobilizado e espezinhado dessa maneira, ele tem poucas possibilidades de sair para importunar os vivos; pois o suicídio é um tipo maléfico de morte, que simboliza a ação dos poderes do mal, espíritos maus outrora, o demônio para o cristianismo. A execução do cadáver é ao mesmo tempo um ritual de exorcismo e um tratamento com propósito dissuasivo. É também uma provação terrível para a família, obrigada a assistir a um espetáculo público que compromete a honra de toda a linhagem.

Outra provação o espera: o confisco dos bens. Ele surge na França em 1205, em um inquérito dos comissários reais que "atribui ao rei ou ao barão os bens móveis daqueles que se mataram ou se afogaram voluntariamente".[22] Em 1270, lê-se nos *Établissements de Saint Louis* [Registros de leis de São Luís]: "Se acontece de algum homem se enforcar ou se afogar ou se matar de alguma maneira, seus bens móveis passarão ao barão, e também os de sua mulher". Na verdade, o suicídio é da alçada da alta justiça, e o confisco pode assumir formas diferentes: confisco de bens móveis, no direito consuetudinário de Anjou e do Maine, da Normandia, de Poitou, da Bretanha,

---

22 Caillemer, *Confiscations et administration des successions par les pouvoirs publics au Moyen Age*, Lyon, 1901, p.27.

do Beauvaisis; confisco de bens móveis e imóveis, no direito consuetudinário de Bordeaux, por exemplo; confisco de uma parte dos bens móveis, como mostra um despacho do ministro das Finanças de Rouen, em 1397, que atribui um terço dos bens ao rei e dois terços à viúva e aos filhos. Essa divisão parece, todavia, excepcional. Em algumas províncias, como o Maine e Anjou, soma-se a esse comportamento o direito consuetudinário da *ravaire* ou *ravoyre*, que consiste em expor e desmantelar as paredes da casa do suicida do lado da via principal, queimar seus campos, cortar suas vinhas e bosques na altura de um homem.

Na Inglaterra, a legislação é mais conhecida graças às pesquisas dos juristas sobre a *Common Law*[23] a partir de meados do século XIII. Desde o século VII, o Concílio de Hertford proibia os funerais cristãos para os suicidas, e, no início do século XI, uma lei do rei Edgar ratificou essa situação. Certidões dos anos 1230 mostram confiscos de bens em Surrey, e, entre 1250 e 1260, o juiz Henri de Bracton, em uma volumosa compilação da lei inglesa, demonstra que os tribunais estabelecem, a propósito do suicídio, uma distinção entre os casos de *non compos mentis* (aquele que não tem a mente equilibrada) e os casos de *felo de se* (traidor de si mesmo), com os bens móveis e as terras destes últimos sendo confiscadas.[24] Desse modo, no fim do século XIV Ricardo II distribui os bens de vários suicidas entre seus cortesãos.

A PRÁTICA MEDIEVAL DO SUICÍDIO

Na Idade Média, a pesquisa dos fatos é muito mais delicada do que a do direito, em razão da falta de documentos e do caráter conciso destes. Ela sugere, no entanto, uma atitude claramente mais tolerante do que fariam supor os rigorosos textos jurídicos.

As condições concretas do suicídio medieval foram extraídas por Jean-Claude Schmitt[25] de uma amostragem de 54 casos. Constatamos que os homens se matam três vezes mais que as mulheres, que o enforcamento

---

23 Sistema no qual o costume prevalece sobre o direito escrito. (N. T.)
24 *Bracton on the Laws and Customs of England*, p.323 e 423.
25 Le suicide au Moyen Age, *Annales*, jan.-fev. 1976, p.3-28.

é o meio mais difundido (32 casos), à frente do afogamento (12 casos), da morte por faca (5 casos) e da precipitação (4 casos), o que é estranhamente parecido com as práticas do século XX. O mesmo acontece com a divisão sazonal: suicida-se principalmente nos meses de março-abril e em julho. Além do papel de eventuais ritmos biológicos que ainda hoje nos escapam, o enfraquecimento do organismo em razão das privações da quaresma, no primeiro caso, e do trabalho agrícola, no segundo, pode desempenhar um papel importante nas sociedades rurais e cristãs.

Mais difícil de interpretar é a predominância da sexta-feira e da segunda-feira: influência da atmosfera de penitência e de remorso, quanto à primeira, e desalento diante da perspectiva de uma nova semana de trabalho, quanto à segunda? O suicídio medieval parece ser uma questão noturna: dois terços acontecem entre meia-noite e a alvorada. A associação das trevas e do desespero, a mente desocupada e entregue a meditações solitárias são, aqui, elementos prováveis, embora os dados disponíveis sejam pouco numerosos para que possamos tirar conclusões definitivas. Por fim, na maioria dos casos, o suicídio ocorre em casa.

Pessoas de todas as categorias sociais se matam, mas as proporções estão adulteradas em razão da natureza dos documentos, já que eles são de origem judiciária e, sobretudo, urbana. Na cidade, a grande maioria dos suicídios está relacionada ao ambiente dos mestres artesãos. A ausência de nobres se explica facilmente por seu estilo de vida, que permite que muitos encontrem no livre exercício da violência inúmeras ocasiões para arriscar a vida de maneira suicida, como vimos, e também pelo fato de eles serem os donos da justiça. A camuflagem do suicídio como acidente ou morte natural é, evidentemente, muito fácil, graças à cumplicidade da família e das autoridades civis e religiosas.

Como dissimulações do mesmo gênero são igualmente possíveis entre os religiosos, a proporção muito alta de suicídios entre eles (19% do total) é ainda mais perturbadora. A sensação mais aguda da culpa e do caráter imperdoável dos pecados pode ser uma explicação. Essa vulnerabilidade maior ao desespero também poderia explicar a insistência particular da pastoral eclesiástica nesse ponto.

UMA DESCULPA AMPLAMENTE UTILIZADA: A LOUCURA

Os suicídios teriam origem nas dificuldades e nos sofrimentos exagerados da existência: fome, doença, ruína econômica, morte dos familiares, extrema pobreza, encarceramento e medo das torturas, ciúme. Nota-se a ausência de suicídios por razões de honra, categoria reservada à nobreza na literatura. Todos os casos de suicídio consciente são atribuídos a uma causa precisa, que provoca um excesso de sofrimento físico e moral. É impressionante constatar que os suicídios por simples desgosto de viver são classificados entre os casos de loucura, como declara explicitamente Bracton em seu tratado. O homem medieval não imagina que se possa questionar a bondade da própria existência. A Idade Média exclui a possibilidade daquilo que se chamará no século XVIII de "suicídio filosófico". É inconcebível então que uma pessoa de mente saudável possa considerar com frieza que a vida não vale a pena ser vivida. O simples fato de imaginá-lo, sem nenhum motivo particular, é, em si, um sintoma de loucura, de desequilíbrio mental, que começa a ser chamado de "melancolia". O termo, de origem grega e que significa "humor negro", designa uma doença física, um excesso de bile negra que ofusca o cérebro e provoca pensamentos sombrios. Brunetto Latini é um dos primeiros a empregar o termo na Idade Média, por volta de 1265.

A esse primeiro tipo de loucura, que se manifesta por um estado de abatimento ou tristeza, vem se somar outro, caracterizado por acessos violentos: é o "frenesi" ou "fúria", que pode se expressar por meio de alucinações, delírios, gestos de violência e críticas contínuas, às vezes provocados pelo álcool. O menor sinal de comportamento estranho ou inabitual podia ser alegado como uma prova de perturbação mental, e, em muitos casos, os investigadores o aceitavam como tal. No registro criminal de Saint-Martin-des-Champs, onde consta o relato de cinco suicídios, quatro são desculpados com a menção "furioso e fora de si", "louco e fora de si", "fantasioso e fora de si".[26] Dos 54 casos examinados por Jean-Claude Schmitt, 16 (ou seja, 30%) são atribuídos à loucura, parece que em certas ocasiões com razão, mas algumas vezes de maneira mais duvidosa.

---

26 *Registre criminel de la justice de Saint-Martin-des-Champs*, org. L. Tanon, Paris, 1877, p.193, 196, 218, 219, 228.

No caso de morte suspeita, não se pode tocar no corpo antes da chegada dos magistrados municipais, na cidade; dos agentes da alta justiça local, no campo; e do médico legista, na Inglaterra. É feito um relatório, seguido de uma investigação ao longo da qual testemunham os familiares do morto e aqueles que o conheceram bem. Não há dúvida de que o rumor público tem um papel essencial nesse procedimento, e que os parentes da vítima têm todo o interesse em fazer que a morte pareça um acidente, um crime ou um gesto de loucura, o que não é muito difícil, contanto que a comunidade aldeã se mostre solidária – o que parece ter ocorrido com bastante frequência. Na Inglaterra, as pesquisas de Barbara Hanawalt demonstraram que no século XIV as famílias se apoiam umas às outras e que os jurados encarregados da investigação e do veredito, pertencentes à comunidade local, são cúmplices de um grande número de absolvições, enquanto o médico-legista, cujo trabalho não é remunerado, é corrompido pela família com muita facilidade.[27] Em caso de culpa, os bens do morto são largamente subavaliados.

Em Beauvaisis, no século XIII, Philippe de Beaumanoir faz saber que os bens só podem ser confiscados se for demonstrado claramente o suicídio e a responsabilidade plena do morto. Assim, se ele é encontrado no fundo de um poço, é preciso levar em conta a localização deste último, o motivo que o morto teria para ir até o poço, seu estado físico e mental, a possibilidade de um desmaio que permita concluir pelo acidente. Foi o que fez um júri de Bedfordshire em abril de 1278, concluindo que o homem, doente, desfalecera. Contudo, pouco tempo depois, uma investigação real demonstrou que ocorrera de fato um suicídio.[28] No sentido contrário, com certeza basta, diz Beaumanoir, que tenham ouvido o morto dizer: "Um dia eu me matarei", para que se tenha a prova. É preciso, ainda, que essas palavras sejam relatadas. Se, apesar de tudo, o número de confiscos parece elevado, é porque a justiça pode confiscar com outro pretexto: o morto não deixou testamento.[29]

O confisco, no entanto, pode ser evitado, especialmente quando é uma mulher casada que provoca a própria morte. Às vezes, o rei concede sua graça, como em 1418, depois do suicídio de um homem que acabara

---

27 Hanawalt, *Crime and Conflict in English Communities, 1300-1348*, Cambridge (Mass.), 1977.
28 *Bedfordshire Coroners*: Rolls, Bedfordshire Historical Record Society, 1961, n.197.
29 Bayet, op. cit., p.444.

A HERANÇA MEDIEVAL

de perder os filhos, que está arruinado e cuja mulher se encontra doente.[30] No caso de Phillipe Testard, em 1278, o Parlamento concede a absolvição, embora os testemunhos não sejam verdadeiramente conclusivos. No Sul da França, a omissão do direito consuetudinário a respeito da questão do suicídio é interpretada por Albert Bayet como um indício da ausência de condenação, ao menos entre os notáveis, e influenciada pela restauração do direito romano a partir do século XII.[31]

ALGUNS SINAIS DE TOLERÂNCIA

A partir do século XIV, alguns legistas desejam abrandar o direito nos casos de suicídio. É o que faz Jean Boutillier, morto em 1395, em *Somme rural* [A Somme rural], ao defender o retorno ao direito romano. Quando existe suicídio, escreve ele, a justiça do senhor tem de fazer a investigação, e só deve haver punição se o morto se matou para escapar de uma condenação. Aplica-se, então, ao cadáver a pena que ele teria sofrido se tivesse permanecido vivo. Em todos os outros casos, ou seja, doença, "destrambelhamento" (loucura), ele deve ser enterrado normalmente:

> Se for por doença ou destrambelhamento que lhe sobrevenha de súbito pela perda da mulher, dos filhos ou dos bens, e saibam que, por essas duas maneiras, qualquer um cai em desespero e quantos há que perdem a vida, ele não deve perder o que é seu nem o corpo: não se deve considerar que ele realizou um crime que mereça a forca ou a condução à justiça pública: pois o corpo não causou nenhum mal à justiça, mas a si mesmo.[32]

---

30 D'Arcq, *Choix de pièces inédites relatives au règne de Charles VI*, t.II, Paris, 1863, p.176.

31 "Nas regiões em que vigora o direito consuetudinário, depois do renascimento jurídico do século XII são feitos esforços para que prevaleça a antiga legislação romana. Por fim, diversos textos demonstram que a jurisprudência atenua de forma inesperada os rigores do costume [...]. Isso quer dizer que o suicídio não foi punido no Sul? Creio que tal afirmação seria extremamente incorreta [...]. Estou convencido de que, às vezes, o suicídio é punido no Sul. Mas em que caso? Já que os costumes, que se dedicam, sobretudo, a salvaguardar os direitos dos burgueses, nunca tocam no assunto, é bem provável que só os integrantes das camadas mais baixas da população fossem justiçados." Bayet, op. cit., p.477.

32 Boutillier, *Somme rural*, título XXXIX, p.273.

Uma vez mais, o suicídio cuja causa é o desgosto de viver é classificado implicitamente nos casos de loucura.

Acrescentemos, por fim, que mesmo os teólogos e os moralistas, tão rigorosos em relação à morte autoinfligida, reconhecem às vezes a grandeza de alguns suicídios da Antiguidade, como os de Catão, Diógenes e Zenão. Essa é a posição de Alain de Lille e Vincent de Beauvais, que, por outro lado, elogiam a coragem dos mártires voluntários. Outros, antecipando-se às obras dos casuístas dos séculos XVI a XVIII, admitem o suicídio cristão em situações extremas; Brunetto Latini pensa que se pode morrer de fome voluntariamente em vez de roubar um pedaço de pão; Hugues de Sainte-Marie afirma que é melhor morrer de fome do que ajudar um herege. Jean Buridan e Duns Scot confirmam indiretamente que a guerra e a cruzada podem servir de substitutos ao suicídio, o primeiro ao declarar que às vezes é melhor escolher a morte do que a fuga, e o segundo ao avaliar que, em caso de homicídio, é possível, para se redimir, "expor sua vida em uma causa justa, por exemplo, em uma luta contra os inimigos da Igreja". Outros, como Guillaume le Clerc e Philippe de Vitry, reintroduzem a tese do suicídio de Cristo.[33] Por fim, nenhum teólogo ou moralista da Idade Média exige nem justifica a recusa de sepultura e as punições para o corpo do suicida.

A atitude medieval em relação ao suicídio é, no final das contas, mais cheia de matizes do que dão a entender os rituais macabros de execução de cadáveres, os textos irrevogáveis de Santo Agostinho e São Tomás, e as expressões genéricas do direito consuetudinário. É claro que, nessa época, os próprios homicidas não são tratados com carinho. As crenças populares, a religião oficial e os poderes públicos partilham o mesmo horror diante de um ato cometido ao mesmo tempo contra a natureza, contra a sociedade e contra Deus. De forma paradoxal, porém, embora o suicídio seja um ato exclusivamente humano, ele parece tão inumano que só se pode explicá-lo pela intervenção direta do diabo ou pela loucura. No primeiro caso, o homem é vítima de um desespero diabólico contra o qual a Igreja oferece o socorro da confissão; aquele que, a despeito dessa ajuda, sucumbe, é condenado ao inferno. No segundo o caso, como o infeliz não é responsável por seus atos, ele pode ser salvo. Contudo, o conceito de loucura nessa época é muito amplo; a

---

33 Bayet, op. cit., p.466.

compaixão e o temor dos familiares ajudam bastante a ampliar ainda mais o campo. Além disso, a literatura reconhece a grandeza dos suicídios por amor e pela honra, e a nobreza tinha seus próprios substitutos do suicídio direto.

O suicídio comum na Idade Média diz respeito, antes de mais nada, ao mundo dos *laboratores*, os trabalhadores. São os camponeses e os artesãos que buscam a morte, em geral depois de uma piora brutal em sua condição de vida. Os *bellatores*, os guerreiros e os nobres, não procuram a morte diretamente; os *oratores*, o clero, o fazem às vezes, mas a explicação é sempre a loucura, e os corpos não são justiçados. O suicídio inferior, o suicídio mesquinho, egoísta, o suicídio do covarde que foge das provações é sempre o da pessoa rude, do vilão, do trabalhador manual, do artesão. E isso contribui bastante para o descrédito do ato.

Ao explicar o suicídio apenas pela ação do diabo ou pela loucura, a Idade Média o transforma em um ato totalmente irracional. O suicídio longamente pensado cujo único motivo é o desgosto de viver só pode ser uma espécie de loucura: a melancolia. A Idade Média às vezes perdoa o suicídio, mas é para condená-lo mais, ao atribuí-lo ao diabo ou a uma mente descontrolada. Não existe suicídio normal.

A partir do século XV, os primeiros humanistas começam a refletir sobre outra herança, a dos Antigos, que lhes oferece uma imagem inteiramente diversa da morte voluntária. Lucrécio, Catão e Sêneca eram conhecidos dos escolásticos, mas não tinham recebido a revelação, e, portanto, sua conduta não podia fornecer um exemplo edificante. O aprofundamento dos conhecimentos sobre a Antiguidade e a admiração crescente dos humanistas por seus valores vão, pouco a pouco, alterar os pontos de vista. É necessário evocar essa herança antiga para compreender as primeiras tentativas – tímidas e, no entanto, audaciosas – de valorização do suicídio durante o Renascimento.

– 3 –

A HERANÇA ANTIGA:
SABER SE RETIRAR A TEMPO

Quando, no século XV, começam a brotar os primeiros sinais da modernidade, em meio às comoções socioeconômicas, políticas, militares, religiosas e culturais, a curiosidade inquieta dos primeiros humanistas põe-se a decifrar de novo, com paixão, a imensa herança da Antiguidade pagã. O grande questionamento das certezas intelectuais e morais que surge a partir do século XIV com a revolução occamista, ampliada pelo movimento nominalista, pelas contestações religiosas heréticas de João Wycliffe e Jan Hus, pelos cismas no interior da Igreja, pelas ousadias científicas do cardeal de Cues e de Nicolau Oresme, pelos sobressaltos da ordem feudal moribunda, pelas crises demográficas e a devastação das guerras leva os intelectuais europeus a consultar o tesouro tão longamente desprezado da sabedoria antiga.

É verdade que o pensamento cristão tem resposta para tudo: os Patriarcas, os concílios e os teólogos da Idade Média forneceram, de maneira cada vez mais precisa, as regras do saber e as normas de conduta. A esfera da moral constitui o conjunto mais sólido: os Dez Mandamentos representam o fundamento sagrado das obrigações e proibições impostas pelas autoridades e interiorizadas pelos fiéis. Objeto de reprovação unânime, as condutas desviantes são reprimidas de comum acordo pelas autoridades civis e religiosas, com plena aprovação da sociedade. No entanto, mesmo na esfera do bem e do mal, o prestígio dos Antigos leva os pensadores humanistas a se questionar quando existe uma discordância evidente com a moral cristã; os teólogos não proclamam que Deus pôs em cada ser humano, crente ou ateu, os princípios universais de conduta? Entre estes últimos, o respeito da vida humana parece o mais evidente. A proibição de matar é absoluta, salvo em alguns casos estritamente definidos, e se estende à própria pessoa. No entanto, a Antiguidade oferece aos pensadores cristãos exemplos de suicídios heroicos e de posições filosóficas eminentes que justificam esse ato. Na origem das perguntas que o Renascimento irá se fazer sobre o direito ao assassinato de si mesmo existe uma reflexão sobre a prática antiga. Os homens redescobrem, com admiração, o passado greco-romano e seus grandes homens, e não sabem o que fazer diante do suicídio de Aristodemo, Cleômenes, Temístocles, Isócrates, Demóstenes, Pitágoras, Empédocles, Demócrito, Diógenes, Hegésias, Zenão, Cleanto, Sócrates, Lucrécio, Ápio Cláudio, Crasso, Caio Graco, Mário, Catão, o poeta Lucrécio, Antônio, Cleópatra, Brutus, Cássio, Varo, Pisão, Coceio Nerva, Silano, Sêneca, Calpúrnio Pisão, Otão e muitos outros. Será que a morte voluntária de tantos personagens tão respeitáveis pode ser qualificada indistintamente de covardia indigna que leva à condenação eterna?

DIVERSIDADE DE OPINIÕES ENTRE OS GREGOS

O que diferencia essencialmente a atitude antiga da atitude medieval diante da morte voluntária é a diversidade de opiniões em relação ao princípio monolítico do cristianismo. A Antiguidade está longe de favorecer de forma unânime o homicídio de si mesmo. No mundo grego, cada uma das grandes escolas filosóficas tem uma posição específica, e todo o leque está representado, desde a oposição categórica dos pitagóricos até a aprovação indulgente dos epicuristas e estoicos.[1]

---

1 A prática e a teoria do suicídio na Grécia foram estudadas por Faber, *Suicide in Greek Tragedy*; Rist, Suicide, *Stoic Philosophy*; Willie, Views on Suicide and Freedom in Stoic Philosophy and some Related Contemporary Points of View, *Prudentia*, V, maio 1973.

A HERANÇA ANTIGA

53

Essa diversidade está presente no direito, sendo que algumas cidades preveem punições contra o corpo dos suicidas, como Atenas, Esparta e Tebas, e outras não. Em todos os lugares, porém, a prática parece muito tolerante, e a história grega é marcada por suicídios retumbantes, autênticos ou semi-lendários, pelos mais variados motivos. Suicídios patrióticos, de Meneceu, Temístocles, Isócrates e Demóstenes; suicídio por remorso, de Aristodemo; suicídio pela honra, de Cleomenes; suicídio por fidelidade a uma ideia religiosa, de Pitágoras; suicídio para escapar da decrepitude da velhice, de Demócrito e Espeusipo; suicídios por amor, de Panteia, Heroi e Safo; suicídio em defesa da castidade, de Hippo; suicídio cívico, de Charondas; suicídios filosóficos por desprezo pela vida, de Zenão, Cleanto, Hegésias, Diógenes e Epicuro. A morte de Sócrates é mais discutível, mas, apesar de tudo, pode ser comparada a um suicídio, em razão das respostas provocadoras que ele dá durante seu processo e da recusa em fugir.

Desde a época mais remota, o pensamento grego formulou a questão fundamental do suicídio filosófico. Os cirenaicos, os cínicos, os epicuristas e os estoicos reconhecem, todos, o valor supremo do indivíduo, cuja liberdade reside na capacidade de decidir ele mesmo a respeito de sua vida e de sua morte. Para eles, a vida só merece ser conservada se for um bem, isto é, se estiver de acordo com a razão e a dignidade humana, e se gerar mais satisfação que sofrimento. Caso contrário, é uma loucura preservá-la.

No interior desse esquema geral, cada corrente acentua este ou aquele aspecto. Os cirenaicos, muito individualistas, são pessimistas, e um de seus mestres, Hegésias, teria sido expulso de Alexandria por ter provocado vários suicídios na cidade. Os cínicos preconizam um desinteresse completo pela vida se ela não pode ser vivida racionalmente: para Antístenes, quem não é inteligente o bastante deveria se enforcar. Seu discípulo Diógenes leva esse princípio ao extremo. Para ele, a morte, que não se percebe quando se está em sua presença, não deve ser temida. Portanto, não se deve hesitar em se dar a morte se não é possível viver de forma racional. Para viver bem, é preciso um bom motivo ou uma corda, dizia ele. Diógenes Laércio atribui--lhe inúmeras declarações nesse sentido: "Por que você vive, se não procura viver bem?"; "Alguém lhe dizia: 'Viver é um mal'. – 'Não, diz ele, viver mal é que é'; "Ele também repetia sem parar que era preciso encarar a vida com a mente tranquila ou se enforcar"; "Antístenes chegou a exclamar: 'Ah! Quem me livrará então de meus sofrimentos?' – 'Isto', respondeu Diógenes, mostrando-lhe sua faca".

Segundo os epicuristas, a sabedoria aconselha que nos suicidemos com tranquilidade se a vida se tornar insuportável. Depois de refletir bastante, sem precipitação, podemos partir sem alarde, "como se saíssemos de um quarto cheio de fumaça". Os estoicos também recomendam um suicídio consciente, quando a razão nos mostra que ele é a solução mais digna para nos conformarmos à ordem das coisas ou quando não conseguimos mais seguir a linha de conduta que traçamos para nós. A vida e a morte são indiferentes, pois tudo é levado para dentro do universo panteísta. "O sábio pode, com razão, dar a vida pela pátria e pelos amigos e ainda se matar, se sofrer de dores horríveis, se perder um membro ou, ainda, se tiver uma doença incurável". É assim que Diógenes Laércio resume o pensamento estoico a respeito da morte voluntária, ilustrada pelo suicídio de Zenão: com 98 anos de idade, "saindo de sua escola, ele caiu e quebrou um dedo, mas, batendo no chão com a mão, ele repete o verso de Níobe: 'Já vou. Por que você me chama?'. E no mesmo instante estrangulou-se e morreu".

Os pitagóricos, pelo contrário, se opõem ao suicídio por dois motivos principais: como a alma ficou presa em um corpo depois do pecado original, ela tem de realizar sua expiação até o fim; a associação da alma e do corpo é regida por relações numéricas cuja harmonia o suicídio poderia romper, o que não impede que, segundo Heráclito, Pitágoras tenha se deixado morrer de fome por estar cansado de viver. Segundo Hermipo, ele teria sido morto pelos siracusanos quando estava fugindo: teria sido capturado pois não queria atravessar uma plantação de fava, legume sagrado, o que seria uma forma de suicídio.

NUANCES DE PLATÃO E RECUSA DE ARISTÓTELES

Restam os dois gigantes do pensamento grego que mais marcaram o pensamento ocidental, em sentidos muitas vezes opostos: Platão e Aristóteles. Ao contrário das correntes precedentes, eles consideram o homem antes de tudo um ser social, inserido em uma comunidade. Portanto, o indivíduo não deve raciocinar em função de seu interesse pessoal, mas levar em conta seu respeito pela divindade que o pôs em seu lugar (Platão) e pela Cidade onde tem um papel a cumprir (Aristóteles).

A posição de Platão é a mais flexível e indefinida, como se ele hesitasse. Sua reflexão sobre a morte voluntária foi deturpada, com o objetivo de ser reciclada, pelos pensadores cristãos, mas é bastante matizada. Em uma passagem das *Leis*, truncada pelos adversários do suicídio, Platão declara que se deve recusar a sepultura pública "a quem tiver se matado, o qual, por meio da violência, priva o Destino da sorte que lhe cabe...". Ele deveria ser enterrado no anonimato em um lugar isolado, sem nenhuma lápide. No entanto, Platão deixa claro que isso não se aplica a quem se matou "por causa de uma sentença proveniente da Cidade, nem pelos sofrimentos agudos de uma doença ocasional de cujo ataque ele não conseguiu escapar, nem tampouco porque o destino que lhe cabe é de uma ignomínia sem fim e inviável".[2] Existem, portanto, três exceções importantes: a condenação (caso de Sócrates), a doença muito dolorosa e incurável e um destino miserável, que pode abranger inúmeras situações, da penúria à humilhação. No mesmo diálogo, Platão declara, a propósito dos ladrões de templos: se você não consegue se curar de suas tendências nocivas, "assim que concluir que a morte é a melhor saída, livre-se da vida".[3]

Platão aborda a questão do suicídio em outro diálogo, o *Fédon*, no qual Sócrates discute com seus amigos antes de beber a cicuta. O mínimo que se pode dizer é que seu pensamento é extremamente tortuoso; a linguagem é tediosamente obscura e deixa os interlocutores de Sócrates desconcertados: "Que Zeus se encontre lá!", diz em um determinado momento a Cebes. Sócrates, que está prestes a se envenenar, na verdade procura mostrar-lhes que o suicídio talvez não seja desejável na Cidade, mas que a morte é tão desejável que o filósofo não pode deixar de almejá-la. Ele começa homenageando, da boca para fora, a atitude oficial: os deuses são nossos senhores, nós lhes pertencemos e, portanto, não temos o direito de deixá-los de repente. Sua "oposição" ao suicídio é anunciada por meio de um circunlóquio que diz muito sobre seu grau de convicção: "Desse modo, é provável que não exista nada de absurdo em dizer que não temos o direito de infligir a morte

---

2 Platão, *Les Lois*, IX, 873, c.
3 Ibid., 854, c.

a nós mesmos antes que a divindade nos tenha expedido uma ordem do tipo daquela que se apresenta a mim hoje".[4] Não deixa de ser uma condenação bem reticente do suicídio. Ainda mais porque ela é seguida por uma evocação lírica das vantagens da morte e de tudo que vem depois!

Antes de se suicidar, Catão teria lido duas vezes o *Fédon*, o que mostra que o sentido do texto não devia ter lhe parecido muito evidente, mas também que os argumentos contrários à morte voluntária ali presentes não são muito convincentes. Se a morte é tão desejável, se ela abre as portas a tantas delícias, é preciso um motivo muito forte para não buscá-la. No contexto cristão, o platonismo dará origem àquilo que se pode qualificar de suicídio místico: a morte de si mesmo e do mundo para alcançar, já nesta vida, a felicidade do além. Na falta do suicídio físico, os místicos porão em prática o suicídio espiritual.

Ao contrário da mensagem platônica cheia de ambiguidades, a mensagem de Aristóteles é marcada por uma brutalidade marcial: o suicídio é totalmente condenável porque é uma injustiça cometida contra si mesmo e contra a Cidade, porque é um gesto de covardia diante de nossas responsabilidades, porque se opõe à virtude. Devemos permanecer em nosso lugar e enfrentar as vicissitudes da vida com serenidade. No entanto, ao mesmo tempo, Aristóteles declara na *Ética* que o magnânimo "não é guardião de sua vida, pois ele pensa que a vida não merece ser mantida a qualquer preço".[5]

AS INQUIETAÇÕES DOS ANTIGOS ROMANOS

Entre todas as civilizações ocidentais, a romana é considerada a mais favorável ao suicídio. A importância do estoicismo entre as elites e o número impressionante de personagens célebres que deram fim à vida solidificaram essa reputação. Em sua bela obra *Le Suicide dans la Rome antique* [O suicídio na Roma antiga], Yolande Grisé apresenta uma tabela de vinte páginas que indica as referências a 314 casos de mortes voluntárias de homens e mulheres conhecidos, do século V a.C. ao século II d.C., ou seja, uma proporção

---

4 Id., *Le Phédon*, 61, c.
5 Aristóteles, *Éthique*, IV, 8, 1124 b8.

muito mais significativa do que a que se poderia encontrar na Europa de 1300 aos dias de hoje.[6]

Assim como a Grécia, o mundo romano está longe de ter uma posição unânime diante desse problema. Inúmeras nuances surgem de acordo com a época, as categorias sociais e as esferas sociopolíticas. Desde as origens, a sociedade romana se divide entre a oposição a um ato antissocial e a admiração por essa demonstração de liberdade do indivíduo, que lhe permite escapar aos abusos dos mais fortes e ao governo tirânico.

O caráter particularmente trágico desse gênero de morte, que parece desafiar o destino e a natureza, também gera uma inquietação a propósito do cadáver, que, possuído por espíritos malignos, poderia vir incomodar os vivos. É por isso que se observa, em todas as sociedades primitivas, a realização de rituais destinados a imobilizar os corpo do defunto e a mutilá-lo, a fim de torná-lo impotente. John Frazer e Louis-Victor Thomas deram vários exemplos relacionados à África:[7] os Baganda, da África Central, queimam em uma encruzilhada o corpo do enforcado junto com a árvore usada por ele, e quando as mulheres passam perto das cinzas, cobrem-nas para que o espírito do morto não possa entrar nelas e renascer; entre os Ewe, do Togo, o enforcado, amarrado ao galho no qual se enforcou, é arrastado entre os espinheiros, e o corpo despedaçado é enterrado à parte; às vezes cravam-lhe uma estaca no peito; em outros lugares, o corpo é mutilado: fêmures esmagados, orelha arrancada, mão cortada, para que o morto, humilhado e impotente, não possa mais atormentar os vivos; em outros lugares, também, o corpo é enterrado em uma encruzilhada, debaixo do leito carroçável. A Grécia antiga praticava alguns desses rituais: em Atenas, cortava-se a mão direita do suicida para que ele não pudesse mais cometer crimes, o que, como vimos, não impedia que houvesse diversos julgamentos do ato em si. Realização de rituais purificadores, expulsão do corpo para fora da comunidade depois da mutilação, eliminação das marcas de passagem para impedir que ele volte: reencontramos todas essas práticas na Idade Média, e devemos atribuí-las a um terreno comum de temor supersticioso em relação a um ato fora do comum e, portanto, sobrenatural.

---

6 Grisé, *Le Suicide dans la Rome antique*, p.34-53. Essa obra faz um balanço completo do suicídio entre os romanos e contém uma extensa bibliografia.

7 Thomas, *L'Anthropologie de la mort*, Paris, 1975.

Em Roma, embora nenhum testemunho mencione essas práticas nos primeiros tempos – a Lei das Doze Tábuas, por exemplo, não toca no assunto –, as medidas tomadas na época da realeza por Tarquínio, de acordo com o relato de Plínio, o Velho, comprovam a existência de crenças semelhantes. É por isso que Tarquínio ordena a crucificação dos cadáveres daqueles que se suicidam para protestar contra sua tirania. Trata-se, nesse caso, de impedir que os mortos se vinguem dele: pregados na cruz, em um lugar isolado e sem contato com a terra, os espíritos maléficos ficam imobilizados, e são os pássaros que, ao despedaçar o cadáver, desviam para eles o princípio maléfico.[8]

Com exceção desse caso específico, as fontes não mencionam nenhuma proibição legal do suicídio. Contrariando certas interpretações, Yolande Grisé demonstra que a Lei das Doze Tábuas não proíbe a morte voluntária e que o funeral dos suicidas transcorre normalmente. Entre os meios utilizados, contudo, o enforcamento é considerado particularmente maléfico. Os motivos são obscuros: será por causa da aparência horrível do cadáver – olhos esbugalhados, língua estendida, olhar fixo, membros retorcidos? O mais provável é que o caráter sacrílego dessa morte se explique pelo fato de que na antiga religião romana apresentava-se como oferenda às divindades telúricas vítimas mortas por asfixia, sem derramamento de sangue. Aliás, até a época moderna o enforcamento guardará uma conotação claramente pejorativa em relação ao suicídio "nobre", pela espada.

No entanto, existem duas categorias sociais em Roma para as quais o suicídio é proibido, por motivos óbvios de interesse econômico e patriótico: os escravos e os soldados. No primeiro caso, o suicídio é considerado um atentado contra a propriedade privada, e esse aspecto será essencial na servidão medieval; no segundo, o exército prevê punições para aqueles que tentam se suicidar e sobrevivem.

LIBERDADE DO CIDADÃO DIANTE DO SUICÍDIO

Para os homens livres, não existe nenhuma proibição legal ou religiosa contra o suicídio. Como a vida não é nem um dom dos deuses, nem um sopro

---

8 Grisé, op. cit., p.136-41.

A HERANÇA ANTIGA

59

sagrado, nem um direito do homem, o romano pode dispor dela como quiser. Para Cícero, o suicídio em si não é nem bom nem mau, é um comportamento "comum" cujo valor depende, antes de mais nada, dos motivos. O suicídio de Catão é o exemplo da liberdade total, pois, ao se matar sem que sua vida estivesse ameaçada, ele se colocou acima do destino. No entanto, Cícero condena outros suicídios em virtude da interpretação discutível que faz do platonismo: ele cita *Fédon* para dizer que Platão proíbe que a pessoa se mate enquanto os deuses não impuserem essa necessidade a ela, e que, na *República*, ele declara que não temos o direito de abandonar o posto que os deuses nos atribuíram. Encontramos as mesmas nuances na maioria dos historiadores romanos, que condenam alguns suicídios e elogiam outros, como o das mulheres que não querem sobreviver ao marido ou a um estupro, e o dos homens que querem escapar de uma condenação vergonhosa, de um inimigo, da decadência da velhice, da desonra.

Virgílio também divide os suicidas entre o inferno e os Campos Elísios, segundo os motivos de seu ato: neste último lugar encontramos os que se suicidaram por patriotismo, por coragem e para afirmar sua liberdade; no primeiro, os suicidas que perderam o gosto pela vida, que queriam se livrar de sua existência miserável. No entanto, eles ficam apenas na região neutra do inferno, com os bebês natimortos, os condenados à morte sob falsas acusações, as mulheres que morreram por seu amor, os guerreiros mortos em combate, e todo o grupo daqueles que, mais do que culpados, são desafortunados e vítimas.

A história romana oferece inúmeros exemplos de suicídio. Além dos casos ilustres, os suicídios anônimos com certeza foram numerosos. Escrevendo a Lucílio, Sêneca menciona os "homens de todas as classes, de todos os níveis de riqueza, de todas as idades, que, por meio da morte, cessaram bruscamente seus males". No entanto, a média de suicídios não parece superior à das outras culturas, e qualquer ideia de corrente suicidógena ou de uma "epidemia de suicídios" em Roma pertence ao campo da lenda. É certo que a frequência de mortes voluntárias célebres atinge um nível "recorde" durante as convulsões dos anos entre 100 a.C. e 100 d.C., mas se trata de um fenômeno circunscrito cujas causas – essencialmente "políticas" – são bem conhecidas, e as quais deveremos reexaminar.

De resto, Yolande Grisé organizou a lista dos motivos do homicídio de si mesmo em função das fontes históricas: suicídio por causa do ordálio nos tempos passados, quando o réu é submetido ao julgamento dos deuses e fica em uma situação de perigo mortal; suicídios lúdicos entre os gladiadores voluntários; suicídios "criminais", cometidos por aqueles que mataram outra pessoa; suicídios por vingança e por chantagem; suicídios altruístas, para salvar outras pessoas; suicídios por luto; suicídios por autopunição; suicídios de fuga, para escapar de uma situação insuportável como sofrimento físico, derrota militar, ameaça de processos judiciais; suicídios políticos por medo, desgosto, vergonha, interesse; suicídios devidos à vergonha que se segue a um estupro, cujo arquétipo é o de Lucrécia. Tito Lívio conta que a esposa de Colatino, estuprada por Tarquínio, se matou com uma facada. O episódio será evocado muitas vezes nas discussões a respeito do suicídio, tendo servido de tema artístico para inúmeros pintores, de Lucas Cranach a Rembrandt, passando por Jooss van Cleve, Ticiano e Cagnacci, além de muitos outros.

O *TAEDIUM VITAE*[9]

A atenção também se volta, em razão de sua originalidade, a outro tipo de morte voluntária, que será ignorada na Idade Média e redescoberta no Renascimento: o suicídio pelo "tédio vital". Um deles será objeto de comentários frequentes dos humanistas, o de Cleombrote, um belo jovem rico e querido que se mata depois de ler *Fédon*, desejando ir viver em um mundo melhor: outro sinal que mostra que esse diálogo platônico não era entendido como sendo contrário ao suicídio.

Esse tipo de morte voluntária aparece efetivamente na época das guerras civis e nos primórdios do Império. Na verdade, ele parece estar ligado às crises de civilização, aos momentos de alteração profunda dos hábitos coletivos e de questionamento dos valores tradicionais, das convicções morais e das verdades estabelecidas nas esferas religiosa, científica e intelectual. Suicídio dos períodos de transição entre as grandes fases de equilíbrio das civilizações, dos períodos de transformação da mente humana, suicídio dos períodos de "revoluções culturais", de uma certa maneira, como serão o

---

9 Tédio vital. (N. T.)

A HERANÇA ANTIGA

61

Renascimento, a primeira e a segunda crise da consciência europeia – de 1580 a 1620 e de 1680 a 1720 –, a era das revoluções e o final do século XX.

Ele diz respeito a uma minoria intelectual, que a reflexão sobre os destinos da humanidade conduz a um pessimismo radical sobre a natureza humana. Na Roma do século I antes de nossa era, essa angústia leva ao *taedium vitae*, ao tédio de viver:

> Diante da visão apocalíptica de um mundo que ameaçava desmoronar em meio às ruínas de Roma e ao massacre de seus cidadãos mais ilustres, um desânimo infinito tomou conta das almas e das mentes mais esclarecidas. É por isso que, desiludidos e desesperados com os horrores das primeiras guerras civis, e apreensivos com a aproximação de outras ainda mais terríveis, cidadãos em busca de evasão, de esquecimento e repouso, sem um despertar amargo nem um amanhã assustador, refugiavam-se em uma espécie de tédio mórbido e angustiado.[10]

Lucrécio, o poeta, sem dúvida é o melhor representante dessa geração de intelectuais desiludidos, torturados pela angústia existencial antes que a expressão existisse. Esse homem solitário, calmamente pessimista, mostra-se cheio de compaixão por uma humanidade corroída pelos medos – medo da morte, medo dos deuses, medo das punições, medo da doença e dos sofrimentos, dos tormentos da consciência: "Cada um procura escapar de si mesmo, sem conseguir, é evidente, se evadir, permanecendo preso a si apesar de si, e enchendo-se de rancor". Uma angústia como essa só pode ir embora junto com a pessoa. Em 55 a.C., com cerca de 45 anos de idade, Lucrécio se suicida.

Cento e vinte anos mais tarde tem lugar outro suicídio célebre, marcado por um pessimismo resignado: o suicídio de Sêneca. Ele examinou o tédio existencial de que sofrem aqueles que não encontram nem na vida pública nem nos estudos solitários a satisfação de suas paixões, de seu desejo de realização pessoal, e que, eternamente indecisos, procuram em vão fugir de si mesmos:

---

10 Ibid., p.70.

Daí esse aborrecimento, esse tédio consigo mesmo, esse turbilhão de uma alma que não tem parada, essa impaciência sombria que provoca nossa própria inação, sobretudo quando coramos ao confessar seus motivos e o respeito humano recalca em nós nossa angústia: estreitamente confinadas em uma prisão sem saída, nossas paixões se asfixiam. [...]

Daí essas viagens que fazemos sem objetivo, essas excursões ao longo da costa, e essa mobilidade sempre inimiga do estado presente, que experimenta ora o mar ora a terra [...]. Os deslocamentos se sucedem, um espetáculo substitui outro. Como diz Lucrécio: "É assim que cada um escapa sempre". Mas de que serve isso se não escapamos de nós mesmos? Continuamos sendo nós mesmos, não nos livramos dessa companhia intolerável. Convencemo-nos, assim, de que o mal de que padecemos não vem dos deuses, mas de nós, que não temos força para suportar nada: trabalho, prazer, nós mesmos, tudo que existe no mundo é um fardo para nós. Para alguns, isso leva ao suicídio: como suas eternas variações os fazem girar indefinidamente dentro do mesmo círculo e porque qualquer novidade lhes é impossível, eles são tomados pelo tédio diante da vida e do universo e sentem crescer dentro de si o lamento do coração que corrompe a alegria: Ora essa! Sempre a mesma coisa?[11]

Esse *spleen* adiante de seu tempo, típico dos períodos de relativismo, de ceticismo generalizado, de indefinição das mentes e dos valores, será desconhecido da Idade Média clássica, que, como vimos, o classificará na categoria das loucuras. Para uma época segura de si, de seu futuro e do sentido do mundo, a melancolia mórbida é incompreensível, e só pode existir em uma mente perturbada.

Aparentemente, o tédio vital não levou muitos romanos ao suicídio. É um estado d'alma no qual se comprazem os intelectuais, mas que raras vezes leva sua lógica até as últimas consequências, pois lhe faltam a energia e o espírito de decisão. Seu estado natural é justamente o de flutuar entre a vida e a morte, em uma indecisão sem fim. O próprio Sêneca se suicida por ordem de Nero, e não por tédio vital. E em sua obra, embora procure preparar o leitor para a morte, ele não o induz, de modo algum, a morrer; pelo contrário, ele aconselha que se desafie esse desejo de morrer. Não temer a morte, mas não

---

11 Passagem citada por Grisé, op. cit., p.71-2.

A HERANÇA ANTIGA

buscá-la sem motivo, como mostra sua vida. Em todos os suicídios conhecidos de sua época, são poucos os que se devem ao *taedium vitae*. Eles são sempre provocados por um motivo preciso, que vem se somar ao "tédio de viver".

VELHICE E SUICÍDIO

Enquanto o corpo e a mente gozam de todas as suas faculdades e nos permitem levar uma vida digna, não existe motivo para se matar, afirma Sêneca. Por outro lado, continuar vivendo na decrepitude e nos sofrimentos de uma idade avançada enquanto cabe apenas a nós nos livrarmos disso é o cúmulo da burrice:

> Aquele que espera covardemente a morte não é muito diferente daquele que a teme; e é preciso estar muito bêbado para, depois de beber o vinho, beber também a borra. Trata-se, porém, de saber se essa última porção da vida é a borra ou sua parte mais pura, sobretudo quando o corpo não está gasto e a mente e os sentidos prestam seu socorro habitual às funções da alma [...] Se o corpo se torna imprestável para todo tipo de uso, por que não liberar a alma que sofre em sua companhia?
>
> Conta-se nos dedos o número daqueles que morrem depois de uma longa velhice sem enfrentar nenhuma mudança ou perda pessoal. Mas muitos são aqueles que conservam a vida sem poder usufruí-la. Portanto, por que razão julgam vocês que é uma crueldade encurtá-la um pouco, sabendo muito bem que ela deve terminar um dia? Quanto a mim, não abandonarei bruscamente minha velhice; contanto que ela preserve minha integridade, vejo-a como a melhor porção de mim mesmo. Mas se ela vier perturbar minha mente, corromper seu funcionamento, se restar apenas uma alma destituída de razão, abandonarei a casa em ruínas e prestes a desabar [...].
>
> Se eu soubesse que teria de sofrer eternamente, abandonaria a vida; não por causa do sofrimento, mas por causa do incômodo que ela me traria nas atividades da vida. Na verdade, considero covarde quem morre com medo de sofrer, e tolo quem vive para sofrer.[12]

---

12 Sêneca, *Lettre LVIII à Lucilius*.

Muitos dos velhos patrícios romanos do fim do século I e início do século II, formados na filosofia estoica, aceitarão a lição. Plínio, o Jovem, relata admirado em suas cartas diversos casos de anciãos doentes que decidiram deixar a vida com dignidade: um de seus amigos, com 67 anos de idade, imobilizado pela gota, sofrendo "as dores mais inacreditáveis e mais imerecidas", acaba por se matar, o que, observa Plínio, "suscita minha admiração diante de sua nobreza d'alma". Em outra carta, ele evoca Tito Aristo, que, depois de "avaliar em sã consciência as razões para viver e para morrer", se matou. Em outra passagem, ainda, trata-se de um homem de 75 anos que sofre de uma doença incurável: "Cansado da vida, ele põe fim a ela". Ele lembra também o caso de Arria, uma romana que, para encorajar o marido velho e doente a se suicidar, dá o exemplo matando-se diante dele; ou ainda a história tocante de um velho casal de cidadãos humildes: como o ancião padecesse de uma úlcera incurável, sua mulher "aconselhou-o a pôr fim à vida, e, acompanhando-o, mostrou-lhe o caminho através de seu exemplo e sendo o instrumento de sua morte; pois, agarrando-se ao marido, ela mergulhou no lago".

OS SUICÍDIOS POLÍTICOS

O suicídio político é frequente na Roma dos anos da guerra civil e do início do Império, mas os relatos de Tácito talvez tenham lhes dado uma notoriedade exagerada.[13] Suicídios provocados pelos reveses da sorte e pelo desejo de proteger sua liberdade, dos quais o mais célebre é o de Catão, em 46 a.C.; suicídios impostos pelo poder imperial contra senadores, como o de Júlio Marino, em 32; suicídios destinados a evitar uma condenação, como o de Calpúrnio Pisão, em 20; suicídios provocados pelo desgosto diante das calamidades públicas, como o de Coceio Nerva, em 33; suicídios de generais após uma derrota, como o de Varo, no ano 9 da nossa era.

O total de mortes voluntárias entre os políticos alcança, em determinados anos, números impressionantes: 19 em 43 a.C., 16 no ano seguinte, 16 em 65 da nossa era, 12 em 66. Esses suicídios heroicos, levados a cabo por

---

13 Kany, *Le Suicide politique à Rome et en particulier chez Tacite*.

meio da espada ou pelo corte das veias, são relatados com admiração pelos historiadores romanos como exemplos da liberdade suprema dos indivíduos maiores do que seu destino: Catão, Cássio, Brutus, Casca, Antônio e Cleópatra se tornarão modelos legendários; mesmo imperadores como Nero ou Otão redimem em parte suas vidas deploráveis por meio do suicídio. A literatura fornece seu lote de mártires com Petrônio, Lucano, Sêneca. As historietas heroicas e os termos históricos atribuídos pelos historiadores a todos esses personagens ajudam a endeusar seu ato aos olhos da posteridade, do *"Paete, non dolet"* de Arria ao *"Qualis artifex pereo"* de Nero, passando pelo "Ó virtude, não passas de uma palavra!" de Brutus, e a resposta de Cipião, que acabou de se ferir com sua espada, a um soldado: "O general passa bem". No suicídio de Bonose, bêbado notório, o cômico e o humor negro também se misturam: "Não é um enforcado, é uma garrafa!".

É aos exemplos célebres desses dois séculos que os humanistas e filósofos dos séculos XVI-XVIII irão se referir. O direito romano do período imperial deixa que todos escolham livremente sua morte. Segundo Gaston Garrisson[14] e Albert Bayet, existiriam sete ou oito situações de suicídio que não acarretariam nenhum confisco de bens: os suicídios por tédio vital, pelo pesar diante da morte de um filho, pela vontade de que falem de si através de uma morte admirável, por loucura, idiotia e debilidade mental, para se esquivar da doença e do sofrimento, pelo desejo de escapar da desonra em caso de insolvência. Dito de outra maneira, todos os tipos de suicídio são permitidos, salvo no caso dos acusados e condenados que queriam evitar o confisco dos bens de sua família. O que, declara Tácito, tem como resultado a proliferação de suicídios preventivos, sob o reinado de Tibério, entre todos que se sentem ameaçados por uma ação judicial:

> Recorria-se com frequência a esse tipo de morte. Elas eram causadas pelo medo das execuções, e porque os condenados à morte eram privados de seus bens e dos funerais, ao passo que os suicidas eram recompensados pela aceleração do processo por meio dos funerais e do reconhecimento de seu testamento.[15]

---

14 Garrisson, *Le Suicide en droit romain et en droit français*, cap.III.
15 Tácito, *Annales*, VI, 29.

A popularidade do estoicismo entre as classes privilegiadas da época contribui para banalizar o gesto fatal: "O que lhe importa o caminho pelo qual entras no Hades? Eles são todos iguais", escreve Epiteto; e o imperador Marco Aurélio aconselha a morte a partir do momento em que não se pode mais levar o tipo de vida que se propôs a seguir:

> A vida que planejas viver depois de deixar este mundo, podes vivê-la aqui mesmo. Se não te deixaram nenhuma liberdade, sai então da vida, mas como alguém que nada sofre por causa disso. "Uma fumaça, e acabou." Por que considerar isso um problema? Mas enquanto nada de semelhante me perseguir, eu continuo livre, e nada me impede de fazer o que quiser.[16]

A TENDÊNCIA DE OPOSIÇÃO AO SUICÍDIO

A legislação romana endurece no século II, em paralelo ao declínio do estoicismo. Assiste-se, a partir da dinastia dos Antoninos, a uma evolução incrivelmente concomitante entre o direito e as teorias filosóficas. Assim como os cultos orientais, o neoplatonismo condena o suicídio. Para Plotino, este último perturba a alma do morto e impede que ela se desligue do corpo e alcance as esferas celestiais; no entanto, ele admite a prática do homicídio de si mesmo nos casos de sofrimento físico, dos efeitos da velhice e das provações do cativeiro. Porfírio, que tentara se suicidar e fora salvo pela intervenção de seu dono, condena toda forma de suicídio. Entre as seitas secretas cuja prática se torna mais intensa no Império, o orfismo prega que a alma, aprisionada no corpo por escolha divina, só pode deixá-lo por ordem divina.

Ao mesmo tempo, as autoridades civis, cada vez mais invasivas, já apreensivas diante da pressão bárbara sobre um império subpovoado e desejando pôr fim às evasões fiscais dos suspeitos que se matam antes de ser indiciados, estreitam o controle do Estado sobre o direito à morte livre. Os suicídios no exército são reprimidos com mais severidade. Uma lei da época dos Antoninos considera que o suicídio de suspeitos é uma confissão de culpa que acarreta o confisco dos bens. A partir do século III, o suicídio sem

---

16 Marco Aurélio, *Pensées pour moi-même*, V, 29.

A HERANÇA ANTIGA

motivo válido pode ser seguido de punições, e quem se casa com a viúva de um suicida será punido com a desonra.

Antes mesmo do triunfo do cristianismo, e por motivos estranhos aos dele, a condenação do suicídio se instala pouco a pouco no Império Romano. Quando a Igreja assume o controle, ela herda uma situação indefinida, e, como vimos, seus intelectuais irão prolongar o debate, que se torna mais complexo por causa da questão do martírio voluntário. A vitória da oposição sistemática ao suicídio a partir de Santo Agostinho é mais o resultado do contexto histórico do que a consequência de um princípio claro e fundamental da doutrina original. O fato de terem transcorrido pelo menos cinco séculos para que a teologia consagrasse tal oposição mostra bem que essa atitude não era natural.

Implantada com firmeza a partir da era bárbara e regulamentada pelos escolásticos da Idade Média Clássica, a proibição absoluta do suicídio acaba se incorporando às estruturas fundamentais do pensamento cristão. Esse fenômeno cultural deve muito à desconfiança dos pensadores cristãos medievais em relação ao paganismo antigo. A herança greco-romana, em parte perdida, em parte esquecida e em parte desfigurada, continua fornecendo modelos científicos e filosóficos, mas lhe é negado qualquer valor de referência moral. A Idade Média adota Aristóteles e Ptolomeu quando eles falam de astronomia, mas, desde a revelação cristológica, ela aceita apenas uma autoridade moral: as Escrituras, enriquecidas pela Tradição – os Patriarcas, os teólogos, os concílios e os papas. Acredita-se de bom grado na ciência da Antiguidade, mas não em sua moral, que compete aos escolásticos e ao direito canônico.

Nos séculos XIV e XV, tem início uma revolução cultural em todas as esferas da vida. A era de Copérnico é também a de Lutero e Montaigne. Os três abalam os pilares da verdade, sem conseguir derrubá-los. Depois deles, o edifício continua em pé, mas com rachaduras irreparáveis na ciência, no dogma e na moral. De início, o heliocentrismo não passa de uma suposição, o luteranismo de um cisma e o ceticismo de uma pergunta. Mas a era das certezas chegou ao fim.

Nem tudo é uma volta aos Antigos. O contraste entre a esfera das ciências e a esfera da moral é até mesmo marcante. Enquanto a ciência da Antiguidade recebe golpes dos quais não conseguirá se recuperar, sua moral se beneficia de uma retomada de interesse que irá enfraquecer os valores cristãos tradicionais. Se já não reproduzimos as explicações do universo dos Antigos, buscamos cada vez mais neles os modelos de uma conduta nobre e heroica. De Maquiavel a Montaigne, passando por Castiglione, há um acúmulo de referências aos grandes homens da Antiguidade. As perspectivas se invertem: para o Renascimento, a grandeza da Antiguidade reside na sabedoria moral de seus pensadores e na nobreza d'alma de seus políticos, não mais nos conhecimentos equivocados de seus sábios. E entre os modelos de conduta, o suicídio à antiga suscita uma admiração cada vez menos contida. Bastante simbólico a esse respeito é o sucesso do tema artístico do suicídio de Lucrécia. A ligação entre a beleza do corpo feminino e o gesto mortal é uma das ambiguidades da nova era.

SEGUNDA PARTE

O RENASCIMENTO: UMA QUESTÃO FORMULADA, DEPOIS ABAFADA

– 4 –

PRIMEIRO RENASCIMENTO: A REDESCOBERTA DO MISTÉRIO DO SUICÍDIO

O PROBLEMA DOS NÚMEROS

Alguns homens do Renascimento tinham a impressão muito clara de que havia um aumento de suicídios em sua época. Já na segunda metade do século XIV, Bocage se dizia impressionado com a frequência de enforcamentos em Florença. Muito mais tarde, Erasmo, nos *Colóquios*, pergunta o que aconteceria se as pessoas não tivessem medo da morte, em razão da rapidez com que se entregavam a ela. Um pouco mais tarde, em 1542, Lutero menciona uma onda de suicídios na Alemanha, e em 1548 o arcebispo de Mogúncia acredita ter revelado a existência de outra, enquanto Nuremberg registra catorze casos em 1569. Na mesma época, Henri Estienne declara: "Quanto ao nosso tempo, estamos cansados de tomar conhecimento de casos [de suicídios], tanto de homens como de mulheres", e Montaigne relata que, de acordo com seu pai, em Milão ocorreram 25 suicídios em uma semana.

Alguns historiadores do século XIX se deixaram impressionar por essas declarações, embora elas fossem raras e imprecisas, contribuindo para dar credibilidade à ideia de que haveria tendências suicidas específicas do Renascimento. Em 1841, Félix Bourquelot escreve a propósito dessa época: "A morte voluntária acrescenta suas vítimas às vítimas de tantas violências. Percebemos, então, que ocorre uma espécie de reação favorável a ela [...] ela se torna mais frequente".[1] Em 1877, William Lecky fala "de inúmeros fatos que indicam um aumento impressionante da morte voluntária e uma alteração não menos impressionante dos sentimentos com os quais ela era avaliada".[2] James O'Dea, considerando em 1882 que os fatos eram incontestáveis, chega até a esboçar uma explicação para eles:

> A sensualidade cada vez maior da vida, seu paganismo moral e intelectual, bem como as perturbações políticas e sociais do período, provocaram um aumento visível do número de suicídios, e não tardou a surgir uma literatura favorável a ele baseada nas ideias da Antiguidade.[3]

No ano seguinte, Gaston Garrisson escreve em sua tese: "O século XVI, apaixonado pela Antiguidade, restabelece a dignidade do suicídio. Houve casos famosos".[4] E em 1928 Ruth Cavan retoma essas ideias na obra *Suicide* [Suicídio].[5]

Desde então, a tendência historiográfica se inverteu: Albert Desjardins em 1887, Émile Durkheim em 1897, Henri Fedden em 1938 e S. E. Sprott em 1961 pensam que não existe nenhum motivo sério para afirmar que o índice de suicídios aumentou durante o Renascimento.[6]

Por fim, os estudos mais recentes, influenciados pelas exigências do espírito quantitativo da Escola dos *Annales*, mantêm-se extremamente prudentes. Robert Mandrou escreve em 1961 que, "na falta de recenseamento,

---

1 Bourquelot, Recherches sur les opinions et la législation em matière de mort volontaire pendant le Moyen Age, *Bibliothèque de l'École des Chartes*.
2 Lecky, *History of European Morale from Augustus to Charlemagne*, Londres, 1877.
3 O'Dea, *Suicide, Studies on its Philosophy, Causes and Prevention*.
4 Garrisson, *Le Suicide en droit romain et en droit français*.
5 Cavan, *Suicide*.
6 Desjardins, *Les Sentiments moraux au XVIᵉ siècle* Paris, 1887; Durkheim, *Le Suicide*; Fedden, *Suicide, a Social and Historical Study*; Sprott, *The English Debate on Suicide from Donne to Hume*.

PRIMEIRO RENASCIMENTO

é preciso deixar de avaliar, e até mesmo de dar a ordem de grandeza dessa prática";[7] e Jean Delumeau declara, por sua vez, a propósito das afirmações precedentes, que "a pesquisa histórica terá de verificar esse último aspecto".[8]

É pouco provável que ela consiga fazê-lo um dia, pois as fontes são heterogêneas, incompletas e muitas vezes subjetivas. Os diários e as recordações pessoais decepcionam, pois selecionam os casos de suicídio em função do escândalo criado e de sua sensibilidade específica. O anônimo burguês parisiense que escreve durante o reinado de Francisco I só relata dois suicídios, relacionados a notáveis: em 1525, Poncet, um jovem advogado em Châtelet, casado e pai de família, se joga no poço de sua casa, "muito aborrecido e irritado com algum processo que conduzia, ou por algum ciúme".[9] Em 1534, D'Oynville, um religioso de Ruão, se enforca "desesperado por causa de um processo que perdera, pelo qual lhe exigiam 1400 ou 1600 libras".[10]

No último quarto do século, o diário de Pierre de L'Estoile é um pouco mais prolixo, mas não constitui, de modo algum, uma fonte estatística. Seu interesse decorre, sobretudo, da análise dos casos e das opiniões emitidas, que refletem o estado de espírito do médio notável. Parece que nada mudou desde a Idade Média, nas motivações, nos meios e nas categorias sociais concernidas. Entre os notáveis, o principal motivo invocado é o desespero, às vezes sem mais detalhes, como no caso deste médico protestante em 1576: "Custos, médico de Toulouse, homem muito letrado e pomposo, e muito considerado pelos da religião, que ele professava publicamente, matou-se no vilarejo de Lardy como expressão de desespero".[11] Em 1584, perto de Étampes, um médico degola-se por causa das dívidas enormes. Pierre de L'Estoile o reprova: "Gênero de morte indigno de um grande médico e filósofo".[12]

Em um terceiro caso, o de François de Saignes, sr. de La Garde, conselheiro da Câmara Alta do Parlamento, com 45 anos de idade, que se afogará

---

7 Mandrou, *Introduction à la France moderne, 1500-1640*, Paris, 1961, p.315-6.

8 Delumeau, *La Civilisation de la Renaissance*, Paris, 1967, p.345.

9 *Journal d'un bourgeois de Paris sous le règne de François Ier*, Paris, 1854, p.327.

10 Ibid., p.436.

11 *Journal de Pierre de l'Estoile*, Collection complète des Mémoires relatifs à l'histoire de France, Paris, 1825, 18 jul. 1576.

12 Ibid., 18 abr. 1584. "O médico Malmédy degolou-se, revoltado com o sofrimento e o desespero em razão de dívidas gigantescas que o sobrecarregavam, por causa das terras que tomara do rei e das respostas e garantias importantes que ele dera, sem pensar, a várias pessoas".

para escapar da doença, "sofrendo de febre e de retenção urinária, sentindo-se humilhado com as dores constantes e nos últimos dias de vida", Pierre de L'Estoile fica indignado com a complacência das autoridades, que o fazem passar por louco para evitar o confisco dos bens que ele legara ao filho do primeiro presidente do Parlamento:

> No entanto, ele foi enterrado publicamente no coro das carmelitas com toda a pompa, na presença do primeiro presidente de Thou e de um grande número de presidentes, desembargadores, conselheiros, entre outros, em meio à boataria de que estava ardendo em febre e delirando, e também que cedera sua condição e suas vantagens a Jacques de Thou, filho do primeiro presidente, a quem ele nomeara e instituíra como seu único executor testamentário.[13]

A discriminação segundo a origem social dos suicidas é muito clara nos casos relatados por L'Estoile, já que alguns atos nitidamente provocados pela loucura são, por outro lado, punidos por meio da execução do cadáver: em 1584, a irmã Tiennette Petit, que se afoga depois de degolar uma religiosa idosa, é enforcada em Montfaucon.[14] Em 1586, Sylva, um médico piemontês preso por sodomia na Conciergerie,[15] sofre um ataque de loucura, mata um dos companheiros e fere outro. Levado ao calabouço, ele se asfixia com a camisa; ele "foi arrastado por um cavalo até o depósito de lixo, onde foi pendurado pelos pés".[16] Finalmente, L'Estoile narra o suicídio de Balduíno, chefe de um bando de espadachins italianos, preso em Bruges por tentativa de assassinato do duque de Alençon: "Temendo suplícios mais cruéis se esperasse o resultado do processo criminal ao qual queriam submetê-lo, [ele] desferiu alguns golpes no estômago com sua adaga, vindo a morrer logo depois".[17]

Essa pequena quantidade de casos não permite conhecer a frequência dos suicídios. Tomamos conhecimento, aqui e ali, de que fulano ou sicrano pôs fim à vida, como um certo Geoffroy Clouet, padre, que se enforca em

---

13 Ibid., 29 set. 1578.
14 Ibid., 25 set. 1584.
15 Prisão anexa ao Palácio de Justiça de Paris. (N. T.)
16 Ibid., 30 jan. 1586.
17 Ibid., início de agosto de 1582.

PRIMEIRO RENASCIMENTO 75

Paris, na Rua Saint-Germain-l'Auxerrois, em 1431, e cujo caso é remetido aos seus superiores eclesiásticos.[18] Henri Estienne, por sua vez, sustenta que os eclesiásticos se suicidam tanto quanto os outros.[19]

O CASO INGLÊS

Existe, contudo, um país que oferece uma fonte estatística de valor excepcional: a Inglaterra. Por isso, Michael MacDonald e Terence Murphy conseguiram realizar uma pesquisa sem equivalente na Europa continental, *Sleepless Souls:* Suicide in Early Modern England [Almas inquietas: o suicídio nos primórdios da Inglaterra moderna].[20] A escassez de fontes na Europa continental obriga a fazer referência frequentemente ao exemplo inglês, dando a impressão de que o suicídio é uma prática mais difundida na Inglaterra. Montesquieu e os filósofos do século XVIII serão vítima dessa ilusão, ajudando a divulgar a lenda do "mal inglês".

No que se refere ao Renascimento, Michael MacDonald e Terence Murphy demonstraram, justamente, o quanto os números, que indicam um aumento muito grande da quantidade de suicídios entre 1510 e 1580, deviam ser tomados com cautela. Segundo os arquivos da jurisdição real do "banco do rei" (*King's bench*), onde são julgados os casos de morte suspeita, passa-se, na verdade, de 61 suicídios entre 1550 e 1509, a 108 de 1510 a 1519; 216 de 1520 a 1529; 343 de 1530 a 1539; 499 de 1540 a 1549; 714 de 1550 a 1559; 798 de 1560 a 1569; 940 de 1570 a 1579. Em mais de 95% dos casos, os suicidas são considerados responsáveis por seu ato, *felo de se*, e seus bens confiscados. Mas esse aumento espetacular é o resultado das leis de 1487, 1509 e 1510, que aperfeiçoam o procedimento a ser seguido em caso de morte suspeita e que fornecem os recursos para pô-lo em prática. A partir

---

18 Caso evocado em *Recueil des actes, titres et mémoires concernant les affaires du clergé de France*, t.VII, Paris, 1719, p.508.

19 Estienne, *Apologie pour Hérodote*, Paris, 1879. Para ele, o orgulho está na origem desses suicídios, como no caso do ermitão Herão, que o diabo teria convencido a se jogar dentro de um poço porque ele achava que conseguiria sair por seus próprios méritos.

20 Publicada por Clarendon Press, Oxford, 1990. Juntando a uma base documental extremamente rica uma admirável prudência de julgamento, os autores transformam o livro na referência para todos os estudos sobre o suicídio entre os séculos XVI e XVIII.

daí, os médicos-legistas são responsáveis pela organização da investigação, e recebem um marco (13 *shillings* e 4 *pennies*) para cada veredito de homicídio; os bens do réu são confiscados em proveito do capelão do rei, o que representa centenas de libras por ano. Os suicídios dos comerciantes ricos são particularmente lucrativos: entre 1570 e 1600, dez dentre eles deixam mais de 100 libras cada um. Portanto, é todo o serviço público, do médico-legista ao capelão, que tem interesse na estrita aplicação da lei sobre o suicídio. A essa explicação deve-se acrescentar o clima de rivalidade religiosa que, a partir dos anos 1540, acentua, de lado a lado, a tendência à demonização do homicídio voluntário.

O exame dos relatórios revela que o veredito de *felo de se* é decretado com frequência, muito embora nenhum elemento decisivo permita comprovar que houve suicídio: por isso os afogamentos sem testemunhas, que podem representar até um quinto do total.[21] Às vezes, é possível até mesmo constatar a má-fé dos júris; é o caso de Thomas Spryngold, de King's Lynn, cuja loucura de longa data é comprovada por dez testemunhas, e que é declarado *felo de se* depois de se suicidar em 1560.[22] O índice extraordinariamente baixo dos casos de loucura – menos de 5% do total – é, em si mesmo, um sinal preocupante do caráter parcial dos veredictos. Portanto, essas fontes quantitativas não podem fornecer critérios verdadeiros sobre a tendência dos índices de suicídio no Renascimento. Aliás, como as condições locais ajudam a perpetuar diferenças visíveis, o exemplo da Inglaterra não se aplica necessariamente ao resto da Europa.

Quanto às medidas jurídicas repressivas, mais fáceis de reconhecer, parece que as regiões calvinistas da Suíça, em especial Genebra e Zurique, foram as únicas – além da Inglaterra – a endurecer sua postura, mas apenas a partir do século XVII, sendo que no geral a prática continuou bastante tolerante.[23]

---

21 Stevenson, The Rise of Suicide Verdicts in South-East England: the Legal Process, *Continuity and Change*, p.63-5.
22 MacDonald; Murphy, op. cit., p.58.
23 Schâr, *Seelennôte der Untertanen: Selbstmord, Melancholie und Religion im Alten Zürich, 1500-1800*; Haeberli, Le suicide à Genève au XVIIIᵉ siècle, *Pour une histoire quantitative*.

RETORNO DO SUICÍDIO ARCAICO NA LITERATURA

Existem, no entanto, sinais de uma transformação lenta, mas inegável. Um dos principais indicadores é a literatura, que exprime os sonhos, as aspirações, os temores e os valores mais respeitados da elite intelectual. Ora, essa elite amplia-se no Renascimento com a revolução da imprensa. As obras não se restringem mais a um público de religiosos, no caso dos tratados em latim, ou a um auditório de cavaleiros, no caso das canções de gesta e dos romances corteses. A cultura escrita torna-se acessível a uma nova franja burguesa e à pequena nobreza, que fornecem ao mesmo tempo autores e leitores. Em número muito maior, os livros refletem os sentimentos de uma camada mais importante da população. A expansão do teatro, sobretudo, permite alcançar um público muito amplo e difundir entre os analfabetos os ideais da elite.

Um dos aspectos mais marcantes é o retorno, em massa, da Antiguidade. Por intermédio de publicações e traduções de Plutarco, Tito Lívio, Tácito e Plínio, o público entra em contato novamente com os grandes suicidas heroicos da história greco-romana; as obras filosóficas estoicas e epicuristas e as adaptações das peças de Sêneca expõem, sem a mínima interferência cristã, uma moral paralela – ainda mais atraente pelo fato de estar envolta em numerosos exemplos históricos e mitológicos. A ideia do suicídio penetra sub-repticiamente o pensamento das pessoas; o véu que até então o envolvia, produzido pela vergonha e pelo medo, vai se desfazendo aos poucos, ao passo que as imagens respeitáveis de Lucrécio, Catão, Brutus e Sêneca se impõem. A partir do final do século XIV surge um conflito de valores dentro da primeira geração humanista. Em *De remediis*, Petrarca utiliza a cultura antiga para se opor ao suicídio. O diálogo alegórico de estilo medieval em que Dolor discute com Ratio expõe os argumentos antigos contra a morte voluntária: não temos o direito de desertar, é preciso encarar a dificuldade, a vida nos foi dada por Deus, matar-se é renunciar à própria natureza, o tédio existencial é escandaloso e faltou coragem a Catão. A essa obra em latim de 1366, que ainda se dirige a um círculo restrito de letrados, podemos contrapor o magnífico poema de Chaucer "The Legend of Good Women" [A lenda das mulheres virtuosas], escrito vinte anos mais tarde, que exalta os suicídios por amor de Dido, Cleópatra, Píramo e Tisbe. A tradição do suicídio por amor é, com certeza, um dos fundamentos do romance cortês, e Boccaccio menciona outros tantos em *Decameron*; contudo, a partir de então os exemplos históricos assumem o lugar das histórias romanescas, o que ajuda a lhes conferir um valor moral.

Chaucer queria assinalar que as mulheres eram tão capazes como os homens de dar prova de coragem suprema. É com o mesmo objetivo que em 1528 Baldassare Castiglione evoca o suicídio das mulheres de Sagunto, bem como numerosos exemplos antigos e contemporâneos. Exaltado nesse caso pela beleza do gesto e do sentimento, o suicídio tem, portanto, um valor moral positivo quando é provocado por motivos nobres. Verdadeiro manual de conduta do nobre renascentista, *O cortesão* consagra a passagem do suicídio da esfera romanesca para a da vida aristocrática real.

É também para homenagear a coragem feminina que, nos anos 1530, Thomas Elyot escreve *The Defence of Good Women* [A defesa das mulheres virtuosas], no qual elogia o suicídio de Pórcia, mulher de Brutus, e de Paulina, mulher de Sêneca, bem como o de várias esposas que foram fiéis até a morte. Em 1562, o *Romeus and Juliet* [Romeu e Julieta] de Arthur Brooke divide-se entre a condenação e a compaixão diante do suicídio dos célebres amantes. Sentimentos divididos também aparecem em *Le Palais du plaisir* [O palácio do prazer], de William Painter, em 1566, que menciona, sem condená-los, os suicídios de Lucrécio, Múcio Cévola, Ápio Cláudio, Panteia, Teoxenes e Póris. Embora expresse, sobretudo na França, o medo da morte,[24] na Inglaterra a poesia aborda com frequência o tema do suicídio, sempre a partir de exemplos antigos, como em *Le Miroir des magistrats* [O espelho dos magistrados], obra coletiva de 1559 que retoma o tema virgiliano da visita ao inferno, mas julga os suicidas de modo severo.

Com a capacidade de atingir um público amplo, é sobretudo no teatro que o suicídio faz uma entrada retumbante. Bernard Paulin examinou exaustivamente esse fenômeno no contexto da Inglaterra, extraindo diversas conclusões dessa análise.[25] A primeira diz respeito à frequência do tema, já que entre 1500 e 1580 são mais de trinta peças contendo um ou vários casos de morte voluntária. A segunda refere-se ao tratamento. O ambiente ainda é, em grande medida, medieval, em particular nas "moralidades", que

---

24 Martineau-Genieys, *Le Thème de la mort dans la poésie française de 1450 à 1550*, Paris, 1978.
25 Paulin, op. cit.

condenam amplamente o assassinato de si mesmo. Na maioria dos casos, o suicídio é resultado de uma vida imoral e abre as portas do inferno. Sua causa direta é o desespero. Por outro lado, nas peças com tema clássico, o julgamento é mais variado: o suicídio de Ápio é condenado em *Appius et Yirginia* [Ápio e Virgínia], escrito em 1560, mas é aprovado em *Les Guerres de Cyrus* [As guerras de Ciro] (por volta de 1576), em *Calisto et Meliboea* [Calisto e Melibea] (por volta de 1520), e seu motivo é mais a honra e o amor. A morte por enforcamento é sempre desonrosa, e o suicídio pela espada, nobre. Embora essas peças do primeiro Renascimento não façam, nem de longe, apologia ao suicídio, o número importante de casos e o surgimento de exemplos antigos admiráveis ajudam a deixar as pessoas um pouco incomodadas.

Esse constrangimento está presente em autores pegos visivelmente entre as duas morais, e que não conseguem evitar a contradição. Pierre Boaistuau refere-se, por exemplo, em *Histoires prodigieuses* [Histórias prodigiosas], de 1560, ao suicídio de Antônio como um castigo merecido, e em 1578, em *L'Histoire de Chelidonius* [A história de Celidônio], aprova os discípulos de Platão que se matam para libertar a alma mais rápido. Em 1580, o protestante Pierre de La Primaudaye, na obra *Académie françoise* [Academia francesa], fica incomodado com o contraste entre a conduta heroica de Cúrcio e Otão, "exemplo extremamente admirável de amor pela pátria", de Catão, Brutus e Cássio, autores de um "gesto de generosidade digno da grandeza de sua coragem invencível", de Temístocles e de tantos outros, e a intransigência cristã – que ele se sente obrigado a recordar de passagem, em meio aos elogios concedidos aos Antigos – "com aqueles que preferiram dar-se a morte (o que o cristão nunca deve fazer, mas suportá-la o melhor possível, se ela se apresentar a ele) em vez de realizar coisa indigna de seus valores morais". É verdade, diz ele em outra passagem, que durante esta vida a alma é prisioneira do corpo, "mas se, ao desejar ver o fim da vida, não levarmos em conta a possibilidade de nos mantermos nela, que seja feita a vontade de Deus, para que nosso tédio se afaste de todo murmúrio e impaciência".[26] Os Antigos dão exemplo de uma "admirável magnanimidade": "Embora quem teme a Deus e deseja obedecê-lo não deva se esquecer a tal ponto que, por uma vez

---

26 La Primaudaye, *Académie françoise*, Paris, 1580, p.386.

que seja, antecipe o fim de seus dias…".[27] Sim, mas a comparação foi feita, e o perigo de contágio ressaltado, em vez de exorcizado.

Entre os eruditos que ajudam inconscientemente a minar a moral tradicional disseminando de forma elogiosa os exemplos antigos, deve-se mencionar Ravísio Textor, cuja obra *Officina* [Oficina], publicada em Paris em 1520, é um verdadeiro catálogo dos suicídios de outrora. Não satisfeito de relatar ao menos 150 casos de mortes voluntárias ilustres, ele acrescenta às vezes um comentário elogioso, em particular a respeito de Lucrécio, Tráseas, Ático, Catão, Cleópatra, ao passo que Nero e Pilatos são censurados. Imbuído do mesmo espírito, meio século depois o erudito "antiquário" Théodore Zwinger retoma e completa a lista de Textor em sua obra *Theatrum vitae humanae* [Teatro da vida humana].

O romance francês de meados do século XVI sofre a influência dessas biografias. É por isso que em *L'Amant ressuscité* [O amante ressuscitado] de Valentiniano, publicado em 1555, a heroína baseia-se nas figuras de Catão, Lucrécio e Décio para perguntar: "Quem dentre vós preferiria muito mais morrer, até mesmo mil vezes, se fosse possível que isso manchasse pouco sua reputação?".

A partir dos anos 1570, os exemplos se multiplicam e o tom se torna cada vez mais favorável. Em 1578, um manuscrito inglês anônimo pergunta *Si un homme se damne en se tuant* [Se um homem se condena ao se matar].[28] A questão é tratada na forma de um processo feito contra Saul. Samuel, o acusador, levando em conta argumentos tradicionais, avalia que ele deve arder no inferno, ao passo que Saul defende sua própria causa invocando ao mesmo tempo os precedentes de Sansão, dos mártires, de Sócrates, de Catão, e lembra que não podemos julgar a conduta de nossos semelhantes; Salomão, que preside o processo, o absolve. No ano seguinte, o moralista Pierre de Lostal exprime sem meias palavras sua admiração pelos suicídios antigos em *Les Discours philosophiques* [Os discursos filosóficos]. Essas opiniões ficam restritas a uma parcela minúscula da elite intelectual. Não obstante, o fato de que se possa discorrer sobre esses assuntos por volta de 1570-1580 demonstra a importância do caminho percorrido dentro dessa camada social durante o primeiro Renascimento.

---

27 Ibid., p.140.
28 Paulin, op. cit., p.105.

PRIMEIRO RENASCIMENTO

81

SUICÍDIO: SOLUÇÃO UTÓPICA PARA OS MALES DA HUMANIDADE

Outro critério literário da evolução mental é a elaboração de mundos imaginários perfeitos, as utopias, método prático de expor teorias audaciosas ao abrigo de qualquer censura. Ora, essas invenções generosas do século XVI sugerem que a organização racional da sociedade deveria incluir o direito ao suicídio. A análise do caso de Thomas More ilustra essa contradição entre a opinião de um autor que não ousa infringir os interditos morais nos quais foi educado e a ousadia de sua criação intelectual, por meio da qual ele realiza, de maneira ficcional, suas aspirações. Em 1515, Thomas More escreve que os habitantes da ilha perfeita de Utopia podem dar-se a morte com a concordância dos padres, quando sofrem de uma doença dolorosa e incurável. O tom, nesse caso, é estoico: se um homem

> é privado de todos os prazeres e vantagens da vida, não passa de uma fonte de preocupação para os outros, prejudica a si mesmo, é um verdadeiro morto-vivo, ele não deve alimentar mais esse mal, e, considerando que sua vida não passa de um inferno, não deve ter medo de morrer, mas, pelo contrário, encher-se de esperança e livrar-se, ele mesmo, dessa vida dolorosa e miserável, como de uma prisão e de um aguilhão que o ferroa sem parar, ou aceitar que os outros o livrem; e, ao fazê-lo, ele destruirá com sua morte não sua felicidade e seu conforto, mas seu suplício [...]. Isso seria um ato piedoso e sagrado.[29]

Parece Sêneca falando: "Se eu soubesse que deveria sofrer para sempre, tiraria a minha vida".

A passagem é clara e bastante embaraçosa, tanto que as edições hagiográficas das obras do santo julgaram de bom-tom suprimi-la. Thomas More, com as precauções que toma para delimitar rigidamente esse direito à morte, mostra que sua intenção é séria: em Utopia, todos os tipos de suicídio que não são autorizados pelos padres e pelo Senado são punidos, e o corpo é jogado em uma vala comum. Nessa sociedade coletivista, o indivíduo não toma sozinho a decisão de pôr fim aos seus dias; a escolha é feita "de forma prudente, religiosa e santa". O suicídio é uma medida racional, decidida nos

---

29 More, *Utopia*, New Haven, 1964, p.108-9.

casos extremos para abreviar os sofrimentos irremediáveis. Os habitantes de Utopia praticam a eutanásia, e não existe nenhum motivo para pensar que Thomas More não esteja falando sério quando trata desse tema. Sim, Bernard Paulin observa que o chanceler de Henrique VIII faz que Hitlodeu, que exprime seu ponto de vista, diga em seu livro que "Deus retirou do homem o direito de tirar a vida, não apenas a de outrem, mas também a sua", mas essa declaração não se aplica à vida em Utopia.

Isso porque Thomas More vive em um reino cristão, e sua moral pessoal adapta-se ao ideal cristão de seu tempo. Em 1534, prisioneiro na Torre de Londres, ele rejeita a ideia de cometer suicídio e escreve *A Dialogue of Comfort against Tribulation* [Diálogo do conforto contra a Tribulação]; More declara que todo pensamento de assassinato de si mesmo só pode ser de origem diabólica, e, como Santo Agostinho, que Sansão deve ter recebido um chamado pessoal de Deus. Sua demonstração do caráter extremamente racional da eutanásia em *Utopia* é ainda mais impressionante. Como ele não foi confrontado com esse caso preciso enquanto viveu, é impossível saber o que teria escolhido: a razão ou a moral tradicional.

Na segunda metade do século, o bispo de Cádiz, Antônio de Guevara, faz declarações ainda mais surpreendentes. Nas *Epístolas familiares* de 1577, ele elogia Catão e Eleazar, mas vai ainda mais longe em *Reloj de príncipes* [O relógio dos príncipes] ao contar, em uma espécie de utopia, que bárbaros originários da Índia, que teriam feito parte do exército de Pompeu, tinham o costume de se matar sistematicamente aos 50 anos de idade, para evitar os sofrimentos da velhice: "E esses bárbaros tinham o costume de não desejar viver mais de cinquenta anos, e, por isso, quando atingiam essa idade, faziam grandes montes de madeira e acendiam o fogo, e ali se queimavam vivos, sacrificando-se voluntariamente aos deuses". O bispo fica extasiado diante desse costume, que demonstra um desprezo completo pela vida deste mundo:

> Que cada um sinta neste caso o que quiser, e condene esses bárbaros como lhe aprouver, eu não deixarei de dizer o que sinto. Ó século dourado que teve tais homens! Ó benditos, cuja memória se perpetuará, com razão, em todos os séculos futuros! Que desprezo pelo mundo! Que desinteresse por si mesmo! Que pontapé na sorte! Que açoite na carne! Que falta de consideração pela vida!

PRIMEIRO RENASCIMENTO

Oh, que freio para os depravados! Oh, que esperança para os virtuosos! Oh, que confusão para aqueles que amam a vida! Oh, que exemplo tão magnífico que eles nos deixaram para que não temamos a morte![30]

OFENSIVA DO DESESPERO E RESPOSTA CATÓLICA

Esse traço revela a tensão existente na *devotio moderna* do século XV, mas que se agravará no ambiente místico da Reforma Católica, entre o desprezo pelo mundo – que deve fazer que desejemos a morte e a beatitude do além – e a proibição de pôr fim à nossa vida. As fontes dessa tensão estão presentes nos textos fundadores do cristianismo, em especial nos Evangelhos e nas Epístolas de Paulo. Não surpreende, portanto, que a espiritualidade protestante também tenha sentido essa tensão. É por isso que Philippe de Mornay dedica *Excellent Discours de la vie et de la mort* [Discurso perfeito sobre a vida e a morte] a nos convencer que a vida nada mais é do que "uma morte contínua", que a morte é desejável porque põe fim aos tormentos dessa existência miserável. Depois, consciente do que deveria ser a conclusão lógica de sua demonstração, ele escreve: "Nessas condições, vocês me diriam, a morte é algo desejável, e para afastar-se de tantos males e entrar no gozo de tanta felicidade, deveríamos, aparentemente, encurtar a vida". Ah, não, não temos esse direito: "O cristão deve deixar de bom grado esta vida, mas não deve fugir dela com covardia". Diante dessa falta de lógica, só existe uma solução: "fazer morrer nossa carne em nós e arrancar o mundo dela", isto é, morrer para o mundo e para nós mesmos por meio de um desinteresse completo, uma espécie de suicídio espiritual que, sob vários aspectos, é um substituto do impossível suicídio físico.

Pois as agitações religiosas do primeiro Renascimento não atenuam, de maneira nenhuma, a condenação da morte voluntária, muito pelo contrário. Percebe-se até mesmo um certo endurecimento. Tanto para os católicos como para os luteranos, calvinistas e anglicanos, o suicídio é um ato diabólico, e, como tal, entra no arsenal das lutas religiosas: um grande número de suicídios no campo adversário é a prova do caráter satânico de sua causa;

---

30 Guevara, *L'Horloge des princes*, Paris, 1588, p.305.

seus partidários foram capturados pelo diabo e levados ao desespero. Cada grupo religioso fica, portanto, particularmente vigilante para reprimir o suicídio entre os seus e explorar as notícias de suicídio entre os inimigos.

Fortalece-se, no mundo católico, a explicação medieval de que a causa da morte voluntária é o desespero. Na escala dos pecados, a desesperança torna-se uma das faltas mais graves. Muito antes da explosão da Reforma, ela continua alimentando a literatura. No século XV, Alain Chartier a transforma em um personagem alegórico que, em *L'Espérance ou Consolation des trois vertus* [A esperança ou consolo das três virtudes], traça um painel das misérias da França arrasada pela Guerra dos Cem Anos, aconselhando o suicídio para evitar todas aquelas desgraças:

> Teu tempo já vai chegando ao fim e as desgraças de tua nação mal começaram. O que pensas ainda ver na vida senão morte dos amigos, rapina dos bens, campos devastados, cidades destruídas, senhorio imposto, país desolado e servidão geral? [...] Deves te arrepender um pouco por continuar vivo enquanto teu país sucumbe diante de teus olhos e a Fortuna retira a esperança e o prazer de tua vida.

Então chega a Esperança e convence o autor de que ele não tem o direito de se matar, pois isso seria desfazer a obra de Deus.

Villon também sente os ataques do desespero e faz que a Bela Armeira, agora mais velha, diga:

> *O que me possui que faz que eu em mim não confie*
> *E que, com este golpe, eu não me mate?*

No *Grand Testament* [Grande Testamento], ele afirma que, às vezes, só o medo de Deus o contém:

> *De tristeza seu coração se aperta*
> *Muitas vezes, e não fosse por Deus, que ele teme,*
> *Faria um ato horrível.*
> *Se advir que esse Deus o destrua*
> *E que ele mesmo se desfaça.*

O desespero é um dos temas favoritos dos poetas renascentistas, da *Complainte du désespéré* [Queixa do desesperado] de Du Bellay, que gostaria de ter morrido ao nascer, aos *Hymnes* [Hinos] de Ronsard:

> *... nada mais somos senão*
> *Barro com alma e sombra viva,*
> *Sujeitos às dores, à miséria e à adversidade [...]*
> *Pois tão frágeis e carentes jornaleiros somos nós,*
> *Recebendo sem descanso males sobre males a mancheias.*

Em 1538, a velha camponesa de Trechsel proclama em *Simulacres de la mort* [Simulacros da morte]:

> *Em grande sofrimento vivi longamente*
> *Tanto que perdi o desejo de viver*
> *Mas tenho para mim esta grande certeza*
> *Melhor a morte que a vida.*

Os analistas e cronistas atribuem a maioria dos suicídios comuns da época ao desespero. Até mesmo os grandes místicos são tentados pelo suicídio. Santo Inácio, oprimido pela consciência aguda de seus pecados e pela certeza de não poder ser perdoado, sentiu muitas vezes vontade de se jogar pela janela. Juan de A'vila, morto em 1569, explica como o diabo desperta em nós esse desespero que leva ao suicídio:

> O demônio, por meio de um artifício totalmente contrário ao que inspira o orgulho, [...] apresenta-nos todos os pecados que cometemos e os exagera ao máximo, a fim de nos confundir e nos desencorajar de tal maneira que, não podendo suportar tamanho sofrimento, nós caiamos em desespero. Foi assim que ele agiu em relação a Judas. Ele impediu que Judas percebesse a gravidade de seu pecado quando o levou a cometê-lo; e, depois que o cometeu, fez que Judas o considerasse tão abominável como, dadas as circunstâncias, ele de fato era, impedindo-o, ao mesmo tempo, de se lembrar da infinita misericórdia divina, o que o fez cair em desespero, e, por meio do desespero, no inferno.[31]

---

31 *Œuvres du bienheureux Jean d'Avila*, Paris, 1863, p.438.

Contra esse tipo de desespero a Igreja oferece sempre a ajuda da confissão, e os manuais sobre a arte de morrer, que se multiplicam no século XVI, dão uma atenção particular a esse perigo. Em 1470, a edição alemã de *Ars moriendi* [A arte de morrer] evoca a tentação do desespero ao representar seis diabos que, em torno do moribundo, lhe apresentam todos os pecados que ele cometeu em vida e lhe sugerem: "Mate-se". Chega, porém, um anjo, que tranquiliza o pobre homem com palavras extremamente bondosas:

> Por que te desesperas? Mesmo que tivesses perpetrado uma quantidade de saques, roubos e homicídios equivalente às gotas de água do mar e aos grãos de areia, que tivesses cometido sozinho todos os pecados do mundo, que não tivesses feito nenhuma penitência até hoje, que jamais tivesses confessado teus pecados, que não tivesses nenhuma possibilidade de confessá-los, não deves te desesperar. Pois em tal caso a contrição íntima basta.[32]

Não seria um exagero dizer que o suicídio é o pior de todos os pecados. Pregadores e teólogos o repetem, sem a mínima concessão, e essa insistência revela, a seu modo, o aumento do sentimento de angústia. No século XV, o tema é pouco frequente nos sermões. Hervé Martin encontrou-o uma única vez entre 1350 e 1520 nos textos que analisou:[33] Simon Cupersi, um agostiniano de Bayeux, pergunta em seu 44º sermão: "O suicídio é lícito?". Ele responde de forma bastante escolástica, de início pela afirmativa, citando Mateus ("Quem perder a vida por minha causa achá-la-á"), depois pela negativa, utilizando todos os argumentos tradicionais, e conclui que o suicídio é um pecado mortal.

No século XVI, os teólogos católicos são unânimes em sua postura intransigente. Domingo de Soto, em *De justitia et jure* [Sobre a justiça e o direito], de 1553, desenvolve os três argumentos clássicos reproduzidos de São Tomás: o suicídio é um atentado contra a natureza e o amor-próprio, o Estado e a sociedade, e contra Deus, que nos deu a vida. Os casos bíblicos se explicam por apelos divinos específicos. Em 1554, Barthélemy Fumus, em *Summa aurea* [Suma áurea], transforma o desespero, o suicídio, o duelo

---

32 Tenenti, *La Vie et la mort à travers l'art du XVᵉ siècle*, Paris, 1952, p.97-120.
33 Martin, *Le Métier de prédicateur à la fin du Moyen Age. 1350-1520*, Paris, 1988, p.259.

e a mutilação em pecados mortais. Em 1557, em *Del homicidio* [Sobre o homicídio], Francisco de Victoria reitera a condenação do suicídio, mas sua casuística, mais refinada e mais inteligente do que a da maioria de seus contemporâneos, admite que esse princípio suscita questões delicadas:

> Se não fosse permitido arriscar a vida pelos outros, o médico não poderia exercer a profissão em tempo de peste, nem a mulher cuidar do marido pestilento correndo um risco enorme de contágio, nem o náufrago dar a outro sua tábua de salvação, gesto, no entanto, tão louvável.

O Concílio de Trento limita-se a reiterar a proibição absoluta de matar, em virtude do quinto mandamento: "Ninguém tem autoridade suficiente sobre sua própria vida para dar-se a morte quando lhe aprouver. É por isso que a Lei não diz: 'Não matarás os outros', mas apenas: 'Não matarás'".

O casuísta Navarrus vai muito mais além, e seu manual de confissão publicado em Anvers em 1581 revela o endurecimento de tom do final dos anos 1570. Segundo ele, existe pecado mortal não apenas no caso de suicídio real, mas também por ter desejado nunca ter nascido, ter desejado sua própria morte em um rompante de cólera, ter se exposto a um perigo, ter se batido em duelo, ter se mutilado, ter se exposto ao martírio por motivos pessoais.[34]

SATANIZAÇÃO DO SUICÍDIO NO MUNDO PROTESTANTE

A severidade do mundo protestante não é menor. Para Lutero, o suicídio nada mais é do que um assassinato de uma pessoa cometido diretamente pelo diabo: "A mais de um ele quebra o pescoço ou faz que perca a razão; alguns ele afoga na água, e numerosos são aqueles que ele impele ao suicídio e a muitas outras desgraças abomináveis". Aquele que se suicida está possuído pelo demônio, o que, aliás, o torna irresponsável. Em 1º de dezembro de 1544, escrevendo a respeito de uma possuída que teria se matado, Lutero declara que o pastor que a enterrou não deve ser censurado, pois a mulher pode ser considerada vítima de um assassinato cometido por Satã.

---

34 Navarrus, *Enchiridion sive Manuale confessariorum et poenitentium*, Anvers, 1851, cap.XV.

Apesar de tudo, acrescenta, é preciso punir, pois o diabo pode se tornar cada vez mais audacioso:

> Conheço muitos casos parecidos; mas considero, em geral, que as pessoas foram mortas simples e imediatamente pelo diabo, como um viajante é morto por um bandoleiro. Pois quando está claro que o suicídio não pode ter ocorrido de forma natural, quando se trata de uma corda, de um cinto ou (como no caso mencionado por você) de um véu pendurado e sem nó, que não mataria nem mesmo uma mosca, deve-se acreditar, a meu ver, que é o diabo que enfeitiça as pessoas e as leva a crer que estão fazendo uma coisa completamente diferente, uma oração, por exemplo; e, no entanto, o diabo as mata. Não obstante, o magistrado age bem ao punir com a mesma severidade, com medo de que Satã ganhe coragem e se intrometa. O mundo bem que merece tais advertências, já que tem um comportamento epicurista e pensa que o demônio não existe.[35]

Calvino limita-se a reiterar a proibição do suicídio, como todos os teólogos e moralistas protestantes, de Henri Bulinger, em seus sermões em Zurique, a Agrippa d'Aubigné, em sua autobiografia.[36] Para Henri Estienne, lamentando em 1566 o mau exemplo dado pelos pagãos da Antiguidade, o suicida não merece mais ser chamado de cristão nem deve ser considerado uma pessoa:

> Assim é, portanto, que a maioria dos pagãos não tem dor de consciência de se livrar de si, e até mesmo quase todos os filósofos o aprovaram por seu julgamento (alguns por seu exemplo também); a cristandade, ao contrário, nunca foi lugar tão corrompido para que aqueles que foram assassinos de si mesmos não fossem exemplarmente condenados, até mesmo excluídos não apenas do rol dos cristãos, mas também dos verdadeiros homens.[37]

---

35 *Mémoires de Luther écrits par lui-même*, Trad. e org. J. Michelet, Paris, 1990, p.272-3.

36 Ele conta que tentou se suicidar em 1563, em Lyon, quanto tinha 11 anos de idade e vivia na miséria. Foi salvo por um verdadeiro milagre. (D'Aubigné, *Œuvres*, Paris, 1873, p.12).

37 Estienne, *L'Introduction au traité de la conformité des merveilles anciennes avec les modernes: Ou traité préparatif à l'apologie pour Hérodote*, t.I, cap.18, Paris, 1879.

Na Inglaterra, anglicanos e puritanos demonizam o suicídio e o utilizam como recurso apologético. Para alguns, o fato de se matar é resultado de uma intervenção divina que vem punir uma vida pecaminosa ou uma ação condenável. Desse modo, quando um londrino idoso abre o próprio ventre em 1577, Edmond Bicknoll apresenta seu gesto como o resultado do remorso por ter praticado um roubo muitos anos antes.[38] Para outros, o suicídio é obra do diabo. É o que pensa Hugh Latimer, o qual escreve que algumas pessoas são tão atormentadas pelo demônio que "elas mesmas se livram desta vida".[39] Para Andrew Boorde, médico de Henrique VIII, os endemoniados são "loucos e possuídos pelo diabo, ou pelos diabos, e têm como característica se ferir ou se matar".[40] A única maneira de curá-los é o exorcismo. Entre os papistas, quase sempre são os jesuítas que realizam esse ritual, mas os protestantes não tardam a imitá-los. Em 1574, John Foxe exorciza um estudante de Direito que tentara se suicidar várias vezes. Mais tarde, o puritano John Darrel também passa a adotar essa prática, enquanto outros utilizam amuletos ou óleo santo para proteger os depressivos que tentaram se matar.

A alegação do papel pessoal do diabo nos suicídios está presente até nos documentos oficiais e nos relatos das testemunhas, bem como nos relatórios das investigações realizadas pelos médicos-legistas, e isso até o século XVII. Portanto, a condenação do suicídio por parte dos teólogos não surpreende: para Thomas Becon, capelão do arcebispo Cranmer, o desespero está na origem da morte de si mesmo; o próprio Cranmer não tem nenhuma dúvida quanto à condenação dos suicidas ao inferno. O bispo John Hooper contrapõe a morte do desesperado à morte do santo: o primeiro comete uma afronta à misericórdia divina e, além disso, viola a lei natural que ordena que amemos a nós mesmos. Em *Acts and Monuments* [Atos e monumentos], de 1563, John Foxe condena o suicídio, embora admita que Deus é o único juiz desse ato. Em 1577, John Byshop escreve em *Beautiful Blossomes* [Belas flores] que as pessoas não têm nenhuma desculpa para se suicidar.

---

38 Bicknoll, *A Sword against Swearing*, Londres, 1579.
39 *The Works of Hugh Latimer*, t.I, Cambridge, 1844-1845, p.435.
40 Boorde, *The Breviary of Healthe*, Londres, 1552.

De passagem, esses autores utilizam a morte voluntária como um sinal da aprovação divina à sua religião. É por isso que John Foxe, ao relatar o suicídio de papistas e apóstatas, conclui que a Igreja da Inglaterra é abençoada por Deus. Como o advogado Henri Smith enforcou-se em 1559 após ter renegado o protestantismo, Foxe declara que a idolatria papista é, portanto, um fator de desespero; ele acrescenta, de maneira precipitada, que, por outro lado, "ninguém conseguiria fornecer um único exemplo de um evangelista que teria se matado ou que teria demonstrado qualquer sinal ou aparência de desespero".[41]

No momento em que Foxe escreve, está em curso na Inglaterra uma verdadeira guerra de propaganda a respeito desse tema. As paixões se concentram no célebre jurista Sir James Hales. Calvinista fervoroso, ele havia sido um dos principais propagadores do protestantismo durante o governo de Eduardo VI. A situação se inverte em 1553, com a ascensão ao trono da violenta Maria Tudor. Hales é preso e perseguido até renegar sua fé. Arrependido e sem saber ao certo o que será dele, tenta se suicidar. Stephen Gardiner, seu famoso adversário, aproveita para declarar que o gesto comprova que o protestantismo é uma "doutrina de desespero". Por outro lado, o bispo anglicano John Hooper afirma, em um tratado manuscrito, que foi depois da abjuração que Hales cedeu a Satã; portanto, o catolicismo é que seria o agente de desespero satânico. O caso assume proporções ainda maiores quando, libertado, Hales consegue levar a cabo o suicídio, afogando-se. Os autores protestantes tentam, então, salvar sua reputação. John Foxe sugere que talvez ele tenha se matado para escapar da "degradação da missa", mas o suicídio o deixa constrangido. Outros transformam Hales em um verdadeiro mártir do protestantismo.

Alguns anos mais tarde, outro suicídio retumbante oferece uma possibilidade de revanche aos protestantes. No reinado de Elizabeth, o católico Henri Percy, duque de Northumberland, é encarcerado na Torre de Londres, acusado de um complô para libertar Maria Stuart. Em 1585, após seis meses na prisão, ele se suicida com um tiro de pistola. Os católicos denunciam um assassinato, enquanto os protestantes publicam *A True and Summarie Reporte* [Um relato real e sumário], concluindo que esse suicídio era um castigo divino: "Deus, por meio de sua sentença, lhe retirara sua graça, por causa de

---

41 Foxe, *The Acts and Monuments*, Londres, 1877, p.670.

seus pecados e de sua ingratidão, entregando-o ao inimigo de sua alma, que o conduzira a essa morte abominável e horrível".

IMUTABILIDADE DO DIREITO

A origem satânica do suicídio é aceita com mais facilidade ainda pelo povo porque os rituais misteriosos, de origem imemorial, praticados no cadáver impressionam a imaginação das pessoas com um terror que evoca as forças do mal. Nesse caso, as crenças populares e as exigências pastorais do clero se juntam e se apoiam umas às outras. As autoridades eclesiásticas, ao mesmo tempo que lamentam o caráter supersticioso dessas práticas, não deixam de tolerá-las, pois elas reforçam seus ensinamentos. Os rituais de inversão, por exemplo, servem para indicar que o corpo do suicida, habitado por Satã, inverteu a ordem da criação. Portanto, o cadáver será colocado com o rosto virado para baixo, em um buraco com orientação norte-sul, em vez da orientação normal oeste-leste, posição favorável à ressurreição, cujo sinal virá do leste. A estaca atravessada no corpo também pode impedir a ressurreição, e, em todo caso, não permitirá que o suicida venha incomodar os vivos, enquanto o sepultamento em uma encruzilhada o fará hesitar, ao mesmo tempo que impressionará os fiéis que se sentirem tentados a se matar. Em 1590, o médico-legista da cidade de Londres chega mesmo a ordenar que a ponta da estaca que serviu para pregar o cadáver de Amy Stoke seja exibida para servir de exemplo. Outras vezes, o suicida é enterrado na parte norte do cemitério, junto aos excomungados e aos não batizados, de todos aqueles que foram excluídos da salvação eterna.

Na França, as penas medievais continuam sendo aplicadas, com uma severidade talvez até maior. Os corpos são arrastados com a cabeça para baixo, pendurados pelos pés, sempre em um ritual de inversão. Em 1524, o cônego de Rouen Guillaume le Conte é exumado e seus brasões são apagados. Constata-se, além disso, que em diversos casos é aplicada uma multa considerável sobre os bens não confiscados, em proveito do encarregado máximo pela justiça e dos pobres.

O direito permanece imutável. As ordenanças relevantes sobre as matérias criminais não abordam a questão, e quando se procede à compilação dos costumes locais, os juristas se comprometem, por meio de um juramento, a assinalar tudo aquilo que, nas práticas antigas, "se mostrasse rude, duro, rigoroso, irracional e, como tal, passível de ser atenuado e completamente corrigido, suprimido e revogado". Ora, ressalta Albert Bayet, nada foi assinalado como tal.[42]

Na prática, contudo, mais medidas de precaução são eventualmente tomadas para evitar injustiças. Em 1541, constata-se até que um juiz, um tenente e um procurador foram condenados em Toulouse a pagar uma multa por terem mandado pendurar o cadáver de um homem que se matara ao fugir dos agentes da justiça. É também em Toulouse que, em 1586, o presidente Du Faur manda anular um julgamento que condenara ao enforcamento e ao confisco dos bens um homem que se suicidara "sem qualquer consciência de crime". O parlamento de Toulouse é célebre por sua postura tolerante, como lembrará também no século XVIII a *Encyclopédie* [Enciclopédia], declarando que ali se diferenciava entre "aqueles que se matam por temer o suplício decorrente de seus crimes e aqueles que se davam a morte por impaciência ou por tédio vital, ou por excesso de exaltação ou de loucura". Só os primeiros eram punidos.[43] Mas mesmo em Paris os juízes não são insensíveis: em 1576, o Parlamento autoriza a viúva de La Volpillière, que se suicidara na prisão depois de ser acusado de maneira caluniosa, a provar a inocência de seu marido. Na Borgonha, o jurista Bouvot, baseando-se em dois despachos de 1502 e 1587, escreve que em caso de afogamento só poderá haver confisco de bens se "as provas forem mais claras do que o dia".

O processo de investigação parece ficar mais rigoroso no século XVI. A maioria dos juristas deixa claro que é preciso fazer um relatório detalhado referente ao local em que o corpo foi encontrado, que os barbeiros[44] devem examinar com cuidado o cadáver, que se devem buscar informações a respeito da vida e dos hábitos do defunto e das razões que podem tê-lo conduzido ao suicídio; deve-se indicar um curador do corpo, que será o defensor do defunto perante o tribunal, e convocar a família e os herdeiros. Na ausência de todas essas precauções, o julgamento não teria valor e os juízes poderiam

---

42 Bayet, op. cit., p.447-8.
43 *Encyclopédie méthodique*, t.VII, vol. *Jurisprudence*, art. "Suicídio".
44 Outrora os barbeiros exerciam às vezes a função de cirurgião. (N. T.)

ser punidos. Por sua vez, o jurista Bacquet deixa claro que os tribunais são tolerantes em relação às mulheres que se matam por "necessidade, indigência e pobreza",[45] enquanto Robert declara que em matéria de suicídio "a loucura é presumida",[46] sobretudo quando se trata de notáveis, como demonstram os exemplos tirados do diário de L'Estoile. Acrescentemos, por fim, que uma lei de Carlos V de 1551 diferencia aqueles que se matam para escapar da justiça, cujos bens são confiscados em proveito do senhor, daqueles que se suicidam "em razão de uma doença do corpo, de melancolia, de perda de consciência ou de qualquer outra enfermidade semelhante".

Em suma, o direito e a prática judicial referentes ao suicídio mudam pouco até por volta dos anos 1570. Com exceção da Inglaterra, onde a repressão aumenta em razão das leis de 1487, 1509 e 1510, os notáveis são sempre poupados, e, entre o povo, a desculpa da loucura é geralmente aceita. A Inglaterra é, desde então, um caso peculiar, onde o grande número de condenações chama mais a atenção para o suicídio. Não é por acaso que esse país assiste à ampliação de uma reflexão sistemática sobre a morte voluntária entre os anos 1580-1620, com Marlowe, Shakespeare, John Donne e Robert Burton, entre outros.

SUICÍDIO: LOUCURA OU SABEDORIA? DE BRANT A ERASMO

A penetração dos exemplos da Antiguidade no seio das elites intelectuais dá início, se não a um começo de questionamento, pelo menos a uma comparação embaraçosa entre a postura dos Antigos e a postura cristã, ainda que ela não ponha em causa a moral cristã.

O problema do suicídio também se apresenta de outra maneira, pelo viés da loucura, assunto muito em voga entre o final do século XV e meados do século XVI. Da *Nau dos insensatos* de Sébastien Brant, em 1494, aos quadros de Hieronymus Bosch e Brugel, passando pelo *Elogio à loucura* de Erasmo, em 1511, a loucura faz uma entrada muito marcante no meio intelectual e artístico. Quanto ao povo, havia muito tempo que ele se relacionava

---

45 Bacquet, *Œuvres*, VII, 17, Paris, 1688.
46 Robert, *Quatre Livres des arrests et choses jugées par la cour, mis en français*, Paris, 1611.

com ela, por meio da festa dos loucos e do Carnaval. A elite do pensamento, neste caso atrasada em relação à sabedoria popular, descobre a riqueza desse tema, tomando-o emprestado da tradição camponesa para extrair dele seu sentido profundo. O advento da loucura como tema intelectual no final do século XV pode ser comparado ao surgimento do surrealismo nos anos 1920: nos dois casos, trata-se de uma reação desesperada diante de uma angústia existencial. André Breton e seus concorrentes proclamam o desprezo total por um mundo absurdo cujo contrassenso acaba de explodir entre 1914 e 1918; Hieronymus Bosch e Sébastien Brant exorcizam o pânico resultante da peste negra e das guerras, que inaugurara o triunfo do macabro em todo o Ocidente. A loucura é ao mesmo tempo refúgio, fuga e explicação de um mundo vazio e absurdo. O mestre da história da loucura, Michel Foucault, caracterizou assim esse amplo movimento dos anos 1490:

> Nos últimos anos do século, essa enorme ansiedade gira sobre si mesma; o deboche da loucura toma o lugar da morte e de sua seriedade. Da descoberta dessa fatalidade que reduzia inevitavelmente o ser humano a nada, passou-se à contemplação arrogante desse nada que é a própria existência. O terror diante desse limite absoluto da morte se interioriza em uma ironia contínua; ele é desarmado previamente; ele mesmo se torna irrelevante.[47]

A loucura é também uma das máscaras da morte, como ilustram bem os quadros de Bosch e Brugel, a exemplo de *Margot, a louca*, em 1563. O louco já está morto para si mesmo e para o mundo. Além disso, a loucura é ao mesmo tempo uma desculpa e uma fuga diante do problema lancinante do pecado, que corrói a geração de Lutero. Perseguida pela miséria, pela morte, pela obsessão com o pecado e o inferno, a humanidade embarca na nau dos insensatos.

Contudo, de resposta absurda aos problemas angustiantes da existência, a loucura se transforma rapidamente em crítica racional dos comportamentos humanos absurdos. De Sébastien Brant a Erasmo, a perspectiva se inverte: no primeiro, "buscar a morte é loucura, pois a morte com certeza nos encontrará", ao passo que o segundo se pergunta: "Quem são, em seu íntimo, aqueles que, por tédio vital, deram-se a morte? Não estariam eles

---

47 Foucault, *Histoire de la folie à l'âge classique*, Paris: Gallimard, 1972, p.26.

próximos da sabedoria?". Brant avalia que é preciso estar louco para se suicidar; Erasmo, que é preciso estar louco para continuar vivo. Para convencer-se disso, diz ele, basta

> ver todas as calamidades a que está sujeita a vida dos homens, a miséria e a imundície de seu nascimento, as dificuldades da educação, as violências a que está exposta sua infância, o suor ao qual é forçada sua idade madura, o fardo da velhice, a dura exigência de morrer, depois, ao longo de toda a vida, a enxurrada de doenças que o toma de assalto, os acidentes que o ameaçam, as desgraças que deitam raízes nele, as torrentes de ódio que encharcam todas as coisas, sem falar dos males que o homem inflige ao homem: pobreza, prisão, desonra, humilhação, torturas, emboscadas, traição, injúrias, processos, velhacarias [...]. Veja bem, para mim, o que aconteceria se todos os homens fossem sábios: seria preciso um barro novo e um Prometeu novo para moldá-lo.[48]

É a loucura que, "por meio da ignorância, da inconsequência, algumas vezes do esquecimento dos males, outras, da esperança do bem, ou vertendo em seus prazeres um pouco de mel", afasta as pessoas do suicídio. Aliás, acrescenta Erasmo, vejam o exemplo dos verdadeiros sábios, os da Antiguidade, os de Catão, Diógenes, Brutus. Com um tom leve, afetando ironia, o gracejo é extremamente ousado e revela a penetração sub-reptícia de uma reflexão moral renovada. Erasmo confirma o que poderia parecer apenas uma *boutade* em seus *Aforismos*, nos quais trata de maneira elogiosa os suicídios antigos.

O NOVO SUICÍDIO: DESEJO DE ABSOLUTO (FAUSTO) E DE GLÓRIA

Em paralelo, o Renascimento assiste ao surgimento de um novo motivo de desespero, uma causa potencial de suicídio desconhecida na Idade Média. De modo paradoxal, esse motivo decorre de um excesso de otimismo humanista. Encontramos sua manifestação no pintor Dürer:

---

48 Erasmo, *Éloge de la folie*, XXXI.

Nós queríamos saber muito e possuir a verdade sobre todas as coisas. Mas nossa mente obtusa não é capaz de alcançar a perfeição da arte, da verdade e da sabedoria. Nossos conhecimentos estão baseados na mentira, e as trevas nos envolvem de maneira tão impiedosa que, mesmo avançando com prudência, tropeçamos a cada passo.

A imensa fome de saber dos humanistas, seu programa rabelaisiano de educação, sua sede de conhecimento universal levam os mais ansiosos à constatação inevitável dos limites estreitos da mente humana. A Idade Média atribuía a Deus a ciência universal. O Renascimento conseguiu convencer alguns que o homem humanista estava em condição de alcançá-la. A desilusão não poderia ser mais amarga: soara a hora de Fausto. Em 1588, Marlowe irá encenar uma das obras mais importantes do século. "Para Fausto, o que importa justamente são os limites da condição humana em meio aos quais ele se sente confinado", escreve Bernard Paulin. "O Fausto de Marlowe não nega Deus, ele se afirma diante dele".[49] Daí seu fracasso, que leva à tentação do suicídio. Como um novo Adão, Fausto tentou se igualar a Deus por meio do conhecimento, e a descoberta da futilidade desse conhecimento o leva a se voltar para o diabo. Decepcionado mais uma vez por ele, só lhe resta a morte:

Meu coração está tão endurecido que eu não consigo me arrepender. Mal posso apelar à salvação, à fé ou ao céu sem que um eco terrível ressoe em meus ouvidos: Fausto, estás condenado ao sofrimento eterno. Então, espadas, punhais, veneno, pistolas, cordas e floretes envenenados se oferecem a mim para que eu me mate.[50]

Mefisto aproveita-se desse desespero e lhe oferece um punhal, enquanto o remorso clama: "Onde estás, Fausto? Miserável, o que fizeste? Estás condenado às penas eternas, condenado. Desespera e morre".[51] Reencontramos aqui o tema medieval do desespero provocado por Satã. Mas o instrumento utilizado é outro: o ardil diabólico é a sedução do conhecimento, armadilha tipicamente humanista. Já estamos entrando na fase sombria dos anos 1580.

---

49 Paulin, op. cit., p.241.
50 *Le Docteur Faustus*, II, 629-34.
51 Ibid., II, 1285-6.

As grandes mudanças sociológicas e culturais do primeiro Renascimento criam um contexto que ajudou a desbloquear a reflexão sobre o suicídio. À admiração pela Antiguidade deve-se acrescentar a evolução do pensamento militar, que impõe ao nobre um novo código de conduta: incorporado a um exército real ou principesco estruturado, sua honra consiste em exercer bem o cargo que lhe é confiado. A guerra não é mais o belo jogo de outrora, no qual se estava mais interessado em capturar cavaleiros para obter resgate do que em matar. Doravante, a captura e a derrota significam a desonra, à qual alguns preferirão a morte, equiparando-se também, com esse gesto, à postura dos heróis da Antiguidade. Os exemplos se multiplicam no século XVI: em 1523, o almirante francês Guillaume Gouffier, sr. de Bonnivet, responsável por erros crassos em Pavia, corre em direção ao inimigo para ser morto; a mesma atitude do duque d'Enghien em 1544, na batalha de Cerisolles; é também um verdadeiro suicídio que comete Hervé de Portzmoguer, comandante da *Cordelière*, quando, em 1513, prefere morrer a se render durante um combate encarniçado contra o *Régent*, levando com ele 1.100 marinheiros; em 1591, Richard Grenville pretende imitá-lo por ocasião de uma batalha naval contra os espanhóis, mas a equipagem não o acompanha. No final do século, o barão d'Allègre, amigo de Bayard, vai voluntariamente ao encontro da morte para se juntar aos dois filhos, que haviam acabado de morrer em combate.

A honra, da qual o cortesão se sente devedor, também conduz Philippe Strozzi ao suicídio, em 1538. Ele escreve em seu testamento: "Foi por ter me visto diante da fatalidade de prejudicar meus amigos, minha família e minha honra que tomei a única decisão que me restava (embora a mais cruel para a minha alma), de atentar contra minha vida". Em 1453, John Talbot, conde de Shrewsbury, morre com o filho na batalha de Castillon ao liderar uma carga desesperada; Brantôme cita um mestre de armas que se suicida depois de ter sido tocado duas vezes por um aluno, e, sem deixar de recordar expressamente que ninguém deve se matar, proclama que "a coragem e a alma generosa são dignas de todos os elogios"; em 1541, o pintor Rosso Fiorentino se mata de remorso por ter submetido à tortura um de seus amigos.

Essas exigências da honra são sentidas pelas mulheres, o que é outra característica do Renascimento: o avanço da dignidade da mulher nos ambientes cortesãos, que passam a contar com um número muito maior de mulheres, é acompanhado de novas exigências, em particular um comportamento mais independente. Os homens admiram Catão, e as mulheres elogiam Lucrécia. No manual *O cortesão*, Castiglione cita várias mulheres que a imitam, entre as quais algumas moças pobres: uma camponesa italiana que se afoga depois de ter sido violentada, outra que faz o mesmo antes de ser violentada por soldados gascões. Henri Estienne conta que uma mulher se enforcou porque um carmelita abusara dela, e o jesuíta Mariana demonstra sua admiração por uma espanhola que se matou para não cair em tentação. Brântome, é claro, vê com reserva tais histórias, mas ele é ao mesmo tempo moralista e cínico: "Não é permitido que uma mulher se mate de medo de ser violentada ou depois de tê-lo sido, caso contrário ela cometeria pecado mortal". No entanto, ele relata vários casos sem condená-los. Quanto àquelas que se dão a morte depois do falecimento do marido, Brântome observa que são em número muito pequeno, e que deveriam se basear no quinto mandamento e no fato de ter filhos a criar para continuarem vivas. E, ao narrar o suicídio de Madallena de Sozia, que acabara de assassinar o marido, ele a desaprova: teria sido melhor que ela "tivesse deixado passar um bom tempo".

AVANÇO DO INDIVIDUALISMO E CONTESTAÇÃO DOS VALORES TRADICIONAIS, FATORES DE ANGÚSTIA

O Renascimento assiste também a um aumento do individualismo burguês nas esferas dos negócios, da religião e da cultura. O capitalista principiante reivindica mais liberdade de escolha e começa a rejeitar os entraves corporativistas; ele deseja um contato mais direto com Deus, uma fé interiorizada e profunda; ele afirma sua personalidade por meio de seus gostos, sua moradia, seus móveis, suas leituras e seu retrato. Porém, quanto maior a autonomia, maior a instabilidade. Durkheim mostrou, justamente, que a frequência de suicídios é inversamente proporcional ao grau de integração social. O grupo estruturado protege através dos laços que ele cria: a corporação, a família e a comunidade religiosa são alguns dos escudos contra a tentação do homicídio de si mesmo. No Renascimento, o homem de negócios rompe os laços corporativistas, o nobre rural se isola em razão dos cercamentos, as práticas comunitárias declinam, a influência protestante individualiza a reflexão religiosa, enfraquece as estruturas horizontais em proveito das estruturas verticais, que ligam cada um diretamente a Deus, através da interpretação pessoal das Escrituras. Sim, não estamos no século XIX, e continua existindo um enquadramento rigoroso por meio da linhagem, da paróquia e da família. No entanto, a desagregação está em marcha desde o final da Idade Média: o humanista, o letrado e o comerciante encontram-se sozinhos diante de seus problemas, suas inquietações e angústias, pois os livros não substituem as relações humanas.

O gosto pelo segredo acentua ainda mais essa solidão. Encerrado em seu gabinete de trabalho com seus livros e suas esferas, o pesquisador procura sozinho, descobre sozinho e guarda para si as descobertas: Leonardo tem suas cadernetas secretas e sua escrita invertida; Fernel faz questão de trabalhar sozinho e não quer dever nada a ninguém; Tartaglia recusa-se a enviar a Cardan seu método para resolver as equações de terceiro grau; Kepler não obterá nenhuma informação de Tycho Brahe, que afirma não dever nada a Copérnico. Este último só publicará as conclusões de seu célebre sistema depois de anos de hesitação. Devido à preocupação em evitar críticas injustas, por temer os ataques, pela impossibilidade de provar a exatidão de suas conclusões, cada pesquisador cultiva sua verdade, com todo o cuidado e, por vezes, de maneira agressiva. Não são raras as personalidades insatisfeitas no mundo científico, por exemplo Cardan, Paracelso e Cornélio Agrippa. E essa instabilidade às vezes os leva ao suicídio, como foi o caso de Jérôme Cardan. Esse matemático-astrólogo de temperamento caprichoso é um admirador dos Antigos; tendo refletido várias vezes sobre os suicídios antigos, ele escreveu o seguinte em 1542: "Não é menos heroica a morte daqueles que não têm esperança em uma vida futura do que aqueles que acreditam na imortalidade da alma". Seu pai se matou em 1524; ele o imita em 1575, em razão de uma história obscura relacionada a um erro dos cálculos astrológicos.

À solidão vêm se somar as incertezas culturais e materiais. O Renascimento assiste ao questionamento de todos os valores. Todas as normas são contestadas e todas as hipóteses são testadas. As certezas são questionadas e os conhecimentos são subvertidos na geografia, na cosmologia, na economia, na política, na religião e nas artes. A América, o heliocentrismo, a inflação, o absolutismo, o protestantismo: nesse universo cultural movediço, só as mentes superiores conseguem discernir as linhas de força. As outras desconfiam, refugiam-se no relativismo, até mesmo no ceticismo, que precisam dissimular, pois, diante da novidade, as autoridades não tardam a endurecer a repressão. Isolados e desorientados, esses intelectuais também se veem muitas vezes em uma situação de penúria, à beira da miséria, forçados a mendigar uma mesada a algum mecenas rico. É esse contexto que leva o humanista Bonaventure Despériers ao suicídio, em 1544. De mente aberta, nos limites do ateísmo, ligado ao ambiente rebelde protestante do círculo de Margarida de Navarra, admirador dos Antigos e em especial de Sêneca, cujas obras traduz, esse intelectual original e pessimista, suspeito, mergulha no desespero quando sua protetora o abandona. Ele se lança sobre a espada, e o encontram trespassado de lado a lado.

Por fim, o Renascimento traz, com a inquietação religiosa, outra causa para o suicídio. É verdade que Lutero e Calvino são contrários à morte voluntária. Tanto um como outro dispõe de recursos intelectuais e espirituais suficientes para se proteger dela; porém, será que ao libertar os fiéis da tutela opressiva da Igreja eles não puseram em seus ombros uma responsabilidade que alguns não tinham condição de suportar? O livre exame, a livre interpretação, a consciência aguda da degradação humana e de seu caráter irrevogável, a predestinação, a eliminação do recurso tranquilizador da confissão, tudo isso não seria motivo de desespero para as mentes sensíveis? Na Escócia, por exemplo, registraram-se diversos casos de suicídio depois de sermões proferidos por pregadores presbiterianos.[52]

O início das lutas religiosas cria situações propícias ao suicídio. Em primeiro lugar, quando ocorrem abjurações. Como vimos, foi o caso do jurista inglês James Hales, em 1553, e de seu compatriota, o advogado Henri Smith, em 1559. Em seguida, o clima de guerra religiosa faz renascer a mística do martírio voluntário. Denis Crouzet ressaltou recentemente o aumento das angústias escatológicas a partir dos anos 1520, causa de fúrias assassinas libertadoras, nas quais se busca a morte dos outros e de si mesmo.[53] A isso vêm se juntar os efeitos da vaga astrológica que invade a Europa no mesmo

---

52 Buckle, *Introduction to the History of Civilisation in England*, Londres, 1904, p.707.
53 Crouzet, *Les Guerriers de Dieu:* La violence au temps des troubles de religion. Vers 1525-vers 1610, Paris, 1990. 2v.

período: Henri de Fines prevê o dilúvio universal para 1564; Roussat publica em 1550 o *Livre de l'estat et mutation des temps, prouvant par authorite: de l'Escripture saincte et pour raisons astrologales la fin du monde estre prochaine* [Livro do estado e da mudança dos tempos, provando por meio da autoridade das Escrituras e por motivos astrológicos que o fim do mundo está próximo]; uma conjunção planetária catastrófica é prevista para 1564; Nostradamus multiplica as profecias catastróficas. Esses textos, junto com as pregações inflamadas de alguns religiosos, aumentam a tensão, que tenta se libertar em um acesso de violência, associando o sacrifício pessoal ao massacre dos hereges: "Se alguns de nós ali morrerem, nosso sangue será para nós como um segundo batismo, pois sem nenhum pecado iremos direto para o paraíso junto com os outros mártires", pode-se ler no juramento da cruzada católica de 1568 na Borgonha. A "pulsão de cruzada", segundo a expressão de Denis Crouzet, é uma forma de pulsão de morte, para os outros e para si, em um banho de sangue purificador.

A admiração pelo suicídio pagão à moda antiga, combinada com o sentimento cristão de que a vida é um dom de Deus e de que a sua é a verdadeira fé, produz uma mistura curiosa. Encontramos uma demonstração disso no testamento de um homem – Strozzi – lavrado na véspera do dia em que ele se degolou: "Recomendo minha alma a Deus, suplicando que ele aceite lhe atribuir (na falta de qualquer outra graça) o mesmo lugar em que se encontram as almas de Catão e de tantos outros homens virtuosos que professaram a mesma fé".

A mesma incoerência é demonstrada por Benvenuto Cellini, um aventureiro genial curioso e instável. Assassino, dissoluto, praticante da necromancia, sua vida agitada não tem nada de edificante, e suas relações com a moral são das mais incoerentes. Em 1539, condenado à prisão perpétua, ele tenta se suicidar depois de ler a Bíblia, como relata em suas *Mémoires* [Memórias]:

> Pus-me a ler e estudar profundamente a Bíblia. Ela me entusiasmou a tal ponto que, se pudesse, não teria parado de ler; mas assim que o esclarecimento me faltou, todas as minhas desgraças me tomaram de assalto e me deixaram tão desesperado que resolvi eu mesmo tirar-me a vida. Como não me deixaram nenhuma faca, estava difícil realizar esse propósito. No entanto, consegui instalar, com a ajuda de um enorme tronco de madeira, uma espécie de

catapulta que, ao cair sobre minha cabeça, a esmagaria. Assim que eu terminei essa máquina, preparei-me para pô-la em funcionamento.[54]

O gesto lhe parece natural, e em momento algum ele pensa nas proibições religiosas. Salvo por seu carcereiro, ele se arrepende candidamente:

> Ao procurar aquilo que poderia ter me impedido de executar meu propósito, pensei que deveria ser meu anjo da guarda. Na noite seguinte, um ser maravilhoso apareceu-me em sonho na forma de um jovem de fascinante beleza. Ele me disse em tom de censura: "Sabes quem te confiou este corpo que querias destruir antes da hora?". Pareceu-me ter lhe respondido que eu o recebera do Deus todo-poderoso. "Tu desprezas, portanto, as suas obras", prosseguiu, "já que desejas destruí-las? Deixa que ele te guie e não percas a esperança em sua bondade." Ele acrescentou um monte de coisas admiráveis das quais minha memória só reteve a milésima parte. Não demorei a me convencer de que aquele anjo me dissera a verdade.

Conduta desconcertante, quase infantil, de um homem que guardou uma espontaneidade medieval, mas que, ao mesmo tempo, é testemunha de uma época em que os nobres valores clássicos se relativizaram. Depois de se recompor, Benvenuto começa a escrever um diálogo entre sua alma e seu corpo sobre o suicídio.

> Comecei então a escrever, o melhor possível, nas páginas em branco que havia em minha Bíblia, um diálogo no qual meu corpo censurava meus espíritos por quererem deixar a vida. Estes alegaram seus sofrimentos como desculpa, e o corpo os reanimou prometendo-lhes um futuro melhor. Aliás, eis aqui o diálogo:
> – Meus espíritos aflitos, a vida tornou-se, então, tediosa a vós?
> – Se o céu te abandona, quem poderá nos amparar e nos ajudar? Deixa, deixa-nos alcançar uma vida melhor!
> – Não partam ainda! Pois o céu lhes promete que sereis mais felizes e alegres do que nunca.

---

54 Cellini, *Mémoires*, Paris, 1953, p.260.

PRIMEIRO RENASCIMENTO

– Ficaremos ainda por algum tempo, contanto que o Deus todo-poderoso te conceda a graça de não cair mais em desgraças piores.

Depois de buscar dentro de mim esses consolos, senti-me revigorado e continuei lendo minha Bíblia.

Em 1795, dois séculos e meio depois, outro ser desgarrado, desprovido, ele também, de qualquer bússola moral, se suicidará na prisão nas mesmas circunstâncias: Cagliostro.

Além disso, o Renascimento conviveu com todos os tipos comuns de suicídio, causados por sofrimento, miséria, paixão, ciúme, loucura e medo das torturas. O índice médio de morte voluntária do Renascimento decerto não foi mais elevado do que o da Idade Média, mas se fala e se escreve sobre o assunto muito mais do que antes. Se a grande maioria das opiniões continua contrária a ele, o simples fato de que muitos autores tenham considerado necessário condenar o suicídio é sintomático. Desde Santo Agostinho, a morte de si mesmo, catalogada entre os homicídios, não era mais motivo de controvérsia. Classificada na categoria dos pecados mortais induzidos pelo diabo, ela só podia ser desculpada pela loucura; e se, na prática, essa desculpa normalmente era invocada para evitar confiscos e execuções de cadáveres, a condenação de princípio do suicídio era unânime e absoluta.

Os contemporâneos do primeiro Renascimento descobrem a complexidade desse ato aparentemente aberrante, e sua importância como revelador de um comportamento individual. Não se trata ainda de uma reabilitação, mas de um começo de questionamento. O que era evidente no passado se transforma em uma pergunta. Todos estão convencidos de que o cristão não tem o direito de se matar; mas e o suicídio dos grandes homens da Antiguidade, não é admirável? E, se for, em que se baseia a diferença entre a sabedoria deles e a nossa? Perguntas feitas mais por intelectuais do que por moralistas. Estes últimos, porém, sentindo o perigo, reafirmam abertamente o caráter satânico do suicídio; na Inglaterra, a repressão se intensifica.

Alguns autores começam até mesmo a fazer inventários, organizar listas, anotar os casos curiosos. O suicídio é utilizado às vezes para desacreditar o adversário: circulam rumores sobre os suicídios hipotéticos de Alexandre VI e de Lutero. A morte voluntária sai do esquecimento. No entanto, ela continua sendo objeto de debate intelectual até por volta de 1580. "Ser ou não ser?": a pergunta é feita por volta de 1600. É a única que vale a pena fazer, dirá Camus. De Montaigne a John Donne, reflete-se sobre ela sem se encontrar a resposta. Mas para as autoridades, para os "responsáveis" civis e religiosos, essa pergunta já é, em si mesma, um crime e um sacrilégio que põem em perigo a existência das sociedades humanas e da criação. É preciso reprimir essa pergunta fundamental, pois fazê-la já é começar a se entristecer. A Igreja e o Estado têm o dever de reagir, de reprimir e de encontrar substitutos a ela.

– 5 –

SER OU NÃO SER? A PRIMEIRA CRISE DA CONSCIÊNCIA EUROPEIA (1580-1620)

SHAKESPEARE, *HAMLET*, 1600

Ser ou não ser – eis a questão. Será mais nobre sofrer na alma pedradas e flechadas do destino feroz ou pegar em armas contra o mar de angústias – E combatendo-o, dar-lhe fim? Morrer, dormir; só isso. E com o sono – dizem – extinguir dores do coração e as mil mazelas naturais a que a carne é sujeita; eis uma consumação ardentemente desejável. Morrer – dormir – dormir! Talvez sonhar. Aí está o obstáculo! Os sonhos que hão de vir no sono da morte quando tivermos escapado ao tumulto vital nos obrigam a hesitar: e é essa reflexão que dá à desventura uma vida tão longa. Pois quem suportaria o açoite e os insultos do mundo, a afronta do opressor, o desdém do orgulhoso, as pontadas do amor humilhado, as delongas da lei, a prepotência do mando, e o achincalhe que o mérito paciente recebe dos inúteis, podendo, ele mesmo, encontrar seu repouso com um simples punhal? Quem aguentaria fardos, gemendo e suando em uma vida servil, senão porque o terror de alguma coisa após a morte – o país não descoberto, de cujos confins jamais voltou nenhum viajante – nos confunde a vontade, nos faz preferir e suportar os males que já temos, a fugirmos pra outros que desconhecemos? E assim a reflexão faz todos nós covardes. E assim o matiz natural da decisão se transforma no doentio pálido do pensamento. E empreitadas de vigor e coragem, refletidas demais, saem de seu caminho, perdem o nome de ação [...].[1]

Esse texto, o mais famoso da literatura mundial, data de 1600. Shakespeare disse tudo nessas poucas linhas: os imperativos e os limites da condição humana justificam que se prolongue a vida? Tudo concorre para fazer do monólogo de Hamlet uma peça atemporal e universal: a personalidade misteriosa do autor, bastante desconhecido por trás da fachada do nome; a simplicidade do dilema, que contrasta com a impossibilidade de decidir; o movimento interno do texto, que alterna fluxo e refluxo, que exprime tão bem a teia de esperanças e decepções próprias da condição humana. Esta última não é um emaranhado de dores e frustrações – humilhações, injustiças, sofrimentos sentimentais, dores físicas, fracassos injustificados, todo tipo de desprezo e de indiferença da parte dos poderosos, dos governos, dos orgulhosos? É esse acúmulo que transforma cada existência "numa sombra movediça, um pobre artista que gesticula em cena por um instante e depois não se ouve mais. A vida é uma história contada por um idiota, cheia de som e de fúria, sem sentido algum",[2] diz Macbeth. Essa vida, tão absurda e penosa, por que não dar cabo dela imediatamente, mergulhando assim no sono eterno? Apenas porque temos medo do desconhecido; não medo da morte, mas medo do que pode vir depois. Nossa consciência e nossa imaginação nos protegem do suicídio, e ficamos suspensos entre a vida e a morte.

Jamais a tentação básica do suicídio havia sido expressada com tanta sinceridade. Hamlet é Shakespeare? Pouco importa, pois, para além do indivíduo Shakespeare, o que conta é que a pergunta tenha sido formulada, e que seu eco extraordinário não tenha parado de ressoar até os dias de hoje. Hamlet é um ator: todos nós somos atores; ele se encontra entre a loucura e a lucidez: esse é o destino de todos. Sua questão é a questão do ser humano.

---

1 Shakespeare, *Hamlet*, III, 1 [Tradução de Millôr Fernandes].
2 Id., *Macbeth*, V, 5.

SER OU NÃO SER? 107

Um texto atemporal e universal, como demonstra seu grande sucesso. E, no entanto, um texto profundamente localizado no tempo e no espaço: 1600, na Inglaterra. Para melhor compreender essas frases afiadas como navalha, para sentir todo o seu poder de penetração, a ladainha deprimente das frustrações humanas, a angústia da escolha impossível, é preciso lê-las na língua original, com as sonoridades tão expressivas do inglês antigo que nenhuma tradução no mundo é capaz de produzir: *"To be or not to be* [...] *to die, to sleep; no more* [...] *who would fardels bear, to grunt and sweat under a weary life, but that dread of something after death, the undiscovered country, from whose bourn no traveller returns...".*

A tentação do suicídio em *Hamlet* é a expressão mais acabada de uma preocupação que marca o pensamento inglês e europeu durante os anos 1580-1620. Em quarenta anos, o teatro inglês encena mais de duzentos suicídios em uma centena de peças:[3] esse número revela por si só um "fenômeno social", uma atração feita ao mesmo tempo de curiosidade e de inquietação por parte do público. Os espectadores do final do século XVI e início do século XVII adoram mortes voluntárias.

Esse fato é confirmado por uma sequência de textos que, pela primeira vez, tomam o suicídio como tema central de reflexão, questionando as proibições tradicionais a fim de analisar as motivações e o mérito desse ato à luz da razão e dos exemplos antigos. Em 1580, Philip Sidney, no romance "filosófico" *The Countess of Pembroke's Arcadia* [A Arcádia da condessa de Pembroke], organiza uma discussão entre partidários e adversários do suicídio.[4] De 1580 a 1588, Montaigne dedica um grande número de páginas dos *Ensaios* ao problema do suicídio, em particular um capítulo inteiro, "Costume da ilha de Céos". Em 1588, Marlowe publica *Fausto*. Em 1601, Pierre Charron, em *De la sagesse* [Sobre a sabedoria], se inspira em Montaigne e no estoicismo para defender a prática do suicídio racional. No mesmo período, Piccolomini organiza debates públicos na Itália sobre o assunto. Em 1604, Justo Lípsio discute o suicídio estoico em *Manuductio ad stoicam philosophiam* [Manual da filosofia estoica] e escreve um tratado completo de apologia do suicídio, *Trasea*, mas o destrói com medo das reações. Em 1607, Francis Bacon, em seu

---

3 Paulin, op. cit.
4 Sidney, *The Countess of Pembroke's Arcadia*, Oxford, 1973.

ensaio sobre a morte, examina os suicídios, sem jamais condená-los. Por volta de 1610, John Donne dedica um livro inteiro ao suicídio: *Biathanatos*. Em 1609, Duvergier de Hauranne também aborda o tema em *Question royale* [Pergunta real], e, de maneira surpreendente à primeira vista, o futuro abade de Saint-Cyran justifica alguns suicídios. Em 1621, Robert Burton analisa com atenção, em *Anatomy of Melancholia* [Anatomia da melancolia], o processo do suicídio por desespero religioso. Além disso, uma grande quantidade de obras de ficção, tragédias, romances, bem como tratados de moral, abordam o problema. É a primeira vez na história ocidental que se constata tamanho interesse pelo suicídio.

No entanto, o Renascimento declinante não está obcecado com a morte voluntária. As pessoas não se matam nem menos nem mais do que antes, e os textos consagrados a essa questão são em número muito pequeno em relação ao conjunto total de publicações. Apesar de tudo, porém, o fato é admirável, pois até então o suicídio, ato evidentemente tão condenável como o homicídio de um terceiro na moral e no direito, não era objeto de qualquer discussão. A certeza se transforma em pergunta. Estamos na época do "Que sei eu?" de Montaigne. Antes de examinar os motivos e as reações que o questionamento da condenação do suicídio provoca nos meios religiosos, políticos e jurídicos, vejamos como ele se manifesta.

AS PERGUNTAS DE SIDNEY E DE MONTAIGNE

O comportamento suicida chama mais claramente a atenção dos filósofos ensaístas, dos moralistas e dos pensadores laicos. Depois dos questionamentos do primeiro Renascimento, é chegada a hora dos estudos sistemáticos. Não se trata, de maneira nenhuma, de fazer a apologia do suicídio, e sim de tentar compreendê-lo, o que inevitavelmente leva a diferenciar, matizar e desculpar. De modo geral, a postura cética sai vencedora. Os herdeiros do humanismo não conseguem chegar a uma decisão. Incansavelmente, eles alinham os argumentos favoráveis e contrários, mas são incapazes de concluir.

No romance *Arcadia*, de Philip Sidney, o herói, Pyrocles, que se encontra em uma situação crítica depois de ter sido descoberto na cama com sua amante Filoclea, quer se suicidar para dar um basta a todos os aborrecimentos previsíveis. Entre ele e Filoclea tem início uma discussão sobre a morte voluntária, durante a qual são expostos todos os argumentos conhecidos. Para Pyrocles, o suicídio é, no caso deles, um mal menor que resolverá todos os problemas. É o argumento estoico: o bem da "natureza geral" deve prevalecer sobre o bem da "natureza privada". Morro feliz e sem medo, ele acrescenta, já que é para o seu bem; não temer a morte nos protege do desespero; a vida é curta, abreviá-la em alguns anos não muda muita coisa; é louvável morrer por uma boa causa. Ao que Filoclea responde, curiosamente, com argumentos que são mais aristotélicos e platônicos do que cristãos: Deus nos pôs em nossos corpos como um soldado dentro de uma fortaleza, e não devemos desertar; o suicídio é um gesto de covardia e pode camuflar sentimentos nocivos. Pyrocles não cometerá suicídio, mas é vencido pelo amor de Filoclea, não por seus argumentos, que parecem bastante frágeis. A moral tradicional é salva, mas de maneira pouco convincente.

Montaigne se situa em outro patamar. Como humanista que é, e procurando evitar os preconceitos, ele analisa atentamente a solução do suicídio. Sabemos que a morte é, para ele, uma preocupação constante; é ela que, ao mesmo tempo, dá valor à vida e a transforma em vaidade. Podemos esperar essa morte ou antecipá-la, e Montaigne tenta compreender

> aqueles de todos os sexos e condições e de todas as seitas e séculos mais felizes que nunca deixaram de esperar a morte, ou buscaram-na voluntariamente, e a buscaram não apenas para pôr fim aos males desta vida, mas alguns para fugir do tédio de viver, e outros pela esperança em uma condição melhor em outro lugar.[5]

É uma questão intrigante: ele lhe dedica um parágrafo do *Journal de voyage* [Diário de viagem], cerca de trinta passagens dos *Ensaios*, além de um capítulo grande, "Costume da Ilha de Céos", verdadeiro tratado do suicídio, no qual introduz nove anexos em 1588 e dezenove em 1592 – a edição póstuma de 1595 trará mais dois.

Visivelmente analisado, estruturado e composto, o conjunto é uma análise sistemática feita com total independência de espírito, mesmo se o autor

---

5 Montaigne, *Essais*, l, 14.

recorda no início, talvez por precaução, que seu único guia é "a autoridade da vontade divina". A primeira parte expõe as doutrinas antigas favoráveis ao suicídio, com tamanha força de convicção e com métodos tão bem elaborados que revelam uma aprovação inegável: "O sábio vive tanto quanto deve, não tanto quanto pode"; a natureza nos deu um belo presente: "Ela previu uma única entrada para a vida, e cem mil saídas"; "Se vives triste, a causa é a covardia. Para morrer, basta querer"; "A morte é a receita para todos os males"; "A morte mais voluntária é a mais bela"; "A vida depende da vontade do outro; a morte, da nossa"; "Para as doenças mais fortes, os remédios mais fortes"; "Deus nos dá um aviso prévio claro quando nos deixa em tal condição, que o viver é pior do que o morrer"; não sou condenado como ladrão ou incendiário quando roubo minha própria bolsa ou ponho fogo em minha casa: por que seria condenado como homicida quando tiro minha própria vida?

Depois desses argumentos de ordem racional, basicamente à moda da Antiguidade, Montaigne recapitula os motivos de oposição ao suicídio. Motivos religiosos: Deus é o senhor da nossa vida, ele nos pôs no mundo para sua glória e para que sirvamos aos nossos semelhantes; não nascemos para nós mesmos, e não temos o direito de desertar. Motivos sociais: as leis nos proíbem de dispor da nossa vida. Motivos morais: a virtude e a coragem exigem que enfrentemos os males. Motivos filosóficos: a natureza exige que amemos a nós mesmos. Matar-se para evitar os males deste mundo é incorrer em um mal ainda maior. Refugiar-se no não ser não pode significar um aperfeiçoamento, pois não estaremos mais em condição de tirar proveito dele. O nada não é uma solução, é a negação de tudo:

> Depois de deixar de existir, quem se alegrará e sentirá essa mudança por ele? A segurança, a indolência, a impassibilidade, a privação dos males desta vida, que compramos pelo preço da morte, não representam nenhuma vantagem. É por nada que evita a guerra quem não pode gozar a paz; por nada que foge da pena quem não pode saborear o repouso.[6]

---

6 Ibid., II, 3.

Depois dos raciocínios que não resolvem nada, os exemplos concretos. Montaigne sabe muito bem que o suicídio não é uma questão de moral abstrata a respeito da qual podemos discutir em termos absolutos para chegar a conclusões universais; é uma questão de moral em situação. É uma solução que se apresenta a um indivíduo confrontado com um contexto difícil cujas dimensões totais só ele pode avaliar, no mais fundo de seu ser. Vistos do exterior, os suicídios dos outros aparecem como mais ou menos justificados, segundo o ponto de vista em que nos colocamos. Depois de passar em revista grande quantidade de exemplos famosos, pagãos e cristãos, e de exprimir sua opinião sobre cada um deles, Montaigne não oferece uma solução geral. A pessoa só pode tomar uma decisão quando ela mesma se vê confrontada à situação: essa é a lição dos *Ensaios*.

Em seu inventário dos suicídios célebres, Montaigne quase sempre é admirativo, mas às vezes também é crítico, e até mesmo irônico. Seria melhor que Brutus e Cássio tivessem ficado vivos para defender seu ideal; o duque d'Enghien agiu de forma muito precipitada em Cérisolles, antes mesmo de estar certo da derrota. Quanto aos suicídios decorrentes de estupro, Montaigne tem uma visão bastante masculina, até mesmo pícara, da questão. Para ele, é impossível que a vítima não sinta um certo gozo e, seja como for, diz ele, em vez de se matar, seria preferível que ela aproveitasse, como aquela mulher que, "tendo passado pelas mãos de alguns soldados", declara: "Deus seja louvado, pelo menos uma vez na vida eu me refestelei sem pecar!".

Não corramos ao encontro do suicídio por motivos fúteis, e saibamos tirar o máximo de prazer da vida. "Nem todos os inconvenientes merecem que se queira morrer para evitá-los: e depois, como existem tantas mudanças repentinas nas coisas humanas, não é de bom alvitre julgar até que ponto estamos exatamente no fim da nossa esperança." O suicídio só é realmente justificado quando se está agonizando, em caso de dor física intensa e incurável, ou para evitar uma morte cruel: "A dor e a pior das mortes parecem os incentivos mais justificáveis". Eis aí uma conclusão ao mesmo tempo estoica e epicurista, de simples bom senso.

Em seu caso pessoal, Montaigne, que sofre de cálculos renais extremamente dolorosos, espera a morte. Medo dessa "região misteriosa de onde nenhum viajante jamais voltou", como Hamlet? Não sabemos. Como quase todos aqueles que escreveram sobre o suicídio e que relataram suas perplexidades, Montaigne não se suicidou. Como se falar do suicídio servisse ao mesmo tempo para exorcizá-lo.

DE CHARRON A BACON: O SUICÍDIO ANALISADO

As perguntas de Montaigne transformam-se em afirmações na pena de seu amigo Pierre Charron, que publica em 1601 *Livres de la sagesse* [Livros da sabedoria]. Esse padre estoico se inspira tanto em Sêneca quanto em Jesus Cristo, e retoma os argumentos do prefeito de Bordeaux, que ele conheceu ali em 1589. Porém, por ser teólogo, ele os transforma em um sistema: a morte voluntária é permitida e racional se for o resultado de uma decisão longamente refletida e motivada:

> Não se deve recorrer a esse gesto extremo sem um motivo muito relevante e justo, para que ele seja, como dizem, uma solução e uma partida louvável e racional. [...] É um grande sinal de sabedoria conhecer o local e decidir a hora de morrer; todos têm algum motivo para morrer: alguns o antecipam, outros o retardam. Existe fraqueza e coragem em ambos, mas é preciso ser discreto. [...] Existe o tempo certo de colher o fruto debaixo da árvore: se permanece ali muito tempo, ele estraga e apodrece, e teria sido muito lamentável não tê-lo colhido antes.[7]

Charron não teve a ocasião de refletir sobre seu próprio caso, já que morreu de apoplexia em 1603, mas seu livro causou escândalo entre o clero. O que se podia tolerar em Montaigne, a título de reflexão pessoal e de questionamentos, não podia ser admitido em um pregador conhecido, além de vigário importante de Cahors. Seu livro entrou no *Index* em 9 de setembro de 1605, enquanto os *Ensaios* só tiveram essa honra em 28 de janeiro de 1676.

Em 1595, Pierre de Dampmartin, em *La Fortune de la cour* [A sorte da corte], também reflete as questões de sua época. Sem se dar ao trabalho de raciocinar, ele apenas se contradiz, criticando Catão e declarando, por um lado: "Direi mais, que há quem considere corajosos aqueles que, por não

---

7 Charron, *Livres de la sagesse*, II, 11, 18.

SER OU NÃO SER?

poderem esperar a mudança da situação, correram ao encontro da morte [...] cuja opinião não posso compartilhar, assim, atribuo isso à falta de coragem e de confiança".[8] Por outro lado, ele transforma em modelo a coragem de Perseu e de Otão, que redimem suas culpas por meio de um suicídio heroico.

Transitando o mais próximo possível do catolicismo e do calvinismo, o humanista flamengo Justo Lípsio é, visivelmente, um partidário da posição estoica a respeito da morte voluntária, que ele apresenta de maneira bastante simpática em 1604.[9] Aplicando o antigo método escolástico da tese e da antítese, ele desenvolve com vigor os argumentos favoráveis ao suicídio, antes de refutá-los de maneira rápida e formal. A artimanha não engana o olhar vigilante do *Index*. Aliás, em sua correspondência ele se exprime de maneira mais livre: "Que covardia sofrer tantas mortes e não morrer". Assustado com a própria audácia, ele resolve destruir o manuscrito de seu tratado sobre *Thraseas*, que talvez tivesse sido a primeira apologia do suicídio filosófico.

É uma dissertação sobre a filosofia estoica que, em 1606, também fornece a Scioppius um pretexto para se maravilhar diante dos suicídios heroicos, sobretudo o de Catão.[10] Na mesma época, Honoré d'Urfé, romancista e moralista, diferencia, em *Epistres morales* [Epístolas morais], de 1598, os suicídios covardes dos suicídios heroicos. Em relação aos primeiros, só existe desprezo: "Já que considerais a morte mais suave do que as dores das feridas, ide para a tumba! E já que a servidão vos parece mais bela do que o combate, sede escravos!". Os últimos, dos quais o modelo continua sendo Catão, dão prova de "coragem e magnanimidade". Honoré d'Urfé encarna a moral aristocrática do "homem íntegro", que assume o lugar do cortesão e cuja palavra de ordem é a honra. A condição humana comporta inúmeras obrigações, mas não nos condena a suportar tudo. As pessoas não são "obrigadas a aguentar todas as indignidades que o destino lhes faz ou lhes prepara". Existem situações em que é preciso saber dizer não e morrer, em vez de se sujeitar a uma humilhação degradante e desumana. E no gigantesco romance *L'Astrée* [A Astreia], lançado em 1607, Honoré d'Urfé põe essa moral em prática; vários personagens se suicidam por amor, com as bênçãos do autor.

---

8 Dampmartin, *La Fortune de la cour*, Liège, 1713, p.345.
9 Justo Lípsio, *Manuductio ad stoicam philosophiam*, Anvers, 1604.
10 Scioppius, *Elementa philosophae stoica moralis*, Mogúncia, 1606.

A Inglaterra elizabetana e jacobina parece bastante receptiva a essas ideias. A polêmica sobre o suicídio tem início no reinado de Henrique VIII, no contexto da rivalidade entre calvinistas e anglicanos e diante da ofensiva real de confisco sistemático dos bens das vítimas. É verdade que os pregadores competem entre si para transformar o suicídio em obra do demônio, mas um dos efeitos de sua campanha é chamar a atenção para esse ato e estimular a reflexão dos intelectuais a respeito do assunto. Aos textos dos Antigos vêm se juntar, no início do século XVII, as traduções de obras francesas como os *Ensaios*, em 1603, e a *Sagesse*, de Charron, em 1608. Em 1607, o futuro chanceler Francis Bacon fala do suicídio sem condená-lo em um de seus *Essays* [Ensaios] sobre a morte. Mais tarde, em 1623, em *The Historie of Life and Death* [A história da vida e da morte], ele analisa o suicídio de maneira neutra e científica a partir da experiência de um homem que tentou se enforcar para descobrir qual era a sensação no momento da transição: "Ele respondeu que não tinha sentido nenhuma dor, mas que no começo tinha visto fogo ou chamas, depois uma espécie de névoa verde-escura e, por fim, uma cor azul-marinho, miragens habituais durante o desmaio".[11]

O *BIATHANATOS* DE JOHN DONNE

O resultado dessa série de obras sobre o suicídio é um livro extraordinário, escrito por volta de 1610 por um capelão anglicano da corte da Inglaterra, doutor em teologia pela Universidade de Cambridge, professor de teologia na Lincoln's Inn, a célebre escola de direito de Londres: o *Biathanatos*. Seu autor, John Donne, é ao mesmo tempo humanista, pregador e teólogo, receptivo a todas as correntes de opinião da sua época. Não se trata nem de um marginal nem de um excêntrico, mas de um pastor anglicano responsável, o que confere ao tratado uma seriedade inegável.

O subtítulo anuncia o tema de forma bastante constrangida, por meio de uma dupla negação: *Que o homicídio de si mesmo não é tão inevitavelmente assim um pecado que ele nunca possa ser seu contrário (That self-homicide is not so naturally sin that it may never be otherwise)*. Dito de outra maneira: o suicídio pode ser

---

11 Bacon, *The Historie of Life and Death*, Londres, 1638, p.274.

justificado. Trata-se, com certeza, do primeiro tratado dedicado inteiramente a uma reabilitação do suicídio. John Donne tem consciência de sua audácia e responsabilidade, e, assim como Lípsio, por pouco não destruiu o original: "Fui tão longe na ideia de destruí-lo que faltou pouco para que o queimasse", ele escreve em 1619 a Sir Robert Ker. Aliás, ele se recusa terminantemente a publicá-lo, limitando-se a fazer circular algumas cópias entre os amigos de confiança. No exemplar que deixa para o filho, Donne escreve: "Nem imprimir, nem queimar", e no que confia a Sir Robert Ker: "Um livro escrito por Jack Donne, não pelo dr. Donne". O livro só será impresso dezesseis anos após sua morte, em 1647. No século XVIII, David Hume usará da mesma prudência em relação ao seu tratado sobre o suicídio.

Prudência não é, certamente, o termo exato. John Donne sabe que infringe um tabu e tem medo de ser responsabilizado pelos suicídios que seu livro provocaria. Pois uma coisa é manifestar publicamente a admiração por Brutus e Catão, figuras quase míticas por sua ancestralidade; outra é demonstrar que o suicídio é um ato que não viola nem a natureza nem a lei divina, e que ele não deveria ser penalizado. John Donne multiplica assim as precauções, assegurando que não faz, de modo algum, apologia ao suicídio, além de declarar que se recusa a especificar quais seriam as circunstâncias concretas que autorizam o suicídio: "Abstive-me voluntariamente de alongar este discurso para incluir exemplos e regras particulares, tanto por não ousar atribuir-me o papel de mestre em uma ciência tão especial, como porque seus limites são imprecisos, íngremes, escorregadios e estreitos, e que o erro ali é fatal".[12]

No entanto, acrescenta, chegou a hora de ter a ousadia de "testar a resistência do material" e de "nos libertarmos da tirania desse preconceito". Sua decisão está relacionada à convergência entre uma das preocupações culturais de sua época e uma situação pessoal dolorosa. John Donne tem a impressão de que fracassou na vida, no casamento e na profissão. Ele se torna uma pessoa melancólica e pensa na morte, cuja ideia perpassa toda a sua obra. Apesar da forma escolástica, *Biathanatos* não é um exercício de estilo. Será que John Donne teria sofrido tanto para escrever e para esconder seu tratado se ele fosse apenas um jogo intelectual? Seu livro está profundamente enraizado

---

12 Donne, *Biathanatos*, p.193.

em sua vida e seu tempo; na mesma época, um jovem padre católico, Duvergier de Hauranne, que em breve será abade de Saint-Cyran, também aborda, embora de maneira menos audaciosa, casos em que o suicídio é permitido.

Uma das grandes ousadias de John Donne, que contrasta com todas as abordagens precedentes, é que ele reflete sobre a questão do suicídio no interior mesmo do cristianismo. Em vez de tergiversar, raciocinando a partir de Catão, Lucrécio ou Sêneca, ele se situa de imediato dentro da teologia cristã, utilizando apenas argumentos religiosos e racionais. O ataque é frontal: consideramos uma evidência que o suicídio é o pior dos pecados; ora, se examinamos os argumentos que sustentam essa "evidência", constatamos que o suicídio não pode ser um pecado grave, e é possível até que nem seja pecado. Seja como for, não temos o direito de julgar que esta ou aquela pessoa está condenada às penas do inferno porque se matou; além disso, muitas ações que condenamos hoje estavam autorizadas na Bíblia.

O livro de John Donne se divide em três partes: o suicídio é contrário à lei da natureza, à lei da razão, à lei divina?

Contrário à lei da natureza? Então deveríamos condenar todo tipo de mortificação, todas as práticas que visam "domar" nossa natureza. A natureza própria do homem é a razão, é ela que nos diferencia dos animais. Portanto, é a razão que deve nos esclarecer sobre o que é bom ou mau para nós. Às vezes, pode ser mais racional se matar. Além disso, as pessoas se matam em todos os lugares e épocas, o que indica que esse ato não é tão contrário à inclinação natural como se pretende afirmar.

Contrário à lei da razão? A razão é o que orienta as leis humanas. Ora, algumas leis, em especial as romanas, não condenam o suicídio, e o próprio direito canônico nem sempre o condenou. Alguns teólogos, como São Tomás, afirmam que o suicídio prejudica o Estado e a sociedade, pois lhe retira um membro útil. Mas não poderíamos dizer o mesmo de um general que vira monge ou de um emigrante? De novo, o excesso de mortificações pode ser um verdadeiro suicídio disfarçado, que nenhuma lei condena. Portanto, podemos abrir mão da vida em troca de um bem superior.

Contrário à lei divina? O pastor anglicano não tem nenhuma dificuldade em demonstrar que não existe qualquer passagem bíblica condenando o suicídio. É verdade que existe o "não matarás", mas, se desconsideramos os milhões de homicídios cometidos na guerra e nas execuções capitais, por que não faríamos o mesmo em relação aos suicídios, muito menos numerosos? O martírio voluntário não é um suicídio? A morte de Cristo, baseada no exemplo do bom pastor, não é um suicídio típico? Quanto ao argumento de Santo Agostinho de que Sansão teria recebido um chamado divino, ele não passa de suposição.

JOHN DONNE, UM CONTEMPORÂNEO DE GALILEU

John Donne quer demonstrar que a condenação do suicídio decorre de uma falsa evidência, e que ele está longe de ser o pecado supremo descrito pela teologia medieval e moderna. É um remédio "salutar nas doenças desesperadoras, embora seja outro tipo de veneno". No entanto, *Biathanatos* não terá muito sucesso, com certeza em razão da forma rebarbativa, porém ainda mais em razão do conteúdo: pouquíssimas pessoas se dão ao trabalho de examinar o livro, que é precedido de uma sinistra reputação; ele queima nas mãos até mesmo daqueles que compartilham suas ideias, mas não querem se comprometer fazendo-lhe referência. Aliado incômodo, *Biathanatos* será utilizado apenas por alguns libertinos.

Ser ou não ser continuará sendo uma questão. Toda tentativa de dar uma resposta precisa demais quebra seu encanto, o qual repousa na indefinição melancólica e romântica que mascara, com uma bruma misteriosa, os abismos vertiginosos que a mente pressente sem conseguir imaginar. John Donne foi longe demais, situando-se, com sua ousadia, além daquilo que sua época queria ouvir. Apesar de tudo, seu livro continua sendo um dos testemunhos marcantes de uma época que questiona os valores tradicionais e procura novos parâmetros. Assim como seu verdadeiro contemporâneo Pierre de Bérulle, John Donne faz referência à nova astronomia de Copérnico, Giordano Bruno e Galileu. A revolução astronômica marcou a espiritualidade do início do século XVII; ela ajudou a abalar os sistemas tradicionais e a dar origem a novas certezas, do mesmo modo que a relatividade espacial e temporal do início do século XX irá provocar um cisma cultural e moral. É nesse mesmo momento, nos anos 1610, que Galileu, nascido em 1564, demonstra cientificamente o heliocentrismo; que Pierre de Bérulle, nascido em 1575, concebe a espiritualidade cristocêntrica, fundada na nulidade do ser humano; que Jacob Boehme, também nascido em 1575, prepara seu misticismo baseado no "abismo", na oposição entre o "ser" e o "nada". Nascido em 1572, John Donne afirma que a liberdade do ser humano é grande o bastante para permitir que ele escolha livremente entre a vida e a morte. Existe aí mais do que uma coincidência: uma crise cultural, que será resolvida pela geração seguinte, a geração de Descartes, Pascal e Hobbes.

DUVERGIER DE HAURANNE JUSTIFICA ALGUNS SUICÍDIOS

A reflexão sobre o suicídio é um dos sinais dessa crise. Querem outro exemplo? Em 1609, Henrique IV submete a seu círculo mais próximo a seguinte pergunta: é permitido que um indivíduo sacrifique sua vida para salvar a do rei? Um jovem religioso bearnês que acabara de ser admitido na corte, Jean Duvergier de Hauranne, começa então a escrever um tratado intitulado *Question royale*, no qual ele afirma que, em certos casos, não apenas é permitido, mas é também um dever dar sua vida.

Para chegar a essa conclusão, o futuro Saint-Cyran começa demonstrando que o suicídio não é necessariamente condenável em si mesmo. Assim como John Donne, ele procura, antes de mais nada, "retirar, de algum modo, a anomalia" que "tornamos indissociável do ato" do suicídio. O assassinato e o suicídio só são atos condenáveis se "os consideramos em si mesmos, inteiramente nus e desprovidos de todas as relações que os valorizam e que imprimem neles a integridade da virtude moral".[13] Dito de outro modo, o suicídio deve ser julgado em situação, e não em teoria. Não pode ocorrer que o suicídio de alguém que se encontre nessas circunstâncias seja lícito? Particularmente se ele ajuda a salvar um indivíduo indispensável do Estado. Tal ato não seria nem contrário à natureza nem à razão, como acontece com o soldado que explode a torre que deve defender. Sacrificar-se pelo rei é até mesmo um dever perante a sociedade.

Obra conjuntural, produto de uma mente jovem e inconsequente que utiliza de maneira brilhante os segredos da casuística que seus mestres jesuítas lhe ensinaram? Isso é em parte verdade, e o próprio Saint-Cyran

---

13 Hauranne, *Question royale*, Paris, 1609, p.3-4.

mandará retirar os exemplares de seu livro das bibliotecas. Mas é preciso levar em conta também os traços psicológicos bastante perturbadores desse homem, a respeito do qual o abade Bremond dizia: "Parece-me difícil não reconhecer em seu caso sinais claramente mórbidos, uma herança psicopata bastante pronunciada".[14] Para o eminente autor, Saint-Cyran sofre de um "desequilíbrio mental [que] salta aos olhos".[15] Ele repete a dose em 1617, com um tratado no qual demonstra que os religiosos têm o direito de portar armas. Seu humor depressivo, sua mania de perseguição e suas atitudes ambíguas inquietam seus próprios amigos de Port-Royal. Saint-Cyran deslocará sua atração desequilibrada pelo mórbido, "sublimando-a", para uma espiritualidade do desespero e do ódio pela vida: "Quanto a esta vida mortal, seria preciso estar doente da alma e possuído por alguma paixão daninha para amá-la", escreve. Devemos nos "destruir" em espírito morrendo para o mundo: "O propósito da lei para cada um de nós é nos aniquilar e nos introduzir, por meio da virtude, nesse nada, que nos convém por natureza, e do qual fomos tirados pela onipotência divina".[16] Passamos aqui do suicídio físico ao suicídio espiritual, com o mesmo fascínio pelo nada. De alguns pontos de vista, a espiritualidade francesa do século XVII oferece um substituto ao suicídio através da recusa de participar da vida do mundo. Ela é resultado direto da crise profunda da consciência cristã dos anos 1580-1620.

O ADVENTO DA MELANCOLIA. ROBERT BURTON

Outro sinal dessa crise é o movimento de secularização e, portanto, de banalização do suicídio. Diante do clero de diferentes confissões que continua enxergando Satã por trás de cada suicídio, por intermédio do desespero suscitado por ele, alguns intelectuais e médicos começam a analisar o processo psicológico que conduz ao assassinato de si mesmo e lhe dão um nome: melancolia. O desespero é um conceito moral, é um pecado; a melancolia é

---

14 Bremond, *Histoire littéraire du sentiment religieux en France*, t.IV, Paris, 1923, p.50.
15 Saint-Cyran, *Maximes saintes et chrestiennes tirées des lettres de Messire Jean du Vergier de Hauranne*, 2.ed., Paris, 1653, p.76.
16 Ibid., p.77. Ele acrescenta um pouco mais à frente: "O meio mais rápido de sair das aflições é alegrar-se por permanecer ali durante o tempo que for da vontade de Deus".

um conceito psicológico, é um desequilíbrio do cérebro. Objeto de pesquisas médicas, o suicídio se seculariza.

Também não é preciso exagerar a distinção: em 1586, no *Treatise of Melancholie* [Tratado da melancolia], Timothy Bright a transforma no resultado da vingança divina e da tentação do diabo.[17] A melancolia conservará durante muito tempo uma mácula moral, ainda mais porque as explicações fisiológicas são extremamente imprecisas e fantasiosas. Em 1607, Femel define o "humor melancólico", associado à terra e ao outono, como uma secreção "de consistência pastosa e de temperamento frio e seco".[18] O excesso desse humor no cérebro é responsável pelos pensamentos sombrios que afetam os melancólicos e fixam sua atenção de maneira obsessiva em um objeto: "Todos os seus sentidos são alterados por um humor melancólico espalhado no cérebro", escreve Weyer.[19] Para Sydenham, essa bile negra leva alguns a se matar: "Eles temem a morte, à qual, no entanto, se entregam com frequência".[20] Já em 1583, o médico inglês Peter Barrough observava que as pessoas que sofriam de melancolia "desejam a morte e, com bastante frequência, consideram e decidem se matar",[21] enquanto em 1580 La Primaudaye escrevia em *Académie française* que a bile negra leva alguns a se odiar, entrar em desespero e se matar. Em 1609, Plater inclui a melancolia em sua lista de "lesões de funções".[22]

Causa do suicídio, a melancolia é certamente uma doença.[23] Mas de onde vem essa doença? É essa pergunta que Robert Burton examina em 1621 no célebre tratado *A anatomia da melancolia*.[24] Esse mal, diz ele, atinge em particular os estudiosos, cujas reflexões podem se transformar facilmente em ruminação mórbida. Ele mesmo está sujeito a essa tendência, e é por isso,

---

17 Bright, *A Treatise of Melancholie*, Londres, 1586, p.228.
18 Femel, *Physiologia*, 1607, p.121.
19 Citado por Foucault, op. cit., p.281.
20 Ibid.
21 Barrough, *The Method of Physick*, Londres, 1596, p.46.
22 Plater, *Praxeos medicae tres tomi*, Basileia, 1609.
23 O tema da melancolia na Inglaterra desse período foi estudado por Babb, *The Elizabethan Malady: a Study of Melancholia in English Literature from 1580 to 1642*, Michigan State College Press, 1951.
24 Para um estudo sistemático desse tratado: Simon, *Robert Burton et l'anatomie de la mélancolie*, Paris, 1964; Trevor-Roper, Robert Burton and the *Anatomy of Melancholy*, em *Renaissance Essays*, Londres, 1961.

confessa, que "eu escrevo sobre a melancolia para me manter ocupado, evitando assim a melancolia".

Sua descrição do mal é clássica: ele é, ao mesmo tempo, fisiológico e analógico, em virtude de suas correspondências universais; trata-se de um excesso de bile negra, associada ao mais sombrio dos elementos, a terra, e ao mais sombrio dos planetas, Saturno. Como essa característica é adquirida no momento do nascimento, algumas pessoas estão predestinadas a ter um temperamento sombrio. No entanto, este último pode ser corrigido ou agravado pelo ambiente social e pelo comportamento individual. É por isso que um tratamento psicossomático, diríamos, pode atenuar os efeitos da melancolia, e até mesmo transformá-la em uma qualidade, conferindo uma profundidade de espírito excepcional, como foi o caso de algumas pessoas famosas e de alguns profetas religiosos.

Marcílio Ficino já apontara, com um espírito neoplatônico, as bases da cura: música, ar puro, exposição ao sol, odores agradáveis, iguarias aromatizadas, vinho. Burton acrescenta a isso algumas ervas já recomendadas pelos Antigos e, acima de tudo, um tratamento psicológico destinado a reencontrar o equilíbrio: diversificar as atividades, ler menos, interessar-se por assuntos diferentes. Não existe remédio universal, e cada um deve adotar um tipo de vida adequado: o solitário deve sair mais e confiar nos familiares, os sociáveis devem se isolar às vezes; é bom namorar mulheres bonitas, cuja visão alegra o coração, e ter uma vida sexual normal, pois a frustração nessa esfera é fonte de melancolia, mas também é preciso evitar a devassidão; deve-se cultivar a matemática e outras ciências que absorvem bastante a mente, como a cronologia. Resumindo, levar uma vida equilibrada. Burton também torna a organização socioeconômica indiretamente responsável pela melancolia, ao transformar a pobreza em uma causa importante dos distúrbios psíquicos. O tratamento da melancolia por meio de exorcismos e práticas astrológicas o deixa revoltado.

Se essa doença pode ser parcialmente curada, em determinadas circunstâncias ela também pode se agravar, e os pensamentos sombrios transformam-se então em busca pela morte. Os doentes têm

a alma gangrenada e esmagada pelas preocupações, as insatisfações, o *taedium vitae*, a impaciência, a angústia, o desequilíbrio, a incerteza os lançam em desgostos indescritíveis. Eles não conseguem suportar a companhia dos outros, a luz, a própria vida [...] eles se matam, o que ocorre de modo frequente e disseminado entre eles.

A fisionomia do doente "muda bruscamente, seu coração fica pesado, pensamentos perturbadores crucificam sua alma e, de um momento para o outro, ele fica prostrado, cansado de viver, e quer se matar".[25] Diversas circunstâncias podem conduzi-lo a esse gesto: a miséria, a doença, a morte de uma pessoa amada, a perda da liberdade, a educação e as calúnias, mas dois fatores são particularmente nocivos: o ciúme amoroso e os temores religiosos. No primeiro caso, o doente é levado a matar o objeto de seu ciúme e depois se matar. No segundo, ele se suicida, convencido de não poder alcançar a salvação.

Robert Burton responsabiliza por esse desespero tanto católicos como puritanos. Os primeiros favorecem a atuação do diabo por meio de suas crenças supersticiosas e idólatras. Os últimos semeiam o pânico com seus sermões apocalípticos. Como bom anglicano, Burton defende o equilíbrio e a moderação. Não é preciso exagerar, tanto na religião como em outras áreas. O ateísmo, obviamente, deve ser evitado, pois nesse caso o diabo é o único senhor. Mas o excesso religioso não é melhor. O ascetismo perturba a mente. O livre exame das Escrituras pode levar ao desespero. A predestinação calvinista, ao convencer algumas pessoas de que elas estão condenadas ao inferno não importa o que façam, é um elemento de desespero, é claro. Os pobres coitados, frágeis de espírito, já se veem no inferno, "sentem o enxofre, falam com os demônios, ouvem e veem quimeras e sombras ameaçadoras, ursos, corujas, macacos, cães negros, monstros, uivos medonhos, sons perturbadores, gritos, lamentos desesperados". Apavorados, alguns se suicidam.

Em seguida, Burton nos fala diretamente desse ato. Sentimos que está dividido. Depois de transformar o suicídio na consequência de uma doença mental agravada por circunstâncias externas e um contexto desfavorável, como ele poderia condenar esses infelizes irresponsáveis? Seguindo a tradição, Burton começa recapitulando as crenças e as autoridades que se manifestaram de modo favorável ao suicídio: dos Antigos, para os quais ele é

---

25 Burton, *The Anatomy of Melancholy*, p.407-8.

um gesto de liberdade e de coragem, aos modernos, como Thomas More. De forma bastante tendenciosa, ele situa até mesmo Santo Agostinho ao lado daqueles que desculpam o homicídio voluntário. Em seguida, depois de ter recordado os casos célebres da Antiguidade, ele declara, sem convencer: "Mas essas são posições falsas e pagãs, paradoxos profanos dos estoicos, exemplos perigosos". Retratação puramente formal. Na verdade, Robert Burton defende a tolerância e a compaixão. Ninguém sabe se os suicidas irão para o inferno, cabe a Deus decidir. Quanto a nós, devemos nos apiedar deles:

> As críticas severas dirigidas contra aqueles que erguem a mão contra si mesmos ou, nas crises extremas, contra os outros, o que fazem às vezes [...] devem ser atenuadas em relação aos que são loucos, temporariamente perturbados ou dos quais se percebe serem há muito tempo melancólicos, e isso no mais alto grau; eles não sabem o que fazem, privados de razão, de discernimento, de tudo, como um navio sem piloto que vai de encontro inevitavelmente a um banco de areia e naufraga.[26]

Consequência da melancolia, a tendência suicida é, portanto, uma doença, não um pecado satânico: com isso, a obra de Burton marca uma reviravolta na maneira de conceber o homicídio de si mesmo. É claro que essa interpretação secularizada não é do agrado das igrejas, que, na mesma época, reforçam a condenação moral do suicídio. Doravante, passam a existir duas concepções antagônicas, que vão se opor até o século XIX. Em 1620, a concepção religiosa é amplamente dominante. O próprio Burton não rompeu por completo com as intervenções do diabo: entre os remédios sugeridos por ele encontram-se plantas como a peônia, a angélica e, sobretudo, as hipericáceas ou erva-de-são-joão, apelidadas de *fuga daemonum*, que têm o poder de afugentar o diabo, bem como a betônia, já utilizada pelos Antigos nos cemitérios, e que afasta os maus espíritos.

A explicação através da melancolia é, apesar de tudo, um primeiro instrumento de dessacralização e descriminalização do suicídio, no qual poderão se basear mais tarde os defensores da tolerância. Nos séculos XVII e XVIII, toda uma corrente médica e filosófica atribuirá as tendências suicidas

---

26 Ibid., p.439.

aos transtornos fisiológicos decorrentes da melancolia: La Mesnadière em 1635, no *Traité de la mélancolie* [Tratado da melancolia]; Jonston em 1644, em *l'Idée universelle de la médecine* [Ideia universal da medicina]; Murillo em 1672, na *Novissima hypocondriacae melancholiae curatio* [Cura da novíssima melancolia hipocondríaca]; Willis em 1672, em *De anima brutorum* [Sobre a alma dos animais]; Blackmore em 1726, em *A Treatise of the Spleen and Vapours* [Um tratado da melancolia e da depressão]; Boissier de Sauvages em 1763, em *Nosologie méthodique* [Nosologia metódica]; Lineu em 1763, em *Genera morborum* [Tipos de doença]; Lorry em 1765, em *De melancholia et morbis melancholicis* [Sobre a melancolia e a morbidade melancólica]; Faucette em 1785, em *Über Melancholie* [Sobre a melancolia]; Andry no mesmo ano, em *Recherches sur la mélancolie* [Pesquisas sobre a melancolia]; Weickhard em 1790, em *Der philosophische Arzt* [O médico filosófico]. Para todos, como define a *Encyclopédie*, a melancolia é um

> delírio particular que se concentra de forma decidida em um ou dois assuntos, sem febre nem exaltação, o que a diferencia da mania e da loucura. Esse delírio vem acompanhado geralmente de uma tristeza incontrolável, um humor sombrio, uma misantropia, uma inclinação provocada pela solidão.[27]

No caso específico da melancolia religiosa, uma psicoterapia *avant la lettre* consegue às vezes curar as tendências suicidas, se acreditarmos em alguns médicos da época. Lusitânio, em *Praxis medica* [Prática médica], de 1637, descreve assim uma cura através de uma "encenação teatral": um homem imaginava-se condenado ao inferno por causa de seus pecados, e nenhum argumento conseguia consolá-lo; o médico entra então em seu delírio apresentando-lhe um anjo, vestido de branco e portando uma espada, o qual, exortando-o, declara que seus pecados estão perdoados.[28]

---

27 Citado por Foucault, cuja *Histoire de la folie à l'âge classique* continua sendo a obra de referência sobre o tema.
28 Lusitanus, *Praxis medica*, 1637, p.43-4.

O DEBATE SOBRE O SUICÍDIO NO ROMANCE

Tema de reflexão filosófica, de pesquisas médicas e psicológicas, o problema do "ser ou não ser" também invade a literatura entre 1580 e 1620. As pessoas se suicidam em um ritmo acelerado nos romances, nas poesias e nas cenas de teatro, onde a ficção permite contornar as condenações oficiais. Duas lições podem ser tiradas dessa enxurrada imaginária de mortes voluntárias: a popularidade do tema e a ausência de reprovação por parte dos autores em relação a esse ato. Nenhuma lição de moral é tirada dessas obras para condenar o suicídio, que é cometido tanto pelos bons como pelos maus, e que, de acordo com os motivos e as circunstâncias, ora é um gesto admirável, ora é um gesto covarde.

O suicídio é um dos ingredientes do romance rebuscado que floresce em toda a Europa sob diferentes nomes: gongorismo espanhol, marinismo italiano, eufuísmo inglês. Nas intrigas afetadas do país da Ternura, é de bom-tom lançar-se na água, como o Céladon de *Astrée*, em caso de complicação amorosa. É uma porta de saída elegante e prática que os autores não deixam de utilizar, com a ajuda importante dos suspiros e sem a mínima consideração pela moral tradicional ou pela simples lógica. Em *Les Contes du monde aventureux* [Os contos do mundo aventureiro], as heroínas se matam depois de haver declarado que o suicídio levava ao inferno; em 1597, em *Les Amours de Cléandre et Domiphille* [Os amores de Cleandro e Domifila], Cleandro chama o suicídio de "crime execrável", e, quando decide cometê-lo, ele o chama de sua "glória"; em 1617, em *Amours diverses* [Amores variados], Nervèze faz que a heroína Marizée diga que se arrepende de ter se matado, e, no entanto, ela se encontra no céu. Albert Bayet, que passou em revista todos os grandes romances desse período, escreve: "Não conheço um único caso em que o suicídio de um personagem o torne malquisto. Pelo contrário, aqueles que se matam para salvar a honra, por remorso ou por amor, são invariavelmente simpáticos".[29] Acreditamos em seu testemunho. Aliás, ele fornece uma longa lista de suicídios romanescos cuja causa é o desespero amoroso, o remorso, a castidade, a preocupação com a honra.

---

29 Bayet, op. cit., p.521.

Em vez de entrar nos meandros desses romances intermináveis, analisemos as passagens em que os heróis discutem espontaneamente o problema do suicídio. Em 1572, em *Printemps* [Primavera] de Yver, um personagem expõe as ideias pagãs sobre o suicídio, que ele aprova se for cometido "por uma causa nobre": proteger a castidade, saber como é feito o outro mundo, prestar um serviço à sociedade, cansaço de viver, o que deixa poucos motivos de fora. Em 1586, Poissenot, em *Nouvelles Histoires tragiques* [Novas histórias trágicas], admite a existência de duas morais: uma para os pagãos, na qual o suicídio pode ser glorioso; outra para os cristãos, na qual ele é proibido. Os romances de Ollenix du Mont-Sacré estão cheios de debates desse tipo. Em *Les Bergeries de Juliette* [Os currais de Juliette], de 1585, o personagem Arcas defende com eloquência a nobreza do suicídio, que oferece a possibilidade de dar um fim a todos os nossos males. A natureza "pôs em nossas mãos o remédio apropriado e salutar para essas aflições, que é a saída honrosa deste mundo". Como temos à nossa disposição essa porta de saída, é indigno mendigar a ajuda, material ou moral, dos outros: "Existe um remédio adequado e específico, que é a morte". E que não se diga que isso prejudica o país ou a família, pois, de qualquer maneira, aquele que está suficientemente desesperado para se suicidar não tem mais nenhuma utilidade neste mundo, onde ele não pode "fazer nada de bom". Aliás, aqueles que se matam são "elogiados e estimados por todos"; os Antigos demonstravam, por meio desse gesto, que estavam acima "não apenas da natureza, mas de todos os poderes celestiais". Diante destas palavras, Phillis, o interlocutor de Arcas, "simplesmente não sabia o que dizer". Ele só consegue apresentar dois argumentos medíocres: não devemos destruir a obra do Criador; é preciso que continuem existindo homens para louvar a Deus. Arcas não se convence e decide se matar. No mesmo romance, Juliette faz o panegírico de Brasil, que se deixou morrer de fome, embora tivesse declarado que o suicídio era uma desobediência a Deus.

Em 1595, em *Œuvre de la chasteté* [A função da castidade], Ollenix trata do problema de um homem obcecado pelo desespero amoroso. Este último se pergunta

se o homem cuja dor o torna uma espécie de inimigo de si mesmo, que não espera morte mais cruel do que permanecer vivo, não deve se esforçar para deixar este mundo, a fim de que, morrendo, ele mate os murmúrios contra Deus, que não lhe

SER OU NÃO SER? 127

saem da boca, e o desespero, que procura torná-lo assassino de si mesmo. Porque se deve ficar com o menor dos dois males, e parece-me que seria melhor que ele morresse em vez de continuar vivo e fazer que sua alma morra em pecado.[30]

O romance permite apresentar livremente os problemas, e o simples fato de apresentá-los equivale a contestar a moral tradicional. Isso pode ser comprovado em *The Unfortunate Traveller* [O viajante azarado], de Thomas Nashe, de 1594, em que a heroína Heráclide se suicida com uma punhalada nas mesmas circunstâncias que a romana Lucrécia, e depois de ter contraposto durante muito tempo a nobreza desse gesto à proibição cristã. Em 1596, um personagem de *La Marianne du Philomène* [A Mariana de Filomeno], para ganhar coragem diante do suicídio, evoca a "coragem", a "perseverança" e a "magnanimidade" de Pórcia, Cleópatra e Sofonisba. Encontramos a mesma exortação em 1597 em *Les amours de Cléandre*. Escrita a partir de 1607, *L'Astrée* está cheia de suicídios por amor, considerados naturais porque a pessoa não é amada por aquela ou aquele que ela ama, porque se recusa a ser infiel a ela ou a ele, ou simplesmente porque a pessoa considera que a vida não é mais suportável a partir de um certo nível de humilhação. Em 1609, em *Le Lit d'honneur de Chariclée* [O leito sem mácula de Chariclée], Jean d'Intras introduz de novo um debate sobre a legitimidade do suicídio a propósito do personagem de Melisse, que, rejeitado por Chariclée, avalia a hipótese do suicídio. Ele chega à conclusão de que os quatro motivos que poderiam ser contrapostos à sua morte – a lei divina, a lei da natureza, o amor de si mesmo e o julgamento da posteridade – não se sustentam diante da exigência de liberdade que faz a grandeza do ser humano. Quando, no final do livro, a heroína toma a mesma decisão, o autor intervém para glorificar essa morte "que, de acordo com o mundo, não pode ser louvada dignamente o bastante por mim". Em 1620, em *Le Temple des sacrifices* [O templo dos sacrifícios], o herói, referindo-se ao suicídio de uma amante, declara: "Quanto a mim, não posso condenar esses atos quando dão prova de um verdadeiro amor. Ao contrário, louvo imensamente o propósito que se pode encontrar nas pessoas nobres, pois apenas elas são capazes de amar de verdade".[31]

---

30 Mont-Sacré, *Œuvre de la chasteté*, Paris, 1595, p.78.
31 Du Verdier, *Le Temple des sacrifices*, Paris, 1620, p.172.

A poesia alegórica, muito apreciada na época, também apresenta debates sobre o suicídio. Em *La Reine des fées* [A rainha das fadas], de Edmond Spencer, o cavaleiro Croix-Rouge, que representa a santidade, ataca o Desespero, em particular o religioso, que conduz ao suicídio. Vencido, o cavaleiro só escapa da morte graças à intervenção de Una (a Verdade), e Desespero se enforca de despeito. A moral tradicional é salva, mas, como sempre, não sai ilesa do combate. Spencer, pessimista e ele próprio tentado pela morte, procura, como Burton, exorcizar sua própria melancolia expondo seus temores em suas obras.

Romances e poesias medievais também põem em cena suicídios, em geral apresentados como atos heroicos no contexto de uma moral cavalheiresca, mas sem comentários. A novidade é que os romancistas dos anos 1580-1620 organizam verdadeiras discussões escolásticas dentro de suas obras, contrapondo os argumentos favoráveis e contrários ao suicídio de seus heróis. Sem falar de uma verdadeira moda, podemos concluir que doravante a questão passa a interessar autores e leitores. Ela faz parte, visivelmente, dos casos de consciência debatidos com frequência. E se se discute a legitimidade do suicídio, é porque, a despeito da condenação maciça das autoridades políticas e religiosas, a dúvida se instalou.

O SUICÍDIO NO TEATRO

A pergunta de Hamlet ressoa em todos os palcos europeus nas tragédias com sucesso crescente. Em todos os idiomas, sob todas as formas, diante de todos os públicos, os teatros ecoam a famosa pergunta: ser ou não ser? Na França, por volta de 1600, o suicídio dá dinheiro, e seus méritos são recitados por toda parte:

> *Quando é proibido viver livremente*
> *É um golpe de mestre morrer bravamente,*[32]

---

32 Monchrestien, *La Carthaginoise*, III.

Vencereis de um só golpe nesse último esforço
Duas pragas que sobre vós cantam vitória:
A inveja do coração maldoso e a morte cruel.[33]

Temerás abrir o flanco com uma adaga?[34]

É preciso, é preciso morrer, é preciso chamar uma morte bela
Uma morte generosa em meu socorro[35]

Aqueles lá são apenas seres raquíticos aqui embaixo
Cujo coração covarde teme o sono eterno,
E que, com medo de morrer e faltos de coragem,
Não ousam, com a morte, resgatar sua servidão,[36]

Oh, quantos terão inveja de vós
Que terminais valentemente vossa vida,
Que com vossas mortes conquistais um renome
Que deve tornar imortal vosso nome.[37]

Na Inglaterra, cujo teatro dos anos 1580-1625 foi objeto de um célebre estudo de Bernard Paulin,[38] o suicídio é um elemento quase obrigatório. De *Romeu e Julieta* às peças com temas arcaicos, ele realiza verdadeiras carnificinas: algumas tragédias contêm mais de cinco. E esses números só tendem a aumentar: 43 de 1580 a 1600, 128 de 1660 a 1625, sem contar os 52 suicídios shakespearianos. Os motivos sofrem uma certa evolução: se durante todo esse período o amor continua sendo o principal motivo para se matar, a honra vai dando lugar aos poucos ao remorso, enquanto o desespero medieval fica apenas em quarto lugar, e ganha terreno um motivo socioeconômico, relacionado à ascensão do capitalismo: o suicídio provocado pela ruína. A

---

33 Ibid.
34 Garnier, *Fedra*, última cena.
35 Id., *Marco Antônio*, ato III.
36 Ollenix, *Cleópatra*, ato 1.
37 La Taille, *Saul*, ato V.
38 Paulin, op. cit.

explicação sociológica, que aparece em Robert Burton, começa a competir timidamente com a explicação psicológica, enquanto a explicação sobrenatural recua. Ela só estará presente nas últimas moralidades de gênero medieval, como *Le Conflit de conscience* [O conflito de consciência], de Nathaniel Woodes, em 1581, na qual, em uma das versões, o protestante italiano Spira se enforca de remorso depois de abjurar, induzido pelo diabo.

Os autores não dão opinião, embora apresentem o suicídio sob uma ótica favorável, como um ato admirável, sem fazer referência à moral tradicional: tudo é uma questão de circunstâncias, motivos, critérios estéticos. Aliás, a predominância esmagadora do suicídio com arma branca é um sinal de sua nobreza. O enforcamento, o afogamento e o envenenamento são raros.

Na centena de peças analisadas por Bernard Paulin, as tragédias inspiradas em Sêneca são marcadas por um ritual macabro que geralmente termina em atrocidades, como *La Tragédie de Tancrède et Gismond* [A tragédia de Tancredo e Gismunda], de Robert Wilmot (1591). Outras, inspiradas nas obras de Robert Garnier, dão ensejo a discussões sobre o suicídio, como as peças de Mary Sidney, Samuel Daniel, Thomas Kyd, enquanto Marlowe examina sobretudo o gesto do ponto de vista daquele que o provoca. Samuel Daniel, Ben Jonson, John Marston, Thomas Heywood, Francis Beaumont e John Fletcher produzem tragédias sobre temas antigos, nas quais os 39 suicídios evocados são ditados, antes de mais nada, por motivos ligados à honra e à política. Encontramos até mesmo um exemplo de suicídio sem motivo, por puro desinteresse pela vida, o gesto gratuito, em *All's Lost by Lust* [A luxúria põe tudo a perder], de William Rowley, em que o personagem de Dyonisias declara, antes de se matar: "É preciso morrer um dia, tanto faz hoje como outro dia qualquer".

Nas tragédias cristãs de Thomas Dekker, o suicídio é reservado aos maus, o que também ocorre nas obras de Philip Massinger, bastante contrário à morte voluntária. Entretanto, em geral os pontos de vista se confundem e ficam mais sombrios no período jacobino em comparação com o período elizabetano: "Fica-se cada vez mais na dúvida se os dramaturgos nos convidam a aprovar ou a culpar aqueles que se matam: a angústia moral aparece então de maneira indiscutível",[39] escreve Bernard Paulin. Além disso,

---

39 Ibid., p.533.

o suicídio se diversifica, tanto nos motivos como nos modos de execução e na utilização: assistimos ao surgimento do suicídio-chantagem, do suicídio simulado, do suicídio-vingança, do suicídio como instrumento de esperteza. Integrado no jogo das relações sociais como meio de pressão, ele se banaliza e perde pouco a pouco a força no debate moral.

SHAKESPEARE E O SUICÍDIO: DA QUESTÃO À DERRISÃO

William Shakespeare, cuja obra foi realizada entre 1589 e 1613, examina em 52 suicídios todas as facetas, todas as circunstâncias, todos os motivos desse ato. De certa maneira, sua obra fabulosa é uma longa variação sobre o tema do ser ou não ser, dilema formulado em seu apogeu artístico.

Shakespeare não é um moralista, e sim um observador da condição humana. Ele não faz apologia do suicídio, e uma de suas observações mais penetrantes é justamente a oposição entre o falar e o agir. Hamlet, o personagem que mais fala em se suicidar, não se suicida. Aqueles que se matam o fazem rápido e sem discurso. Em seu monólogo interminável, Lucrécia acaba se dando conta de que, ao ficar muito tempo avaliando seus motivos, corre o risco de se desviar do ato decisivo: "Essa fumaça estéril de palavras não me faz justiça". Falar demais do suicídio enfraquece a determinação: vemos aí o começo de uma terapia através da desmistificação dos verdadeiros motivos do suicídio, que são basicamente egoístas.

É aí que Shakespeare vai muito mais longe que seus contemporâneos e assume uma dimensão atemporal. A única lição que ele dá é a lição da humildade, desmistificando todos os saberes, denunciando todas as certezas. O que contêm todas as obras da sabedoria humana? "Palavras, palavras, palavras", diz Hamlet. Ridículos e detestáveis são aqueles que se dizem donos da verdade e que a impingem aos outros. E o que existe de mais impenetrável que o suicídio? "É preciso, portanto, fingir essa grande piada que é a História quando ela se mete a ser algo mais que uma exposição de fatos (quando muito!) e a estimular, por exemplo, o suicídio", dirá Henry de Montherlant. Se Shakespeare fala muito em suicídio, é para reconhecer seu mistério.

Em sua diversidade, os suicídios reforçam todos os pontos de vista possíveis e, ao mesmo tempo, os reduzem a nada. Vemos desfilar os gloriosos suicídios antigos como os de Brutus, Cássio, Antônio e Cleópatra, os infelizes suicidas por amor Romeu e Julieta, os suicidas tristes que cumprem seu destino como Macbeth, os deploráveis suicidas por remorso como Otelo, todos joguetes das circunstâncias, impelidos à morte por um mecanismo externo impiedoso, enquanto o melancólico Hamlet, que conversa com os crânios do cemitério, que pesa os prós e os contras, não faz nada, isto é, continua vivo. Ofélia se mata sem dizer nada a ninguém; nenhuma palavra de explicação para o espectador. Ora, ela se mata em razão de um trágico engano, exatamente como Romeu e Julieta, e, por fim, como todos os suicidas, até mesmo os mais ilustres, aqueles que morrem pela honra.

Honra?

> O que é a honra? Uma palavra. Que tem essa palavra "honra"? Um sopro. O aprazível benefício! Essa honra, quem a possui? Aquele que morreu quarta-feira. Ele a sente? Não. Ele a entende? Não. Ela é, então, algo insensível? Para os mortos, sim. Mas ela não pode viver entre os vivos? Não. Por quê? A maledicência não o permite. Sendo assim, não a quero. A honra não passa de um símbolo, e dessa forma chega ao fim meu catecismo.[40]

É Falstaff quem fala, o covarde ordinário, o personagem horrendo. Mas, com seu comportamento, o odioso bufão não faz companhia ao nobre Hamlet? Cada um a seu modo, o príncipe e o malfeitor rejeitam o suicídio, o primeiro por medo do além, o segundo por apego aos prazeres deste mundo. "Tu deves uma morte a Deus", diz o príncipe Henrique a Falstaff, que responde: "Ela ainda não pode ser exigida; detestaria pagar antes do prazo. Por que teria eu de partir assim ao encontro de quem não se dirige a mim?". Os motivos para permanecer vivos são suficientes?, pergunta-se Hamlet. Os motivos para morrer não são todos ilusórios?, questiona Falstaff. Morrer por palavras, por ideias, pela honra, por abstrações? Apenas o conhecimento do futuro, talvez, poderia fornecer um bom motivo para o suicídio. Se ele pudesse ler no livro do futuro, diz Henrique IV, "o mais feliz dos jovens, diante da visão do caminho a percorrer, dos perigos passados, dos obstáculos futuros, gostaria de fechar o livro, sentar-se e morrer".[41]

---

40 Shakespeare, *Henrique IV*, 1ª parte, V, 1.
41 Ibid., 2ª parte, III, 1.

SER OU NÃO SER?

Até mesmo os suicídios mais célebres e glorificados da Antiguidade contêm uma parcela de ilusão e loucura, como os de Brutus e Cássio em *Júlio César*. Quanto a *Romeu e Julieta*, eles são guiados por uma fatalidade que exclui qualquer julgamento: "Em vez de demonstrar, Shakespeare mostra", escreve Bernard Paulin.

> O sentido do suicídio é dado pelo movimento dramático e poético como um todo. É por isso que Shakespeare não nos propõe uma apologia do suicídio, e sim uma apologia do amor, ou, mais precisamente, do amor tal como foi vivido por Romeu e Julieta. Nessa ótica existencial, o suicídio não apenas coroa a vida; ele a prolonga.[42]

Há muito que os críticos perceberam a importância simbólica de um suicídio bastante particular na obra de Shakespeare: o de Gloucester, em *O rei Lear*. O episódio inteiro é um grande equívoco: Gloucester é um velho desiludido, outrora certamente um homem bastante sensual, apegado ao mundo, depois decepcionado com ele, enojado com a universalidade do mal. Cansado de viver, ele quer se matar. Mas será que quer mesmo? Ele escolhe a forma mais passiva de suicídio: jogar-se do alto dos penhascos de Douvres. Porém, como é cego, precisa de um guia para conduzi-lo ao local; esse guia é seu filho Edgar, que se finge de louco. Um cego guiado por um louco: é a humanidade em marcha, lamentável e trágica: "A praga destes tempos é que os loucos conduzem os cegos", diz Gloucester. O próprio "suicídio" vira algo grotesco. Edgar põe Gloucester em uma minúscula colina, de onde o infeliz salta sem nada sofrer; dão-lhe a entender que ele foi guiado pelo diabo e que escapou milagrosamente da morte depois de uma queda vertiginosa. Curado, Gloucester declara: "De hoje em diante, suportarei a aflição até que ela própria grite: 'Basta, basta, morre'".

Tudo é ridículo nesse episódio, que recebeu as mais diversas interpretações. Para Wilson Knight, a lição é muito edificante: o ser humano deve evitar cair em desespero, não se deixar guiar por Satã e esperar a hora que Deus escolheu para a sua morte.[43] Para Jan Kott, trata-se antes de um niilismo

---

42 Paulin, op. cit., p.340.
43 Knight, *The Imperial Theme*, Londres, 1965, cap.IX.

muito moderno, cuja ideia é reforçada pelo despojamento completo da cena: tudo está vazio, inclusive o céu, tudo é ilusão, inclusive a vida e a morte.[44] Nenhuma interpretação deve ser descartada *a priori*, mas se aproximarmos o suicídio fracassado de Gloucester do não suicídio de Hamlet, dos suicídios equivocados de Romeu e Julieta, do mal-entendido que esteve na origem do suicídio de Otelo, dos suicídios após fracassos dos políticos ilustres de outrora, percebemos que a verdadeira questão apresentada por Shakespeare é: será que o suicídio tem sentido? O cego e irresponsável Gloucester, conduzido pelo louco a um suicídio fracassado, decide continuar vivo: é a tragédia da falta de sentido. A resposta à pergunta de Hamlet, ser ou não ser?, não seria que essa pergunta não faz sentido?

O SUICÍDIO LITERÁRIO: LIBERTAÇÃO SIMBÓLICA DE UMA SOCIEDADE DESORIENTADA

As vertigens shakespearianas vão muito além da simples moral. O fato de que por volta de 1660 o problema seja apresentado em cenas de teatro, e que o público compareça e aplauda, com certeza não é algo sem importância. O sucesso dos debates sobre o suicídio, que também é tema das conversas na corte e nos salões da elite, é sintomático de uma crise de consciência cultural. A passagem da escolástica à razão analítica, do mundo fechado ao universo infinito, do humanismo à ciência moderna, do mundo das propriedades à linguagem matemática, da verdade imutável à dúvida sistemática, da certeza ao questionamento crítico, da unidade cristã à divisão entre confissões rivais, não pode ocorrer sem que o sistema de valores seja profundamente abalado. Período de transição e de transformação na direção do espírito moderno, os anos 1580-1620 assistem ao surgimento das rupturas habituais dos tempos de crise: uma parcela da elite, entusiasmada, se lança sofregamente na direção do novo mundo; outra parcela, junto com os responsáveis políticos e religiosos, se refugia nos valores tradicionais, transformados em absolutos atemporais, enquanto a maioria assiste, desorientada e preocupada, a esses enfrentamentos, pronta a se unir ao mais forte. Por ocasião de cada uma

---

44 Kott, *Shakespeare, notre contemporain*. Verviers, 1962.

dessas crises, o relativismo moral avança em um primeiro momento, o que se traduz sobretudo em um questionamento das normas, que aumenta a distância da linguagem dos censores, das autoridades e dos responsáveis pela moral pública, os quais são levados a endurecer o tom.

Os dirigentes raciocinam e legislam em termos universais e segundo princípios genéricos, ao passo que a literatura apresenta casos individuais concretos, relatados em situações de conflitos de valores. São esses conflitos que produzem a intensidade dramática: o drama corneliano está surgindo, arte típica de uma época de transição e crise. A luta entre o bem e o mal corresponde aos períodos de estabilidade, pois ambos são identificados por todos e o bem sempre vence o mal, dos mistérios medievais aos *westerns* clássicos da América triunfante. Os dramas maniqueístas correspondem aos períodos de ordem e às civilizações estáveis. Durante os períodos de incerteza, pelo contrário, o bem se divide contra si mesmo, branco contra branco, bom contra bom, valor contra valor, o que faz o jogo dos maus. Nesses novos enfrentamentos sem saída, só existem vencidos, e a morte é, na maioria das vezes, a única solução, tanto para os heróis como para os outros – *mais* para os heróis do que para os outros. As pessoas medíocres e de segunda classe sempre fazem um acordo para continuar vivas. A alma nobre, a que tem o estofo do herói, que é admirada por todos, às voltas com deveres conflitantes, praticamente não tem outra saída senão se matar, já que ela recusa as meias medidas e os compromissos. As tragédias shakespearianas e as tragédias cornelianas, tão diferentes na forma e tão semelhantes no conteúdo, são mecanismos de morte cuja saída fatal é percebida desde o começo como inevitável. A importância das peças com temática suicida é a marca das épocas de conflitos de valores.

Os autores sublimam os conflitos de sua época. Os espectadores liberam neles suas frustrações. Desorientados, divididos entre a diversidade de opiniões – aumentada pela circulação dos livros, apesar dos esforços da censura – e a atitude repressiva das autoridades, que impõem seu código de valores, eles encontram nos suicídios da tragédia a negação de seus conflitos existenciais. Na sociedade estável, o espectador vê no teatro, com o triunfo do bom sobre o mau, a confirmação confortável de suas certezas morais; na sociedade instável, ele encontra, com os conflitos de valores e a morte voluntária do herói dilacerado, a confirmação tranquilizadora de suas próprias dúvidas, além da libertação simbólica através do suicídio desse mesmo herói. O espectador se associa em espírito a esse ato que ele, com medo do além, não ousa cometer, na companhia desse personagem excepcional cuja conduta ele admira e que não poderia, de maneira nenhuma, estar enganado.

O suicídio literário e teatral, quando atinge a frequência e as proporções conhecidas entre 1580 e 1620, assume, decerto, um papel de terapia social, além de ajudar uma geração desorientada a atravessar um período difícil por meio da redução dos suicídios de verdade. Veremos que a casuística, que floresce nesses tempos de conflitos de valores, e a espiritualidade da aniquilação, que, sob muitos aspectos, é seu contrário, têm uma função semelhante.

INTERESSE DA ÉPOCA PELA PRÁTICA DO SUICÍDIO

É surpreendente constatar que, na vida real, essa primeira crise da consciência europeia não se traduz em um aumento do número de suicídios. É bem verdade que as estatísticas continuam escassas. Mas os índices, que ao menos podem indicar as tendências, não trazem nenhum sinal de alarme. Na Inglaterra, o número de casos julgados no tribunal do *King's Bench* permanece estável: 923 suicídios de 1580 a 1589; 801, de 1590 a 1599; 894, de 1600 a 1609; 976, de 1610 a 1619.[45]

Esses números estão longe de representar, é claro, o total de suicídios existentes: o extravio ou a falta de documentos, a negligência do júri ou dos médicos-legistas e a variação de critérios provocam uma forte subavaliação do índice e dão lugar a interpretações contraditórias entre os historiadores. Em 1970, P. E. H. Hair calculou esse índice de suicídio entre 3,4 e 4 por 100 mil habitantes no condado de Essex no século XVI, acreditando que existia um aumento significativo em relação à Idade Média.[46] S. E. Sprott fora mais longe, e, utilizando as *Bills of Mortality* de Londres – esses relatórios registravam as mortes e suas causas, a princípio nas épocas de epidemia, depois de forma regular –, julgou poder assegurar, em um livro de 1961, que o puritanismo havia sido responsável por um forte aumento do número de

---

45 MacDonald; Murphy, *Sleepless Souls:* Suicide in Early Modern England, p.29.
46 Hair, A Note on the Incidence of Tudor Suicide, *Local Population Studies*, p.36-43.

suicídios.[47] Em 1986, Michael Zell calculou o índice de suicídios em Kent no final do século XVI em cerca de 10 por 100 mil habitantes,[48] enquanto outros sugeriram números muito mais baixos, da ordem de 4 a 6 por 100 mil.[49]

As pesquisas recentes são mais prudentes e se contentam em analisar sua evolução a partir de uma fonte parcial mais constante. Desse modo, em 1990, Michael MacDonald e Terence Murphy conseguiram criar um gráfico baseado nos casos de suicídio relatados ao *Kings's Bench* de 1540 a 1640. Constatamos nesse gráfico que alguns picos correspondem aos anos de colheitas ruins e baixos salários: 1574, 1587, 1597-1600; mas não há correspondência rigorosa entre suicídios e níveis de colheitas, de preços e de salários. Os anos muito ruins, por volta de 1595 e a partir de 1620, não são marcados por uma elevação do índice de suicídio. Os anos 1580-1620 tendem à estabilidade, se considerarmos as médias decenais, por volta de 2,1, e refletem até mesmo uma baixa em relação aos anos 1555-1580, em que o índice médio se situa ao redor de 2,8.[50]

Tudo indica, portanto, que não houve um aumento do número de suicídios. O que é novo é o interesse dos contemporâneos pelos suicídios, que eles registram e analisam com uma frequência muito maior do que outrora. Logo se verá um artesão torneiro londrino, Nehemiah Wallington, registrar com minúcia em seu diário todos os casos de suicídio, além de manter uma caderneta específica dedicada "àqueles que ergueram a mão contra si próprios".[51] Ele mesmo é obcecado pelo suicídio, tendo tentado se suicidar onze vezes, o que, como bom puritano, Wallington atribui ao diabo:

> Satã me tentou novamente, e eu resisti mais uma vez; então ele me tentou pela terceira vez e eu cedi; tirei minha faca e aproximei-a da garganta. Então Deus, em sua bondade, fez-me pensar no que aconteceria em seguida se eu me matasse [...]. Com o que eu me debulhei em lágrimas e joguei a faca.[52]

---

47 Sprott, *The English Debate on Suicide:* from Donne to Hume.
48 Zell, Suicide in Pre-Industrial England, *Social History*, p.309-10.
49 Sharpe, *Early Modern England*: A Social History, 1550-1760, Londres, 1987.
50 MacDonald; Murphy, op. cit., p.243.
51 Seaver, *Wallington's World*, Stanford, 1985.
52 Citado por MacDonald; Murphy, op. cit., p.50.

John Dee registra diversos casos semelhantes em seu diário,[53] e o médico e astrólogo Richard Napier relata 139 casos de tentativa de suicídio entre 1597 e 1634, cujas circunstâncias anota em detalhes. As vítimas vão do mais humilde camponês ao afilhado da rainha Elizabeth, John Harington, e a maioria atribui seu gesto ao diabo. Às vezes também às feiticeiras, como uma tal de Agnes Buttres, que Richard Napier trata em 1618 e que declara ter sido induzida a se afogar por causa da má sorte lançada por uma dessas criaturas maldosas.[54]

As causas reais dessas tentativas de suicídio, tal como relatadas por Napier, são ao mesmo tempo diferentes e comuns. Longe das grandes questões metafísicas, as razões do desespero cotidiano entre as pessoas humildes se mantêm constantes. As pessoas se matam por infortúnios conjugais: mulheres maltratadas ou desprezadas pelo marido, como Catherine Wells – cujo esposo dilapidou o dote e manchou a reputação da família, cobrindo-a de vergonha –, que tentou se suicidar assim que viu uma faca; esposas desesperadas com a morte do cônjuge, como Marguerite Langton, que durante mais de cinco anos sente impulsos de morte; mães que choram a perda de um filho, como Marguerite Whippan; pessoas que se matam depois de uma decepção amorosa, como Thomas May, Dorothy Geary, Richard Malins, Elisabeth Church; por melancolia amorosa, como Elisabeth Lawrence ou Robert Norman; depois de uma doença dolorosa; de uma ruína súbita; de cair em miséria.

Para os ministros calvinistas, as tentativas de suicídio também fazem parte do processo de conversão. O novo convertido sente tamanho remorso pelos pecados passados, e a vida santa que ele decidiu levar lhe parece tão difícil, que ele corre o risco de cair em desespero. Os casos de Nehemiah Wallington e do ministro presbiteriano George Trosse ilustram esse processo,[55] e John Bunyan lhe dará a consagração literária nos anos 1670 com *O peregrino*. Por outro lado, os suicídios de puritanos continuam sendo explorados pelos anglicanos e pelos católicos como prova da natureza desesperada dessa corrente: em 1600, o suicídio espetacular de William Doddington, um rico comerciante calvinista bastante conhecido e amigo de membros do governo,

---

53 Halliwell (org.), *The Private Diary of John Dee*, Londres, 1842.
54 MacDonald; Murphy, op. cit., p.53.
55 Brink (org.), *The Life of the Reverend George Trosse*, Montreal, 1974.

que se joga do alto do campanário da igreja do Santo Sepulcro, em Londres, provoca debates acalorados.[56]

Estes últimos ajudam a dar aos contemporâneos a impressão de que os suicídios estão se multiplicando. Richard Greenham, morto em 1594, ficava alarmado com sua frequência, enquanto George Abbot, por volta de 1600, toma conhecimento deles "quase diariamente". Em 1637, William Gouge escreve:

> Suponho que não existam muitos séculos, desde o começo do mundo, que forneçam mais exemplos dessa humanidade desesperada do que o nosso, e isso entre todos os tipos de pessoa: religiosos, leigos, instruídos, ignorantes, nobres, plebeus, ricos, pobres, livres, escravos, homens, mulheres, jovens e velhos.[57]

Em 1605, após ter escapado de um dos inúmeros atentados contra ele, o rei Henrique IV observa que a loucura parece ter tomado conta de um número crescente de pessoas, e, para confirmar o que diz, cita o caso de um homem de boa aparência que se jogou no Sena no domingo anterior.[58] Na corte, o suicídio é tema das conversas. Mas ninguém pode afirmar que houve um aumento no número de casos concretos. Os suicídios mais famosos da época dizem respeito aos prisioneiros que se matam para evitar a tortura ou para salvar a honra. O *Journal de L'Estoile* assinala diversos casos desse tipo. Em 1595, Nicolas Rémy, um magistrado de Nancy, vangloria-se por haver induzido ao suicídio dezesseis "feiticeiras" que temiam se submeter à sua atroz sentença.[59]

Na Inglaterra, além do conde de Northumberland em 1585, outra celebridade, o navegador e poeta Sir Walter Raleigh, prisioneiro na Torre de Londres, tenta se matar com uma punhalada em 1603. Ele escreve uma carta à mulher para explicar seu gesto:

> A palavra de um homem indigno fez de mim um inimigo e um traidor [...]. Ó intolerável infâmia! Ó Deus, não posso suportar esse pensamento, não posso viver com a ideia de que sou injuriado [...]. Ó morte, penetra em mim, destrói

---

56 Sobre as relações entre puritanismo e suicídio, ver, por exemplo, Kushner, *Self-Destruction in the Promised Land*.
57 Introdução do livro de John Sym, *Life's Preservative*.
58 *Journal de L'Estoile*, t.III, p.309.
59 Rémy, *Demonolatreiae*, Lyon, 1595.

a lembrança de tudo isso e enterra-me no triste olvido. Ó morte, destrói minha memória, que me tortura, minha mente e minha vida não podem mais habitar o mesmo corpo [...]. Não temas me ver morrer desesperado da misericórdia divina, não procures questionar isso, mas estejas certa de que Deus não me abandonou e que Satã não me tentou. A esperança e o desespero não vivem juntos. Sei que é proibido se matar, mas creio que é proibido de maneira tal que não deveríamos nos matar por desesperar da misericórdia divina.[60]

Essa carta, escrita três anos depois de *Hamlet*, é a resposta do homem de ação ao "ser ou não ser". Em determinadas circunstâncias é legítimo se matar se o fazemos de maneira plenamente consciente, para evitar uma infâmia neste mundo e confiando na misericórdia divina. Essa resposta não tem a menor possibilidade de ser aceita pelos teólogos, mas ilustra a evolução das mentalidades. As discussões acerca da morte voluntária ajudaram a familiarizar a elite com esse conceito, e, se não a desculpabilizá-la por completo, ao menos a relativizar os juízos a seu respeito.

Os sentimentos do conjunto de fiéis não se modificaram. Para eles, o suicídio guarda uma reputação sinistra e diabólica, muito embora eles se oponham ao confisco dos bens e à execução do cadáver, dos quais tentam escapar invocando a desculpa da loucura. É nas classes dominantes, na elite intelectual, na aristocracia e na burguesia, receptivas à escrita, que a crise dos anos 1580-1620 será marcante.

Responsáveis pela organização social, as autoridades são duplamente contrárias a qualquer legitimação do suicídio. Por um lado, ele ameaça todo o sistema, ao eliminar alguns de seus membros e semear a dúvida, a ansiedade e a contestação no interior de um corpo social perturbado. Por outro lado, o suicídio é uma acusação indireta contra os dirigentes sociopolíticos e religiosos. Ele é a prova de seu fracasso em assegurar a justiça e uma vida decente a todos os habitantes. Os suicídios despertam a má consciência e o remorso do corpo social, que não foi capaz de garantir a felicidade de seus membros e de consolar os necessitados. O suicídio é uma acusação dirigida contra a sociedade e seus dirigentes, pois quem se mata mostra que prefere o nada ou os riscos do além a um mundo que se tornou um inferno para ele.

---

60 Greenblatt, *Sir Walter Raleigh*, New Haven, 1973, p.114-7.

O suicídio é uma censura, uma acusação, até mesmo um insulto aos vivos e, sobretudo, aos responsáveis pela felicidade da coletividade.

É por essa razão que estes últimos não podem tolerar esse gesto, uma afronta a todos os sistemas políticos e religiosos. Quem prefere partir rumo ao desconhecido da morte mostra que não tem nenhuma confiança nas teorias, nas ideologias, nas crenças, nos projetos e nas promessas dos dirigentes de todos os quadrantes. Só resta a estes fazê-lo passar por louco, o que afasta qualquer responsabilidade: a dos suicidas, mas também, e talvez principalmente, a dos vivos. Até mesmo os sistemas mais liberais se recusam a admitir o suicídio, a tolerar a liberdade de expressão sobre o assunto. O suicídio talvez seja o último dos grandes tabus da humanidade. Os dirigentes religiosos e políticos do início do século XVII, que tentam retomar o controle cultural global em uma Europa perturbada por sua crise de consciência, não podem permitir que se desenvolva um debate sobre o suicídio. Deve-se aceitar a vida tal como ela se apresenta, e tal como os dirigentes a concebem. Para aqueles que se sentissem tentados a fugir, existe a repressão e os derivativos, como o suicídio espiritual. Submissão às autoridades no mundo, ou retiro espiritual para fora do mundo: essa é a escolha que o Grande Século oferece às almas melancólicas.

– 6 –

A RESPOSTA DAS AUTORIDADES NO SÉCULO XVII: A REPRESSÃO DO SUICÍDIO

Assim que é feita, a pergunta de Hamlet provoca uma forte reação da parte das autoridades religiosas, morais e judiciais. Essa oposição entre o despertar das novas inquietações e a contraofensiva dos valores tradicionais situa-se no contexto da reforma religiosa. O protestantismo e a Reforma Católica travam, na verdade, o mesmo combate pela retomada do controle da cultura, destinada a restabelecer as bases estáveis das sociedades europeias, abaladas pelas incertezas, pelas experiências e pelas teorias do Renascimento. O "Grande Século das Almas" se eleva sobre as ruínas de muitos ideais humanistas. Erguido sobre a base filosófica do aristotelismo, ele está estruturado sobre os princípios da autoridade, da ordem, da clareza, da tradição e da fé iluminada pela razão. Fé, literatura, arquitetura, pintura, música, governo e até mesmo economia: doravante tudo está subordinado ao ideal unitário, monarquista e hierarquizado, que toma como guia uma "tradição" definida de uma vez por todas.

A fim de evitar os desvios, é realizado um imenso trabalho de codificação em todas as esferas: das regras gramaticais e ortográficas à etiqueta da corte, passando pelas três unidades do teatro,[1] pelos códigos comerciais e pela casuística refinada dos problemas de consciência. Tudo é previsto e tarifado. Depois da exuberância plena de inquietude do Renascimento, o rigor impassível da era clássica. Um mundo no qual não se deve mais fazer perguntas, pois as respostas são elaboradas de antemão: basta ver os catecismos do início do século. Um mundo da certeza, da estabilidade e da imobilidade. Quando se duvida, como Descartes, isso não passa de um simulacro, um método para afirmar com uma certeza ainda maior as evidências deste mundo. Até mesmo o além já não tem mistérios: os teólogos desvendam todos os seus segredos. Após a morte, tudo é acertado como em uma cerimônia real ou em um processo criminal, e cada um pode consultar desde a tarifa das penas que o levarão automaticamente ao inferno ou ao purgatório. Quanto à etiqueta do juízo final, ela é descrita inúmeras vezes nos sermões.

Cada coisa e cada pessoa em seu lugar, em uma harmonia estática; a perfeição reside na imobilidade. Enquadrado, guiado e vigiado, o indivíduo não precisa mais fazer perguntas nem se preocupar. Tudo está previsto, até sua eternidade, o que deveria tranquilizá-lo. Desse ponto de vista, o bom andamento do conjunto só pode ser garantido se cada um ocupar o lugar que lhe foi reservado. A falta mais grave é querer sair de sua condição, o que equivale a contestar a ordem monárquica e divina recusando o papel que foi atribuído a cada pessoa e demonstrando sua insatisfação diante da Providência. Ora, a principal dádiva da Providência não é a vida? Recusar esse dom é cometer a ofensa suprema contra Deus. Também é desertar de seu posto na comunidade familiar e humana, uma afronta à moral e ao Estado.

Portanto, as três autoridades afetadas reagem ao século XVII com um verdadeiro tiro de barragem contra todas as veleidades de legitimação do suicídio. A condenação mais severa vem dos teólogos, tanto católicos como protestantes, que não deixam nenhuma abertura possível; os moralistas se mostram um pouco mais maleáveis, admitindo algumas exceções nos casos extremos; quanto aos juristas, são ainda mais tolerantes.

---

1 Tempo, espaço e ação. (N. T.)

OS CASUÍSTAS E O SUICÍDIO

A condenação dos teólogos é global e unânime. Quanto ao princípio, não há nada a acrescentar à doutrina de Santo Agostinho, cujo prestígio também aumenta nessa época. A novidade é a evolução da casuística, que deve muito aos jesuítas e é um dos aspectos típicos de uma civilização que procura munir os fiéis e os súditos de um guia ou manual de utilização da vida que não deixe qualquer margem de hesitação. A casuística é o antídoto contra a dúvida, as preocupações e os problemas de consciência. É o remédio para a inquietude causada pela indefinição e incerteza dos grandes princípios. É o guarda-corpo que protege contra todas as armadilhas da moral. É o fim da busca pessoal, da autonomia do fiel diante de sua consciência; entramos em um mundo totalmente balizado, onde *tudo* foi previsto, mesmo as situações mais extravagantes. Uma gigantesca operação de secularização e, ao mesmo tempo, de ordenamento mental. Ao prever a conduta que se deve ter em todas as circunstâncias, a casuística ao mesmo tempo tranquiliza e aprisiona. Nisso ela com certeza é filha da grande retomada do controle cultural que começa a partir do final do século XVI.

No campo do suicídio, que havia muito se acreditava estar fora de qualquer discussão, os humanistas tinham aberto brechas tirando partido dos conflitos de valores: suicídio e honra, suicídio e amor, suicídio e altruísmo; será que isso não gerava situações capazes de legitimar certos casos de morte voluntária? Os casuístas encampam o assunto, passam em revista todas as situações possíveis e trancam todas as portas, uma a uma.

Desse modo, o cardeal Cajetan, em *Commentaires sur Saint Thomas* [Comentários sobre São Tomás], reexamina o caso dos cristãos que se matam para salvar a honra. Dir-se-á que eles não tinham a intenção de se matar? Ridículo. Que eles ignoravam a lei? Ninguém ignora essa lei, pois ela é natural.[2] Em 1581, o dr. Navarro, em *Enchiridion* [Enquirídio], fecha zelosamente todas as saídas: é proibido se matar em razão da cólera, da exasperação, da humilhação, da pobreza, de qualquer infortúnio, do espírito de martírio, do tédio vital. Também é pecado mortal desejar a própria morte, desejar nunca ter nascido, expor-se ao perigo – como andar em uma corda suspensa sem

---

2 Cajetan, *Commentaire sur saint Thomas*, II, 2, q. CXXIV.

estar habilitado a fazê-lo –, bater-se em duelo, mutilar-se, entregar-se a abstinências exageradas.[3] Em 1587, em *Instructor conscientiae* [Mestre da consciência], Louis Lopez também traz à luz algumas falhas possíveis, apressando-se logo a barrá-las: o condenado à morte por cicuta deve se recusar a bebê-la voluntariamente; o condenado a morrer de fome deve fazer o que estiver ao seu alcance para se alimentar. Todos os suicidas célebres da Antiguidade são intrinsecamente maus, e todos os casos clássicos estão, é claro, proibidos. A única pessoa autorizada a se arriscar é a esposa que cuida do marido que contraiu a peste. A situação inversa, contudo, não está prevista.[4]

Em 1595, Jean Benedicti condena formalmente "quem se faz matar em lugar [= por causa] de outro, ou provoca alguém com palavras com esse objetivo, ou se precipita conscientemente com o risco de ser morto", e aquele que busca o martírio "por vaidade ou imprudência, ou por glória ilusória, ou por tédio de viver". Saul, Catão, Lucrécio e os outros são condenáveis; Sansão e Santa Sabina talvez tenham recebido um apelo pessoal. Benedicti também condena os doentes que não seguem os conselhos e as prescrições médicas, que se recusam a "tomar remédio, fazer sangrias e ingerir outros medicamentos", o que demonstra de sua parte uma confiança talvez exagerada na medicina da época. Também se é condenado tanto por "maldizer a vida" como pela prática de acrobacia. Por outro lado, Benedicti é tolerante em relação às mortificações pela flagelação, que não trazem nenhum perigo, diz ele, "pois a pele sempre se renova muito bem".[5]

O cardeal jesuíta François Tolet, na obra magistral *Somme des cas de conscience* [Conjunto dos casos de consciência], de 1599, vai atrás das mais ínfimas possibilidades de suicídio direto e indireto. O condenado à forca pode subir a escada e pôr o pescoço no laço sem cometer pecado, mas não deve se jogar da escada, pois isso seria suicídio; deve esperar que o empurrem. Os condenados a morrer de fome ou a beber veneno devem fazer o possível para evitar a morte, mas Tolet admite que alguns casuístas têm opinião contrária. A mesma discussão quanto a saber se um prisioneiro culpado, que corre o risco de ser condenado à morte, tem o direito de fugir. A rigor,

---

3 Navarrus, *Enchiridion sive Manuale confessariorum et poenitentium*, Anvers, 1581, cap.XV.
4 Lopez, *Instructor conscientiae*, Lyon, 1587, cap.LXIV.
5 Benedicti, *La Somme des pechez, et le remède d'iceux*, livro II, Paris, 1595, cap.IV.

A RESPOSTA DAS AUTORIDADES NO SÉCULO XVII   147

pode-se arriscar a vida para defender a fé, o Estado, salvar alguém em um naufrágio, resgatar um amigo, mas, em todos os outros casos, "qualquer que seja a intenção, ou para evitar um mal maior ou a desonra, ou por causa de um pecado cometido, ou por causa de um pecado que certamente nos cause temor, nunca é permitido chegar a esse ponto, seja como for". Tolet retoma os argumentos tomistas: todo suicídio é um ato contrário à lei divina, à lei da natureza, à lei humana. Encontramos mais ou menos o mesmo raciocínio no casuísta e beneditino inglês Robert Sayr (1560-1602).[6]

Outro jesuíta, Léonard Lessius, publica em 1606 um tratado sobre a justiça no qual reexamina todos os casos possíveis, mencionando as respostas divergentes de seus confrades casuístas.[7] Pois a casuística – e é nisso que sua eficácia é prejudicada – só considera a concordância entre os autores a respeito das questões importantes, cujas respostas parecem evidentes. Quando se desce aos casos muito complexos, extremos e muito específicos, as discordâncias acabam aparecendo, reintroduzindo a incerteza, o conflito de consciência e o livre-arbítrio. Lessius apresenta as diferentes opiniões, às quais acrescenta a sua: segundo ele, durante um incêndio não é pecado se jogar do alto de uma torre, por exemplo, mesmo que a morte seja praticamente certa, pois ao fazê-lo não existe a intenção de se matar, e sim a de escapar de uma morte mais horrível; em um naufrágio, podemos ceder o lugar em uma prancha, pois estamos apenas nos expondo ao perigo, não buscando a morte. Em uma fome extrema, também podemos, sem incorrer em pecado, dar nosso pedaço de pão ao amigo; podemos nos arriscar pelo príncipe, ou explodir nosso navio a fim de evitar sua captura. Por outro lado, o condenado à morte não tem o direito de se matar antes de ser executado, pois isso seria contrário "à inclinação da ordem habitual". Os santos que se mataram para defender sua castidade o fizeram por ignorância ou por inspiração divina. O suicídio comum é um atentado aos direitos do Estado e aos direitos de Deus, o único que tem o poder de vida e de morte sobre nós. Outro casuísta,

---

6 Tolet, *La Somme des cas de conscience ou l'Instruction des prestres*, livro V, Lyon, 1649, cap.VI, trad. do tratado latino de 1599, *De instructione sacerdotum*; Sayr, *Compendii clavis regiae pars prima*, Veneza, 1621.

7 Lessius, *De justitia et jure coeterisque virtutibus cardinalibus*, Paris, 1606.

Comitólio, também menciona as divergências de opinião, em especial no caso dos condenados à morte.[8]

O jesuíta Francisco Suarez, em um tratado de 1613, leva a sofisticação ainda mais longe. Retomando o caso dos náufragos e da prancha, ele identifica duas possibilidades: se ninguém se instalou na prancha, eu posso deixar o outro tomar posse dela sem cometer pecado; mas se eu já estou em cima da prancha, cometo um pecado mortal cedendo-lhe meu lugar: "Neste caso, ceder o lugar a outro significaria se lançar ao mar e ter um papel ativo em sua própria morte, algo que jamais é permitido". Assim, podemos subdividir as situações de modo infinito. No que diz respeito ao condenado a morrer de fome, Suarez examina as opiniões de seus confrades e não revela sua opinião.[9]

Se em 1615 Michel Rothardus condena globalmente todos os suicídios, com exceção apenas dos casos de loucura,[10] Filliucius, em *Questions morales* [Questões morais], de 1626, detalha dez casos relacionados ao suicídio, pormenorizando até as situações que, como ele próprio reconhece, são completamente inverossímeis, obcecado que está em não deixar nenhuma brecha:[11]

- 1º caso: evocação do princípio geral: nunca é lícito se matar, salvo por ordem divina.
- 2º caso: é proibido se matar para defender a castidade. As santas que o fizeram agiram por ignorância.
- 3º caso: é proibido contribuir com a própria morte; o condenado pode subir a escada que conduz à forca, mas não deve se jogar; no entanto, podemos nos arriscar na defesa da fé, do país, dos amigos e do príncipe.
- 4º caso: o condenado a tomar veneno pode, sem cometer pecado, abrir a boca, mas não deve ele mesmo verter o veneno; o condenado a morrer de fome pode se recusar a comer; o soldado pode permanecer em seu posto mesmo correndo o risco de morrer; o náufrago pode ceder sua prancha.

---

8 Comitolus, *Responsa moralia,* livro IV, q. 10.
9 Suarez, *Tractatus de legibus ac Deo legislatore,* livro V, Anvers, 1613, cap.VII.
10 Rothardus, *Crux saulitica duabus pertracta quaestionibus,* Frankfurt, 1615.
11 Filliucius, *Moralium quaestionum tomus II,* trat. XXIX, Lyon, 1626, cap.IV.

- 5º caso: o condenado à morte tem o direito de fugir.
- 6º caso: não se deve cometer um pecado para salvar a vida.
- 7º caso: um religioso não deve se casar, mesmo se isso puder lhe salvar a vida. De todo modo, o dilema nunca se apresentou, diz Filliucius (mas se apresentará na Revolução Francesa).
- 8º caso: pode-se, certamente, cortar um dos braços ou deixar de jejuar para salvar a vida. Mas antes é preciso usar os remédios habituais.
- 9º caso: não é permitido deixar de comer carne para salvar a vida.
- 10º caso: é permitido visitar os doentes, até mesmo os pestilentos.

Encontramos mais ou menos os mesmos casos em Bonacina,[12] Hurtado[13] e Busenbaum.[14] Quanto a Caramuel, é considerado um "indulgente", pois admite que o condenado à morte tem o direito de se matar. Em seu tratado de 1652, no qual encontramos uma das primeiras referências ao termo latino *suicidio*, ele chega a ponto de sugerir que o homicídio de si mesmo talvez seja menos grave do que o assassinato de outra pessoa, e conta a perturbadora história de um monge, pecador renitente, que se enforcara depois de ter confessado e recebido a absolvição. O abade mandara jogar o corpo no rio. Foi encontrado por camponeses, que, sem saber que se tratava de um suicida, o enterraram; depois disso, suas terras ficaram protegidas do granizo. Caramuel não tira nenhuma conclusão disso, mas o caso dá o que pensar.[15]

Existe uma oposição muito clara entre alguns casuístas a respeito de casos específicos. Desse modo, Diana escreve que não só um culpado passível de pena de morte pode, sem cometer pecado, entregar-se à justiça, mas que um inocente pode se acusar de um crime que não cometeu a fim de evitar, por meio da morte, os suplícios.[16] Reginaldus, em 1653, pensa, pelo contrário, que um réu não tem nenhuma obrigação de arriscar a morte confessando seu crime, mesmo se isso levar à condenação de um inocente, o que é um exagero. Por outro lado, ele condena o fato de se entregar à morte para salvar uma pessoa privada. Em compensação, "podem ser desculpados os

---

12 Bonacina, *Œuvres*, t.II, Paris, 1629, p.673.
13 Hurtado, *Resolutiones orthodoxo-morales*, Colônia, 1655.
14 Busenbaum, *Medulla theologiae moralis*, Paris, 1657.
15 Caramuel, *Theologia moralis fundamentalis*, Frankfurt, 1652, cap.VI, fund.55, passagem 13.
16 Diana, *Resolutiones morales*, 12.ed., 1645, pars III, trat.V, resol.7.

católicos que, em nossa época, foram forçados pelos hereges a beber veneno ou a se jogar de um local elevado, pois, se não o fizessem, estariam sujeitos a sofrer torturas mais violentas". Por fim, uma mulher que cuida do marido que contraiu peste, mesmo se não puder reconfortá-lo, é desculpável. Evita--se, mais uma vez, considerar a situação inversa.[17]

Mencionemos ainda o jesuíta Antonio Escobar, que, em 1659, retoma o caso do condenado a tomar veneno: ele deve se limitar a abrir a boca. O casuísta contempla outro caso: uma jovem grávida decidiu se matar para evitar a humilhação; será que ela pode provocar o aborto, se esse for o único jeito de desviá-la do suicídio? Sim, pois se trata de escolher o mal menor.[18] Essa solução permite avaliar melhor o quanto a Igreja tem horror ao suicídio, se lembrarmos do combate encarniçado que ela conduziu, desde suas origens, contra o aborto.

A casuística tem seus pontos fracos, mas também tem um grande mérito: o de julgar os atos em função das intenções, o que a obriga, justamente, a multiplicar os "casos", um exagero que Pascal ridicularizará com vigor. Em seus princípios, a casuística é a moral mais humana, já que ela substitui as condenações genéricas pela análise dos casos particulares, levando em conta os conflitos de valores. Seu erro está em querer codificar tudo, empreendimento utópico, totalmente irrealizável e que contradiz seu princípio original. Se admitimos o princípio da diferenciação, é preciso reconhecer que cada caso humano é único e que as circunstâncias nunca se repetem, o que torna qualquer classificação inútil. Além disso, ao multiplicar as diferenciações para mostrar que o suicídio só é legítimo em circunstâncias completamente excepcionais, a casuística, longe de encerrar a discussão, a prolonga. Em primeiro lugar porque os casuístas não entram em um acordo, e depois porque abrem espaço para possíveis sofisticações posteriores. A lição da casuística é que, finalmente, tudo é discutível, e com uma boa dose de agilidade intelectual muitas ações ilícitas podem ser tornar lícitas. Portanto, a barreira da casuística não será muito eficaz.

---

17 Reginaldus, *Theologia practica et moralis*, Colônia, 1653.
18 Escobar, *Liber theologiae moralis*, Lyon, 1659.

AS HESITAÇÕES DOS MORALISTAS CATÓLICOS

O discurso dos moralistas católicos – tanto religiosos como leigos – também é desfavorável ao suicídio, ainda que aceite adequações superficiais em relação à doutrina rigorosa de Santo Agostinho. Em 1597, François Le Poulchre, sr. de La Motte-Messené, se pronuncia, em *Le Passe-temps*, contra a morte voluntária, e critica Catão, afirmando que "a verdadeira força é conter dentro de si a cupidez, por meio do julgamento da razão, purificando a alma das paixões censuráveis".[19] Na mesma época, o poeta Chassignet também ataca Catão, símbolo do suicídio respeitável.[20]

No entanto, o bispo de Marselha Nicolas Coeffeteau, dominicano, vê com tolerância os antigos suicídios pagãos. Em *Tableau des passions humaines* [Quadro das paixões humanas], de 1620, ele declara que, "segundo o costume da época em que a religião cristã ainda não eliminara a frivolidade dos equívocos do paganismo nem seus opróbrios por meio de exercícios de paciência", a conduta de Cleópatra e de outros suicidas demonstra certamente uma grandeza d'alma, e não hesita em juntar Sócrates e os mártires no mesmo elogio.[21] É o testemunho de um humanista fora de seu tempo. Um de seus confrades ilustres no episcopado, o cardeal Richelieu, não tem esses escrúpulos. Escrito em 1626, seu *Catécisme* [Catecismo] condena sem meios-tons o suicídio. É verdade que ele escreve ao mesmo tempo em nome da fé e do rei, a quem cada indivíduo deve dedicar sua vida. O estilo é incisivo como um artigo de código penal:

> Aquele que procura conscientemente a morte, que, enfadado de viver, a deseja, ou, não a desejando, se expõe sem motivo legítimo ao perigo iminente de perder a vida, é ainda mais culpado do que se matasse outrem e desejasse sua morte ou o pusesse, sem motivo razoável, em condição flagrante de se perder, já que cada um deve mais a si mesmo do que ao próximo, e que ninguém é senhor absoluto de seu ser para dispor dele como bem lhe aprouver, mas unicamente depositário obrigado a conservar o depósito.[22]

---

19 Citado por Paulin, op. cit., p.41.
20 Chassignet, *Le Mespris de la vie et consolation contre la mort*, Genebra, 1953, p.13.
21 Coeffeteau, *Tableau des passions humaines, de leurs causes et de leurs effects*, Paris, 1620.
22 Richelieu, *Instructions du chrestien*, Paris, 1626, p.208.

Todos os catecismos dos séculos XVII e XVIII limitam-se a especificar que o quinto mandamento, sobre o homicídio, se aplica também ao homicídio de si mesmo. Raramente são acrescentados detalhes mais precisos, como no caso do padre Coissard, em 1618, em se que se descreve em verso a sorte do cadáver dos suicidas:

> *Pelos pés são pendurados, e lhes cortam as mãos*
> *Que levantaram contra sua própria vida,*
> *Inimigos da natureza e timoneiros desumanos,*
> *Fazendo mais do que fazem os tigres da Hircânia.*[23]

Em suas obras morais,[24] o padre Du Boscq qualifica Pórcia e Brutus de "monstros", tendo cometido um crime comparável ao de Lucrécia e de Catão. Deve-se condenar a morte de ambos como assassinatos e homicídios voluntários de si mesmo. "Aqueles que se matam", ele escreve em outra passagem, "não são corajosos, mas desesperados." E, no entanto, a propósito dos mesmos personagens, ele fala de nobreza e de grandeza d'alma; a propósito de Lucrécia, ele admite que "não é fácil condená-la racionalmente se não a condenamos em primeiro lugar por não ter sido cristã; ora, será que ela poderia agir de acordo com nossos princípios? [...] Será que poderia obedecer ao Evangelho que desconhecia?". A propósito do suicídio de Teoxenes, ele escreve: "Não é preciso admitir que a coragem e a perseverança aparecem nessa ocasião com um brilho maravilhoso?". Nesse caso, a contradição pode ser explicada pelo fato de que Du Boscq procura mostrar que as mulheres são tão heroicas como os homens, capazes dos mesmos gestos extremos. O suicídio, como princípio, continua totalmente proibido.

Os anos 1640 são férteis em obras que exaltam a coragem feminina. Ao mesmo tempo que *L'Honneste Femme* [A mulher honesta] (1643) e *La Femme héroïque* [A mulher heroica] (1645) de Du Boscq, aparecem *Le Triomphe des dames* [O triunfo das damas], de François de Soucy (1646), *Les Femmes illustres et les harangues héroïques* [As mulheres ilustres e as arengas heroicas], de Scudéry (1642). Um pouco mais tarde, em 1663, teremos ainda *La Gallerie*

---

23 Coissard, *Sommaire de la doctrine chrétienne*, Lyon, 1618, p.236.
24 Du Boscq, *L'Honneste Femme*, Paris, 1643; Id., *La Femme héroïque*, Paris, 1645.

des femmes fortes [A galeria das mulheres poderosas], do padre Le Moyne. Esses livros em honra do belo sexo se dedicam, evidentemente, a prestar homenagem a todas as mulheres que realizaram um ato extraordinário. Para um certo número delas, dada a modesta função social que exercem nas sociedades tradicionais, o ato que as tornou célebres foi o suicídio: Lucrécia e Pórcia, com certeza, mas também cristãs mártires voluntárias ou que queriam defender sua castidade. O incômodo dos autores é visível. Scudéry prefere deixar que o leitor julgue, ao colocar no início da arenga de Lucrécia a seguinte advertência: "Não pudemos decidir ainda se ela fez bem em se matar depois de sua desgraça [...]. Ouvi sua razões, leitor, [...] acrescentai vossa opinião à de tantos outros". Soucy lembra que São Jerônimo elogiou as mulheres e as jovens que preferiram a morte à desonra. O padre Le Moyne dirige elogios insistentes a Paulina, Pórcia, Camma, Panteia e Branca de Pavia; através do suicídio, Paulina é um modelo, um exemplo de força:

> *Sábios que nos retirais as belas paixões,*
> *Aprendei com uma mulher a vos tornardes estoicos.*

Ao engolir brasas ardentes, Pórcia ganhou "um brilho eterno"; Lucrécia "é digna de nossos louvores. A antiga Roma, que foi a mãe das nobres virtudes da natureza e dos grandes heróis do paganismo, não trouxe nada de mais nobre e de mais glorioso, nada de mais forte nem de mais magnânimo do que Lucrécia"; a "casta e generosa Panteia" faz jus ao mesmo elogio.

Isso não deixa de gerar problemas para o padre Le Moyne, que tenta restabelecer o equilíbrio defendendo-se da acusação de incitar as mulheres ao suicídio: eu não ponho "a espada na mão das mulheres nem as induzo ao veneno, à corda e ao precipício", escreve ele. Ele faz questão de lembrar, sobretudo, que o que poderia ser admirável na moral pagã é, no cristianismo, "o maior de todos os homicídios" e produz ações "surpreendentes e furiosas"; a morte voluntária "seria sombria e monstruosa em uma cristã"; em nossa religião, as viúvas que se matam "pecam contra o amor conjugal e violam a fidelidade que devem ao marido". Posição bastante desconfortável, que leva o padre Le Moyne a criticar o rigor excessivo de Santo Agostinho a propósito de Lucrécia:

Vi o processo e a sentença vinculada a ele nos livros da *Cidade de Deus* [...]. E confesso que, se ela for julgada pelo direito cristão e segundo as leis do Evangelho, terá dificuldade em justificar sua inocência [...]. No entanto, se ela for retirada desse tribunal rigoroso ao qual não comparece nenhuma virtude pagã que não corra o risco de ser condenada, se ela for julgada pelo direito de seu país e pela religião de sua época, ela se encontrará entre as mais castas de sua época e as mais fortes de seu país; a nobre e virtuosa filosofia, que com tanta frequência a acusa, a absolverá de sua desgraça e se reconciliará com ela.[25]

De todo modo, para todos esses moralistas o suicídio não é mais permitido, salvo, talvez, como escreve em 1651 o sr. de Ceriziers, capelão do duque de Orléans, "em determinadas circunstâncias legítimas" e quando "se pode ter vários motivos razoáveis para tirar a vida indiretamente". O suicídio direto continua proibido.[26] Chevreau, em 1656, continua fazendo a distinção suicídios antigos/suicídios modernos. Os primeiros são admiráveis, "mas essa virtude dos pagãos é hoje um de nossos crimes".[27] Guez de Balzac não diz outra coisa em *Entretiens* [Conversas], de 1657, depois de ter feito referência ao suicídio de Philippe Strozzi: "Mas as leis do Evangelho são contrárias a essa crença, e a nova Roma chama de desespero o que a antiga chamava de nobreza e coragem. Ela excomunga hoje o que outrora venerou".[28] Não se sabe se devemos perceber uma desaprovação velada por trás da valorização dessa contradição. Igualmente misteriosa é a insígnia gravada no templo onde se encontra "tudo que um homem íntegro deve observar", que podemos ler no romance de D'Aubignac (1664): "Pode-se morrer apesar da fortuna"; essa inscrição aparece ao pé de uma estátua que representa a liberdade agonizante rasgando suas entranhas.[29]

---

25 Le Moyne, *La Gallerie des femmes fortes*, t.I, Paris, 1663, p.225.
26 Ceriziers, *Le Philosophe français*, Rouen, 1651.
27 Chevreau, *Les Effets de la fortune*, t.II, Paris, 1656, p.280.
28 Balzac, *Entretiens*, Paris, 1657, p.332.
29 D'Aubignac, *Macarise ou la Reine des isles fortunées, histoire allégorique contenant la philosophie morale des stoïques, sous le voile de plusieurs aventures agréables, en forme de romans*, Paris, 1664, p.15.

A ÉTICA CONFUSA DE JEAN-PIERRE CAMUS

A condenação do suicídio assume formas ainda mais ambíguas em alguns moralistas. A de Jean-Pierre Camus é particularmente inquietante. Nascido em 1584 e consagrado bispo de Belley em 1608, aos 26 anos de idade, esse discípulo de François de Sales, prelado fervoroso – até demais, para o gosto de Richelieu –, dedica-se a reformar sua diocese, e deixa uma obra escrita gigantesca: foram contados mais de 130 volumes. Após ser afastado de suas funções em 1629, ele se retira para a sua abadia de Aulnay, onde morre em 1652. Camus pertence à geração inquieta da virada do século, e revela em suas obras morais uma atração exagerada, quase patológica, pelo mórbido.[30] Na coletânea intitulada *Les Spectacles d'horreur* [Os espetáculos de horror] contam-se nada menos que 126 mortes, cada uma mais horrível do que a outra. O fascínio por tudo que é macabro, sangrento e aterrador transforma essas narrativas, como "Les morts entassés" [Os mortos amontoados], "L'amphithéâtre sanglant" [O anfiteatro sangrento] e "Les martyrs siciliens" [Os mártires sicilianos], em prefigurações da obra do abade Prévost e do marquês de Sade.

Sem dúvida, o objetivo de Jean-Pierre Camus é moral. Ele quer demonstrar, acima de tudo, que ninguém escapa da justiça divina, e o abade Bremond pôde classificá-lo entre os escritores devotos que procuravam transmitir de maneira concreta uma moral rigorista.[31] Pode-se questionar, contudo, o termo "afável" que ele lhe atribui. Entre os pecados que assaltam o inquietante prelado encontra-se o suicídio, ilustrado por meio de algumas histórias edificantes como "La mère Médée" [A mãe Medeia], na qual uma mulher traída corta em pedaços os quatro filhos e depois se degola, ou ainda "L'inconsidération désespérée" [A desconsideração desesperada], na qual um agricultor mata o filho em um acesso de cólera; informada do ocorrido, sua mulher deixa seu bebê cair no fogo e vai se enforcar. Em "La force du regret" [A força do arrependimento], um amante rejeitado conta ao marido que a mulher o trai; esta, expulsa, morre de tristeza; o amante admite sua traição e

---

30 R. Godenne analisou muito bem essa faceta no artigo Les spectacles d'horreur de J.-P. Camus, *XVIIᵉ siècle*, n.92, 1971, p.25-36.

31 Bremond, *Histoire littéraire du sentiment religieux en France*, t.I: *L'Humanisme dèvot (1580-1660)*, Paris, 1923.

se envenena; em seguida o marido, acusado de crime, se deixa condenar. Em "La jalousie précipitée" [O ciúme precipitado], uma mulher mata o marido e em seguida se suicida com uma punhalada na barriga. Em "La pieuse Julie" [A piedosa Julie], baseada em um fato real, o barão Montange está prestes a se suicidar porque a mulher que ele ama entrou para o convento. Em "La sanglante chasteté" [A castidade sangrenta], um jovem quer se tornar monge; seu pai, que discorda da decisão, tenta dissuadi-lo por meio dos prazeres da carne: ele põe uma jovem nua na cama do rapaz; o jovem retalha seu corpo com golpes de punhal. Em outra passagem, o bispo expõe os cadáveres dos suicidas apodrecendo na forca: "Esses dois infelizes pendurados pelos pés segundo a decisão da justiça serviram durante muito tempo de exemplo de horror àqueles que os viam, e, no fim [quando tinham se decomposto], só lhes restou ser enterrados na companhia dos asnos".[32]

A lição é que o vício conduz ao desespero, e o desespero ao suicídio, um pecado mortal. Por trás desse pretexto moral, porém, as cenas de massacre contidas em *Les Spectacles de l'horreur* provocam desconforto. E a suspeita é reforçada por alguns comentários que permeiam a carnificina. Desse modo, o bispo não esconde sua aprovação pelo jovem que prefere se suicidar em vez de se deitar com uma moça. "Foram feitos diversos julgamentos", escreve,

> a respeito desse ato, alguns acusando-o de zelo intempestivo, outros de crueldade, e culpando o jovem de assassino de si mesmo. Outros o puseram nas alturas. Quanto a mim, que prefiro o elogio à censura, sou da mesma opinião destes últimos e confesso […] que o julgamento contrário e funesto não pode se dar sem uma espécie de temeridade.

Em outro trecho, ele admira o comportamento de uma jovem que se mata para não ser violentada. Em "Le désespoir honorable" [O desespero honroso], depois de contar a história de um homem que, em uma cidade sitiada, mata a mulher e os filhos antes de se suicidar, ele chega a esta surpreendente conclusão:

---

32 Camus, *Les Spectacles d'horreur où se découvrent plusieurs tragiques effets de notre siècle*, Paris, 1630, p.312.

A RESPOSTA DAS AUTORIDADES NO SÉCULO XVII   157

Quando o desespero e a desonra se juntam à escravidão, então a alma sedenta de glória preferirá morrer mil vezes a ver o dia com a vergonha perpétua estampada na fronte [...]. Sei que o efeito do espetáculo que vou representar [...] contraria em parte os preceitos cristãos; mas se olhardes o outro lado da moeda, percebereis que, se o medo da vergonha levou uma alma corajosa a ultrapassar os limites da natureza e de seu dever, isso nada mais é que a consequência de um desespero extremamente digno, semelhante ao do nobre Catão, sempre elogiado na história, ainda que tenha sido assassino de si mesmo.[33]

Por fim, em "Les martyrs siciliens" [Os mártires sicilianos], uma jovem pagã resolve se suicidar por não poder se casar com quem ela ama, Agatão, que é cristão. Este último declara que, para seu grande pesar, não pode imitá-la, pois isso vai contra sua religião: "Morra de vergonha porque uma jovem te antecede tanto em generosidade como em civilidade", lança-lhe então a jovem, diante do que Agatão decide: "Na pior das hipóteses, morramos juntos".

Na verdade, a lição dessas narrativas é que a morte é preferível a qualquer forma de pecado, o que confirma o fervor exagerado com que o bispo persegue as heresias e os desvios de conduta em sua diocese. Seu ódio doentio pelo pecado da carne em particular o leva a aprovar os suicídios em defesa da castidade. O clima inquietante de suas narrativas sangrentas é, apesar de tudo, um dos sinais do desequilíbrio provocado em algumas mentes pelas inquietações e exigências de uma nova pureza dessa era barroca.

TEÓLOGOS E MORALISTAS PROTESTANTES

Os teólogos e moralistas protestantes parecem comparativamente mais firmes do que seus correspondentes católicos em sua crítica ao suicídio. Na Inglaterra e na Escócia, anglicanos, puritanos e presbiterianos condenam por unanimidade a morte voluntária, sem entrar nos preciosismos dos casuístas católicos. A lista impressionante de teólogos e pastores que escreveram

---

33 Camus, op. cit., p.312.

a respeito desse assunto entre 1580 e 1680 mostra a profundidade do problema no país de Shakespeare, Francis Bacon e John Donne.

Em 1583, William Fulke condena todos os suicidas ao inferno.[34] Em 1585, John Case, professor em Oxford, atribui o suicídio à covardia, inclusive os de Catão, Brutus e Antônio. Mesmo as crianças e os loucos que se suicidam são condenáveis: "Penso que a idade não elimina inteiramente na criancinha toda a mancha do pecado, nem a ignorância no idiota, nem a mente doente no louco".[35] Em 1586, Timothy Bright não aceita nenhuma desculpa para o suicídio, nem mesmo a melancolia.[36] Em 1591, encontramos a mesma postura em Henri Smith,[37] enquanto em 1593 Richard Hooker se mostra um pouco mais maleável.[38] Em 1594, John King explica que o suicídio é contrário à natureza,[39] e em 1596 Anthony Copley escreve um longo poema alegórico contra a morte voluntária,[40] enquanto William Whitaker ataca até mesmo os suicídios bíblicos e se alinha à opinião de Santo Agostinho, recusando-se a incluir o Livro dos Macabeus na lista dos textos inspirados porque encontramos nele o elogio de dois suicídios, o de Eleazar e o de Razis. "Razis não merece ser elogiado por sua coragem", escreve ele.

> Pois dar-se voluntariamente a morte para escapar das mãos de um tirano é morrer como um covarde e não como um homem de coragem. O Espírito Santo não julga a coragem com a mesma medida das pessoas deste mundo, que põem Catão nas nuvens por ter cometido suicídio por medo de cair nas mãos de César; pois, ou bem ele teve medo, ou bem não pôde suportar encará-lo, ou bem procurava a fama por meio de um ato terrível tão inimaginável. Assim, ele foi esmagado e destruído seja pelo desespero, seja pela tristeza, seja por outra perturbação qualquer de sua mente, e, não importa qual desses motivos, ele é estranho à verdadeira coragem. Portanto, Santo Agostinho fez bem em recusar

---

34 Fulke, *A Defense of the Sincere and True Translations of the Holie Scriptures into the English Tong*, Londres, 1583. Recuperamos aqui a lista de teólogos mencionados por Paulin, op. cit., p.52-65.
35 Case, *Speculum quaestionum moralium*, Oxford, 1585.
36 Bright, *A Treatise of Melancholie*, Londres, 1586.
37 Smith, *A Preparation to Marriage*, Londres, 1591.
38 Hooker, *Of the Laws of Ecclesiastical Polity*, Londres, 1593.
39 King, *Lectures upon Ionas Delivered at York in 1594*, Oxford, 1597.
40 Copley, *A Fig for Fortune*, Londres, 1596.

entre os livros canônicos os livros em que um crime como esse é narrado com uma certa aprovação dos autores.[41]

Em 1600, George Abbot, futuro arcebispo de Canterbury, ao discutir o caso de Jonas, retoma os argumentos tradicionais: não temos o direito de abandonar a vida sem a permissão de Deus, que nos proibiu de matar.[42] É em 1600, também, que William Vaughan publica *The Golden Grove* [O pomar dourado].[43] Mas, ao passo que a primeira edição continha apenas um capítulo sobre o suicídio, a segunda, de 1608, contém dezesseis: mais um sinal da importância desse debate no início do século XVII. A enxurrada de argumentos empregados por William Vaughan contra o suicídio é proporcional à sua preocupação diante do amplitude da contestação, deixando evidente o horror que esse ato lhe inspira. O suicídio, diz ele, é fruto do desespero nascido em uma alma frágil, além de ser uma afronta a Deus; ele priva o Estado de um dos seus membros; ele é proibido pelas Escrituras, e se esta contém passagens que parecem aprová-lo, é porque são apócrifas: os Patriarcas da Igreja, os moralistas e as leis o condenam; Lucrécio e Catão são seres frágeis, e teria sido melhor para este último "ser torturado no touro de bronze de Faláris[44] do que se matar de desespero"; Sansão e Jonas receberam um chamado especial, ao passo que as virgens que se matam para defender a castidade estão erradas, assim como aqueles que põem fim aos seus dias porque temem não poder aguentar os sofrimentos, atentando assim contra a glória divina. Resumindo: "não existe nada mais condenável nem mais sacrílego para um homem do que se matar". Quanto ao destino final do suicida, cabe a Deus decidir.

No mesmo ano que Vaughan, 1608, o casuísta puritano William Perkins proíbe qualquer suicídio em razão do desespero, pois não existe pecado maior do que duvidar da misericórdia divina.[45] Em 1614, Andrew Willet condena todos os suicídios:[46] os dos pagãos, que não são ditados pela fé, não

---

41 Citado por Paulin, op. cit., p.55.
42 Abbot, *An Exposition upon the Prophet Ionah*, Londres, 1600.
43 Vaughan, *The Golden Grove*, Londres, 1600 e 1608.
44 Instrumento de tortura inventado na Grécia antiga. (N. T.)
45 Perkins, *The Whole Treatise of Cases of Conscience*, Londres, 1608.
46 Willet, *An Harmonie upon the First Book of Samuel*, Cambridge, 1614.

têm valor algum, não mais do que o de Razis, cuja história é apócrifa; Aitofel, que se matou de desespero, não passa de um precursor de Judas, assim como Saul; aqueles que se matam são covardes.

Encontramos um tom diferente em George Strode, em 1618.[47] Sim, em todas as situações habituais o suicídio é condenável; é um sinal de orgulho e crueldade se procuramos nos punir desse jeito ou se estamos cansados desta vida. Aquele que não ama a si não ama ninguém, e os suicídios bíblicos de Saul, Aitofel, Zimri e Judas mostram que são os maus que se matam. O pagão que se matava acreditando com isso escapar das desgraças era vítima de uma ilusão; quanto ao cristão, é imperdoável. Existem casos, porém, em que é possível, quando não se matar, ao menos desejar a morte: quando Deus não é mais glorificado, quando se gostaria de deixar a companhia dos maus, para não ofender mais a Deus, quando se pensa nas calamidades e desgraças desta vida, para estar em união completa com Cristo. São esses os motivos que encontraremos entre os místicos com a doutrina da "aniquilação", o que mostra certa semelhança entre o suicídio e as formas de espiritualidade contrárias a qualquer contato com o mundo.

A lista dos que condenam o suicídio ainda é longa. John Wing, em 1620, e George Hakewill, em 1621, repudiam o suicídio, mesmo nas situações mais patéticas, como a do marido a quem coube uma mulher rabugenta.[48] John Abemethy, por sua vez, ataca aqueles que se matam por desespero religioso, acreditando ter cometido pecados imperdoáveis. Para ele, trata-se de indivíduos melancólicos de espírito frágil que, ao perder a esperança na misericórdia divina, fazem uma avaliação catastrófica e descartam a possibilidade do arrependimento. De todo modo, a morte saberá nos encontrar. O testemunho de Abemethy, que era bispo na Escócia, nos ensina que os suicídios por desespero religioso não eram raros em sua diocese.[49] Em 1629, Nathaniel Carpenter chama o suicídio de covardia, inclusive o dos pagãos. Só devemos arriscar a vida para defender a fé, a justiça e a pátria.[50] Em 1633, Richard

---

47 Strode, *The Anatomie of Mortalitie*, Londres, 1618.
48 Wing, *The Crowne Conjugall or the Spouse Royall*, Middleburgh, 1620; Hakewill, *Kings Davids Vow for Reformation*, Londres, 1621.
49 Abernethy, *A Christian Adviser and Heavenly Treatise*, Londres, 1623.
50 Carpenter, *Achitophel or the Picture of a Wicked Politician*, 1629.

Capel recorda que a causa dos suicídios é Satã.[51] No mesmo ano, Peter Barker, e depois William Gouge, um ano mais tarde, chamam a atenção para os suicídios indiretos, que podem resultar de excessos de toda ordem: excesso de comida e de bebida, de raiva, mas também de ascetismo, sendo que essa advertência visa particularmente aos papistas. Com maior razão ainda o suicídio direto é condenado, pois seu instigador é o diabo.[52] Em 1634, o ministro puritano John Downame aborda o suicídio da ótica do *The Christian Warfare* [O combate cristão].[53] Fomos colocados em um posto pelo Deus dos Exércitos, ele nos explica em sua obra, e devemos nos manter ali até a troca de guarda. Nossa única alternativa é suportar as desgraças da vida atual ou passar a eternidade no inferno. Os santos nos mostram o caminho. Na Bíblia, com exceção de Sansão, só os condenados se suicidaram. Deus, a Igreja, a sociedade e a família proíbem esse ato. Em 1638, Richard Younge adverte contra a intemperança, que leva à devassidão, ao desespero e ao suicídio.[54]

Incansáveis, pastores e teólogos repetem as ladainhas contrárias ao suicídio: Lancelot Andrewes, em 1642;[55] Henri Hammond, em um catecismo de 1645, reeditado catorze vezes em meio século;[56] o puritano William Fenner, que em seu livro de 1648 transforma todo pecado mortal em um suicídio;[57] Thomas Fuller, em 1653;[58] Edward Phillips, em um dicionário de 1658, que considera o suicídio um ato animalesco;[59] Jeremy Taylor, que em 1660 vê uma relação entre o altruísmo e o amor que temos por nós mesmos;[60] Thomas Philipot, que em 1674 indica os meios para evitar a melancolia suicida.[61]

Existe muito pouca originalidade nessas narrativas, que retomam os mesmos argumentos. Sua proliferação, no entanto, indica a existência de um

---

51 Capel, *Tentations*, Londres, 1633.
52 Barker, *A Learned and Familiar Exposition upon the Ten Commandments*, Londres, 1633; Gouge, *Of Domestic Duties*, Londres, 1634.
53 Downame, *The Christian Warfare*, Londres, 1634.
54 Younge, *The Drunkard's Character*, Lyon, 1638.
55 Andrewes, *The Moral! Law Expounded*, Londres, 1648.
56 Hammond, *Practical Catechism*, Londres, 1645.
57 Fenner, *Wilfull Impenitency, the Grossest Self-Murder*, Londres, 1648.
58 Fuller, *A Comment on the Eleven First Verses of the Fourth Chapter of S. Matthew's Gospel*, Londres, 1653.
59 Phillips, *The New World of English Words or a General Dictionary*, Londres, 1658.
60 Taylor, *Ductor dubitantium or the Rule of Conscience*, Londres, 1660.
61 Philipot, *Self-Homicide Murder*.

problema real, lembrado por Sir William Denny em 1652 na obra intitulada *Le Conseiller chrétien contre le meurtre de soi-même* [O conselheiro cristão contra o assassinato de si mesmo].[62] O autor se diz alarmado com a frequência de suicídios e com a publicação do *Biathanatos* de John Donne. Ele diz que escreveu seu tratado "com medo de que a frequência de atos semelhantes instaure com o tempo uma espécie de legitimação pelo hábito ou que se prevaleça da autoridade de um disparate publicado recentemente, segundo o qual o assassinato de si mesmo seria legítimo". William Denny passa em revista as causas mais frequentes do suicídio: amor, ciúme, melancolia, devassidão, ruína, remorso, escrúpulos de consciência exagerados entre os extremistas religiosos. Seus argumentos contra o suicídio são, no entanto, bastante conformistas: Deus, a razão, a natureza, o Estado e a família nos proíbem esse ato. Com sua morte, Cristo remiu todos os pecados; portanto, não existe motivo para desesperar.

THOMAS BROWNE E O PROBLEMA EXISTENCIAL DO SUICÍDIO

Um dos autores ingleses que mais refletiu sobre o problema do suicídio foi Sir Thomas Browne, da *Religio medici* [A religião de um médico] de 1635 a uma carta de 1670.[63] Situando-se em três níveis – pessoal, paternal e teórico –, sua iniciativa tem um valor humano e existencial que não estava presente nos autores precedentes, os quais raciocinam apenas como teólogos e moralistas abstratos. Essa diversidade de pontos de vista destaca acima de tudo as evoluções e contradições do indivíduo confrontado em sua vida com problemas examinados em sua obra.

Thomas Browne é um moderado, um adepto da *via media*, que coloca o bom senso e a sabedoria acima do heroísmo. Em *Religio medici*, ele expressa suas reservas em relação ao suicídio, mesmo entre os pagãos. Catão não é seu herói preferido: teria sido melhor, talvez, que ele enfrentasse a vida; a paciência de Jó é preferível à impaciência dos Cévolas e Codros. No entanto,

---

62 Denny, *Pelicanicidium: or the Christian Adviser against Self-Murder*.
63 Browne, *Religio medici*, Cambridge, 1963; Id., *Urne-Burial*, 1658; Id. *A Letter to a Friend upon Occasion of the Death of his Intimate Friend*, 1928-1931.

A RESPOSTA DAS AUTORIDADES NO SÉCULO XVII   163

no contexto de sua crença, os estoicos não estão errados ao preferir a morte à degradação provocada, por exemplo, por uma doença incurável. Mas essa solução é proibida para os cristãos. Quanto aos histéricos que buscam o martírio em defesa da fé, não passam de fanáticos: "Não há dúvida de que existem homens canonizados na Terra que jamais serão chamados de santos no Céu, que têm seus nomes nas histórias e nos martirológios, e que, aos olhos de Deus, não são mártires tão inatacáveis como foi o sábio pagão Sócrates". Sabedoria e moderação antes de tudo.

Vinte anos mais tarde, em *Urne-Burial*, de 1658, sentimos que ele está mais atraído pelo exemplo dos Antigos, talvez por estar mais cansado da vida. Com 53 anos de idade, ele dá sinais de melancolia, segundo o testemunho de seu colega médico Guy Patin. Ele experimenta uma certa tentação pelo suicídio espiritual e místico quando evoca "o martírio de viver" enquanto pensa nas beatitudes do outro mundo. Ele então critica Dante por ter posto Epicuro no inferno, ele que "desprezou a vida sem o estímulo da imortalidade".

Mas quando seu filho Tom, oficial da Marinha, fá-lo saber em 1667 de sua admiração pelos romanos que se matavam em vez de se render, Thomas Browne abandona sua indulgência pelos Antigos: é fora de questão que você procure imitá-los, escreve ao filho: "Não posso deixar de rogar constantemente a Deus para que ele te livre de tal tentação". Existem em Plutarco inúmeros exemplos de soldados e capitães que se renderam de maneira honrosa. A partir desse momento, Thomas Browne retoma uma posição muito mais ortodoxa: renunciando a qualquer declaração favorável aos Antigos, ele passa agora a enxergar o comportamento estoico sobretudo como covarde.

Sua atitude exemplifica a distância que existe entre o suicídio como problema intelectual, teológico e de moral coletiva, e o suicídio como problema existencial concreto. Como dissemos, não são aqueles que mais falam de suicídio, ou que apresentam publicamente a questão, que se matam. Montaigne, Charron, Shakespeare, Bacon e Donne abordam um problema perigoso, uma bomba que eles desativam por sua própria conta, ocultando-a debaixo de suas hesitações, mas que pode ser fatal para outras pessoas, mais voltadas à ação do que à meditação. Trata-se de formular o problema da responsabilidade dos textos sobre o suicídio. Thomas Browne, médico e filósofo, relativiza o suicídio por meio de sua cultura e reflexão; seu filho, militar, é seduzido por casos concretos de suicídios heroicos, a cuja atração ele corre o risco de sucumbir porque não os põe em perspectiva. E o pai, alarmado, previne o filho do perigo. O suicídio, então, é ao mesmo tempo um problema pessoal, uma decisão estritamente individual e uma questão que só pode ser resolvida por meio da troca com o outro, única que permite avaliar a situação concreta.

SEMPRE O DIABO

Os teólogos e pregadores ingleses do século XVII não se contentam em contrapor ao suicídio os argumentos teológicos e morais clássicos. Eles retomam e ampliam a campanha de satanização contra o assassinato de si mesmo. "Hoje em dia, muitos são induzidos por Satã a pôr fim à vida", escreve Richard Greenham, cujas obras são publicadas em 1599. São da mesma opinião John Mirk, Thomas Beard, George Abott, Lancelot Andrewes, John Sym e Richard Gilpin. Em 1677, este último escreve que "Satã busca a ruína de nossos corpos e almas, e frequentemente tenta os homens para que se matem",[64] e define a lista de oito procedimentos por meio dos quais o diabo nos induz ao suicídio. Inúmeras confissões autobiográficas de puritanos também mencionam tentações diabólicas: Nehemiah Wallington, certamente, mas também Hannah Allan, que conta em um livro de 1683 como Satã "tirou partido de sua profunda melancolia" para induzi-la ao suicídio.[65] Em 1652, o batista Henri Walker reúne os testemunhos de membros de sua comunidade, entre os quais muitos afirmam terem[66] sido tentados pelo diabo a se matar.

Charles Hammond, na balada sobre "a crueldade do diabo com a humanidade", apresenta George Gibbs, que se suicidara em 1663 abrindo o ventre. Agonizando durante oito horas, o infeliz conta como acabou sucumbindo às tentações diabólicas, depois de tê-las repelido diversas vezes. Em 1678,

---

64 Gilpin, *Daemonologia sacra:* or a Treatise on Satan's Temptations, Londres, 1677.
65 Allan, *Satan, his Methods and Malice Baffled... Reciting the Great Advantage the Devil made of her Deep Melancholy,* Londres, 1683.
66 Walker, *Spiritual Experiences of Sundry Believers,* Londres, 1652.

A RESPOSTA DAS AUTORIDADES NO SÉCULO XVII   165

John Bunyan mostra em *O peregrino* as alegorias do Cristão e da Esperança, na prisão, tentados pelo gigante Desespero: "Ele diz que, como eles não sairão jamais daquele lugar, sua única solução seria dar fim a si mesmos, com uma faca, um punhal ou com veneno: pois por que, diz ele, escolheríeis a vida, já que ela vem acompanhada de tantas amarguras?". Em 1685, um relato do suicídio de Roger Long, condenado por ter participado da revolta de Monmouth, proclama que aqueles que se matam são vítimas do "Inimigo do gênero humano", que "se aproveita da oportunidade de induzi-los à ruína e reforça seu sentimento de culpa até transformá-lo em um desespero desolador".[67]

E como não se desesperar diante das previsões apresentadas pelos pregadores do século XVII, tanto protestantes como católicos? Se existe um ponto a respeito do qual todos estão de acordo é o do pequeno número de eleitos. Massillon não é mais otimista que os mais sóbrios calvinistas: "Quem poderá, então, se salvar? Pouca gente, meu caro auditor: não será você, pelo menos se não se transformar; não serão aqueles que se assemelham a você, não será um grande número", ele declara no sermão *Sur le petit nombre des élus* [Sobre o pequeno número de eleitos].[68] Entre 600 mil hebreus, Deus salvou dois, Josué e Calebe. Por que o número de salvos seria maior hoje? "Meus irmãos, nossa destruição é quase certa." Malebranche é apenas um pouco mais generoso: "Entre mil pessoas, não haverá vinte que serão efetivamente salvas". Jesuítas e jansenistas estão convencidos disso. "Não existe verdade mais assombrosa na religião cristã do que aquela que indica o pequeno número de eleitos", escreve Nicole.

A importância do desespero religioso nas motivações dos suicídios no século XVII não é, portanto, muito surpreendente. O uso exagerado do medo na religião nascida da Reforma e da Contrarreforma leva a um resultado contrário do previsto: tendo perdido a esperança de alcançar a salvação, alguns espíritos frágeis ou que sofrem uma crise momentânea correm ao encontro da morte. Já que a condenação eterna é certa, que importa o momento da partida? Durante o Grande Século, muitas pessoas preocupadas com as coisas do espírito estiveram a ponto de sucumbir ao desespero – como veremos –, tendo

---

67 *A Sad and Dreadful Account of the Self-Murther of Robert Long, alias Baker.*
68 Veja, a esse respeito: Minois, *Histoire des enfers*, Paris, 1991, p.284-8.

encontrado no misticismo um derivativo a essa pulsão suicida. Quantos cristãos, não tão bem armados espiritualmente, deram fim aos seus dias?

John Sym propõe uma abordagem muito mais racional do suicídio. Esse pastor anglicano de um pequeno porto pesqueiro do estuário do Tâmisa – Leigh, em Essex – publica em 1637 um livro que é considerado o primeiro tratado inteiramente dedicado ao suicídio (o *Biathanatos* de Donne, que continua em estado de manuscrito, só será publicado dez anos mais tarde): *Life's Preservative against Self-Killing* [A preservação da vida contra o assassinato de si mesmo]. Também nesse caso, seu objetivo é opor-se ao avanço das ideias favoráveis ao suicídio, uma confirmação das inquietações já mencionadas. Mas o livro contém aspectos novos, em especial um esboço da psicologia do suicida. Aquele que se mata, diz John Sym, não procura a morte, mas, para além dela, um bem e um remédio; a paixão e a imaginação desempenham um papel mais importante em sua determinação do que a simples razão. Alguns se matam por vingança, a fim de fazer que a responsabilidade por sua morte pese na consciência de quem o oprime, como é o caso daquele que

> é ofendido de maneira ultrajante por outros de quem ele não pode obter nem reparação nem compensação pelo prejuízo sofrido, e quando a morte por suas próprias mãos pode acarretar, a seu ver, o prejuízo ou a humilhação daqueles que o prejudicaram. A prática do suicídio por esse motivo ocorre sobretudo entre as pessoas do sexo frágil e entre as pessoas de constituição pequena e baixa condição, como as mulheres e os criados, além dos homens que se assemelham a eles por suas qualidades.[69]

Muitos daqueles que se matam não são realmente responsáveis por seu ato, acrescenta John Sym: é o caso não apenas dos loucos, das crianças, das vítimas de ataque de loucura, mas até mesmo dos pobres coitados que sofreram grandes injustiças. Em seu vilarejo de pescadores, o pastor conheceu um grande número de casos deploráveis, e suas palavras assumem então um tom muito mais humano do que o dos autênticos teólogos. Antes de condenar, é

---

69 Sym, *Life's Preservative against Self-Killing:* or an Useful Treatise Concerning Life and Self--Murder, p.236.

A RESPOSTA DAS AUTORIDADES NO SÉCULO XVII   167

preciso se informar a respeito das causas e dos motivos, bem como do estado mental, pois só são culpados aqueles que se matam de maneira totalmente deliberada e estado consciente. Portanto, a luta eficaz contra o suicídio deve visar suas causas: "Impedimos menos a morte de si mesmo fornecendo argumentos contra o ato [...] do que descobrindo e eliminando os motivos e as causas que induzem a realizá-lo".[70]

John Sym, no entanto, está longe de preconizar uma postura flexível em relação ao suicídio. O teólogo supera a falha do pastor e emite uma condenação inapelável: "Por meio da indução de exemplos específicos de assassinos de si mesmos, que foram todos reprovados e condenados ao inferno, podemos concluir com segurança que nenhum suicida foi nem pode ser salvo".[71]

Por trás de todos os motivos e causas que pareciam desculpar a morte voluntária existem, na verdade, Satã e seus instrumentos: o orgulho, o desespero, a descrença. São esses pecados que induzem ao suicídio. Os argumentos de John Sym contra o suicídio são clássicos: um ato contra Deus, contra a sociedade, contra a pessoa; só é permitido se arriscar para salvar um homem que seja mais útil à sociedade, como um magistrado ou um príncipe, por exemplo. O pensamento de John Sym, a despeito de alguns lampejos com tons bastante modernos, vem se somar à barreira maciça criada pelos teólogos e moralistas contra o suicídio.

O endurecimento de tom dos textos teóricos também está presente no direito canônico e nas disposições concretas dos estatutos sinodais. Os concílios regionais de Lyon, em 1577, de Reims e de Bordeaux, em 1583, de Cambrai, em 1586, e de Chartres, em 1587, recordam as proibições de sepultura para os suicidas. O de Reims prevê até mesmo a excomunhão de quem enterrasse seus cadáveres. As preces em favor desses defuntos são proibidas, já que eles são imediatamente condenados ao inferno. As exumações de cadáveres prosseguem, como no caso, mencionado por L'Estoile em 1596, de um homem que se suicidara depois de perder um processo e que havia sido enterrado no Saints-Innocents graças à camuflagem organizada pelos filhos.

---

70 Ibid., p.323.
71 Ibid., p.293.

AS NUANCES JURÍDICAS

Se o direito secular continua sendo muito severo em relação ao suicídio, a influência crescente do direito romano estimula, no entanto, os juristas do final do século XVI e do século XVII a matizar sua posição. A tal ponto que alguns, como Duret em 1572 e Chasseneux em 1573, se atêm à simples lei romana. Chasseneux declara que só se devem confiscar os bens daqueles que se matam depois de terem cometido um crime.[72] Trata-se de exceções. Para jurisconsultos como Coras, em 1573, o suicídio é uma "coisa muito desagradável, covarde, indigna de um cristão", o que não o impede de exprimir sua aversão à execução de cadáveres, "coisa muito estranha e com traços de barbárie e desumanidade".[73] Bertrand d'Argentré, comentando o direito bretão em 1580 em *Nouvelle Coutume de Bretagne* [O novo direito consuetudinário da Bretanha], não tem os mesmos escrúpulos. Para ele, mesmo os pagãos condenavam os suicidas, e se à época havia desculpas, no mundo cristão de hoje elas não são mais válidas. É preciso continuar confiscando os bens e punindo o cadáver.

Ayrault, seu vizinho de Anjou, é muito menos categórico. Embora o suicídio seja, evidentemente, um ato condenável, será que é legítimo atacar um cadáver? É essa questão que ele suscita em 1591, no tratado *Des procès faits aux cadavres, aux cendres, à la mémoire, aux bestes, choses inanimées et aux contumax* [Processos aplicados aos cadáveres, às cinzas, à memória, aos animais, às coisas inanimadas e aos contumazes], no qual se pergunta

> se não é ridículo e inepto, até mesmo cruel e bárbaro, combater as sombras [...]. Pois não afirmamos que a morte apaga e extingue o crime? Que queremos nós com os mortos em seu descanso eterno, com os quais nada mais temos a tratar e que não frequentamos mais? É com Deus que eles têm de se haver [...]. E parece que, ao chamá-los para si, ele faz uso do direito de soberania, isto é, ele a evoca em nossa consciência, caso já tivéssemos começado a nos apropriar dela, ou, se ela ainda estivesse por começar, no-la proíbe.

---

72 Duret, *Traité des peines et amendes*; Lyon, 1572; Chasseneux, *Commentarii in consuetudinus ducatus Burgondiae*, 1573.

73 Coras, *Arrest mémorable du parlement de Tholose contenant une histoire prodigieuse*, Paris, 1572.

A RESPOSTA DAS AUTORIDADES NO SÉCULO XVII

Quem está morto pode morrer de novo? Ceder a todos os seus credores não apenas seus bens, mas a vida, não é pagar suas dívidas criminais e civis? [...] E mais, quem não dirá que é um exagero não fazer caso de nossa humanidade tão efêmera, de nossa condição tão frágil e tão miserável, para depois de ela ter se acabado ressuscitar nela o começo de outra mortalidade e efemeridade? [...] Pois se existe a impossibilidade de castigar e punir os mortos, persegui-los é um gesto torpe.[74]

Em 1603, o jurista Charontas, em *Somme rural* [A Somme rural], não questiona as mutilações de cadáveres e os confiscos, mas declara que é preciso restringi-los aos casos de suicídio por tédio vital e por remorso depois de ter cometido um crime, e dispensar deles os casos de suicídio decorrentes de desgraças e doenças.[75] Aliás, a propósito do assassinato de si mesmo, muitos juristas europeus, como Gómez de Amescua, em 1604, e Erasmus Ungepauer, em 1609, limitam-se a constatar a oposição entre o direito romano e o direito canônico.[76]

Outro sinal da atualidade dos debates sobre a morte voluntária e as contestações que eles provocam é um processo de Anjou de 1611, relatado pelo jurista Anne Robert,[77] o qual comprova que os argumentos tradicionais favoráveis e contrários ao suicídio poderiam ser empregados nos processos judiciais. Nesse processo, vemos o advogado Arnaud pleitear em favor dos herdeiros de um homem que se matou e cujos bens foram confiscados. Arnaud, extrapolando o contexto restrito da causa defendida por ele, tenta reabilitar o suicídio, invocando o auxílio de Catão, dos estoicos e de Sêneca. Matar-se, diz ele, é prova de grandeza e bravura, "quando um homem de coragem invencível decidiu ou triunfar sobre as adversidades e desgraças ou pôr fim aos seus dias". Arnaud assegura que mesmo o cristianismo admite certos casos, antes de deixar claro que o suicídio continua sendo um crime que não se pode tolerar de maneira nenhuma. Retomando seu caso, ele

---

74 Ayrault, *Des procès faits aux cadavres*, Angers, 1591, p.3-4.

75 Le Caron, *Somme rural avec annotations*, Paris, 1603.

76 Amescua, *Tractatus de potestate in se ipsum*, Panhorni, 1604; Ungepauer, *Disputatio de autocheira singularis, homicidium suiipsius jurecivili licitum esse demonstrans*, Jena, 1609.

77 Robert, *Quatre Livres des arrests et choses jugées par la Cour*, livro I, Paris, 1611, cap.XII.

declara que, de todo modo, o confisco não existe em Anjou, e que no presente caso o suicida provavelmente era um louco furioso.

No discurso de defesa, Anne Robert preocupa-se, pelo contrário, em demonstrar o caráter criminoso do suicídio, utilizando todos os argumentos conhecidos, em especial o do soldado que não deve abandonar seu posto. Nós também somos iguais aos servos, propriedade de nosso senhor: "Não é um servo fugido aquele que se esforça, por meio de uma morte antecipada e precipitada, para dissolver e desmembrar a bela harmonia e a obra de arquitetura do corpo e da alma?". Anne Robert reúne as citações de autores pagãos e cristãos contra o suicídio, justificando o confisco dos bens do culpado.

Loisel e Damhoudère também defendem, em 1616, o ponto de vista mais rigoroso: devem-se arrastar e pendurar os cadáveres dos suicidas e punir aqueles que tentam se matar.[78] Em 1629, Lebrun de La Rochette expressa a mesma opinião.[79] O jurista Despeisses descreve em meados do século, aprovando-o, o procedimento adotado na maioria das províncias francesas em caso de morte suspeita. Depois de um processo verbal que descreve as circunstâncias nas quais o corpo foi encontrado, os cirurgiões fazem um relatório. Realiza-se, então, uma investigação sobre a vida e os hábitos do defunto, bem como sobre as causas prováveis do ato que provocou a morte. Depois é enviado um aviso aos parentes, e, se de fato houve suicídio, é nomeado um curador para assumir a defesa da vítima. Durante o julgamento, o corpo é mantido na areia, ou salgado, ou borrifado com cal viva, para evitar que ele se decomponha demais antes da execução. Uma vez pronunciada a sentença, o cadáver é recuperado, colocado sobre uma grade e arrastado com o rosto para baixo, e o cortejo é precedido por um oficial de justiça que anuncia o motivo da execução. O corpo é pendurado pelos pés em uma forca e, depois de ficar exposto, é jogado no monturo com os corpos apodrecidos dos cavalos. Para Despeisses, trata-se de medidas absolutamente adequadas contra aqueles que se entregam a "uma violência tão horrível e escandalosa". Só devem ser desculpados os loucos, ou ainda os indigentes e outras pessoas acometidas de desgraças extremas, que podem lhes afetar a razão.[80]

---

78 Darnhoudère, *Praxis rerum criminalium*, Anvers, 1616.
79 La Rochette, *Le Procès criminel*, Rouen, 1629.
80 Despeisses, *Œuvres*, t.II, parte III, e t.I, p.705-7.

A RESPOSTA DAS AUTORIDADES NO SÉCULO XVII   171

Todos os juristas estabelecem uma distinção entre os suicídios culpáveis e os suicídios desculpáveis. Assim, em 1662 Chopin declara que, além dos casos de loucura, dispensa-se o confisco dos bens da família daquele que se mata "por desgosto com a vida ou por vergonha de suas dívidas ou por exasperação devido a doença", embora o suicídio seja um crime "muito mais monstruoso" do que o assassinato de outro homem.[81] Para Desmaisons, em 1667, ele é mesmo "o crime mais odioso do mundo".[82]

Para Le Bret, os suicidas inspiram "uma aversão muito maior do que todos os outros criminosos". Mas ele também mescla esse juízo categórico geral por meio de uma execução matizada e bastante humana. Ele dá o exemplo de um julgamento no qual perdoou a vítima, que se matara depois de perder um processo. De modo geral, escreve, não devemos mandar confiscar os bens daqueles que se matam após uma desgraça, um grande sofrimento, uma fraqueza de espírito:

> Certamente também seria algo desumano expor à ignomínia e à perda dos bens aquele a quem as aflições e os infortúnios turvaram o julgamento e converteram sua impaciência em fúria. O homem é uma imagem não apenas da miséria, mas também da impotência e da fragilidade; é por isso que devemos submeter todos os nossos juízos e opiniões àquilo que existe de mais brando e mais produtivo para a condição humana.[83]

A MEDICINA E A LOUCURA SUICIDA

Em 1665, Challine, fazendo mais ou menos as mesmas distinções, exime de qualquer condenação aqueles que se matam "devido a doença, histeria ou outro acidente". Esse método poderia descriminalizar todos os suicídios: qual deles não se deve a uma forma ou outra de "acidente"? O mesmo se poderia concluir da petição de princípio que ele utiliza para definir os

---

81 Chopin, *Œuvres*, Paris, 1662.
82 Desmaisons, *Nouveaux Recueils d'arrêts et règlements du parlement de Paris*, Paris, 1667.
83 Le Bret, *Œuvres*, Paris, 1689, p.349.

sintomas de "fúria ou histeria": a melhor prova disso, diz ele, é o fato de se matar, o que equivale a dizer que todos os suicidas são loucos.[84]

Bouchel queria reservar as sanções àqueles que se matam para evitar a punição de seus crimes. Ele também deseja que essas sanções sejam aplicadas apenas na imagem dos suicidas.[85] Em 1665, o jurista Coquille também não demonstra nenhum entusiasmo com a execução dos cadáveres. Ele dá a entender que esse procedimento só se mantém porque a Igreja, ao recusar a sepultura aos suicidas, cria, por assim dizer, o crime; no que toca à justiça secular, escreve, "creio que não se deva processá-los para condená-los por assassinato e confiscar seus bens", pois o suicídio "não faz parte do grande número de crimes investigados depois da morte para condenar a memória".[86] Scipion Dupérier, por fim, tem a mesma opinião de Challine: só devemos condenar aqueles que se matam para escapar de uma punição; os outros são melancólicos, e a melancolia é uma forma de loucura.[87]

Nisso ele está de acordo com as teorias médicas da época, e, no século XVIII, a justiça já será influenciada pelos tratados de psicopatologia. O grande médico Thomas Willis (1621-1675) expôs claramente o ciclo "maníaco-depressivo", demonstrando que a melancolia pode degenerar em loucura e provocar crises suicidas: "Depois da melancolia", escreve, "é preciso tratar a mania, que tem tantas afinidades com ela que essas doenças geralmente se transformam uma na outra".[88] A maior parte dos outros médicos se limita a observar a frequente justaposição das duas doenças, mas se recusa a relacioná-las.

A explicação de Willis tem grande repercussão no mundo científico e mesmo judicial. Para ele, a melancolia é "uma loucura sem febre nem histeria, acompanhada de medo e tristeza"; ela é uma forma de delírio, e se explica por um movimento desordenado dos espíritos animais dentro do cérebro; eles provocam ali um movimento fraco, criando poros na matéria cerebral em vez de seguir pelos circuitos normais. Nessa circulação anômala, eles se tornam "obscuros, opacos, tenebrosos". Além disso, atuam como um vapor

---

84 Challine, *Maximes générales du droit français*, Paris, 1665.
85 Bouchel, *La Bibliothèque ou Trésor du droit français*, Paris, 1615.
86 Coquille, *Œuvres*, t.II, Paris, 1665, p.35 e 171.
87 Dupérier, *Œuvres*, Paris, 1759.
88 Willis, *Opera omnia*, t.II, Lyon, 1682, p.255.

A RESPOSTA DAS AUTORIDADES NO SÉCULO XVII   173

corrosivo que desregula as funções do cérebro, fazendo que ele se fixe em um único objeto e enchendo-o de tristeza e medo.

Surge assim aos poucos a ideia de uma explicação médica, somática, das tendências suicidas, que atua no sentido da desresponsabilização daqueles que se matam, que seriam vítimas e não assassinos. Os autores divergem quanto à origem da doença, mas abandonam gradualmente as causas sobrenaturais e demoníacas da loucura e do suicídio. O assassino de si mesmo começa a aparecer mais como um doente do que como uma vítima de Satã. Cada vez mais se utiliza a reclusão daqueles que tentam se suicidar, e nos registros das casas de internamento multiplica-se a citação "quis se matar", como observou Michel Foucault: "Desse modo, o sacrilégio do suicídio é incorporado à esfera neutra da desrazão".[89] A fim de evitar novas tentativas, aqueles que tentaram se suicidar são encerrados em gaiolas de vime com as mãos imobilizadas.

Mas também existem terapias para combater a melancolia – e, portanto, o suicídio –, correspondentes ao tipo de explicação invocada. Para muitos médicos, os temperamentos depressivos resultam de uma sobrecarga de humor melancólico negro no sangue. Portanto, em 1662, Moritz Hoffman sugere que se trate a depressão por meio da transfusão de sangue, ideia que, depois de muita hesitação, é testada em Londres em um doente vítima de melancolia amorosa: são retiradas dele dez onças de sangue, que são substituídas por sangue de vitelo, e isso, aparentemente, o deixa totalmente curado.[90] Em 1682, Etmüller ainda recomenda esse tratamento, que, no entanto, não tarda a ser substituído por alguns medicamentos à base de quinino, enquanto outros sugerem os banhos, as viagens, a música. Todas essas formas de cura irão se desenvolver sobretudo no século XVIII.

Para todos – teólogos, juristas e casuístas –, a alma não é afetada pela loucura; e a responsabilidade moral do "furioso", sejam quais forem os atos que ele cometeu, é afastada. A corrente cartesiana ajuda a fortalecer a ideia de uma origem fisiológica da ansiedade, em uma ótica mecanicista: para Descartes, a ansiedade decorre da falta de uniformidade no movimento dos espíritos animais, ao passo que Malebranche utiliza as descobertas recentes relacionadas ao princípio de inércia: Deus, diz ele, pôs em nós uma

---

89 Foucault, op. cit., p.108-9.
90 Ibid., p.329.

determinada quantidade de movimento na direção do bem infinito; quando a alma interrompe seu avanço na direção desse bem, a presença desse movimento inexplorado provoca a ansiedade.[91]

Os juristas do século XVII não são insensíveis a essas correntes médico-filosóficas, e demonstram em suas obras uma intenção bastante clara de excluir de qualquer sanção penal os casos de suicídio decorrentes de uma forma ou outra de doença psicofisiológica. Depois de ter abandonado a explicação diabólica do suicídio, eles tendem cada vez mais a excluir a ideia de responsabilidade moral e penal dos suicídios devidos à melancolia, ao mesmo tempo que mantêm a condenação de princípio contra o assassinato de si mesmo.

O RELAXAMENTO DA REPRESSÃO E A ORDENANÇA DE 1670

Surge, então, uma defasagem crescente entre a postura religiosa, sempre extremamente rígida, e os julgamentos do direito secular, muito mais sensível à evolução das ciências, da filosofia e dos costumes. Um exemplo flagrante é fornecido por um caso ocorrido em 1664 que foi relatado pelo jurisconsulto Desmaisons.[92] Uma camponesa das terras do capítulo[93] de Auxerre se suicida; sua família alega que se tratou de acidente e consegue a permissão do juiz para enterrar o corpo em um canto do cemitério. Os cônegos, suspeitando de irregularidade, levam o caso perante o oficial da justiça episcopal, "para poder tomar posse dos bens daquela mulher em detrimento dos seis filhos menores que ela deixou", explica Desmaisons. O oficial declara o cemitério contaminado e põe em marcha o processo de condenação. O capítulo, por sua vez, proclama que ele se compadece da miséria das crianças, mas que suicídio é suicídio e não pode jamais ser tolerado. A família apela ao Parlamento, que lhe dá razão.

Esse caso exemplar se insere na atmosfera cultural implantada pela Reforma Católica. Desde a crise dos anos 1580-1620, a Igreja, que redefiniu

---

91 Deprun, *La Philosophie de l'inquiétude en France au XVIIIᵉ siècle*, Paris, 1979.
92 Desmaisons, op. cit., p.123 et seq.
93 Corporação de cônegos de uma catedral ou de uma colegiada. (N. T.)

A RESPOSTA DAS AUTORIDADES NO SÉCULO XVII

com extrema precisão todos os fundamentos dogmáticos, pastorais e morais em todas as esferas, assumiu uma postura de total imobilismo. Diante da intransigência do clero, a jurisprudência se mostra relativamente flexível e compreensiva. É muito comum que os rigores da lei sobre os confiscos sejam atenuados, a fim de não deixar as viúvas e os herdeiros na miséria. No caso do suicídio descrito anteriormente, Le Bret lembra ao Parlamento que a norma sempre foi mostrar tolerância; segundo ele, é o que a Corte "praticou até o presente, tendo se mostrado extremamente tolerante em ocorrências semelhantes".

Exemplos é que não faltam. Em 1630, próximo a La Fère, na Picardia, um homem de 74 anos de idade se estrangula de desespero, por não ter conseguido consumar o casamento com a jovem mulher de 20 anos. Por um despacho de 16 de março, seus bens são confiscados, mas a viúva fica com 1.500 libras, e os herdeiros presuntivos, 1.000 libras.[94] Em 1634, em Toulouse, depois do suicídio de uma mulher, os herdeiros evitam o confisco porque ali se segue o direito romano. Em 1670, o jurista Hyacinthe de Boniface conta que o Parlamento de Provence anulou a sentença de confisco dos bens de uma mulher que se afogara, "induzida por alguma contrariedade", por causa dos vícios formais, mas também por um motivo de fundo: aqueles que, "cansados de viver em razão da perda de um processo ou da loucura, abreviam seus dias", não merecem "nenhum castigo senão o da privação da sepultura cristã, visto que eles já são suficientemente punidos por deixar as coisas agradáveis deste mundo". O jurista acrescenta que cabe a Deus punir esse gênero de crime, e que confiscar os bens serviria apenas para fornecer um motivo de suicídio para os herdeiros.[95]

No entanto, é nesse mesmo ano, 1670, que se adota a célebre ordenança criminal na qual a maioria dos historiadores enxergou um aumento decisivo da repressão contra o suicídio. A nosso juízo, trata-se de uma interpretação abusiva. Em primeiro lugar, o suicídio só aparece de passagem nas inúmeras disposições do texto, em três palavras perdidas no artigo primeiro do

---

94 Imbert; Levasseur, *Le Pouvoir, les juges et les bourreaux, vingt-cinq siècles de répression*, Paris, 1972, p.202.
95 Boniface, *Arrêts notables de la cour du parlement de Provence*, t.II, Paris, 1670, 3ª parte.

capítulo XXII, relativo à "maneira de processar o cadáver ou a memória de um defunto". São estas as disposições do capítulo XXII:

> Artigo primeiro – Só se poderá processar o cadáver ou a memória de um defunto por crime de lesa-majestade divina ou humana nos casos em que cabe fazer o processo do defunto: duelo, homicídio de si mesmo ou revolta contra a justiça com uso declarado de força contra a qual ele terá sido morto.
>
> Artigo 2 – O juiz nomeará um curador de ofício para o cadáver do defunto, se ele ainda estiver presente, ou então para sua memória, de preferência o parente do defunto, se alguém se apresentar para cumprir essa função.
>
> Artigo 3 – O curador saberá ler e escrever, fará o juramento e o processo será instruído contra ele na forma habitual: no entanto, por ocasião do último interrogatório, ele permanecerá o tempo todo de pé e não no banco dos acusados; seu nome será incluído em todo o processo, mas a condenação será proferida apenas contra o cadáver ou a memória.
>
> Artigo 4 – O curador poderá apelar da sentença proferida contra o cadáver ou a memória do defunto. Ele poderá até mesmo ser obrigado a fazê-lo por um dos parentes, o qual, nesse caso, será obrigado a antecipar as custas.
>
> Artigo 5 – Nossas Cortes poderão eleger outro curador no lugar daquele que terá sido nomeado pelos juízes responsáveis pela apelação.

A lei simplesmente agrupa todos os casos que até então permitiam, nos diferentes direitos consuetudinários, processar os cadáveres, e os suicídios se encaixavam nessa categoria. Não existe aí nenhuma novidade. Além disso, o artigo primeiro diz que, com relação a todos esses casos, pode-se processar o cadáver *ou* a memória do defunto, o que não implica, de modo algum, que os suicídios devam doravante dar lugar a um processo suplementar da memória, destinado a estigmatizar a imagem do defunto, ao contrário do que pensava Albert Bayet.[96]

Este último ficava alarmado com a formulação muito genérica do delito: é o "homicídio de si mesmo" que se visa, sem precisar as circunstâncias: "É a universalidade da expressão que a torna perigosa", escreve. Não pensamos assim. Era tão evidente, havia séculos, que os suicídios decorrentes da

---

96 Bayet, op. cit., p.607.

loucura, por exemplo, eram desculpados pelas leis divinas e humanas, que era inútil recordá-lo. Teria sido absurdo começar a punir, em 1670, os cadáveres de suicidas loucos.

Além do mais, a ordenança não diz absolutamente nada sobre as penas. Ela apenas indica o procedimento a seguir, e os detalhes que apresenta não passam de garantias concedidas à defesa do acusado: em primeiro lugar, a forma é bastante restritiva: ("O processo só poderá ser feito [...] no caso em que..."); depois, ela prevê escolher como curador do cadáver um parente, se isso for possível, isto é, alguém que conhecesse bem o defunto e que tem todo o interesse em desculpá-lo; ele receberá todas as garantias referentes ao respeito de sua honra; ele poderá apelar da sentença, ou ser obrigado a fazê-lo por outro parente. Resumindo: se considerarmos o contexto jurídico e a prática de 1670, essa ordenança, longe de inovar ou piorar as coisas, apenas registra os costumes mais em voga e os define de maneira mais precisa, com o objetivo de limitar os abusos e garantir melhor os direitos da defesa. Essa ordenança não é nem uma inovação nem um retrocesso, mas simplesmente a codificação do costume vigente. Como no direito canônico, o imobilismo se impõe na jurisprudência, a despeito das tendências à tolerância dos jurisconsultos.

SUICÍDIO: UM PRIVILÉGIO DA NOBREZA E DO CLERO?

Aliás, não se percebe nenhum aumento da repressão em consequência dessa lei. Justificações e compromissos continuam tão frequentes como antes. E, nos ambientes aristocráticos, a ideia de processo não passa pela cabeça de ninguém. Em 1671, um ano depois da ordenança, a corte francesa assiste a um suicídio retumbante que alimentará por algum tempo as conversas da alta sociedade, e do qual tomamos conhecimento através de inúmeras fontes. Vatel, mordomo do príncipe de Condé, depois de ter sido mordomo de De Fouquet, se mata durante uma visita do rei ao seu senhor, em Chantilly, pois se considera desonrado: duas mesas ficaram sem assado, e os peixes pedidos não chegaram. Nenhuma censura é feita a ele pelos memorialistas, senão a de ter perturbado o bom andamento da recepção.

Madame de Sevigny deixou um relato célebre do ocorrido. Através do texto transparece certa admiração por parte da grande nobreza, um pouco surpresa de constatar que um criado, mesmo de alta estirpe, pudesse ter a tal ponto o sentimento da honra. Admira-se a beleza do gesto, porém, após alguns minutos de agitação, a refeição e a festa continuam como se nada tivesse acontecido, e se ainda se ouvem vagamente alguns lamentos é porque a morte de Vatel atrapalha, por um momento, a organização da viagem do senhor duque. Quanto ao rei, ele lamenta ter causado essa preocupação ao senhor príncipe.

> Vatel sobe para o seu quarto, põe a espada contra a porta e trespassa com ela o coração, mas só consegue fazê-lo no terceiro golpe, pois os dois primeiros não foram fatais; ele cai morto. Enquanto isso, peixes e crustáceos frescos chegam de toda parte. Procuram Vatel para distribuí-los. Vão até seu quarto. Batem, forçam a porta e encontram-no afogado no próprio sangue. Correm até o senhor príncipe, que cai em desespero. O senhor duque chorou; sua viagem à Borgonha fora organizada inteiramente por Vatel. O senhor príncipe diz isso ao rei profundamente triste. Dizem que foi à força de considerar a honra à sua maneira; elogiam-no bastante. Elogiam e censuram sua coragem. O rei diz que fazia cinco anos que ele postergava a vinda a Chantilly, porque compreendia o enorme incômodo causado. Ele diz ao senhor príncipe que ele só deveria ter duas mesas e não se ocupar de todo o resto; jurou que não sofreria mais, que o senhor príncipe estava se consumindo com aquilo. Porém era tarde demais para o pobre Vatel. Nesse meio-tempo, Gourville tenta reparar a perda de Vatel; ela o fez. Jantaram muito bem, tomaram uma refeição leve, cearam, caminharam, jogaram, foram à caça. O perfume dos narcisos a tudo impregnava, tudo estava encantador. Ontem, que foi sábado, fizeram o mesmo.[97]

A *Gazette* relata essas festividades em várias páginas, mas nem chega a mencionar a morte de Vatel.

Além da nobreza, existe outra categoria social que escapa quase sempre das sanções: o clero. Sistematicamente, conclui-se pela loucura, e o defunto é enterrado segundo as normas cristãs. Portanto, para evitar o escândalo, a Igreja não hesita em "conspurcar" os cemitérios com pleno conhecimento

---

97 De Sévigné, *Correspondance*, t.I, ed. La Pléiade, Paris, 1972, p.236.

A RESPOSTA DAS AUTORIDADES NO SÉCULO XVII   179

de causa, o que leva a questionar a sinceridade de suas teorias referentes ao destino dos suicidas.

A questão do procedimento a seguir em caso de morte suspeita de um religioso ainda continua pendente no início do século. Pois, embora a Igreja tenha seus próprios tribunais – as oficialidades, que julgam seus membros –, em caso de morte violenta a competência cabe unicamente à justiça real, o que pode dar lugar a conflitos. Desse modo, em 1635, quando o parlamento de Toulouse manda confiscar os bens de um padre suicida, a Igreja ordena a cassação da sentença, afirmando que o caso deveria ter sido encaminhado ao juiz eclesiástico. O Parlamento protesta, fala em "coisa nova e extraordinária" e fica revoltado, declarando que "a Igreja não deveria se preocupar em proteger o interesse daqueles que tinham traído de forma tão covarde os seus".[98] Nada é feito.

Enquanto isso, a prática imposta a partir da metade do século, tal como relatado em *Recueil des actes, titres et mémoires concernant les affaires du clergé de France* [Coletânea dos atos, capítulos e memórias referentes aos assuntos do clero da França],[99] é a do compromisso: camuflam-se os suicídios de religiosos a fim de "evitar escandalizar o sacerdócio e provocar um prejuízo notável ao estamento eclesiástico e à religião no espírito das pessoas". O exemplo que serve de referência é o de um padre residente em um colégio encontrado morto com a corda em volta do pescoço, depois de ter se desferido vários golpes de canivete. O suicídio é evidente, e ainda mais embaraçoso pelo fato de a vítima não ter apresentado nenhum sinal de loucura. Para evitar o escândalo, o diretor do colégio convoca o juiz eclesiástico e o oficial, além do promotor das causas perante o tribunal episcopal. O oficial chega acompanhado do cirurgião do rei, que faz seu relatório e o transmite ao promotor. Este último convoca então as testemunhas e conduz um inquérito "sobre a conduta do morto, a situação de seu espírito durante a vida, as circunstâncias que podem ter propiciado esse acidente", e, a partir de um único testemunho, bastante superficial, conclui pela loucura e autoriza o enterro em terra

---

98 D'Olive, *Questions notables du droit décidées par divers arrêts de la cour du parlement de Toulouse*, livro IV, Toulouse, 1682, cap.40.

99 T.VII.

consagrada, mas na maior discrição, à noite, sem nenhum repicar de sinos. O *Recueil* declara que houve outros casos semelhantes.

Desse modo, as autoridades civis e religiosas do século XVII respondem às questões levantadas nos anos 1580-1620 por meio da condenação e da repressão do suicídio. Mas esse rigor extremo, destinado basicamente a impressionar o povo, é minado, na mente da elite, por numerosos subentendidos, inúmeras exceções e um certo número de discordâncias.

As distinções dos casuístas alimentam a ideia de que a culpa do suicídio depende das circunstâncias e da intenção; as ressalvas dos juristas denunciam o caráter bárbaro das execuções de cadáveres, e seu conceito cada vez mais amplo de "loucura" abre brechas no muro penal; a dissimulação deliberada dos suicídios de religiosos põe em dúvida a seriedade das afirmações referentes à danação eterna dos homicidas de si mesmos; por fim, a imunidade de fato de que desfrutam os suicidas nobres só pode diminuir o alcance das proibições relativas a esse ato, fazendo surgir a repressão como mais uma manifestação da justiça de classe.

O direito ao suicídio seria um direito suplementar da nobreza? É legítimo fazer essa pergunta quando se constata a ausência de execução de cadáveres aristocráticos na França no século XVII. Como ilustra o caso Vatel, a corte ignora a ordenança de 1670. Para o terceiro estado, o suicídio é proibido; para o clero e a nobreza, é sempre permitido. A mesma constatação pode ser feita na Inglaterra, com base nas estatísticas. No período que vai de 1485 a 1714, Michael MacDonald e Terence Murphy analisaram os processos referentes a 6.701 suicídios. O resultado revela que a proporção de condenações varia de 67,2% para os fidalgos a 99% para os criados e aprendizes, 94,1% para os camponeses pobres, 93,5% para os artesãos, 92,3% para os camponeses abastados e 86,6% para a pequena nobreza.[100] Assim, quase todos os aprendizes e criados que se matam são considerados conscientes e responsáveis por seus atos, ao passo que um terço dos fidalgos é considerado louco. A menos que tiremos conclusões arriscadas a respeito da saúde mental da nobreza, só nos resta constatar a injustiça dos veredistos, a qual aumenta no século XVII: depois de 1650, o índice de condenação entre os fidalgos cai para 51,1%.

---

100 MacDonald; Murphy, op. cit., p.128.

A RESPOSTA DAS AUTORIDADES NO SÉCULO XVII   181

Alguns casos de injustiça são flagrantes. No dia 5 de abril de 1610, a filha de lorde Mordaunt se joga pela janela, sofrendo apenas um ferimento; pouco tempo depois, ela tenta se afogar, morrendo cinco dias mais tarde após uma série de tentativas. O júri classifica o caso entre as mortes naturais, recusando-se a reconhecer o elo evidente entre o suicídio e a morte. Em 1622, o conde de Berkshire se mata voluntariamente com sua besta; a monarquia intervém junto ao médico-legista para que o suicídio seja atribuído à loucura, o que é feito.[101] Em 1650, o suicídio de Thomas Hoyle, conselheiro de York e membro do Parlamento, também é desculpado graças à intervenção de amigos influentes.[102]

A desigualdade diante do suicídio é do conhecimento de todos, e muito malvista. É indispensável, portanto, a maior discrição, como ilustra em 1668 o caso de Will Joyce, primo do célebre memorialista Samuel Pepys. Em janeiro, Joyce se joga na água; resgatado, "ele confessou ter cometido esse ato induzido pelo diabo e atormentado pela tristeza de haver negligenciado suas obrigações com Deus". Levado para casa, ele cai doente. "Tememos, agora, que seus móveis e bens sejam tomados", escreve Pepys. A família entra em pânico:

> Minha prima tentou retirar da casa a maior quantidade possível de prataria, e implorou que eu pegasse de volta meus frascos de prata; levei-os sem perda de tempo, temendo bastante, durante todo o caminho, que viessem tomá-los de mim; no entanto, não havia nenhum motivo para tal, já que ele não estava morto, mas eu fiquei muito amedrontado.

Ele vai se informar na prefeitura de Londres, o *Guildhall*, a respeito do costume em caso semelhante, e lhe dizem que, se houve suicídio, haverá confisco. Nesse meio-tempo, Joyce morre. A reação de Samuel Pepys foi imediata:

> Parti no mesmo instante de carruagem para Whitehall, onde me encontrei com Sir W. Coventry; ele me conduziu à presença do rei, que estava acompanhado do duque de York. Contei-lhes minha história, e o rei concordou sem

---

101 Ibid., p.126-7.
102 Keeler, *The Long Parliament, 1640-1641*, Filadélfia, 1954, p.224.

mais delongas que, mesmo no caso que se concluísse por suicídio, os bens pertenceriam à viúva e aos filhos. Retornei à casa de minha prima. [...] Ao chegar, encontrei-a mergulhada em tristeza, mas ela e os outros logo ficaram aliviados ao tomar conhecimento do que eu tinha feito por eles, e, realmente, eu prestei-lhes um grande serviço, pois as pessoas estão de olho na propriedade; devemos chamar o médico-legista e reunir um júri para fazer uma investigação sobre o óbito.

Por fim, graças à intervenção real, tudo se arranja: Joyce é enterrado normalmente e não se faz o confisco.[103] O caso mostra, por um lado, que o suicídio não provoca nenhuma reprovação moral da parte dos familiares, e, por outro, que a discrição é necessária a fim de evitar as reações desfavoráveis ou interessadas.

A imunidade relativa dos nobres em relação às sanções contra os suicidas já é bem conhecida em 1600, quando Shakespeare, em *Hamlet*, põe as seguintes palavras na boca do coveiro que cava o túmulo de Ofélia: "Se ela não fosse nobre, teria sido enterrada em solo pagão". Um século e meio mais tarde, em 1755, a revista *Connoisseur* publica um artigo satírico no qual se pode ler a respeito do suicídio:

> Um pobre-diabo sem vintém pode ser banido do cemitério, mas o suicídio com uma pistola finamente trabalhada ou uma espada da guarda parisiense justifica que seu elegante proprietário receba um enterro solene e um monumento exaltando suas virtudes em Westminster Abbey.[104]

A repressão do suicídio permite, portanto, muitas exceções. A reação das autoridades religiosas e civis no século XVII alia severidade de princípio e rigor seletivo na aplicação. É que, por trás da fachada de aparente unanimidade na reprovação, o debate lançado nos anos 1580-1620 prossegue, ao mesmo tempo que se multiplicam substitutos e derivativos espirituais do suicídio.

---

103 Pepys, *Journal*, 21 jan. 1668.
104 *Connoisseur*, 1755, n.50, p.298.

– 7 –

PERSISTÊNCIA DO PROBLEMA E SUBSTITUTOS DO SUICÍDIO NO SÉCULO XVII

A despeito das proibições, e para além das discussões sobre o problema moral, homens e mulheres continuam se suicidando no século XVII em um ritmo que parece ser mais ou menos o mesmo da época precedente. O discurso sobre o suicídio tem pouca repercussão sobre os fatos. As pessoas não se matam ao ritmo dos tratados de teologia, de moral ou de direito, mas ao ritmo dos sofrimentos, dos temores e das frustrações. E o Grande Século não é mais imune a eles do que os outros. Desde os anos 1580, porém, fala-se mais do homicídio de si mesmo, muito embora os contemporâneos tenham a impressão de um aumento do número de suicídios. Em 1647, um folheto anônimo inglês declara que os afogamentos e enforcamentos ficaram tão frequentes que nem se presta mais atenção a eles,[1] e, alguns anos mais tarde,

---

1 *A Petition unto his Excellencie, Sir Thomas Fairfax, Occasioned by the Publishing of the Late Remonstrance.*

ESTABILIDADE DO NÚMERO DE SUICÍDIOS

O caso de Londres permite que se compreenda o papel amplificador do boato. Desde o início do século XVII, as autoridades municipais, preocupadas com o aumento da mortalidade causada pelas epidemias, publicam toda semana a lista de óbitos, no começo relacionada à peste, depois de maneira uniforme, indicando a causa das "perdas" (*casualties*): são os "boletins de mortalidade" (*bills of mortality*). Disponibiliza-se, assim, uma lista semanal de suicidas, paróquia por paróquia, mencionando os casos de loucura e, às vezes, a profissão das vítimas, com um resumo e um total anuais. Essas listas são impressas nos jornais da capital e até mesmo nas províncias. Para além dos números reais, o simples fato de existirem as listas basta para criar uma impressão de frequência; o suicídio torna-se familiar à mente, sua regularidade impressiona o leitor e ele parece fazer parte dos hábitos londrinos. O fenômeno se estenderá ao século XVIII, quando dará origem ao mito do "mal inglês". Isso porque essas estatísticas não existem em nenhum outro lugar, o que reforça a impressão de que sejam uma particularidade inglesa. É verdade que se tem conhecimento da existência de alguns levantamentos em certas cidades italianas no século XVI, na França entre 1670 e 1684, em Leipzig em 1676, em Stuttgart em 1692, mas as causas da mortalidade nunca são indicadas.[3]

As *bills of mortality* são exploradas desde meados do século XVII pelo primeiro demógrafo inglês de verdade, John Graunt, o qual, aliás, critica sua precisão.[4] Segundo ele, existe uma importante subnotificação dos óbitos referentes às pessoas que não são enterradas nos cemitérios: os natimortos e os suicidas. Essa observação será confirmada em 1726 por Isaac Watts[5] e

---

2 Denny, *Pelicanicidium*.
3 Dupâquier, *Histoire de la démographie*, Paris, 1985, p.67-71.
4 Graunt, Natural and Political Observations Mentioned in a Following Index, and Made upon the Bills of Mortality, *The Economic Writings of Sir William Petty*, Londres, 1662.
5 Watts, *A Defense against the Temptation of Self-Murder*, p.IV.

estendida ao caso dos afogados: dos 827 afogados, 243 pessoas encontradas mortas na rua, 14 envenenadas, 51 mortas de inanição e 158 casos de loucura enumerados por Graunt, quantos são consequência de suicídio? A proporção com certeza é bastante elevada entre os afogados. A dissimulação pela família e os relatórios incompletos dos secretários paroquiais aumentam ainda mais a incerteza. Uma coisa é certa: os números publicados são muito inferiores à realidade.

A contabilidade mantida por John Graunt vai de 1629 a 1660. Durante esse período, a média em Londres é de 15 suicídios por ano, com picos às vezes inexplicáveis, como em 1660, quando são registradas 36 mortes voluntárias: será que existe uma relação com a mudança de regime que ocorre nesse ano com a restauração da monarquia, que acaba com as esperanças de alguns puritanos? Impossível saber. Em relação à população total de Londres, obtemos, em todo caso, um índice de suicídio de pouco mais de 3 por 100 mil habitantes, o que provavelmente está muito abaixo da realidade. Porém, a despeito das deficiências, as *bills of mortality* permitem ao menos constatar, ao fazer as médias decenais, que o índice de suicídio permanece mais ou menos constante até 1680-1690, quando experimenta um crescimento espetacular durante a segunda crise da consciência europeia.

As outras fontes são meramente anedóticas, e dão indicações sobre os motivos. O que até então representava a fonte principal para a Inglaterra, ou seja, os casos de suicídio levados perante o tribunal do *King's bench*, perde a confiabilidade, deixando de existir a partir de 1660. O número de casos relatados sofre o efeito das oscilações da vida política: 780 suicídios de 1620 a 1629, última década tranquila, durante a qual as pressões da monarquia sobre os médicos-legistas e os júris ainda são relativamente eficazes; 532 suicídios de 1630 a 1639, e 356 de 1640 a 1649, em plena guerra civil, quando a desorganização administrativa se traduz em uma subnotificação, voltando a subir para 720 entre 1650 e 1659, durante o protetorado de Cromwell, mas com uma proporção de condenações menos importante.[6]

Ao longo do século, os júris fazem uma oposição permanente aos confiscos pela Coroa, que eles consideram uma espoliação injusta. Compostos por membros das comunidades dos vilarejos e locais, eles costumam fazer

---

6 MacDonald; Murphy, op. cit., quadro p.29.

um acordo para esconder a existência da maior parte dos bens da vítima, como revela o grande número de processos que a justiça real instaura contra os familiares e também contra os médicos-legistas. Os recursos mais utilizados consistem em subavaliar grosseiramente os bens do suicida, ou atribuir--lhe dívidas que ultrapassam o montante de seus bens, dívidas que devem ser quitadas antes do confisco. Sentenças de morte natural são às vezes pronunciadas apesar das evidências em contrário. É o que acontece em 1598, em Norwich, quando o merceeiro John Wilkins corta a própria garganta e morre uma semana depois: três cirurgiões e um médico atestam que a ferida não foi mortal, e que o homem morreu de uma doença que começara antes do suicídio. Um caso extremo é o de um homem cujo suicídio é camuflado como acidente: ele teria caído em cima de sua faca enquanto jogava futebol.[7]

O ressentimento das comunidades locais é ainda mais forte quando, em virtude de uma delegação real, os confiscos são feitos em proveito de um senhor. Este último, na maioria das vezes, não tem nenhum escrúpulo em deixar a família do suicida na mais completa miséria. Em 1666, em Witham, Essex, a justiça senhorial condena a comunidade a uma multa de 15 libras porque ela escondeu 15 xelins e 6 *pence* para a viúva de um suicida.[8]

Durante a monarquia autoritária de Jaime I e Carlos I, a proporção de casos de homicídios voluntários perdoados é baixa, pois o governo real se mantém vigilante. Ela aumenta de repente na década 1650-1660, depois da queda da monarquia. Inúmeras vozes se erguem então para pedir a abolição do confisco de bens. Em 1651, John March escreve: "Creio que não existe no mundo lei mais rígida e tirânica do que aquela que faz os filhos sofrerem pelo crime e pela maldade do pai, o inocente pagando pelo culpado",[9] e projetos de reforma, que não terão tempo de mostrar resultado, preveem a limitação do confisco aos casos de suicídios de acusados ou condenados.

O século apresenta um número relativamente pequeno de suicidas famosos, e os motivos invocados por eles variam bastante. Em 1641, o pintor Domenico Zampieri, apelidado de Dominiquin, se envenena para escapar dos inimigos. Em 1647, o judeu português Uriel Acosta, residente em

---

7 Ibid., p.80.
8 Essex Record Office, D/P 30/28/9.
9 March, *Amicus Republicae:* the Common-Wealth Friend, *Londres*, 1651, p.109.

Amsterdã, um espírito inquieto, atormentado por dúvidas religiosas, que passou várias vezes do judaísmo para o catolicismo, mais ou menos perseguido por seus correligionários, se mata com um tiro de pistola. Em 1654, condenado ao desmembramento, Simon Boume se envenena na prisão do castelo de Worcester. Em 1657, Miles Sindercombe, que tentara assassinar Cromwell, o imita, explicando seu gesto em um bilhete curto: "Tomo esta decisão para evitar a humilhação da execução do meu corpo". Seus partidários o saúdam como um novo Catão e um novo Brutus. Em 1664, o escritor Nicolas Perrot d'Ablancourt, tradutor de obras latinas, espírito atormentado, se deixa morrer de fome. Trata-se talvez de um dos primeiros exemplos de suicídio filosófico cujo motivo principal é o tédio vital.

No dia 2 de agosto de 1667, o grande artista barroco italiano Borromini lança-se sobre a espada depois de queimar parte de seus desenhos. "Celibatário, melancólico, com um orgulho e uma suscetibilidade paranoicos, Borromini tinha sua arte em alta conta", escreve Claude Mignot, que atribui seu gesto a "um acesso de loucura paranoica".[10] Suicídio de um artista atormentado, obcecado pela busca da harmonia natural, e perseguido pelo ciúme que sentia dos concorrentes, sobretudo de Bernini. Em 1671 ocorre o suicídio de Vatel, o mordomo exigente quanto às questões de honra. É também o ano do suicídio de Sir Henri North, de uma ilustre família inglesa, com temperamento melancólico e que ainda carregava a tristeza pela morte da mulher.

SUICÍDIO E PESTE

O número de suicídios aumenta visivelmente na Inglaterra em 1638 e 1639, anos de colheitas ruins e fortes altas de preço dos gêneros alimentícios, e sobretudo durante as epidemias de peste.[11] O medo, o desespero e a certeza de ter sido contaminado perturbam as pessoas, induzindo um grande número delas a pôr fim aos seus dias. O fenômeno foi constatado em 1630 durante a peste de Milão, e durante a peste de Málaga em meados do século,

---

10 *Encyclopedia Universalis*, art. Borromini.
11 Hoskins, Harvest Fluctuations in English Economic History, 1620-1759, *Agricultural History Review*, XVI, 1968, p.15-31.

onde um médico conta que ocorreram "calamidades jamais vistas. Houve uma mulher que se enterrou viva para não virar comida dos animais, e um homem que, depois de enterrar a filha, construiu seu próprio caixão e morreu ao lado dela".[12]

Daniel Defoe analisou as reações suicidas em tempo de peste a propósito da epidemia que atinge Londres em 1665. Seu livro *Um diário do ano da peste* não é uma crônica histórica propriamente dita, mas um estudo dos comportamentos do ser humano situado no gueto mortal que é uma grande cidade castigada pela epidemia. Ao fim de alguns dias, o desalento e o fatalismo levam muitos indivíduos a abandonar qualquer precaução, o que equivale a um suicídio indireto:

> As pessoas perdiam a esperança de viver e entregavam os pontos, muito embora isso tenha causado um efeito estranho durante três ou quatro semanas, a saber, aquilo as tornava temerárias e audaciosas, não tinham mais medo umas das outras, não ficavam mais reclusas, mas iam a qualquer lugar e conversavam entre si, dizendo: "Não pergunto como estás passando, e não digo como estou passando, já que todos iremos passar, pouco importa quem está doente e quem não está", e se precipitavam desesperadas para qualquer lugar e na companhia de qualquer pessoa.
>
> Assim como as pessoas eram induzidas a se reunir, era impressionante ver como elas afluíam às igrejas, sentando-se ao lado de qualquer um, [...] considerando-se todas como iguais a cadáveres, elas vinham às igrejas sem a menor precaução, reunindo-se como se sua vida não tivesse importância.[13]

Outras recorrem ao suicídio direto, em especial por afogamento, o que não aparece nas *bills of mortality*, constata Defoe:

> Creio que até hoje nunca se soube quantas pessoas, em seu desvario, se afogaram no Tâmisa [...]; as que estavam registradas no boletim semanal eram raras; pois não era possível saber se elas tinham se afogado por acidente ou não; mas, até onde pude saber e observar, creio que há mais gente que se afogou

---

12 Devèze, *L'Espagne de Philippe IV*, II, p.318.
13 Defoe, *A Journal of the Plague Year*, Oxford, 1992, p.174-5.

PERSISTÊNCIA DO PROBLEMA E SUBSTITUTOS DO SUICÍDIO... 189

voluntariamente naquele ano que o total de registrados no boletim, pois muitos dos corpos daqueles que sabemos terem morrido assim não foram encontrados. O mesmo acontece com relação a outras maneiras de se matar. Houve também o caso de um homem, na rua da Cruz Vermelha ou em seus arredores, que se matou ateando fogo na cama.[14]

Defoe também relata cenas de delírio coletivo que levam ao suicídio:

> Enraivecidas de desespero, ou mergulhadas no sofrimento causado pelas boubas, que era insuportável, as pessoas perdiam a razão, delirando e fora de si, e, com frequência, erguendo a mão contra si mesmas, jogando-se pela janela, matando-se com um tiro etc. [...]; algumas irrompiam na rua, nuas, corriam diretamente até o rio, se os guardas ou outros oficiais não as contivessem, e mergulhavam na água onde desse [...]. Todos sabíamos que muitas dessas pobres criaturas, desesperadas, de quem as desgraças tinham privado os sentidos ou tornado melancólicas, como era o caso de muitas, vagavam pelos campos e bosques e até em lugares escondidos, em um sítio qualquer, para se esgueirar atrás de uma moita ou uma cerca e morrer.[15]

A lei, no entanto, não fica menos rigorosa, e o confisco de bens espreita as famílias, sobretudo se o patrimônio for importante. A propósito de um rico comerciante, conselheiro da Cidade, que se enforcou, Defoe escreve: "Não quero mencionar seu nome, embora eu também o conheça, pois isso provocaria a ruína da família, que está próspera de novo".[16]

É óbvio que essas ondas de suicídio são excepcionais e decorrem de circunstâncias extremas, nesse caso a quase certeza de uma morte horrível. Também são raros os suicídios coletivos ligados ao medo do fim do mundo observados em alguns lugares da Rússia por volta de 1666.[17]

---

14 Ibid., p.164-5.
15 Ibid., p.81, 82, 100.
16 Ibid., p.81.
17 Frazer, *The Golden Bough*, 3.ed., Londres, 1936, p.42-5.

UM SUBSTITUTO: O DUELO

Um tipo de suicídio que também é bastante raro no século XVII – o que poderia parecer contraditório com a ética do homem honrado – é o suicídio nobre por motivo de honra. Na verdade, o código aristocrático prevê um substituto eficaz para ele: o duelo. Teólogos e moralistas não se deixam enganar e incluem essa prática nos mesmos anátemas que o suicídio. O cânon 19 da 25ª sessão do Concílio de Trento o proíbe e recusa o sepultamento de duelistas em solo cristão, porque no duelo se corre o risco de homicídio, de si ou do adversário, e de morte sem preparação. Em 1574, Benedicti, em *La Somme des péchés et le remède d'iceux* [A soma dos pecados e o remédio para eles], qualifica o duelo de "pecado contra a esperança". Com frequência, só se salva a honra no duelo sendo morto, como demonstrara La Châtaigneraie ao arrancar as ataduras e morrer de hemorragia depois de enfrentar Jarnac.

A mania do duelo atinge o auge durante os anos 1600-1660, a despeito de todas as legislações civis e religiosas. Registram-se de trinta a quarenta por ano na França, e a mesma quantidade na Inglaterra, números que estão bem abaixo da realidade. "No duelo, que é um suicídio, é o próprio herói que se mata", escreve François Billacois.[18] É nessa época também que se multiplicam os manuais que tratam do duelo, que muitos autores comparam ao suicídio em razão do estado de espírito semelhante dos adversários: nas questões de honra, apenas o sangue, derramado por vontade própria, pode apagar a falta. O duelo, como o suicídio, é uma solução desesperada e arrogante, uma recusa em assumir diante dos homens uma fraqueza, um erro, uma transgressão qualquer. P. Boissat, em *Recherches sur les duels* [Pesquisas sobre os duelos], de 1610, os qualifica de "espécie de desespero", e em 1618 Charles Bodin, em *Discours contre les duels* [Discurso contra os duelos], fala de "paixão furiosa e desesperada". A ordenança de 1670 aplica aos duelistas mortos o mesmo procedimento imposto aos suicidas. Grande parte dos milhares de mortos em duelo nos séculos XVI e XVII provavelmente utilizou esse método como um derivativo do suicídio, uma maneira mais elegante e mais nobre de se matar.

---

18 Billacois, *Le Duel dans la société française des XVIe e XVIIe siècles:* Essai de psychologie historique, Paris, 1986, p.389.

Em última análise, os discursos religioso, político e judicial parecem não afetar muito as pessoas. Os tratados teológicos e morais, as legislações e mesmo as sanções penais quase não influenciam os índices de suicídio. Enquanto chovem as condenações, as medidas repressivas e as ameaças de castigo eterno contra os suicidas, as pessoas continuam a buscar a morte ao ritmo das desgraças, das tristezas, dos sofrimentos, das frustrações, dos remorsos e das desonras. O que podem as ameaças de inferno quando se acredita que a vida é pior do que o inferno? O suicídio desaparecerá quando desaparecerem suas causas, ou seja, quando a Terra for um paraíso e a felicidade reinar absoluta. Até esse dia, é ilusório pensar que argumentos e leis podem ter algum efeito sobre pessoas desesperadas. Com quais argumentos devemos convencer aquele para quem a razão última diz que é melhor não existir? O suicídio não é um ato como outro qualquer, pois aquele que o comete se coloca fora do alcance de todos os poderes humanos. Resta o poder divino; mas, tomado pelo desespero, aquele que decide se matar ou não pensa, ou não pode imaginar situação pior do que a sua, ou está convencido do perdão divino, ou se considera, de todo modo, condenado, ou é louco. O suicídio escapa das regras. O arsenal impotente de leis e anátemas é como uma máquina girando sobre si mesma, no vazio, sem contato com a realidade, um golpe de espada na água, um tiro de canhão sobre um fantasma.

UM REFÚGIO: A LITERATURA

Portanto, a polêmica, que as autoridades pensavam ter solucionado, continua, em particular na literatura, que muitas vezes apresenta o suicídio de um ângulo favorável. A tragédia clássica geralmente resolve seus conflitos de valores com a morte voluntária heroica do personagem principal. Corneille recorre a ela várias vezes com Polieucto, que quer morrer por sua fé; Meneceu, em *A tebana*, e Dircea, em *Édipo*, que se sacrificam pelos outros; Arsinoe, em *Nicomedes*, para escapar ao suplício; Antíoco, em *Rodogune*, que prefere "a glória de morrer às cadeias"; Mandane, em *Agésilas*, para não cair nas mãos dos inimigos; Otão, e sua filha Plautina, que reivindica "esse nobre desespero, tão digno dos romanos". Quanto ao duelo do *Cid*, ele confirma o papel de substituto do suicídio desempenhado por esses encontros. Dom Diego, encarregando o filho de vingá-lo, declara:

> *É só no sangue que se lava tal ultraje,*
> *Morra ou mate.*

Rodrigo, pesando as circunstâncias de seu drama, considera, em um primeiro momento, o suicídio:

> *É melhor correr para a morte [...]*
> *Vamos, alma minha; e já que é preciso morrer,*
> *Morramos ao menos sem ofender Jimena.*

Em seguida, em um arroubo, ele escolhe a morte em combate:

> *Que eu morra em combate, ou morra de tristeza,*
> *Tornarei meu sangue puro como o recebi.*

Em Corneille, o suicídio também é um modo de redimir os crimes. Cina, induzido contra a vontade a assassinar Augusto, declara:

> *Mas minha mão, que se volta rápida contra o meu peito, [...]*
> *Ao meu crime forçado unirá meu castigo,*
> *E com esse gesto no outro confundido,*
> *Recobrirá minha reputação tão rapidamente perdida.*

O suicídio também representa um recurso no caso do amor impossível. O Cid, depois de ter matado o conde, resolve deixar dom Sancho matá-lo, já que não pode esperar por Jimena. Em todos os casos, a morte voluntária é apresentada como uma decisão corajosa que glorifica os heróis e redime os maus. O teatro trágico francês do século XVII, destinado essencialmente a um público nobre, confirma essa moral, que está em total contradição com a doutrina cristã e com a lei. Albert Bayet multiplicou os exemplos que ilustram esse aspecto, extraídos das peças de Chrestien, Hardy, Lafosse, Mairet, Rotrou, Benserade, La Chapelle, La Grange-Chancel, Pradon, Tristan,

PERSISTÊNCIA DO PROBLEMA E SUBSTITUTOS DO SUICÍDIO... 193

Scudéry, Nadal, Boissin, Billard e Campistron.[19] A quantidade convence: em cena, o suicídio é ato glorioso, cujos elogios são cantados em vigorosos alexandrinos:

> *Quando a desgraça sufoca a esperança,*
> *Deve o homem, corajoso, malgrado a iníqua sorte*
> *O que ele não pode aqui encontrar na morte.[20]*

> *Quando morre a esperança, é preciso deixar de viver,*
> *E realmente não convém aos espíritos generosos*
> *Fazer caso dos dias quando eles são tão infelizes.[21]*

> *Os homens corajosos morrem quando lhes agrada.[22]*

> *A morte se impõe aos lívidos de medo,*
> *Mas os mais confiantes a impõem a si mesmos.[23]*

> *... Deve-se deixar a vida*
> *Quando não se pode mais conservá-la sem desonra.[24]*

> *Quando perdemos aquilo que amamos, é preciso deixar de viver.[25]*

Comparadas às dezenas de exemplos de suicídios gloriosos, visivelmente celebrados pelos autores e admirados pelo público, as poucas frases sobre os "propósitos tresloucados", o "desespero vergonhoso" ou o "esforço criminoso" não têm muito peso.

É em Racine que o suicídio atinge sua maior intensidade trágica, em contato com o espírito jansenista, estabelecendo uma dialética ambígua entre o extremo rigor religioso e o desespero absoluto. Andrômaco, Júnia, Berenice

---

19 Bayet, op. cit., p.559-65.
20 Hardy, *Scédase*, última cena.
21 Mairet, *La Silvanire*, II, 4.
22 Théophile, *Pirame*, V, 1.
23 Mairet, *La Silvanire*, V, 1.
24 Benserade, *Corésus et Callirhoé*, IV, 4.
25 Pradon, *Statira*, V.

e Fedra encarnam o verdadeiro herói jansenista, aquele que recusa qualquer compromisso, qualquer destino, qualquer limite humano, e que aspira ao absoluto, atitude que só pode conduzir à morte. Levado ao seu extremo limite lógico, o rigor religioso conduz à morte, da qual o retiro do mundo é um paliativo, um substituto provisório. Precisaríamos reexaminar a atmosfera das tragédias racinianas, radicalmente diferentes do teatro mundano.

As mesmas conclusões podem ser tiradas do romance do século XVII. Nessas histórias nobres, o suicídio é um dever moral de todos os personagens que se encontram diante de um impasse. A proibição cristã é evocada com mais frequência do que no teatro, porém, ou para desculpar alguns personagens por continuarem vivos enquanto a nobreza os obrigaria a morrer, ou para descartá-la educadamente em proveito de uma decisão heroica, ou, ainda, para mostrar que a misericórdia divina decerto perdoará o herói infeliz. O mundo romanesco ilustra perfeitamente a concepção da dupla moral, já aceita de modo tácito na sociedade do Antigo Regime. De um lado uma moral ordinária, estrita e minuciosa, para o povo, que deve ser guiado, controlado, vigiado; incapaz de pensar sozinho, ele deve ser mantido dentro de limites estreitos, para evitar os excessos. Do outro uma moral aristocrática, acima das proibições ordinárias, para as "almas bem nascidas" cuja grandeza de espírito é capaz de discernir, em cada caso particular, os limites do bem e do mal; imbuída de propósitos nobres, sua conduta transcende as proibições ordinárias, pois esses seres agem em função de motivos superiores, incompreensíveis para a massa vulgar. Mais ainda do que na vida real, existem no romance dois tipos de suicídio: o do camponês que se enforca para pôr fim à sua miséria é um ato repreensível de reles covardia; o do nobre que se trespassa com a espada pelos belos olhos de uma marquesa é um ato heroico digno de uma alma superior e que nem Deus seria capaz de punir.

Os romances de Mademoiselle de Scudéry ilustram essa dualidade. Grande número de personagens anuncia a intenção de se matar. Em *Ibrahim*, a heroína Isabelle tem plena consciência da proibição cristã contra o suicídio, mas em nenhum momento pensa em se submeter a ela, proclamando sua determinação de pôr fim aos seus dias se perder seu amado. Reação aristocrática típica: como ela está acima das proibições habituais, não poderia ser punida por Deus: "Se meu desespero é uma falta, espero que ele [o Céu] a perdoará, considerando a gravidade de meu infortúnio, a pureza de meu amor e minha própria fragilidade".[26]

Os heróis aristocráticos se suicidam com a consciência leve como uma pluma, pelos motivos mais variados e admiráveis, em um grande número de romances. As mulheres, para salvar a honra, pois, como diz Florinisse em *L'Inceste innocent* [O incesto inocente] de Vaumorière, em 1638, "é mil vezes melhor perder a vida sem estar maculada do que conservá-la depois de uma desgraça tão humilhante"; os inocentes, para escapar da vergonha da condenação e da execução; os derrotados, para escapar da desonra; as vítimas de paixões censuráveis, roídas pelo remorso; os amantes rejeitados ou que vivem um amor impossível; as almas generosas, para salvar os pais. Uma vez mais, remetemos à pesquisa de Albert Bayet, que reuniu os exemplos.[27]

Alguns autores chegam até a atribuir a seus personagens uma justificava detalhada de seu gesto, um discurso que é um pequeno tratado argumentativo explicando por que o suicídio neste ou naquele caso é a solução mais digna. Em 1645, em *L'Illustre Amalazonthe* [O ilustre Amalazonthe], de Des Fontaines, o rei de Marselha demonstra em dez páginas que viver seria para ele uma covardia. Em 1630, Merille, autor de *La Polixène* [A Polixena], explica por intermédio de uma heroína que quando não existe mais esperança o suicídio é um ato racional, e não de desespero: "Para que ninguém acredite que o desespero tenha tido mais influência sobre mim do que a razão, suplico a todos aqueles que ouvirem falar da minha morte que avaliem se o estado miserável da minha vida poderia suportar que eu a prolongasse mais", declara. Em 1661, em *Cléopatre* [Cleópatra], La Calprenède põe na boca da heroína palavras eloquentes que justificam o suicídio; afastando as objeções quanto à "ofensa irreparável com o Céu" e a crueldade "contra toda a natureza", ela afirma: só me induzem a viver "para me ofender, acreditando-me capaz de me consolar". Em 1627, Cythérée, no romance de Gomberville, descarta com desprezo a proibição religiosa ressaltada pelo pai:

---

26 Mademoiselle de Scudéry, *Ibrahim*, Rouen, 1665, IV, p.423.
27 Bayet, op. cit., p.565-72. Os casos citados foram extraídos das obras de Beaulieu, Boisrobert, Daudiguier, Des Fontaines, Desmarets, Du Bail, Du Pelletier, Du Perier, Durand, Du Verdier, Gerzan, Gombaud, Gomberville, La Calprenède, Madame de La Fayette, Lannel, La Serre, La Tour-Hotman, Mailly, Mareschal, Merille, Mézerai, Molière d'Essertines, Montagathe, Préchac, Rémy, Rosset, Saint-Réal, Mademoiselle de Scudéry, Segrais, Sorel, Tristan, Turpin, D'Urfé, Vaumorière.

É em vão que quereis combater meu justo desespero por meio de considerações inventadas por pusilânimes infelizes para servir de pretexto à sua covardia. Quero morrer. Devo fazê-lo, e os deuses, que são justos, não podem desaprovar o que a justiça me aconselha.

Não haveria um jeito melhor de dizer que a proibição do suicídio diz respeito apenas à multidão de pessoas comuns. A observação é bastante shakespeariana e lembra *Ricardo III*: "A consciência nada mais é do que uma palavra de que se servem os covardes para ameaçar os fortes".

No entanto, o argumento religioso às vezes consegue conter os personagens à beira do suicídio. Mas é sempre sem entusiasmo que eles se resignam então a viver, além de se desculparem com o leitor declarando que, se dependesse deles, teriam abraçado a morte sem hesitar. A proibição religiosa é vista aqui como um obstáculo categórico e incompreensível do heroísmo, uma humilhação à qual os pagãos não estavam sujeitos. Ah, se eu não fosse cristão, de bom grado me mataria, diz basicamente o cavaleiro D'Orasie no romance de Mézerai, em 1646. É justamente por ser cristão que eu não me mato, declara Placidie depois do casamento forçado com um homem que ela não ama, em *Faramond* de La Calprenède, em 1651: quanto ao seu amado, Constance, ele também garante que teria se suicidado mil vezes "se o temor do Céu, que ele sempre reverenciara, não o tivesse contido". Exemplos raros, em que a proibição cristã é apresentada de forma puramente negativa, como a moral das fábulas, que os heróis deveriam poder transgredir. Uma postura "nietzschiana" *avant la lettre*.

O DEBATE FILOSÓFICO E MORAL

Romancistas e dramaturgos se expressam mais como psicólogos do que como sociólogos, já que tratam de personagens em situações muito específicas, e reivindicam para os heróis acima do normal uma moral sobre-humana, que inclui o direito ao suicídio. Assim que voltamos à realidade, as opiniões são muito mais reticentes. Autores, filósofos, ensaístas e moralistas, muito distantes dos pontos de vista teológicos tradicionais, compartilham, aliás, a oposição das Igrejas em relação ao suicídio. Seus motivos, naturalmente, são muito diferentes, mas suas conclusões estão de acordo com as conclusões das autoridades religiosas e civis, e, para reforçar sua argumentação, eles não hesitam em recorrer ao arsenal teológico.

Thomas Hobbes, em uma situação mais do que delicada em relação às Igrejas, é um adversário firme do suicídio. É verdade que ele se refere unicamente ao direito natural e à razão quando, em 1651, escreve no *Leviatã*: "Uma lei natural é um preceito, ou uma regra geral, baseado na razão, por meio do qual é proibido a um homem fazer aquilo que destrua sua vida ou que retire os meios de preservá-la, e descuidar dos meios pelos quais ele pode protegê-la".[28] Hobbes apenas toca em um assunto que, para um teórico do poder absoluto do Estado, não apresenta nenhum problema. O Estado não pode tolerar a deserção de membros da comunidade civil; se isso fosse admitido, correríamos o risco de provocar a desorganização e a ruína do todo. O indivíduo tem de se dedicar inteiramente ao serviço do Leviatã.

Descartes, contemporâneo de Hobbes e, como ele, com relações estremecidas com as autoridades, também é contrário ao suicídio, mas por motivos bem diferentes. É na correspondência com Élisabeth, em 1645 e 1647, que ele revela suas ideias sobre o assunto. Sua abordagem corresponde àquilo que conhecemos do personagem, alguém que se guiou a vida inteira pela prudência e pela razão. O filósofo que preferiu reunir em caixas seu tratado *Du monde* [O mundo] quando ficou sabendo da condenação de Galileu, que punha seu amor pela tranquilidade acima de suas opiniões científicas e que se definiu como alguém "que ama tão apaixonadamente a tranquilidade que quer evitar até mesmo as sombras de tudo aquilo que pudesse incomodá-lo",[29] com certeza não era um homem de se precipitar de cabeça baixa na morte sem ter uma noção clara e evidente do que o esperava do outro lado. Resumindo, Descartes está muito próximo de Hamlet: será que é mesmo razoável arriscar a viagem para "o país não descoberto, de cujos confins jamais voltou nenhum viajante"? "O gênero de sonho que pode surgir no sono da morte, quando tivermos deixado esta embalagem mortal, deve nos fazer refletir." Sim, esta vida nem sempre é feliz, mas ela contém alguns consolos, e é até mesmo possível que o total de coisas boas seja maior que o

---

28 Hobbes, *Leviathan*, Londres: Pelican, 1987, p.189.
29 Descartes, *Œuvres et lettres*, ed. La Pléiade, p.1058.

de coisas ruins; sobretudo, aqui nós sabemos com o que temos de lidar, ao passo que no além o mistério é total; matar-se na esperança de um destino melhor é, portanto, trocar o certo pelo duvidoso, o garantido pelo incerto e hipotético. Decerto a Igreja faz determinado número de afirmações sobre o além, mas a razão não nos diz nada. Na falta de provas matemáticas, é melhor continuar no mundo aqui de baixo e aguentar nossos pequenos sofrimentos. São estes os conselhos que o filósofo dá à sua admiradora em uma carta de 3 de novembro de 1645:

> No que concerne ao estado da alma depois desta vida, tenho bem menos conhecimentos que o sr. d'Igby; pois, deixando de lado o que a fé nos ensina, confesso que, por meio apenas da razão natural, podemos certamente fazer muitas conjecturas que nos sejam favoráveis e ter grandes esperanças, mas nenhuma certeza. E quanto ao que a mesma razão natural também nos ensina, que temos sempre mais coisas boas do que ruins nesta vida e que não devemos trocar o certo pelo duvidoso, ela parece nos ensinar que não devemos realmente temer a morte, mas também não devemos jamais buscá-la.

No dia 6 de outubro do mesmo ano, Descartes já assegurara à sua correspondente:

> É verdade que a consciência da imortalidade da alma e das beatitudes de que ela será capaz estando fora desta vida poderia dar ensejo de deixá-la àqueles que nela se entediam; mas nenhum motivo lhes assegura isso, e contamos apenas com a falsa filosofia de Hegésias [...] que tenta nos convencer de que esta vida é ruim; muito pelo contrário, a verdade ensina que, mesmo em meio aos acidentes mais tristes e às dores mais prementes, sempre é possível ficar contente, contanto que se saiba usar a razão.[30]

Já estamos longe dos princípios generosos e dos arroubos líricos sobre a nobreza da morte voluntária ou a aceitação das provações enviadas por Deus. Com Descartes, o suicídio parece se transformar em uma conta de

---

30 Devemos acrescentar, no entanto, que Descartes admite plenamente que se arrisque a vida para salvar um amigo, seu país, seu príncipe.

lojista; à questão posta por Hamlet ele responde invocando uma balança: o peso total dos prazeres terrestres que a razão bem empregada pode nos oferecer é maior do que o peso total das tristezas; como, do outro lado, não podemos pôr nada no prato da balança, já que lá reina a mais completa incerteza, muito bem, continuemos vivos! É a decisão da razão e do bom senso. Mas, no entanto, insiste Élisabeth, alguns se matam. "É por um erro de julgamento", responde o filósofo em janeiro de 1646, "e não por uma avaliação bem fundamentada."

Para Descartes, embora não o diga, Lucrécio, Catão, Brutus e os outros foram tolos. Morrer por ideias não é uma avaliação adequada. A bem da verdade, de todos os adversários do suicídio que encontramos até agora, Descartes é, ao mesmo tempo, o mais humilde, o mais tranquilo e o mais confiável, porque raciocina a partir de dados conhecidos e verificáveis, e não em virtude de princípios abstratos sempre sujeitos a aval e a questionamentos, e com os quais só se pode concordar por um ato de fé, sempre aleatório. Até aqui o debate transcorria em nome de Deus, da natureza, do Estado, da sociedade, da honra, de palavras sobre cujo sentido nem mesmo os especialistas estão de acordo. Descartes raciocina em função daquilo que cada um pode ver e sentir – as "evidências", como as chama –, concluindo que é mais racional não se matar. Sua lógica não leva em conta, de modo algum, as doutrinas religiosas, descartadas de pronto por falta de provas. Para ele, o suicídio não é um problema de moral, e sim uma questão de inteligência. Matar-se é cometer um erro, não um pecado, o que exclui, é lógico, qualquer punição: aquele que comete um erro pune a si mesmo.

Ao dedicar-lhe apenas algumas linhas em sua obra, Hobbes e Descartes são contrários ao suicídio, o primeiro em nome do Estado, o segundo em nome da razão. Além disso, o campo contrário ao homicídio voluntário recebe o apoio, mais inesperado, dos meios próximos aos libertinos. Neste caso, fala-se em nome da natureza. Assim, o atomista Gassendi não hesita em se contrapor a seu mestre Epicuro quando afirma que a natureza, ao nos conceder o amor pela vida, proíbe o suicídio. Suicidar-se é dar prova de perversidade e cometer uma afronta contra a natureza e seu criador.[31] La Mothe Le Vayer também fala em ofensa à natureza, de "senso depravado", de

---

31 Gassendi, *Syntagma philosophica*, em *Opera*, II, p.672.

"enorme covardia", e julga que a recusa de sepultura para os suicidas é legítima.[32] Os manuais de filosofia de Scipion Duplex, Jacques du Roure, Bouju, Bardin, Bary, Du Moulin vão no mesmo sentido.

Outros defendem pontos de vista mais matizados, em especial na Inglaterra, onde, desde antes da guerra civil, o ressurgimento da filosofia estoica influenciava até mesmo os pregadores, como lamenta Thomas Browne: eles "permitem que o homem seja seu próprio assassino, e celebram o fim e o suicídio de Catão". Durante a guerra civil e o interregno, quando o recuo da censura permite o florescimento de textos bastante audaciosos, surgem obras que questionam a condenação do suicídio.

Em 1656, Walter Charleton, religioso pouco ortodoxo, antigo médico de Carlos I e amigo de Hobbes, publica *A moral de Epicuro*, com um longo comentário que expõe, sem resolver, o conflito entre as duas morais. Como cristão, escreve, considero a moral de Epicuro sobre o suicídio como "uma opinião cruel e detestável, que a lei divina abomina expressamente"; porém, como filósofo, reconheço que o homem é livre para cometer "o homicídio de si mesmo em caso de catástrofe intolerável e inevitável". A lei da natureza exige que busquemos o bem e evitemos o mal; portanto, quando a vida torna-se um mal, o suicídio é "a realização plena da lei de autopreservação".[33]

Em 1665, George Mackenzie, em um tratado sobre os estoicos, declara-se contrário ao suicídio usando uma argumentação contraditória. Segundo ele, Deus não proibiu o suicídio na Bíblia porque sabia que a aversão do homem pela morte era uma proibição suficiente. Mas, ao mesmo tempo, escreve em outra passagem, se Ele não o menciona é para não sugerir a ideia ao homem. Por fim, ele declara que nenhum suicídio bíblico é condenado.[34]

O debate prossegue, portanto, às vezes até mesmo em público, o que não deixa de ser bastante insólito. A coletânea *Questions traitées ès conférences du Bureau d'Adresses* [Questões tratadas nas conferências do Escritório de Petições] revela que em 1635 ocorreu ali uma discussão oficial a respeito do suicídio e de sua legitimidade. Os argumentos expostos pelos adversários e pelos partidários da morte voluntária não são originais, mas os discursos

---

32 Le Vayer, *La Promenade*, IV, 1.
33 Charleton, *Epicurus's Morals*, Londres, 1656.
34 Mackenzie, *Religio stoici*, Edimburgo, 1665.

são inflamados. Entre os primeiros, encontramos a ideia do pecado contra a natureza, do soldado que não pode abandonar o posto, da coragem que consiste em suportar os males. Entre os últimos, expõem-se as exigências da honra, utilizam-se os exemplos heroicos do passado romano, dos comandantes que explodem com seus navios: são justamente eles que admiramos, não os covardes que se rendem; quanto àqueles que creem que seu suicídio enfraqueceria o Estado, eles se têm em altíssima conta: ninguém é indispensável.[35] A discussão, que continuará durante várias horas, não chega a nenhuma conclusão. O fato de ela ter ocorrido, no entanto, mostra que o tema estava no ar.

UM SUBSTITUTO RELIGIOSO: A ESPIRITUALIDADE DO "ANIQUILAMENTO"

A própria vida religiosa foi afetada desde o começo do século pela tentação da morte voluntária. Assim como o duelo para a nobreza, algumas formas de espiritualidade apresentam semelhanças desconcertantes com o desejo de suicídio, podendo aparecer, em certos aspectos, como substitutos ou derivativos deste último. As formas muito específicas da espiritualidade nascidas com a Reforma Católica no início do século XVII – bem no meio da crise de consciência cristã, no momento em que se manifesta a questão da morte voluntária – contêm ambiguidades que não são apenas coincidências. A recusa do mundo, que perturba tantas almas sensíveis em uma época de mal-estar cultural, leva alguns ao suicídio, outros ao misticismo ou ao recolhimento absoluto. Na raiz dessas condutas de fuga, o mesmo ódio do mundo que explode com violência nos textos dos autores religiosos. "O que tanto lhes agrada neste vale de lágrimas?", pergunta o padre Nouet. "Respondam-me mais uma vez: por que vocês amam a vida?" Cabe a Saint-Cyran ir além: "Em relação a esta vida passageira, é preciso estar doente da alma e possuído por alguma paixão abjeta para amá-la". A rigor, o maior bem que podemos desejar é, portanto, a morte: "É mais fácil a um cristão amar a morte e deleitar-se nela do que amar a vida e encontrar nela seu prazer e

---

35 *Questions traitées ès conférences du Bureau d'Adresses*, t.II, p.639, conferência de 19 nov. 1635.

sua alegria [...]. A morte é meu bem, minha vantagem e minhas delícias",[36] escreve Quesnel.

São abundantes as declarações desse gênero nos textos religiosos do século XVII, que colocam a vida cristã ideal em um equilíbrio extremamente precário: o religioso odeia o mundo e a vida, anseia pela morte e pelo além, ao mesmo tempo que não se permite dar o passo fatal. Vivendo no mundo, mas recusando todos os prazeres que ele pode lhe oferecer, ele parece um morto-vivo; ele deve se aproximar o máximo possível da morte, sem nunca abraçá-la. Na verdade, sua espiritualidade se baseia em um substituto da morte voluntária, em um verdadeiro suicídio espiritual: é a doutrina do "aniquilamento", que encontramos em todos os místicos e religiosos famosos do início do século, cujos textos produzem efeitos às vezes inquietantes.

O grande Pierre de Bérulle (1575-1629), um dos fundadores da espiritualidade francesa, preconiza a morte interior, a destruição de tudo que caracteriza nosso ser, de todas as nossas capacidades intelectuais e espirituais para dar lugar a Deus. Segundo ele, o homem "deve ser desapropriado e aniquilado, e apropriado por Jesus, permanecendo em Jesus, apegado a Jesus, vivendo em Jesus, agindo de acordo com Jesus".[37] Ele deve deixar de viver por si mesmo para que Jesus viva nele, deve se tornar um verdadeiro "cadáver", um instrumento passivo animado pelo espírito divino. Nossa vida, continua ele, Deus

> a quer destruir por meio de sua vida imaculada, ele quer que deixemos nossa vida para entrar na sua, [...] que nós morramos em nós; e, enquanto esperamos a chegada da morte, ele quer que nós morramos em espírito, que conservemos esse espírito de morte em relação a nós mesmos e ao século presente.[38]

Bérulle descreve sua própria experiência de "aniquilamento de si mesmo", como ele a chama:

---

36 Quesnel, *Le Bonheur de la mort chrétienne*, Paris, 1687.
37 Bérulle, *Œuvres complètes*, Paris: Migne, 1856, p.914.
38 Ibid., p.1182.

Decidi me despojar inteiramente do uso de mim mesmo, tanto das faculdades espirituais da alma como dos sentidos, e chegar ao estágio no qual a alma não sente mais, no qual ela não tem nem quer mais nada por sua própria iniciativa, e no qual ela não assume nem mesmo a prerrogativa e a autoridade de dispor de si para o bem.[39]

Ao término do processo, o homem individual está realmente morto: "Estamos mortos, e só temos vida verdadeira com Jesus Cristo em Deus".[40]

Recusa do mundo, recusa da vida pessoal, recusa da consciência individual, desejo de desaparecer no grande tudo que alguns irão chamar de nada e outros de Deus, não ser mais eu, anular-me por completo: são muitas as características comuns com o suicídio físico. O padre Charles de Condren (1588-1641), discípulo de Bérulle, amplia ainda mais a analogia. Desde os 12 anos de idade ele queria fazer o sacrifício de si mesmo, imolar-se como Isaac ia ser imolado por Abraão, e durante toda a sua vida ele ficará obcecado por esse desejo de aniquilamento. Suas *Lettres spirituelles* [Cartas espirituais] estão cheias de expressões como: é preciso "se destruir"; "tende como objetivo renunciar a tudo que sois", "vos despojardes de vossa natureza", "perdendo inteiramente o desejo de viver e de ser"; "essa morte [...] permite que Deus viva em vós, [...] esse nada [...] dá lugar em vós ao seu ser". "Nele, não se trata apenas de simples figuras ou exageros de estilo", escreve o abade Bremond.

A morte que Condren nos aconselha é muito mais real, ou, melhor dizendo, essa palavra de morte só representa aqui de uma maneira bastante imperfeita o aniquilamento total que a ascese do sacrifício evidentemente busca [...]. É verdade que dessa própria destruição deve nascer, para a vítima, uma vida nova e superior àquela que ela perdeu; mas, justamente, o que significa uma vida nova e superior senão uma vida diferente da antiga?[41]

Não é isso, precisamente, o que o suicida busca: uma vida nova, melhor, totalmente diferente da vida presente?

---

39 Ibid., p.1296.
40 Ibid., p.960.
41 Bremond, *Histoire littéraire du sentiment religieux en France*, t.III, Paris, 1923, p.85.

Estamos no fio da navalha. As semelhanças, analogias e comparações entre a morte física e a morte espiritual se prestam a todas as ambiguidades, a todas as confusões. O misticismo, situando-se em um nível de consciência de profundidade incomum, encontra-se acima das categorias da consciência superficial e ordinária. Nesse nível, os limites ficam imprecisos; o inconsciente emerge no consciente, o concreto se funde no abstrato, as proibições se consomem no fogo do desejo e o espírito levita entre o céu e a terra, acima das barreiras da moral e do intelecto. As divisões da razão se confundem. Sabemos até que ponto perturbador e ambíguo o amor divino se mistura com o amor humano no êxtase místico feminino. Do mesmo modo, em algumas mentes perturbadas ou frágeis, a doutrina berulliana do aniquilamento exerce um fascínio inquietante no qual é difícil separar as tendências ao suicídio físico e ao suicídio espiritual.

Jean-Jacques Olier (1608-1657), discípulo de Condren, passa por uma crise moral bastante séria durante a qual, deixando de se alimentar, já se vê morto: "Eu não sabia como comer: tinha quase perdido o hábito, e parece que eu dava um alimento a um corpo morto". Considerando-se condenado, ele se equipara a Judas e se imagina no inferno: "Quando falavam de Deus, eu imaginava apenas um ser cruel, rigoroso, muito impiedoso [...]. Eu me comprazia com a ideia do inferno, e a descrição me agradava, como do lugar que me estava destinado". As neuroses e as crises de neurastenia de Jean-Jacquers Olier levam o abade Bremond a dizer: "Trata-se simplesmente de fenômenos mórbidos que não têm, nem de perto nem de longe, nada de místico, nada também de degradante, e que Deus permite, com propósitos que ele conhece, assim como permite que o raio incendeie uma igreja".[42]

Durante cinco anos, o padre Rigoleuc também se considera condenado ao inferno. Quanto ao padre jesuíta Surin (1600-1663), ele atravessa momentos de loucura e sofre de neurose suicida. "Carreguei durante sete ou oito anos a sensação de que ia me matar", ele escreve, e chega a fazer uma tentativa séria, jogando-se pela janela. Extremamente constrangida com seus desvios de conduta, a Companhia de Jesus opõe-se à publicação de alguns de seus textos particularmente estranhos. Durante vinte anos, ele fica desesperado com a certeza de ter sido condenado ao inferno.

---

42 Ibid., p.136.

Sob formas diferentes, a espiritualidade do aniquilamento inspira atitudes quase suicidas ao longo de todo o século XVII. O padre Jean Crhysostome (1594-1646), apóstolo do amor puro, fundador da "Sociedade da Santa Abjeção", pratica mortificações exageradas e proclama o dever de morrer para si. O padre Piny, outro adepto do amor puro, preconiza o despojamento e a aceitação de tudo, inclusive da ideia de condenação eterna, correndo o risco de chegar "a dois dedos do desespero extremo".[43] Em 1647, em *La Croix de Jésus* [A cruz de Jesus], o padre Chardon recomenda a catarse "deiformante"; trata-se de apagar em nós todas as "capacidades intelectuais e animais", a memória, a imaginação, a consciência, a vontade, e assim "reduzir-se a nada", chegar a uma espécie de coma espiritual que permita acolher Jesus.

O caso da sra. Martin, jovem viúva que em 1630 entra nas Ursulinas e se torna Mãe Maria da Encarnação, mostra o papel de substituto do suicídio que a entrada na vida religiosa pode desempenhar após um período de luto. Seu desejo de se livrar do mundo é tão forte que, a despeito de um terrível conflito de consciência, ela decide abandonar seu filho Claude, de 11 anos de idade. Ela lhe escreverá mais tarde: "Ao me separar agora de vós, deixei-me morrer em plena vida". Quando Claude, que também se tornou religioso, tem a saúde abalada pelas disciplinas rigorosas, ela vence uma vez mais o instinto materno e lhe diz: "Não duvido que vossas energias físicas não estejam diminuindo; vosso longo recolhimento, a labuta do estudo, a preocupação com as dificuldades e as austeridades das regras podem ser a causa disso; mas nós só vivemos para morrer".[44]

Para Maria da Encarnação, o aniquilamento do eu conduz a um estado de serenidade perfeita. A alma que se entrega a Deus fica em um estado "em que não existe mais inquietação", escreve ela em 1666, "quero dizer, não existe mais desejo, mas uma paz profunda que a rotina não pode alterar". Aquele que se anula em Deus repousa em paz, de certa maneira, pois ele morreu para si mesmo e não tem mais nada a temer.

A espiritualidade do aniquilamento com certeza é, em parte, uma conduta de fuga, um jeito de escapar da inquietação e do desespero que espreitam a consciência cristã, aguçada pelo clima de reforma religiosa. Essa

---

43 Piny, *L'État de pur amour*, Paris, 1676.
44 Citado pelo abade Bremond, op. cit., t.VI, p.114.

inquietação, aumentada até virar angústia, leva alguns ao suicídio. Outros optam por se perder, "se destruir", chega a dizer Condren, na espiritualidade do aniquilamento. A certeza da condenação eterna às vezes põe os espíritos mais corajosos em uma encruzilhada. Desse modo, São Francisco de Sales, de temperamento inquieto e melancólico na juventude, buscando a perfeição, enfrenta uma grave crise de desespero aos 18 anos. Tendo perdido a esperança de ser salvo, ele perde o sono e o apetite e definha rápido, até ser curado subitamente na igreja de Notre-Dame-des-Grès. Santa Joana de Chantal também passou por uma fase de desespero. A carmelita Madeleine de Saint-Joseph ficou tão assustada com as penas do inferno que desmaiou.

Alguns até se dispõem a reatar com o antigo substituto do suicídio, o martírio voluntário. Assim, em 1604, seis carmelitas espanholas que vieram à França implantar sua ordem, atravessando as regiões calvinistas do Sudoeste, têm uma atitude provocadora descrita assim por um relato da época: "Nossas santas religiosas, com o intuito de confessar abertamente Jesus Cristo e atrair para si a felicidade inestimável do martírio [...], passavam as mãos do lado de fora do coche segurando o crucifixo e o rosário, para que o povo visse".[45]

A inquietação religiosa tem duas faces: ela pode ser um aguilhão que provoca uma "inclinação natural ao soberano bem", diz Francisco de Sales; porém, utilizada pelo diabo, ela também pode levar ao desespero.[46] Contra essa inquietude má, que poderia conduzir ao suicídio, dois remédios são aconselhados: a espiritualidade do abandono em Deus, que conduz à serenidade, ou a espiritualidade da ação, recomendada em particular por Bossuet e pelos jesuítas: ocupada com os esforços realizados para promover o bem, a mente reencontra seu equilíbrio. Alguns jansenistas partilham esse ponto de vista, como Nicole, para quem "seja em relação aos pecados, seja em relação às tentações, é preciso sempre evitar o problema da inquietude".[47]

---

45 Ibid., t.II, p.306. As religiosas têm um jeito muito simples para detectar a heresia: como declara uma delas, Anne de Jésus, "quase todos os habitantes eram hereges; aliás, é o que se percebia claramente no rosto deles, pois tinham realmente cara de condenado".
46 Deprun, *La Philosophie de l'inquiétude en France au XVIIIᵉ siècle*, Paris, 1979.
47 Nicole, *Traité de l'oraison*, Paris, 1679.

UM REMÉDIO: O HUMANISMO DEVOTO

No primeiro terço do século XVII, uma corrente espiritual se envolve particularmente na luta contra a inquietação e o desespero: é o humanismo devoto, raro exemplo de espiritualidade sorridente, otimista, verdadeiro antídoto contra as tendências suicidas resultantes das doutrinas desesperadoras sobre o inferno e a predestinação. Os humanistas devotos reabilitam o riso, que tem a virtude de enxotar o diabo. Elas repetem o que diz Rabelais: "Rir é próprio do homem"; é bom e saudável. Os cristãos devem rir, escreve em 1624 o padre Garasse: "Existem entre os simples mortais espíritos tão mal preparados que, quando veem um religioso rir, o consideram um perdido e um condenado [...]. Mas, meu Deus, que esperavam essa gente de nós? que estivéssemos sempre em lágrimas?".[48] Quanto a Pierre de Besse, é um risonho impenitente: "Preciso rir, caçoar, dizer bufonarias e zombar de tudo".[49] Mas será que não se pode morrer de rir ou, pelo menos, morrer de alegria? É o que pretende o jesuíta Antoine Binet, que se diz à beira de um ataque cardíaco assim que ouve falar do amor de Deus: "Seria o mesmo dar uma punhalada em meu coração ou simplesmente pronunciar-lhe a palavra amor, paraíso ou o nome do meu bom mestre Jesus".[50] Em *Consolation et réjouissance pour les malades et personnes affligées* [Consolo e regozijo pelos doentes e pessoas aflitas], de 1620, o jesuíta se dedica a expulsar os humores melancólicos contando anedotas rigorosamente bufonas. Quem o ouve falar, acredita que Deus Pai é um velho bufão mal-educado que nos conduz ao paraíso por meio de tapas nas costas, como um camarada: "O paraíso é igual à França, em que os antigos gauleses tinham o costume, estando na porta da igreja quando o padre casava os noivos, de encher de pancada o recém-casado; à força de murros o levavam a toque de caixa até o famoso altar".

Esses murros, que representam as desgraças da vida, são, portanto, cachaços amistosos que devem ser recebidos com prazer. Mesmo o pecado

---

48 Garasse, *Apologie*, p.45.
49 Besse, *Le Démocrite chrétien*, p.2.
50 Binet, *Les Attraits tout-puissants de l'amour de Jésus-Christ*, p.677. Por sua vez, o padre Surin escreve em seus cânticos espirituais:
    Para mim dá no mesmo viver ou morrer,
    Basta que o amor permaneça comigo.

original é um "pecado oportuno", já que sem ele jamais teria existido a maravilha da Redenção. O otimismo incurável do humanismo devoto admira a bondade da natureza e a importância da sabedoria antiga, como também as descobertas extraordinárias da nova ciência. Essa corrente reage favoravelmente à crise de consciência dos anos 1580-1620; o espírito humano deve acolher com alegria a descoberta do mundo infinito e as perspectivas que ela abre, e não ter medo dela.

A nova ciência nos faz amar a vida; o entusiasmo do humanismo devoto pelas novidades da revolução científica que se produzem então é um verdadeiro antídoto contra os humores sombrios, o desespero e os pensamentos suicidas, remédio sem dúvida muito mais eficaz do que as proibições e condenações lançadas contra a morte voluntária. O capuchinho Yves de Paris zomba dos cristãos melancólicos e tristes, apregoa o bom humor, o otimismo e o riso, e, como o padre Mersenne, afirma que é estudando o mundo como sábios que nos aproximamos de Deus, e não nos mortificando. Em 1639, Antoine Binet publica *Essai des merveilles de la nature et des plus nobles artifices* [Ensaio sobre as maravilhas da natureza e os mais nobres artifícios], uma espécie de enciclopédia das artes e das ciências destinada a fornecer aos pregadores exemplos concretos e exatos. Ele fica maravilhado diante das "riquezas de eloquência" do vocabulário científico. O carmelita Léon de Saint-Jean escreve *Portrait de la sagesse universelle avec l'idée générale des sciences* [Retrato da sabedoria universal com a ideia geral das ciências].[51] Os humanistas devotos multiplicam as obras com uma piedade confiante: o *Consolateur des âmes scrupuleuses* [Consolador das almas escrupulosas], do cônego Guillaume Gazet, em 1610, *Les Miséricordes de Dieu en la conduite de l'homme* [As misericórdias de Deus na conduta do homem], do capuchinho Yves de Paris, em 1645, *Les Justes Espérances de notre salut opposées au désespoir du siècle* [As esperanças legítimas de nossa salvação em oposição ao desespero do século], do capuchinho Jacques d'Autun, em 1649, *La Dévotion aidée* [A devoção assistida], do jesuíta Le Moyne, em 1652, além de muitas outras.

O jesuíta Louis Richeome (1544-1625) proclama a alegria da alma devota. A piedade é um prazer, e o riso, um dom de Deus. Devemos amar a

---

51 Sobre a relação entre o humanismo devoto e a ciência, veja Minois, *L'Église et la science: Histoire d'un malentendu*, Paris, 1991, p.48-52. (t.II : De Galilée à Jean-Paul II).

vida e nosso corpo, que é belo e reflete a beleza da alma. Os dois estão unidos como dois amantes, e a morte, que os separa, é um drama que o jesuíta encena em um emocionante poema alegórico dialogado, *L'Adieu de l'âme devote laissant le corps* [O adeus da alma devota ao deixar o corpo]. A morte é uma ruptura que não tem nada de agradável, mesmo se prepara uma felicidade futura. O suicídio é, então, um ato de loucura, temeridade ou arrogância, como o de Catão, que

> se matou, abatido pelo mesmo defeito da arrogância. Pois, tendo alimentado sempre a alma com as moscas da vaidade e com os favores populares que não lhe davam nenhum conteúdo nem aparência séria – e prevendo que se caísse nas mãos de seu inimigo César, sua reputação estaria totalmente comprometida –, ressentido e desesperado, e não podendo resistir ao rival, arrancou a vida do corpo, tomando o remédio próprio de uma alma covarde, ainda que parecesse valente, quando rasgou o ventre.[52]

Francisco de Sales (1567-1622), o mestre do humanismo devoto, depois de haver superado sua crise de desespero, revela em toda a sua obra um obstinado otimismo. Em *Traité de l'amour de Dieu* [Tratado do amor divino] e *Introduction à la vie devote* [Introdução à vida devota], ele dedica vários trechos à inquietação e à tristeza. Para ele,

> a inquietação é o maior mal que acontece na alma, com exceção do pecado; pois, assim como as insurreições e agitações internas de uma república a arruínam por completo, impedindo que ela possa resistir ao estrangeiro, assim também nosso coração, quando é em si mesmo agitado e inquieto, perde o vigor para conservar as virtudes que ele adquirira, e, ao mesmo tempo, os meios para resistir à tentações do inimigo, o qual faz, então, todos os tipos de esforços para pescar, como se diz, em águas turvas.[53]

---

52 Richeome, *L'Adieu de l'âme dévote laissant le corps*, Lyon, 1590, p.50.
53 Sales, *Introduction à la vie dévote*, IV, II.

A inquietação, que nasce do desejo não satisfeito de se livrar do mal ou de adquirir um bem, pode ser utilizada pelo diabo para levar ao desespero. Portanto, é preciso avisar imediatamente seu diretor de consciência.[54]

Quanto à tristeza, ela é ambígua, e, também nesse caso, é preciso desconfiar. Pois existe uma tristeza boa, que é enviada por Deus e que induz à penitência, por arrependimento dos pecados: "Que o penitente se entristeça sempre, mas que sempre se alegre por sua tristeza". Por outro lado, "a tristeza do mundo produz a morte". Citando Eclesiastes, Francisco de Sales escreve: "A tristeza mata muito, e não existe vantagem nela". Essa tristeza, que às vezes leva ao suicídio, pode ter três causas:

- o inimigo infernal, que através de milhares de conselhos tristes, melancólicos e lamentáveis, obscurece o entendimento, enfraquece a vontade e perturba totalmente a alma, [...] trazendo-lhe um tédio e um desânimo extremo, a fim de desesperá-la e derrotá-la;
- a condição natural, quando o humor melancólico predomina em nós; e esta não é verdadeiramente perversa em si mesma, mas nosso inimigo se serve amplamente dela para urdir e tramar mil tentações em nossas almas;
- a existência de uma tristeza provocada pela diversidade de acidentes.[55] Entre os devotos, essa tristeza é moderada, mas entre os mundanos ela se transforma em desespero. Ela é, então, um instrumento diabólico, pois "o Maligno se agrada da tristeza e da melancolia, porque ele é triste e melancólico, e o será eternamente: portanto, ele gostaria que todos fossem como ele".[56]

Para Francisco de Sales, a única justificativa do suicídio é "a glória da verdade". Os suicidas antigos não têm para ele nenhum valor. Dedicando a essa questão um capítulo do *Traité de l'amour de Dieu*, ele contesta a virtude dos estoicos: como é possível chamar de virtuosas pessoas que recomendam se matar quando a vida se torna insuportável?, pergunta ele. Sêneca e

---

54 Religioso escolhido por alguém para dirigir sua vida espiritual. (N. T.)
55 Id., *Traité de l'amour de Dieu*, livro XI, cap.21.
56 Id., *Introduction à la vie dévote*, IV, 12.

PERSISTÊNCIA DO PROBLEMA E SUBSTITUTOS DO SUICÍDIO... 211

os demais só agiram por arrogância e vaidade; Lucrécio fez mal em se matar, como demonstrou Santo Agostinho. Quanto a Catão, não é um sábio, é um desesperado. Só os mártires cristãos voluntários são dignos de admiração, pois não agem nem por vaidade nem por egoísmo:

> Aceito, Teótimo, que Catão demonstrou firmeza de ânimo, e que essa firmeza foi louvável em si: mas quem quer se valer de seu exemplo, é preciso que seja um indivíduo justo e bom; não se dando a morte, mas sofrendo-a quando a verdadeira virtude o exige, não pela vaidade da glória, mas pela glória da verdade: como aconteceu a nossos mártires, que, com coragem invencível, fizeram tantos milagres de perseverança e valor que, comparados a eles, os Catões, os Horácios, os Sênecas, os Lucrécios e os Arrias não merecem certamente nenhuma consideração.[57]

Francisco de Sales, no entanto, não escapa da ambiguidade mórbida da espiritualidade do desprendimento místico. Ele admite que este pode conduzir à morte, e fica um pouco constrangido ao explicar que não se trata de suicídio. Esses místicos, escreve ele, não morrem de remorso, morrem por causa do remorso, nuance pouco convincente:

> Acontece entre os amantes sagrados, que se entregam inteiramente às práticas do amor divino, que esse fogo virtuoso os devore e consuma suas vidas. O remorso às vezes os impede de beber, comer e dormir, atormentando-os durante tanto tempo que, por fim, debilitados e abatidos, eles morrem; e, então, a plebe diz que eles morreram de remorso: mas isso não é verdade, pois eles morrem de desfalecimento e de inanição. É verdade que se eles sofreram esse desfalecimento por causa do remorso, deve-se admitir que, se eles não morreram de remorso, morreram por causa do remorso e por meio do remorso: assim, meu caro Teótimo, quando o fervor do amor virtuoso é grande, ele toma de assalto o coração tantas vezes, e o fere com tanta frequência, e lhe provoca tantos torpores, ele se precipita de maneira tão habitual, ele o transporta em êxtases e arrebatamentos tão frequentes, que, desse modo, estando a alma quase por completo ocupada com Deus, não podendo assistir devidamente a natureza para

---

57 Id., *Traité de l'amour de Dieu*, livro XI, cap.10.

tornar adequadas a digestão e a alimentação, as forças animais e vitais começam aos poucos a faltar, a vida se abrevia e o trespasse vem. Por Deus, Teótimo, que morte feliz essa![58]

Nesse caso, também é muito difícil não falar de derivativo ou substituto do suicídio. Mais tarde, Malebranche irá assinalar, com o mesmo constrangimento, essa ambiguidade do comportamento místico, admitindo que "não é possível unir-se de maneira absoluta com Deus sem abandonar os interesses do corpo, sem desprezá-lo, sem sacrificá-lo, sem perdê-lo". Como se esquivar da acusação de morte voluntária? Malebranche não consegue. Não podemos nos unir a Deus sem sacrificar nosso corpo; ora, não temos o direito de sacrificar nosso corpo. Só resta ao oratoriano[59] constatar e passar furtivamente a um problema completamente diferente:

> Não é que seja permitido se matar, nem mesmo arruinar a própria saúde. Pois nosso corpo não nos pertence: ele pertence a Deus, ele pertence ao Estado, à nossa família, aos nossos amigos. Devemos conservá-lo forte e vigoroso, de acordo com o uso que somos obrigados a fazer dele. Mas não devemos conservá-lo contra a ordem de Deus e às custas dos outros homens. Devemos arriscá-lo pelo bem do Estado e não temer enfraquecê-lo, arruiná-lo e destruí-lo para executar as ordens de Deus.[60]

A AMBIGUIDADE DO JANSENISMO

Entre as correntes espirituais nascidas da crise dos anos 1580-1620, o jansenismo talvez seja a mais ambígua em relação à morte voluntária. Condenando formalmente o suicídio, ele o substitui por um ideal de vida baseado em uma tal exigência de absoluto que só pode exigir a morte. É o que ilustram com perfeição as tragédias racinianas. Nesse sentido, o jansenismo é um substituto bastante insatisfatório do suicídio, rejeitando o ato homicida, mas conservando o desejo de morte, gerador de uma angústia constante.

---

58 Ibid., livro LVII, cap.10.
59 Membro da congregação religiosa chamada Oratório. (N. T.)
60 Malebranche, *Traité de morale*.

O suicídio é categoricamente rejeitado, tanto para os pagãos como para os cristãos. Os primeiros não passam de uns arrogantes, e não merecem nenhuma admiração, diz, em resumo, Arnaud, incapaz de imaginar um traço de grandeza em qualquer pessoa que não tenha fé. A propósito da morte de Diógenes, ele escreve: "Tudo que essa história nos mostra é que esse animal vaidoso foi arrogante até a morte".[61] Quanto a Aristóteles, ele com certeza se suicidou, já que isso estava na moda "naquela época miserável de trevas e de insensatez".[62] Ele está irremediavelmente condenado ao inferno. Nicole, por sua vez, não dá tréguas a Catão: "De alguns elogios pomposos que os filósofos fazem à exaustão da morte de Catão, foi apenas uma verdadeira fraqueza que o levou a essa crueldade, que eles transformaram no ápice da generosidade humana". Ele tenta, de forma pueril, ridicularizá-lo: Catão é um covarde, que se matou porque tinha medo de encarar César.

> É preciso dizer, portanto, que, por uma fraqueza lamentável, ele cedeu a uma situação que todas as mulheres e todas as crianças enfrentariam sem dificuldade; e que o pavor que ele sentiu foi tão violento que o fez deixar a vida por meio do maior de todos os crimes.[63]

Os jansenistas também se opõem aos casuístas jesuítas, acusados, tanto neste como em outros aspectos, de relaxamento moral, que acaba legitimando alguns suicídios por um excesso de preciosismo. De forma tendenciosa, o *Troisième Écrit des cures de Paris* [Terceiro texto dos padres de Paris] insinua que, para os jesuítas, cabe apenas à razão decidir se é permitido matar. A partir daí,

> não se poderia dizer, com uma ênfase ainda maior, que todos os pagãos que se mataram, e principalmente aqueles que o faziam depois de ter pedido a permissão dos magistrados, como era costume em algumas cidades, não violaram esse mandamento? [...] Ficamos horrorizados de descobrir as consequências surpreendentes que podem decorrer desse princípio.

---

61 Arnaud, *De la nécessité de la foi en Jésus-Christ*, Œuvres, t.X, p.360.
62 Ibid., p.149.
63 Nicole, *Essais de morale*, I, cap.13.

Em 1672, Sinnichius ataca as "opiniões descuidadas" que desculpam o suicídio.

É verdade que os jansenistas não se caracterizam pela flexibilidade. Em busca do absoluto, eles se recusam a fazer qualquer concessão às exigências sordidamente terrenas. Conhecemos a reação escandalizada de Pascal diante das hesitações de Montaigne:

> Os defeitos de Montaigne são enormes [...] seus sentimentos a respeito do homicídio voluntário, a respeito da morte [...]. Não podemos desculpar seus sentimentos totalmente pagãos a respeito da morte; pois é preciso renunciar inteiramente à piedade se não se quer ao menos morrer de maneira cristã: ora, ele só pensa em morrer de maneira indigna e frouxa ao longo de todo o seu livro.[64]

Em *Entretiens avec M. de Saci* [Conversas com o sr. de Saci], Pascal ataca também Epiteto e sua "soberba diabólica", a qual o leva a afirmar "que podemos nos matar quando somos tão perseguidos que podemos acreditar que Deus nos chama". A doutrina estoica do suicídio é provocada pela arrogância.

Pascal sabe muito bem que é a busca da felicidade que leva os homens a se suicidar: "É o motivo de todas as ações de todos os homens, até daqueles que vão se enforcar", escreve. Mas será que os jansenistas se dão conta do fato de que sua recusa em compreender e sua exigência de absoluto para homens limitados e falíveis como nós só pode encontrar sua realização na morte? Quando a pessoa realmente bem-intencionada se dá conta de seus defeitos e limitações, não tem outra saída senão se matar. Se existe alguém bem-intencionado, esse alguém é o jansenista; pois o que seria mais horrível para ele do que se deparar com os limites da natureza humana? Ao colocar as exigências em um patamar muito elevado, ele se condena ao fracasso perpétuo. O jansenista se coloca no centro de uma contradição insolúvel: rejeitando a morte voluntária e criando exigências de vida que só podem ser satisfeitas por meio da morte.

"Viver no mundo sem participar dele e sem usufruí-lo": essa é a postura jansenista que contrapõe de maneira radical Deus e o mundo, afirmando ao mesmo tempo a impossibilidade de transformar o mundo para realizar nele

---

64 Pascal, *Pensées*, ed. La Pléiade, p.1104.

os valores autênticos e a proibição de fazê-lo para se refugiar no divino. A vida do jansenista é uma tensão constante entre os dois extremos radicalmente inconciliáveis. Sua necessidade radical de absoluto não pode se contentar com os valores humanos, sempre imperfeitos e que implicam uma escolha. Por meio disso o jansenista se condena a uma solidão profunda, pela recusa de se envolver nas ações humanas, afastando-se do mundo ao mesmo tempo que permanece vivo.

É bem provável que se trate, em parte, de um fenômeno de classe que atinge particularmente a nobreza togada e a grande aristocracia a partir dos 1620, como afirmou de maneira brilhante Lucien Goldmann,[65] mas é secundário para o nosso tema. O importante para nós é constatar que o jansenismo, ao condenar radicalmente este mundo como mau, e não tendo nenhuma esperança de poder mudá-lo antes do final dos tempos, traz em si um desejo primordial de morte. "Viver no mundo é viver ignorando a natureza do ser humano; conhecê-la é compreender que ele só pode proteger os valores autênticos recusando o mundo e a vida dentro do mundo, escolhendo a solidão e – no limite – a morte",[66] escreve Lucien Goldmann, que destaca, de maneira pertinente, a profunda semelhança entre a atitude pascalina e a de Fausto: a paixão pelo saber universal e a consciência de sua completa inutilidade. Esse sofrimento leva o primeiro a mergulhar em uma aceitação torturante do mistério desse Deus impenetrável, e o segundo, a querer se suicidar. O limite entre as duas posturas é extremamente tênue, e basta muito pouco para fazer que a balança penda para um lado ou para o outro.

De vários pontos de vista, a solução faustiana do suicídio aparece como a mais lógica e a única satisfatória. É isso que sobressai, por exemplo, das tragédias racinianas em que o herói, percebendo que não é possível nenhuma conciliação entre o mundo e sua aspiração ao absoluto, se mata. Andrômaca, Júnia, Berenice e Fedra resolvem o conflito com a morte. Presas entre um mundo odioso e irreformável, um Deus sempre ausente e um desejo de absoluto, só resta a essas mulheres um único caminho: o nada. Pagãs, elas se lançam nele. Essa via é a tendência natural do jansenismo, contida apenas pela proibição agostiniana:

---

65 Goldmann, *Le Dieu caché*, Paris, 1959.
66 Ibid., p.241.

Fedra é a tragédia da esperança de viver sem concessão, sem opção e sem compromisso e o reconhecimento do caráter necessariamente ilusório dessa esperança [...]. *Fedra*, que apresenta em toda a sua amplitude o problema da vida neste mundo e dos motivos necessários de seu fracasso, se aproxima mais da visão dos *Pensamentos*.[67]

Desse modo, o jansenismo autêntico se mostra absolutamente ambíguo. Forçando ao extremo a reflexão lógica sobre a condição humana, ele chega a um impasse total: de um lado, o mundo radicalmente odioso que nenhuma ação pode aperfeiçoar; do outro, um Deus enigmático que só envia sua graça a um pequeno número de eleitos; no meio, o ser humano, sozinho, com sede de absoluto e consciente de não poder alcançá-lo.[68] O jansenismo cria um contexto existencial cuja única saída seria o nada. Mas rejeita este último em nome de um Deus senhor absoluto da vida, aprisionando assim o ser humano na armadilha terrena. O único obstáculo ao suicídio é a fé, uma fé que o jansenismo torna frágil ao transformar Deus em um ser cuja característica principal é a ausência, um ser que continuamos a buscar mesmo depois de tê-lo encontrado, segundo a concepção de Pascal. Entre esse ser e o não ser a fronteira é tênue, e a partir do momento em que ela desaparece é retirado o único obstáculo ao suicídio filosófico. A postura jansenista prepara claramente as filosofias ateias do desespero do século XIX. Ela é, virtualmente, um instrumento de suicídio.

A questão da legitimidade da morte voluntária, suscitada por ocasião da crise dos anos 1580-1620, continua a ser debatida no século XVII entre as elites cultas. Se o número de suicídios reais não parece ter variado de maneira

---

67 Ibid., p.421.
68 Alguns autores observaram que o jansenismo não era necessariamente um elemento de desespero, ao menos no que diz respeito ao destino do homem no além, pois se ele afirma que o número de eleitos é bastante limitado, pede que cada um creia que faz parte desse pequeno grupo: "Todos os homens do mundo têm a obrigação de acreditar [...] que eles fazem parte do pequeno número de eleitos que Deus quer salvar", escreve Pascal. Em 1732, o padre Gilles Vauge afirma que o temor de ofender a Deus é um sinal de predestinação, e, portanto, um bom motivo para ter esperança: "Esse temor, presente até mesmo nos justos e nos santos mais perfeitos, é um dos meios pelos quais Deus costuma executar o decreto da sua predestinação; além disso, longe de diminuir a esperança que cada um é obrigado a ter de que faz parte do grupo dos eleitos, ele deve, ao contrário, aumentá-la, já que representa um dos instrumentos importantes da nossa salvação e que é o estado em que Deus quer que estejamos para alcançá-la" (*Traité de l'espérance chrétienne*, Paris, 1732, p.218).

significativa, os costumes aos poucos vão se transformando. Por trás da postura genericamente negativa e repressiva das autoridades, é visível que círculos cada vez mais amplos se sentem afetados pelo problema.

Ao contrário do Renascimento, o Grande Século tem uma visão pessimista do ser humano e do mundo, e transfere suas esperanças para o além. De vários pontos de vista, é um século de proibições e frustrações. A retomada do controle cultural e político traduz-se em uma maior exigência de rigidez moral e em um formalismo seco que marcam o espírito clássico em todas as esferas. Este mundo é mau e deve ser disciplinado à espera da única vida verdadeira, a do além. A vida neste mundo nada mais é do que uma breve passagem, que devemos realizar na mais absoluta indiferença, com os olhos fixos no fim tão desejado: a morte e a vida eterna.

Nessa extenuante corrida de obstáculos que é a vida diária, é proibido trapacear e pegar um atalho para o além. Mas a vida espiritual oferece um paliativo às frustrações da alma que aspira à felicidade eterna na forma do "aniquilamento" e do afastamento do mundo. No entanto, esses substitutos da morte voluntária só dizem respeito a uma minoria ínfima. Para a massa do povo, a proibição continua total, e as condenações, frequentes. O ser humano tem de se dedicar ao Estado e à sociedade, deve respeitar a lei divina e a lei natural que lhe mandam viver, custe o que custar. Apesar de tudo, observa-se uma tolerância crescente da jurisprudência em relação aos casos de extrema infelicidade e loucura. Para a elite eclesiástica e nobre, os motivos de honra e de respeitabilidade acabam levando à ausência quase total de condenações, instituindo dois níveis de moral.

Essa situação prepara um questionamento do suicídio por ocasião da segunda crise da consciência europeia, a de 1680-1720. Ao bater de frente com as Igrejas estabelecidas, o espírito crítico e o racionalismo vão enfraquecer de maneira decisiva as proibições mais eficazes, de ordem espiritual, no mesmo momento em que as terríveis crises de subsistência e os desastres econômicos aumentam a propensão à morte voluntária. Período verdadeiramente crucial, que assiste, aliás, ao nascimento do próprio termo suicídio.

TERCEIRA PARTE

O ILUMINISMO:
UMA QUESTÃO ATUALIZADA
E DESCULPABILIZADA

– 8 –

A ORIGEM DA "DOENÇA INGLESA" (1680-1720)

DE THOMAS CREECH A GEORGE CHEYNE: *THE ENGLISH MALADY*

Em 1700, exatamente um século depois de Hamlet, um editor erudito de Oxford, Thomas Creech, se enforca após concluir a tradução das obras de Lucrécio. O acontecimento teve uma repercussão considerável entre as pessoas esclarecidas, a ponto de se tornar um mito, admirável para uns, horrível para outros. Quiseram até transformá-lo em um suicídio filosófico, tendo corrido um boato de que um pouco antes Creech lera *Biathanatos*, e segurava o livro em uma das mãos e a corda na outra. Segundo outro relato pitoresco, ele teria escrito no original de Lucrécio: "*N. B.* É imprescindível que eu me enforque quando tiver terminado meu comentário", o que provocou a observação sarcástica de Voltaire: "Ele manteve a palavra para ter o prazer de morrer como seu autor. Se ele tivesse se proposto a fazer um comentário de Ovídio, teria vivido mais tempo".[1] Um observador maldoso

---

1 Voltaire, *Dictionnaire philosophique*, art. "De Caton, du suicide".

notou que Creech "morreu como viveu, um verdadeiro ateu". A realidade é muito mais simples: o editor se matou por desgosto amoroso, porque os pais de sua bem-amada não concordaram com o casamento. Colegas e rivais também afirmaram que os erros que ele cometera na tradução fizeram-no mergulhar no desespero. Que a ideia do suicídio filosófico tenha prevalecido não é, contudo, um acaso. A ideia estava no ar havia alguns anos; aliás, a associação de Creech com Lucrécio parecia dar corpo a uma corrente que inquietava os defensores da moral tradicional. Desde 1680, mais ou menos, o debate sobre o suicídio adquirira uma nova amplitude na Inglaterra, onde os tratados favoráveis ou contrários se multiplicavam, e onde as discussões eram pontuadas e alimentadas por casos retumbantes. No dia 13 de julho de 1683, o conde de Essex, preso por conspiração, se degola na Torre de Londres. Em outubro de 1684, um célebre pregador batista, John Child, que abjurara sua fé recentemente e conclamara seus correligionários a se juntar à Igreja Anglicana, se mata. No mesmo ano, um pastor anglicano de Cheshire, Thomas Law, que perdera o posto de capelão, põe fim aos seus dias. Em 1685, um dos braços direitos do duque de Monmouth, Robert Long, se suicida na prisão de Newgate. Em 1689, é um ministro, John Temple, secretário de Estado da Guerra, que se joga no Tâmisa do alto da London Bridge. Filho de um conhecido estadista, Sir William Temple, ele fora humilhado com o fracasso de suas negociações na Irlanda. Em seu bolso, encontraram um bilhete que dizia: "Minha falta de consciência de iniciar o que eu não consegui levar a bom termo causou um grande prejuízo ao rei, que não posso redimir com uma providência menos importante do que esta: possam suas iniciativas prosperar e ser abençoadas".[2]

Em 1700, ocorre o suicídio de Thomas Creech, seguido de perto, em 1701, pelo de um ilustre aristocrata, o conde de Bath, imitado por seu filho duas semanas mais tarde. No ano seguinte, 1702, o primo do ministro das Finanças, Francis Godolphin, rico, bem casado, pai de família, se degola sem motivo aparente. No dia 4 de janeiro de 1704, um rico burguês do condado de Essex, George Edwards, se mata de maneira bastante elaborada, por meio de um sistema que permite disparar três pistolas ao mesmo tempo. Aí também o caso tem grande repercussão, pois o ministro anglicano John Smith, em

---

2 *The Early Essays and Romances of Sir William Temple*, org. G. C. M. Smith, Oxford, 1930, p.193.

um panfleto publicado no mesmo ano, vê nesse suicídio o símbolo das consequências catastróficas do "ateísmo".[3] Na verdade, o pobre Edwards fora vítima sobretudo da intolerância de pessoas do seu meio. Muito piedoso, ele mudara para uma religião racionalista depois de ler obras de filosofia. Pondo em dúvida a veracidade das Escrituras, ele declarou que a universalidade das crenças religiosas não provava, de modo algum, a existência de Deus, e que nem todos os homens descendem de Adão, já que uns são negros e outros brancos. Mantido à distância pelos membros de sua paróquia e rejeitado pela mulher, Edwards, com quarenta e poucos anos de idade, prefere se matar. Para John Smith, é o resultado da difusão dos princípios neoepicuristas por toda parte.

Todos esses suicídios, amplamente difundidos e comentados pela imprensa, produzem uma forte impressão. Em 1702, John Evelyn anota em seu *Journal* [Diário]: "É uma coisa triste pensar em todos aqueles que se mataram neste país nos últimos quinze ou dezesseis anos".[4] O comentário coincide com o começo do aumento do número de suicídios relatados pelas *bills of mortality*, doravante estampadas nos jornais. Portanto, parece que os suicídios célebres são o reflexo e a ilustração de uma onda de fundo, de uma tendência profunda e tipicamente inglesa.

Nasce assim o mito do "mal inglês", oficializado pelo livro *The English Malady, or a Treatise of Nervous Diseases of all Kinds* [A doença inglesa, ou um tratado de doenças nervosas de todos os tipos], do médico George Cheyne, publicado em 1733. O autor explica que ele foi instado a escrever esse tratado por amigos preocupados "com a recente frequência e o aumento diário de suicídios estranhos e extraordinários".[5] O dr. Cheyne não leu a história de *La Dent d'or* [O dente de ouro], de Fontenelle, ou não se lembrou da lição, mas analisa as razões que levam os ingleses a se matar mais do que os outros; pois se trata agora de um fato reconhecido, bem enraizado nas elites, e que não se questiona mais: a Inglaterra é o país do suicídio. Esse mito do Iluminismo só irá desaparecer com a chegada das estatísticas modernas.

---

3 Smith, *The Judgment of God upon Atheism and Infidelity*, Londres, 1704.
4 *The Diary of John Evelyn*, org. E. S. de Beer, Oxford, 1955, p.505.
5 Cheyne, *The English Malady*, 3.ed., 1734, p.III.

Cheyne explica que as tendências suicidas dos ingleses estão relacionadas, de um lado, aos avanços do ateísmo e do espírito filosófico, e, de outro, ao temperamento melancólico dos insulares, devido às condições geográficas e climáticas desfavoráveis. O determinismo climático está na moda nesse momento. Montesquieu o utilizará amplamente, e a ideia está tão bem implantada que influencia inconscientemente a mente das pessoas: em 1727, assim que chega a Londres, César de Saussure se diz acabrunhado com o tempo, e acrescenta que, se fosse inglês, com certeza teria se suicidado.[6]

O NASCIMENTO DE UMA PALAVRA: SUICÍDIO

É também da Inglaterra que vem o nome desse mal. "Suicídio" é um termo nascido no século XVII, o que é, por si só, revelador da evolução do pensamento e da frequência crescente dos debates sobre o tema. Utilizamos a palavra, até o momento, de maneira anacrônica e com o objetivo de simplificar a forma de expressão. Na verdade, a língua francesa só dispunha outrora de perífrases que adaptavam a ação de se matar, sinal do caráter excepcional e condenável da ação: "matar a si mesmo", "ser homicida de si mesmo", "ser assassino de si mesmo", "sacrificar-se".

O surgimento do neologismo reflete o desejo de diferenciar esse ato do homicídio de um terceiro, e é sob a forma latina que ele vem ao mundo, na obra do inglês Sir Thomas Browne, *Religio medici*, escrita por volta de 1636 e publicada em 1642. Desse modo, o autor desejava distinguir o *self-killing* cristão, totalmente condenável, do *suicidium* pagão de Catão. Este último termo, construído a partir do latim *sui* (de si) *caedes* (assassinato), também aparece, de forma independente, entre os casuístas: em 1652, um parágrafo da *Theologia moralis fundamentalis* [Teologia da moral fundamental] de Caramuel é intitulado *De suicídio* [Sobre o suicídio]. Nos anos 1650, o neologismo se difunde na língua inglesa com as obras do lexicógrafo Thomans Blunt e do editor de Epicuro, Walter Charleton. A palavra está tão difundida em 1658 que Edward Phillips, sobrinho de Milton, a inclui em seu *Dictionnaire general* [Dicionário geral], mas com um comentário etimológico caprichoso

---

6 Sena, *The English Malady:* the Idea of Melancholy from 1700 to 1760, p.44.

A ORIGEM DA "DOENÇA INGLESA" 225

que expressa sua condenação: "Uma palavra que eu gostaria que fosse antes derivada de *sus*, uma porca, do que do pronome *sui*, [...] como se, para um homem, matar-se fosse um ato animalesco".[7]

O termo aparece na língua francesa em 1734, na pena do abade Prévost, que, na época, passa uma temporada na Inglaterra e escreve em sua revista *Le Pour et le Contre*.[8] Aliás, ele ajuda a difundir o mito da "doença inglesa", contando histórias como a do pastor anglicano de Chelsea que tenta se enforcar e é salvo por um fidalgo. Interrogado sobre a razão de seu gesto, ele declara:

> Admito que é uma fraqueza; haveria mais firmeza d'alma para suportar a vida com todas as suas desgraças do que para se dar voluntariamente a morte. Mas para suportar a vida é preciso poder se manter. Faltam-me as condições mínimas. Dentro de três dias estarei morto de fome. Antecipar um pouco o momento de minha morte não mudará em nada a harmonia celeste.[9]

O fidalgo leva então o pastor para a sua casa, mas não consegue impedir que ele se afogue. Era uma pessoa muito honrada, diz Prévost, mas arruinado pela imprevidência, e, sobretudo, um grande admirador de Tyndall e Collins. Os ingleses, acrescenta, vão fazer seu panegírico.

O abade Prévost examina o livro de George Cheyne sobre a *Maladie anglaise*, recém-publicado, e os motivos que fornece para explicá-la: se os ingleses se suicidam é porque se aquecem com carvão, comem carne malpassada e são muito licenciosos. Prévost não parece convencido.[10]

O termo "suicídio", no entanto, só é aceito na França em meados do século XVIII, e o verbo é sempre utilizado na forma de um pleonasmo ou de uma redundância: "se suicidar", o que mostra que não é possível se desligar da ideia de crime contra si mesmo – a forma correta, *je suicide*, jamais foi empregada. Na Inglaterra, a forma verbal não existe: *suicide* é um substantivo

---

7 Philipps, *The New World of English Words or a General Dictionary*.
8 *Le Pour et le Contre, ouvrage périodique d'un goût nouveau*, t.IV, 1734.
9 Ibid., p.56.
10 Diz ele: "É ou porque eles só queimam a hulha, ou porque a carne que usam como alimento sempre é malpassada, ou porque, entregando-se em excesso aos prazeres dos sentidos, Deus permite que o inimigo da saúde ludibrie seu bom senso. As provas dessas alternativas compõem a trama de um livro grosso, que atraiu algumas gozações da parte dos galhofeiros de Londres". Ibid., p.64.

que deve estar acompanhado de um verbo de ação: *to commit suicide*. Em todas as outras línguas também se impõe a forma dupla, até mesmo a perífrase, a exemplo do alemão *sich den Toden geben*, ou *sich töten*. É no século XVIII também que o termo inglês passa para o espanhol, o italiano e o português.[11]

AS ESTATÍSTICAS E A IMPRENSA

Como explicar o surgimento do suicídio como "doença inglesa" nos anos 1680-1720? Parece, basicamente, ser o resultado da união dos progressos estatísticos, da evolução sociocultural da aristocracia, do clima de intensa rivalidade religiosa e do desenvolvimento da imprensa, em uma atmosfera geral de crise dos valores tradicionais pela segunda vez em um século.

A opinião pública inglesa fica chocada com o aumento do número de suicídios registrados a partir de 1680. A fonte principal, os boletins de mortalidade londrinos, passa, na verdade, de uma média de 18 por ano entre 1680 e 1690 a 20 entre 1690 e 1700, 25 entre 1700 e 1710, 30 entre 1710 e 1720, 42 entre 1720 e 1730, mais de 50 entre 1730 e 1740, com alguns picos acima de 60. Nessas condições, não surpreende que os observadores demonstrem preocupação. Já em 1698, William Congreve escreve: "Não é maior o número de pessoas que se matam e de loucos melancólicos dos quais ouvimos falar na Inglaterra em um ano do que em grande parte da Europa?".[12] Em 1705, John Evelyn observa novamente que "jamais se soube de um número tão grande de pessoas que se despacharam como nos últimos anos, tanto entre pessoas virtuosas como entre as outras".[13]

O efeito produzido pelos números é intensificado pelo desenvolvimento da imprensa, que atinge um público cada vez maior a partir do final do século XVII: em 1704,[14] a tiragem de cada um dos principais jornais é calculada em 15 mil exemplares, e isso de duas a três vezes por semana. Os jornais não publicam apenas os boletins de mortalidade, mas esmiúçam os casos

---

11 Daube, The Linguistics of Suicide, *Philosophy and Public Affairs*.
12 Congreve, *The Complete Works*, t.III, Londres, 1926, p.206.
13 *The Diary of John Evelyn*, op. cit., p.593.
14 Sutherland, *The Restauration Newspaper and its Development*, Oxford, 1986; Black, *The English Press in the Eighteenth Century*, Londres, 1987.

de suicídio mais interessantes, mais estranhos ou mais chocantes, além de investigar as circunstâncias e as causas. Desse modo, o público passa a se familiarizar com os *faits divers* que, até então, pareciam excepcionais. Para além dos números, o que fica é a continuidade do fato, e os comentários, escritos e orais, alimentam e amplificam a gravidade da situação.

Por outro lado, a imprensa ajuda a secularizar a visão do suicídio, que é apresentado de uma perspectiva exclusivamente humana. Os resumos, na maioria das vezes neutros, ensinam a ver no suicídio apenas o resultado de circunstâncias sociais ou psicológicas, desculpabilizando-o aos poucos junto à opinião pública. O suicídio é assimilado aos poucos à categoria dos flagelos sociais, cujos autores são mais vítimas do que culpados.

No entanto, não seria minimizar a importância dos números fornecidos pelos boletins de mortalidade. Deve-se levar em conta, decerto, o aumento global da população londrina, que, no máximo, dobrou entre 1650 e 1750. Não há dúvida, também, de que o registro é mais completo. Mas será que isso basta para explicar a multiplicação por 3,5 do número de suicídios entre 1680 e 1730? Improvável. Ainda mais porque deveríamos assistir à continuação da alta depois de 1730, já que a população londrina continua crescendo. Ora, a curva se estabiliza em seguida, e tende mesmo a declinar, chegando a cerca de trinta suicídios anuais nos anos 1780.

As impressões dos contemporâneos não são, portanto, inteiramente falsas: com certeza existe um aumento do índice de mortes voluntárias entre 1680 e 1720-1730. A ilusão está no fato de pensar que o movimento é exclusivamente inglês,[15] pois nessa mesma época vários observadores fazem a mesma constatação na Europa continental. É o caso da princesa Palatine. Em 1696, ela se limita a repetir o que lhe contou a rainha da Inglaterra no exílio: "Os suicídios são muito comuns entre os ingleses; nossa rainha da Inglaterra me disse que, durante todo o tempo em que ela permaneceu nesse país, não houve um único dia sem que alguém, homem ou mulher, se enforcasse, se apunhalasse ou desse um tiro na cabeça".[16] Mas em 1699 ela constata que

---

15 Bartel, Suicide in Eighteenth Century England: the Myth of a Reputation, *Huntington Library Quarterly*.

16 *Lettres de la princesse Palatine* (1672-1722), Paris: Mercure de France, 1981, p.129-30.

a própria França foi atingida,[17] responsabilizando, como muitos outros, os avanços da mentalidade ateia:

> A fé extinguiu-se neste país, a ponto de não se encontrar mais um único jovem que não queira ser ateu; porém o mais curioso é que o mesmo homem que em Paris posa de ateu, faz-se de devoto na corte. Dizem também que todos os suicídios que há algum tempo existem em tão grande número decorrem do ateísmo [...] Ainda nesta segunda-feira, um advogado parisiense se matou na cama com um tiro de pistola.[18]

Por mais vagas que elas sejam, as indicações realmente correspondem aos anos 1680-1690. O movimento se amplifica no início do século XVIII, culminando em 1720, quando a princesa escreve: "A moda agora em Paris é se livrar da vida: a maioria se afoga, muitos se jogam pela janela e quebram o pescoço, outros se apunhalam; e tudo isso por causa do maldito dinheiro".[19] É verdade que a falência do Sistema de Law[20] à época provoca um aumento passageiro do número de suicídios. Mas já a partir do final do século XVII, o padre Lamy afirma que aumentam as mortes voluntárias semelhantes à de Ático: "É uma consequência do epicurismo",[21] escreve.

CAUSAS NOVAS E ANTIGAS

O fenômeno parece, portanto, bem generalizado, sem que se possa falar, contudo, de uma epidemia ou de uma onda de suicídios. Apenas as primeiras crises financeiras, que abalam um mundo capitalista imprudente, temerário e mal preparado, provocam o surgimento de alguns espasmos excepcionais: 1720-1721 são, na França, os anos da crise de Law, e, na Inglaterra, os

---

17 Ibid., p.176.
18 Ibid., p.175.
19 *Correspondance de la duchesse d'Orléans, née princesse Palatine*, t.II, Paris, 1886, Carta de 21 set. 1720, p.269.
20 Sistema criado pelo escocês John Law que previa a utilização de papel-moeda em lugar das moedas metálicas, a fim de facilitar o comércio e o investimento, e que foi implantado na França durante a regência de Philippe d'Orléans (1716-1720) com o objetivo de liquidar a dívida deixada por Luís XIV. (N. T.)
21 Lamy, *Démonstrations ou preuves évidentes de la vérité de la religion*, Paris, 1705, p.150.

A ORIGEM DA "DOENÇA INGLESA"

da falência da Companhia dos Mares do Sul (South Sea Bubble [Bolha dos Mares do Sul]). O número de suicídios em Londres passa subitamente de 27, em 1720, a 52, em 1721, dos quais 6 durante uma única semana de janeiro. Os jornais repercutem essas tragédias: no dia 22 de abril, o *Weekly Journal* noticia que uma mulher da alta nobreza se jogou pela janela por causa das perdas provocadas pela falência da South Sea Company; no dia 20 de maio, temos o caso de um comerciante que cai em um estado de melancolia diante da perspectiva de ficar pobre. Em novembro, o *marchand* londrino James Milner critica com violência os diretores da Companhia perante a Câmara dos Comuns e em seguida dá um tiro na cabeça. Como a especulação estava mais desenvolvida na Inglaterra, as crises e as falências também são mais numerosas nesse país, resultando periodicamente em suicídios, como o de um alto funcionário do Tesouro que se enforca em março de 1720 em Worcester depois de sofrer perdas consideráveis. A perspectiva de falência basta para provocar o gesto fatal, como o de um rico *marchand*, cuja fortuna é avaliada em 60 mil libras esterlinas, que se enforca em janeiro de 1721.[22]

Sem sombra de dúvida, o desenvolvimento do capitalismo é um fator importante da alta do índice de suicídios ao longo desse período. Baseado no individualismo, no risco, na concorrência e nas apostas imprudentes, ele é um elemento de instabilidade e insegurança. Os sistemas de solidariedade das guildas e corporações desaparecem e deixam o indivíduo sozinho diante de sua ruína; as quebradeiras se sucedem com frequência ainda maior porque o controle dos mecanismos econômicos ainda é rudimentar e os erros são frequentes. As falências são numerosas e sem perdão, e o empresário atingido não pode contar com nenhuma compaixão de seus contemporâneos. A Inglaterra entra na era do *laissez-faire*, a era de todas as ousadias, de todas as oportunidades; as companhias se multiplicam, mas as falências são proporcionais às esperanças criadas. O movimento ganha o continente europeu. Na França, são os bancos e as finanças que oferecem a maioria das oportunidades a partir de 1715, e também ali o dia seguinte é muitas vezes cruel. Na falta de garantias e de estruturas estáveis, o empresário do início do século XVIII encontra-se fragilizado e vulnerável, fornecendo um contingente suplementar aos suicídios tradicionais.

---

22 *Weekly Journal*, 14 jan. 1721.

Entre estes últimos, uma categoria que também aumenta nos anos 1680-1720 é a dos miseráveis. Crises de subsistência, invernos terríveis, disenteria, tifo e guerras se abatem sobre a Europa. Dois conflitos generalizados, a Guerra da Liga de Augsburgo e a Guerra da Sucessão da Espanha, que duram mais de vinte anos; as fomes de 1693-1694; a crise de 1697-1698; o "grande inverno" de 1709-1710; a crise de 1713-1714; a epidemia de disenteria de 1719 – são *Les Années de misère* [Os anos de miséria] descritos por Marcel Lachiver.[23] E a miséria, quando não faz morrer de fome, pode induzir ao suicídio. Os jornais ingleses relatam inúmeros exemplos, como o da mulher que se afogou com os dois filhos em Londres, em 1717, depois que lhe recusaram ajuda.[24]

A imprensa também noticia suicídios comuns: por desgosto amoroso, problemas conjugais, tragédias familiares, lutos insuportáveis, estupro, remorso, a ladainha habitual das misérias humanas. Mas não é impossível que esses casos tenham se multiplicado devido a um início de afrouxamento dos vínculos familiares, os primeiros sinais da desintegração moderna da família ampliada. As solidariedades tradicionais se desfazem aos poucos, e o crescimento urbano acelera o fenômeno. O isolamento do indivíduo aumenta bem no meio do gregarismo e da promiscuidade urbanas. Também nesse caso, o fenômeno é mais precoce e mais acentuado na Inglaterra. Quase todos os exemplos noticiados pelos jornais são urbanos. No dia 28 de abril de 1718, o *Weekly Journal* noticia que uma mulher londrina se enforcou depois de brigar com o marido; no dia 5 de outubro de 1717, o mesmo jornal publica a notícia do suicídio por faca e enforcamento de um leiteiro da periferia de Southwark culpado por estuprar a enteada. Os suicídios rurais resultam em mais de uma desgraça repentina. No dia 1º de março de 1718, o *Weekly Journal* traz a história de um pobre camponês de Wiltshire que mata acidentalmente o filho; sua mulher, ao tomar conhecimento da tragédia, sai de casa e deixa o filho de 18 meses em cima da mesa, o qual cai e morre na queda – o camponês se suicida em seguida; em 1684 temos o caso, relativamente banal, de um homem de Finchley desesperado com o rompimento do noivado que se mata depois de tentar assassinar a prometida.[25]

---

23 Lachiver, *Les Années de misère:* La famine au temps du grand roi.
24 *Weekly Journal*, 18 maio 1717.
25 *Strange and Bloody News of a Most Horrible Murder*.

A ARISTOCRACIA INGLESA E O SUICÍDIO

Os anos 1680-1720 assistem a um número anormal de suicídios de aristocratas, que acabam virando uma verdadeira moda. O fato ajudou em grande medida a estimular o debate sobre a morte voluntária na época.

Alguns anos depois da restauração de Carlos II (1660), quando os sobressaltos das violentas lutas religiosas de meados do século começam a amainar, percebe-se o surgimento, na nobreza e na sociedade refinada de Londres e das *countryhouses*, de uma corrente favorável à tolerância em relação ao suicídio. Em 1672, William Ramesey escreve *The Gentleman's Companion*, uma espécie de tratado de boas maneiras, ou manual do cavalheiro, no qual ele preconiza a compaixão pelos suicidas. Não devemos condená-los, escreve, "pois é possível que até mesmo os eleitos de Deus, tendo seu juízo e sua razão alterados pela loucura, por uma melancolia profunda, sofrendo, de alguma maneira, com toda espécie de doença, sejam seus próprios algozes".[26] Em 1690, o jurista Roger North, cujo primo, Sir Henry North, se suicidara em 1671, declara que a justiça é excessivamente rigorosa nos casos de homicídio de si mesmo. A notícia das mortes célebres, amplamente difundidas pela imprensa, valida a ideia do "suicídio na moda", obedecendo a um código de honra que o aproxima do duelo. Nos dois casos, o instrumento utilizado é a pistola ou a espada, ao passo que o suicídio por enforcamento é profundamente menosprezado. Charles Moore, que reuniu em um livro publicado em 1790, *Full Inquiry into Suicide* [Investigação completa do suicídio], grande quantidade de histórias relacionadas ao suicídio, relata o comentário de um nobre a propósito do enforcamento de um cavalheiro: "Que miserável vulgar, escolher o enforcamento! Eu o teria perdoado se ele tivesse dado um tiro na cabeça".[27]

Foi demonstrado que entre 1660 e 1714 os pares do reino, os cavaleiros e os cavalheiros responderam por 10% do número de suicídios na Inglaterra, mas 70% dos suicídios foram por pistola. Apenas 20% deles se enforcaram, enquanto a proporção alcança 65% nas outras categorias sociais. Com a popularidade crescente de Catão de Útica, a morte pelo punhal ou

---

26 Ramesey, *The Gentleman's Companion:* or a Character of True Nobility and Gentility, Londres, 1672, p.240.
27 Moore, *Full Inquiry into Suicide*, p.357.

pela espada ganha um novo impulso a partir do início do século XVIII. Já em 1709, Jonathan Swift escreve um artigo em seu louvor em *Tatler*, no qual ele lhe atribui mais valor do que a todos os outros pagãos juntos, e, em 1713, a tragédia de Joseph Addison, *Catão*, recebe uma ovação ao transformar sua morte em uma apoteose gloriosa. Em 1737, o poeta Eustache Budgell se joga no Tâmisa depois de escrever: "O que Catão fez e Addison aprovou não pode ser mau", expressão relatada e difundida pela *Gentleman's Magazine* do mesmo ano.

Em 1711, William Withers aborda a questão por meio da ironia e do humor negro, propondo-se a escrever um tratado sobre a arte do suicídio, uma espécie de guia da morte voluntária para pessoas da alta sociedade. Reencontramos aí a ideia da "doença inglesa":

> Em um país conhecido como o nosso por casos tão célebres e numerosos de morte heroica, dos quais nenhum de nossos vizinhos pode se vangloriar, ninguém ainda levou em consideração os erros que muitas vezes ocorrem em um assunto tão sério simplesmente pela falta de um guia para controlar nossa intrepidez natural.[28]

As regras básicas são: escolher um método limpo e eficaz, e deixar um bilhete de suicida para que a viúva possa lê-lo e relê-lo mais tarde.

Na origem dessa indulgência aristocrática pelo suicídio encontra-se, parece, o desejo da alta sociedade de se diferenciar do excesso de fervor religioso do período precedente. Vinte anos depois da morte de Cromwell e dos abusos do puritanismo, uma geração cética ostenta seu distanciamento em relação a todas as formas de intervenção sobrenatural no mundo. É a geração de John Locke, que sofreu com os conflitos religiosos, os extremismos e os fanatismos de todos os lados, e que, como reação, adota uma postura religiosa moderada, até mesmo apática e discreta, contrária a qualquer exagero. É nessa época que se forma o espírito da "High Church" anglicana, cuja expressão está presente em sua totalidade nas novas igrejas da City, reconstruídas por Christopher Wren depois do grande incêndio de 1666: uma religião suntuosa, discreta, acolhedora, de bom-tom, em igrejas com

---

28 Withers, *Some Thoughts Concerning Suicide, or Self-Killing*, p.3.

A ORIGEM DA "DOENÇA INGLESA"

janelas amplas, almofadas, veludos e dourados, com cheiro de vela mais que de incenso, a meio caminho entre a igreja e o salão, uma religião para pessoas de boas maneiras, que excluem Deus e o sobrenatural das conversas do dia a dia. Para a alta sociedade londrina dos anos 1680-1720, as invectivas inflamadas contra o suicídio como ato diabólico são relíquias desprezíveis e *shocking* dos tempos do fanatismo. O diabo não tem mais nada a ver com os comportamentos do ser humano e, em determinadas circunstâncias, a morte voluntária pode ser uma escolha honrosa, com a condição de seguir a etiqueta. Já em 1790, Charles Moore atribuía a evolução das mentalidades nobres em relação ao suicídio a uma reação contra a "afetação de piedade e ao farisaísmo do puritanismo da época de Cromwell".

A questão da morte voluntária encontra-se, pois, no centro da polêmica entre os anglicanos e os puritanos. Depois do suicídio, em 1684, de John Child, o batista que se passara para o anglicanismo, circulam panfletos declarando que sua conversão se devera a perseguições, e que sua morte tinha sido obra do diabo. É o que explicam em cinquenta páginas os batistas Benjamin Dennis e Thomas Plant em 1688, e seu livrinho é reeditado em 1715, 1718, 1734 e 1770.[29] Seu objetivo é fortalecer as comunidades puritanas, ameaçadas pelas pressões da Igreja oficial, mostrando que a apostasia é o resultado dos conselhos do diabo, cuja consequência lógica é o suicídio.

Outros escândalos vêm alimentar a polêmica e também são explorados politicamente, como o suicídio do conde de Essex, personalidade proeminente do Partido Whig, em 1683. As discussões geradas por essas mortes voluntárias ajudam a ampliar a reputação da Inglaterra como pátria do suicídio. Os tratados favoráveis à tolerância se multiplicam. Em 1680, o deísta Charles Blount elogia *Biathanatos*, e se suicida quatro anos mais tarde. Seu tratado, *Philostratus*, é reeditado em 1700, uma prova de que esse tipo de literatura tinha público. Novas traduções de Montaigne, em 1685, depois de Charon, em 1700, fornecem argumentos aos céticos. Em 1695, o livre-pensador Charles Gildon, assumindo a defesa de seu falecido amigo Charles Blount, estende o debate para o nível dos princípios. Blount, escreve, morreu como filósofo, de acordo com os preceitos da natureza e da razão. Ele sofria com um amor impossível, e preferiu partir em vez de perpetuar seus sofrimentos.

---

29 Dennis; Plant, *The Mischief of Persecution Exemplified*, Londres, 1688.

A natureza e a razão nunca exigiram que as pessoas se comprazam no mal: são estes os princípios de Epicuro. Dizer que somos iguais a soldados que não devem desertar é absurdo; os soldados escolheram sua situação, ao passo que nós não pedimos para nascer. Por fim, o argumento de crime contra a sociedade é igualmente vazio: aquele que emigra também enfraquece seu país; aquele que se mata não prejudica mais seu país do que o emigrante.

Esses argumentos enfurecem os defensores da moral tradicional. Eles também se cercam de tratados, contribuindo, paradoxalmente, por meio da repercussão obtida no exterior, a implantar o mito da "doença inglesa". Já em 1674, Thomas Philipot publicava uma obra em que condenava a influência do *Biathanatos*.[30] Em 1699, Charles Leslie acusa os deístas de ter "erigido em princípio[31] o assassinato de si mesmo", e ataca Blount e Gildon.

OS TRATADOS CONTRA O SUICÍDIO

Em 1700, ano da morte de Thomas Creech, John Adams publica um tratado que é um marco na história da polêmica sobre o suicídio: *Essay concerning Self-Murther* (Ensaio sobre o assassinato de si mesmo). A originalidade desse livro é o fato de atacar o suicídio apenas no plano filosófico, abandonando os argumentos estritamente religiosos e teológicos repetidos inúmeras vezes desde Santo Agostinho. Ele inaugura a nova tática do clero anglicano, que pretende combater o adversário em seu próprio terreno, o que, em si, já representa uma vitória para os defensores do suicídio, visto doravante como uma questão exclusivamente humana.

A partir daí, o clero se vê em uma posição bastante frágil: ao renunciar a se abrigar atrás de um decreto divino, será muito difícil provar, em termos estritamente humanos, que é proibido dispor da própria vida. No entanto, é nessa empreitada que se lança John Adams, cujo principal objetivo é mostrar que o suicídio é uma violação das obrigações do homem em relação, até mesmo, ao Deus dos deístas. Ele utiliza aqui o argumento de John Locke, aliado providencial, mas comprometedor: o homem é propriedade de Deus,

---

30 Philipot, *Self-Homicide-Murder*.
31 Leslie, *A Short and Easy Method with the Deists*, 1699.

A ORIGEM DA "DOENÇA INGLESA"

que o criou; portanto, ele só tem um direito de uso sobre sua vida, não um direito de propriedade absoluta. Segundo ponto: o suicídio viola a lei natural. Para demonstrar esse ponto, Adams deve se aliar ao diabo: é Thomas Hobbes, o suspeito de ateísmo, que lhe serve de autoridade. Terceiro ponto: o suicídio viola os direitos da sociedade, pois não contribui com o bem público – Adams retoma aqui a argumentação do tratado latino de Richard Cumberland, publicado em 1672.[32] Por fim, ele acrescenta um argumento prático: permitir o suicídio equivaleria a destruir todas as leis humanas, já que a pena de morte, que é a punição mais grave contra aqueles que violam a lei, deixaria de ter eficácia. É por esse motivo, aliás, que as punições póstumas devem ser mantidas, declara um tratado anônimo de 1728 contra o suicídio e o duelo.[33]

Preocupados com os avanços visíveis da "doença inglesa", os mais ilustres filósofos espiritualistas põem sua pena a serviço da moral tradicional. Em 1706, Samuel Clarke assina um *Discourse* [Discurso] atacando Gildon, tratando sua argumentação de "frágil e pueril", citando todas as autoridades e retomando a analogia do soldado que não deve desertar de seu posto.[34] O eminente Berkeley ataca com desprezo e cólera os "filósofos desprezíveis" mais ou menos ateus que difundem a noção de tolerância em relação ao suicídio, mas que não têm coragem de pôr em prática suas ideias e se matar.[35] John Prince, um pastor muito mais modesto, escreve em 1709 uma contestação a Donne e Gildon.[36]

Essa literatura não é bem recebida pela sociedade culta. Thomas Hearne relata que, em 1705, um professor de Oxford não encontrou editor para publicar sua contestação de *Biathanatos*: seus colegas zombaram dele e disseram que não havia público para esse tipo de livro.[37] As novas ideias estão na moda, os heróis são Catão, Epicuro e Lucrécio, e, a despeito do clero, é de bom-tom se mostrar tolerante em relação ao suicídio. Saint-Evremond, que até morrer, em 1703, está no centro de um círculo libertino muito popular em Londres, compartilha e divulga essa tolerância epicurista.

---

32 Cumberland, *De legibus naturae*, Londres, 1672.
33 *Self-Murder and Duelling*, p.5-6.
34 Clarke, *A Discourse Concerning the Unchangeable Obligations of Natural Religion*, Londres, 1706.
35 Berkeley, *Alciphron*, em *The Works*, t.III, Londres, 1950, p.92.
36 Prince, *Self-Murder Asserted to Be a Very Heinous Crime*.
37 Hearne, *Remarks and Collections*, t.1, Oxford, 1885, p.73.

Os adversários do suicídio, no entanto, obtêm alguns êxitos isolados, como a retratação de Charles Gildon em 1705. Este último ficara abalado com o ataque de Charles Leslie em 1699, que o acusava de fazer apologia do assassinato de si mesmo. Acusação desleal, muitas vezes utilizada pelos adversários do suicídio para reduzir seus oponentes ao silêncio. Defender o direito ao suicídio não significa, de modo algum, virar seu defensor. Ao se recusar a fazer essa distinção, os defensores da moral tradicional culpam implicitamente os partidários da tolerância por estimular o suicídio; eles os acusam, diante da opinião pública, de uma responsabilidade injustificada, pesando, assim, na consciência deles para fazer que se arrependam e se calem. Essa tática é parcialmente responsável pela moderação, pela raridade e pela discrição das declarações sobre a morte voluntária. Ela também explica o fato de que os autores dos tratados que apelam à tolerância em relação ao suicídio, intimidados pela responsabilidade que querem obrigá-los a endossar, ou os destroem, como Juste Lipse, ou renunciam a publicá-los, como John Donne e David Hume, cujos livros dedicados a esse tema são póstumos. Quanto a Gildon, ele chega até a se retratar oficialmente, pois em 1705 escreve que, doravante, está "absolutamente convencido de que o suicídio não é permitido".[38]

TOLERÂNCIA CRESCENTE (INGLATERRA E FRANÇA)

No terreno legal, os anos 1680-1720 não registram nenhuma evolução. A lei continua draconiana como sempre, e a crença em uma intervenção diabólica não desapareceu por completo da mentalidade popular e religiosa. A esfera dos não conformistas continua sendo a mais fiel a essa ideia. Em 1677, Richard Gilpin, em *Démonologie sacrée*: Traité des tentations de Satan [Demonologia sagrada: Tratado sobre as tentações de Satã], reafirma que é o diabo que manipula os pensamentos e sentimentos das pessoas para induzi-las ao suicídio. Em 1709, John Prince escreve que Satã "é, com bastante frequência, o autor (ou o principal agente) desse pecado abominável que é o

---

38 Gildon, *The Deists Manual*, Londres, 1705.

A ORIGEM DA "DOENÇA INGLESA" 237

assassinato de si mesmo".[39] Em 1712, quando o aprendiz Thomas Burridge tenta se matar, sua comunidade atribui a tentação à possessão de seu espírito por Satã, e consegue expulsar este último em uma reunião de oração.[40] No mesmo ano, Jane Wenham é condenada por bruxaria; entre as provas de sua culpa, ressalta-se que ela induziu, de forma sobrenatural, duas jovens a tentar se afogar. Ainda em 1726, Isaac Watts declara que o diabo está na origem de todos os suicídios.[41] Alguns autores pensam até que os loucos que se suicidam não deveriam ser perdoados, e que seus corpos deveriam ser punidos como os outros: é o caso de Charles Wheatly, em 1715.[42]

Doravante minoritária, essa postura se insere na reação contra a evolução maciça dos juízes em favor de sentenças de *non compos menti*, isto é, de vereditos que reconhecem que os suicidas estavam fora de si no momento do ato fatal. O avanço é espetacular e bem localizado nos anos 1680-1720: a proporção de casos de suicídio perdoados por loucura perante o Tribunal de Justiça do Rei passa de 10,5% nos anos 1675-1679 a 44,1% nos anos 1705-1709, e em algumas cidades, como Norwich, ultrapassa os 90%.[43]

Uma evolução como essa se deve a diversas causas. Como vimos, aos júris populares encarregados de examinar os casos de suicídio na Inglaterra desagradava profundamente arruinar as famílias pronunciando vereditos de *felo de se*. Ora, uma lei de 1693 aprova essa oposição e facilita a adoção de vereditos de clemência: fica decidido, portanto, que doravante os confiscos não se farão mais em proveito da Coroa, e sim dos senhores locais. A consequência é dupla: as comunidades locais, que são muito mais hostis ao senhor que está próximo do que à Coroa, vão demonstrar ainda mais má vontade a fim de não enriquecer o solar em detrimento dos camponeses; a Coroa, que não tem mais nenhum interesse no assunto, deixa de intervir e de controlar a imparcialidade dos vereditos. Os júris e os médicos-legistas, agora muito mais livres, aproveitam para perdoar a maior parte dos suicídios.

Um caso flagrante ocorre em 1698, em Cumberland, nas terras pertencentes ao duque de Somerset. John Atkinson se degola depois de declarar

---

39 Prince, op. cit., p.18.
40 Aldridge, *The Prevalence of Prayer*, Londres, 1717, p.34-6.
41 Watts, *A Defense against the Temptation of Self-Murder*.
42 Wheatly, *A Rational Illustration of the Book of Common Prayer*, Londres, 1715.
43 Porcentagens calculadas por MacDonald; Murphy, op. cit., p.122 e 124.

que fora abandonado por Deus, e morre três dias depois. Feita às pressas, a investigação chega ao veredito de morte natural. Furioso, o duque de Somerset ordena um novo processo. O corpo é desenterrado e um novo júri é reunido, ao qual é dito o que ele deve concluir, recordando os direitos do duque e o significado do caso de *felo de se*, dando a entender que John Atkinson se encaixava nessa categoria. Não se chega nem a mencionar a possibilidade do *non compos mentis*. Apesar de condicionado dessa maneira, o júri se pronuncia em favor da segunda opção.[44]

Além disso, mesmo quando dão veredito de *felo de se*, os júris geralmente tomam o cuidado de subavaliar os bens dos réus para evitar a ruína da família. Entre 1670 e 1674, mais de 30% dos patrimônios confiscados valiam mais de 1 libra esterlina, mas entre 1710 e 1714 eles não representam mais de 6,7%: portanto, a imensa maioria dos suicidas considerados culpados seria composta de miseráveis. Em 1704, Daniel Defoe constata que a opinião pública é cada vez mais contrária ao confisco dos bens dos suicidas: "Os filhos não deveriam passar fome porque o pai se matou",[45] escreve ele.

Na nobreza, os suicídios são atribuídos sistematicamente à loucura ou a acidentes. Assim, o suicídio do conde de Bath em 1701 é apresentado como resultado de um tiro de pistola que, por infelicidade, teria disparado sozinha. A tendência geral é a tolerância, e os júris, compostos cada vez mais por pessoas mais cultas, mais esclarecidas e mais receptivas às novas ideias, estão cada vez menos inclinados a condenar.

A mesma evolução é perceptível no continente, em diversos níveis. Na França, os jurisconsultos continuam a defender a tolerância: em 1715, Bruneau declara que os loucos e os desgraçados deveriam ser perdoados, punindo apenas quem se mata por tédio vital.[46] Em 1719, Bornier retoma os argumentos de Ayrault contra os processos a que os cadáveres são submetidos.[47] A explicação do suicídio como consequência direta da loucura se propaga de forma espetacular. Michel Foucault situa nessa época a tomada de consciência da importância da loucura como fenômeno social, que leva à

---

44 Caso analisado por MacDonald; Murphy, op. cit., p.113-4.
45 *Defoe's Review*, 30 set. 1704.
46 Bruneau, *Observations et maximes sur les matières criminelles*, Paris, 1715, p.223.
47 Bornier, *Conférences et ordonnances de Louis XIV avec les anciennes ordonnances du royaume*, t.II, Paris, 1719, p.340.

A ORIGEM DA "DOENÇA INGLESA"

grande expansão dos internamentos e à multiplicação dos asilos: "É preciso levar em conta todo o período de instalação e de preparação da internação, que se estende mais ou menos de 1680 a 1720, e durante o qual o crescimento é muito rápido, muito mais do que o da população".[48] No Hospital da Salpêtrière, o número de internos passa de 3.059, em 1690, a 6.704, em 1790, e de 2.000 a 3.874 em Bicêtre.

Ao mesmo tempo, é comprovada a ligação entre melancolia e loucura, em particular pelo médico Willis, cujas obras completas são publicadas em 1681 em Lyon. A melancolia é "uma loucura sem febre nem violência, acompanhada de medo e tristeza",[49] escreve. Tomados por uma leve agitação, os espíritos vitais tornam-se obscuros e tenebrosos, encobrindo as imagens do cérebro "com sombra e trevas". O indivíduo fica triste e pode apresentar reações mórbidas e suicidas.

A literatura continua exaltando o suicídio à moda antiga, travestida de ficção. Por exemplo, os heróis de *Andrônico* (1685) e de *Tiridate* (1691), tragédias de Campistron, se matam porque sentem um amor incestuoso. Bayle, em seu projeto magistral de instaurar uma moral que não esteja baseada na religião, sustenta a grandeza do suicídio de Lucrécia: "O gesto de Lucrécia só deve provocar sentimentos de compaixão e admiração", ele escreve em *Dictionnaire* [Dicionário]; e Santo Agostinho, que a condena em nome de um cristianismo que ela desconhecia, é injusto. Bayle se recusa até a admitir, como sugeriu Du Rondel em 1685, que Lucrécia tenha se matado por motivos ligados à religião pagã, sacrificando-se às Eumênides. Só a razão pode justificar sacrifícios heroicos.

Para Saint-Evremond, o suicídio de Petrônio é uma morte digna, simples, serena e voluntária:

> Quanto à sua morte, depois de tê-la examinado bem, ou muito me engano ou é a mais bela da Antiguidade. Na morte de Catão, percebo tristeza e até mesmo raiva. O desespero com os negócios da República, a perda da liberdade e o ódio de César contribuíram bastante para a sua decisão; e não sei se sua natureza selvagem não chegou às raias da loucura quando ele rasgou as entranhas.

---

48 Foucault, op. cit., p.402.
49 Willis, op. cit., t.II, p.238.

Sócrates morreu realmente como um sábio e demonstrando muita indiferença: no entanto, tentou confirmar sua condição na outra vida e não conseguiu; ele não parou de argumentar timidamente sobre isso com os amigos na prisão; e, para dizer a verdade, a morte foi para ele um assunto extremamente importante. Só Petrônio incorporou a suavidade e a displicência na sua. [...] Ele não apenas continuou com suas obrigações habituais, libertando seus escravos, punindo outros; ele se entregou às coisas que lhe davam prazer, e, no momento de uma separação tão desagradável, sua alma estava mais tocada pela doçura e simplicidade dos versos do que por todos os sentimentos dos filósofos. Com sua morte, Petrônio nos deixa apenas uma imagem da vida: nenhuma ação, nenhuma declaração, nenhuma circunstância que marque o constrangimento de um moribundo. Para ele, morrer é, literalmente, deixar de viver.[50]

RECRUDESCIMENTO DOS SUICÍDIOS DE NOBRES E RELIGIOSOS NA FRANÇA

Tanto na França como na Inglaterra, o período assiste à multiplicação de suicídios de aristocratas, que são relatados pelos memorialistas sem a mínima menção de censura ou reprovação, como se a morte voluntária se banalizasse nos círculos da nobreza. Não só os fatos são relatados com o mesmo tom neutro empregado nas mortes naturais, mas em nenhum momento se considera a eventualidade de um confisco de bens, ou, com maior razão, de uma execução degradante do cadáver. O sepultamento ocorre dentro da maior normalidade do mundo, em terreno consagrado e com missa solene. Nada deixa entrever a existência de uma legislação e de proibições religiosas contra o suicídio. Mais do que nunca, parece que a liberdade de se matar é um privilégio da nobreza.

O duque de Saint-Simon, apesar de ser um espírito rigorista e favorável ao jansenismo, é, nesse aspecto, representativo. Suas *Mémoires* [Memórias] mencionam doze suicídios.[51] Entre as causas principais, o endividamento. Suicidar-se por dívidas de jogo que não se pode pagar é a solução mais

---

50 Citado em Bayet, op. cit., p.575.
51 Van der Cruysse, *La Mort dans les Mémoires de Saint-Simon*, Paris, 1981.

A ORIGEM DA "DOENÇA INGLESA"   241

honrosa. É por isso que quando, em maio de 1699, Louis de Belcastel, sr. de Permillac e *valet de chambre* do duque de Lorraine, dá um tiro na cabeça, "todo mundo lamenta por ele, e eu lamentei profundamente",[52] escreve o duque, que comemora os elogios. O pobre se matou "por ter perdido tudo que não tinha nem podia ter, tendo sido um grande e fiel jogador a vida inteira". O mesmo pesar a propósito de outro jogador inveterado, Péchot de Saint-Adon, que se suicida em Bruxelas em 1706 de uma *"overdose"* de ópio, segundo Dangeau: "Todo mundo lamentou por ele, que era corajoso, afável e, embora não muito, uma pessoa fácil de conviver".[53] O fato de a corte se apiedar da sorte de personagens que se arruínam no jogo, prática condenada pela Igreja, e que acabam se matando, ato passível de condenação eterna, diz muito sobre a distância entre o discurso eclesiástico e as mentalidades aristocráticas.

Saint-Simon é menos tolerante com o conde de Monastérol, que se mata em 1718. Mas o que ele condena não é o suicídio, é o fato de ele ter enganado seu soberano, o eleitor da Baviera, desviando recursos para jogar. Intimado a prestar contas,

> à beira de uma crise nervosa e acuado, ele se livrou do caso certa manhã dando-se um tiro de pistola na cabeça, em seu quarto. Deixou inúmeras dívidas, nenhum recurso para pagá-las e as contas em desordem, que mostraram até que ponto ele traíra e ludibriara a confiança e a tolerância do eleitor. Esse príncipe, que sempre gostara dele, ainda quis abafar a tragédia, espalhando o boato de que Monastérol tivera uma morte súbita.[54]

Na corte, onde se enfrentam as ambições mais violentas, as pessoas também se suicidam quando as expectativas de carreira não se realizam. O marquês de Silly tem, justamente, "uma ambição desenfreada, sendo inteiramente desprovido de tudo que possa cerceá-la, o que fazia dele um homem extremamente perigoso, mas bastante habilidoso para escondê-lo".[55] Em 1727, vendo suas expectativas se frustrarem, ele se mata se jogando pela janela de seu castelo. Ninguém fala em confisco: a irmã herda toda a sua

---

52 Saint-Simon, *Mémoires*, t.I, Paris, 1983, p.602.
53 Ibid., t.II, p.703.
54 Ibid., t.VI, p.641.
55 Ibid., t.II, p.485.

fortuna. O mesmo acontece em 1706 com o marquês de Maulévrier, que se sente rejeitado por causa de sua má reputação, que,

> morrendo de raiva ao perceber que essa opinião arruinava inapelavelmente todos os seus planos ambiciosos e sua principal paixão, entrou em desespero. Embora vigiado com extremo cuidado pela mulher, por alguns amigos muito especiais e pelos criados, ele agiu tão bem que, na Sexta-Feira Santa daquele ano, escapou aos olhares de todos por um momento por volta das 8 horas da manhã, entrou em uma passagem atrás de seus aposentos, abriu a janela e se jogou no pátio, espatifando a cabeça na rua. Tal foi a tragédia de um ambicioso a quem as mais loucas e perigosas paixões, levadas ao máximo, viraram a cabeça e lhe tiraram a vida, uma trágica vítima de si mesmo.[56]

Outros suicídios relatados por Saint-Simon são atribuídos à loucura. Como este, em 1693:

> Domingo, dia 29 de novembro, após a saudação real, o rei tomou conhecimento pelo barão de Beauvais que La Vauguyon se matara pela manhã, na cama, com dois tiros de pistola desferidos na garganta, depois de dispensar os criados com o pretexto de mandá-los à missa.[57]

Saint-Simon menciona em seguida as extravagâncias do conde, que parece ser fraco da cabeça, brincando sem parar com as pistolas, com as quais costumava ameaçar seus *valets*. Isso não impediu que ele fosse diplomata e embaixador na Espanha. Em 1716, é o abade de Brancas, que "tinha o miolo mole" e "a cabeça muito atrapalhada", que se joga no Sena. Salvo pelos barqueiros, morre algumas horas depois.[58] Em 1736, o marquês de Pellevé se suicida da mesma maneira, no moinho de Javel.[59]

Saint-Simon ainda menciona, em 1692, o suicídio de Séron, médico de Louvois, o qual ele insinua que poderia ter envenenado seu senhor.[60] Em

---

56 Ibid., t.II, p.710.
57 Ibid., t.I, p.109.
58 Ibid., t.VI, p.42.
59 Ibid., t.II, p.707.
60 Ibid., t.V, p.499.

A ORIGEM DA "DOENÇA INGLESA"   243

1714 é o vice-bailio[61] de Alençon, litigante insatisfeito, que se apunhala de maneira dramática na presença do chanceler que ia subir em sua carruagem:

> Ali, ele pediu a revisão de seu processo e um relator. O chanceler, de maneira suave e amável, advertiu-o de que os trâmites de cassação estavam abertos de direito quando há um bom motivo, mas que, quanto à revisão, desconhecia essa tradição, e começou a subir na carruagem. Enquanto ele subia, o infeliz disse que havia um jeito mais rápido de resolver a confusão, e, enquanto proferia essas palavras, desferiu-se duas punhaladas. Diante dos gritos dos criados, o chanceler desceu da carruagem, fez que levassem o homem até um quarto e mandou buscar um cirurgião seu conhecido, além de um confessor. O homem confessou-se tranquilamente e morreu uma hora depois.[62]

Barbier, por sua vez, menciona em seu *Journal* [Diário] o suicídio do sr. de La Goupillière, conselheiro do Parlamento de Paris, com 33 anos de idade, no dia 11 de maio de 1721. Após uma desavença com o procurador do Parlamento, ele dá um tiro na boca.

> Ele estava com a cabeça um pouco virada, e dizem que é coisa de família. Sua mãe está interdita por demência, e ele tem um irmão que merecia o mesmo. [...] Alguns atribuem essa confusão mental às questões da época; outros, a uma amante, filha de um carpinteiro, com quem ele tivera filhos, à qual prometera casamento, cuja casa ele não frequentava mais e que o ameaçara de morte.[63]

No entanto, ele foi enterrado normalmente no dia 13 de maio. Do mesmo modo, quando um fidalgo se mata em 1685 porque o rei não responde à sua demanda, Louvois envia cartas de perdão a Châtelet[64] para evitar que o corpo seja enforcado.[65]

---

61 Bailio: denominação que, na Idade Média, era dada, em alguns países da Europa, a magistrados com atribuições especiais. (N. T.)
62 Ibid., t.IV, p.731.
63 Barbier, *Journal*, Paris, 1885, p.128-9.
64 Fortificação de Paris utilizada como prisão no século XVIII. (N. T.)
65 *Mémoires du marquis de Sourches*, Paris, 1882, t.I, p.215.

Tallemant des Réaux, morto em 1690, menciona vários suicídios na nobreza, e mesmo na grande burguesia, nenhum dos quais é seguido de punições: um presidente da Câmara de Contas[66] de Montpellier que se mata depois da morte da amante; a filha de um fidalgo da Beauce que se afoga porque o pai é contra seu casamento; um presidente da Câmara de Investigações que, diante da morte da mulher, quer se jogar pela janela; um fidalgo de Argouges que se joga n'água pelos belos olhos de sua amante.[67] O suicídio também é um instrumento de chantagem nas mãos dos apaixonados rejeitados,[68] mas que nem sempre funciona: Mathieu Marais conta que d'Autray, que ama a sra. d'Aveme, ex-amante do regente, lhe escreve dizendo que vai se matar se ela não corresponder à sua paixão; "como única resposta, ela lhe enviou um capuchinho, para que ele não morresse sem se confessar".[69]

Essa banalização do suicídio não poupa o meio religioso. Alguns confessam sua admiração, como o abade de Bellegarde, que escreve que Lucrécia "é um modelo que as senhoras deveriam ter sempre diante dos olhos", e como o abade de Saint-Réal, que acha que, entre os suicidas célebres, "existe quem tenha dado verdadeiros testemunhos de grandeza e intrepidez".[70] Outros passam ao ato, em particular os abades apaixonados, que não são raros na época. Tallemant menciona o abade de Tot, amante da srta. du Lanquetot, que teria sangrado até a morte se sua amante não tivesse intervindo; e o abade Calvières, que se deixa morrer de fome diante da morte da srta. de Gouffoulens.[71]

O advogado Mathieu Marais relata em seu *Journal* [Diário] o suicídio, no dia 1º de fevereiro de 1723, do abade Raguenet, que se degola com a navalha. Autor de *Vie de Cromwell* [A vida de Cromwell], esse religioso rico e instruído é uma pessoa bastante normal, e aparentemente se mata apenas por tédio vital. Trata-se de um dos primeiros suicídios filosóficos do século. Contudo, nenhuma sanção é aplicada contra ele:

---

66 Tribunal soberano, organizado em 1320, encarregado de examinar as contas dos agentes financeiros do rei e da manutenção das propriedades reais. (N. T.)

67 Réaux, *Œuvres*, Paris, 1862, t.V, p.336; t.III, p.305; t.V, p.336; t.VI, p.164.

68 Ibid., t.II, p.113.

69 *Journal et Mémoires de Mathieu Marais, avocat au parlement de Paris, de 1715 à 1737*, t.II, Paris, 1864, p.431.

70 Citado por Bayet, op. cit., p.581.

71 Réaux, op. cit., t.V, p.377; t.III, p.305.

A ORIGEM DA "DOENÇA INGLESA"   245

Ele tinha pleno controle de suas faculdades mentais, desfrutava de uma renda de 10 ou 12 mil libras, muito à vontade [...]. Muito dinheiro, muitos livros, apenas um pouco filósofo, e isolado em seu gabinete. Ele dispensa os dois lacaios depois de jantar, deixa a chave na porta, veste um roupão e uma touca de dormir, depois se livra da vida, da qual, aparentemente, estava cansado. Eis aí um final desagradável para um homem honrado. [...] Enterraram-no o mais rápido possível, e liberaram seu patrimônio para os herdeiros.[72]

Do mesmo modo, quando em 1707 um seminarista se mata, fazem-no passar por louco.[73] Em 1719, é um padre de Orléans, o abade Fleury, que se suicida, em decorrência de acontecimentos simultâneos inteiramente fortuitos que demonstram que os espíritos mais devotos não estão protegidos do desespero. Esse religioso respeitável, muito estimado em sua paróquia, é detido na noite de 24 para 25 de abril de 1718 e encarcerado na Bastilha por ter sido contrário à bula *Unigenitus* [Unigênito]. Acusam-no de ter escrito um documento falso, em nome de seu bispo, endereçado ao regente. Ele tem a inocência reconhecida, mas a administração extravia sua ordem de soltura. Desesperado, deixa-se morrer de fome no dia 16 de abril de 1719. Longe de ser condenado, sua morte o torna ainda mais popular; correm de mão em mão quadras declarando que "ele se espalha ao morrer e vence com sua morte"; com medo de provocar manifestações, desistem de levar o corpo para Orléans.[74]

BANALIZAÇÃO DA IDEIA DE MORTE VOLUNTÁRIA

O caso ilustra uma vez mais a evolução das mentalidades a propósito do suicídio. Se ele continua sendo claramente proibido e condenado em princípio, na prática tudo depende das circunstâncias, da origem social e dos motivos. O relativismo começa a se impor, e inúmeros indícios mostram que a

---

72 Marais, op. cit., p.430-1.
73 Caso citado por Lebrun, *Les Hommes et la mort en Anjou aux XVIIᵉ et XVIIIᵉ siècles*, Paris, 1975, p.302.
74 *Quelques Procès criminels des XVIIᵉ et XVIIᵉ siècles*, présentés par um groupe d'étudiants, sous la dir. de J. Imbert, Paris, 1964, p.129-38.

elite social e intelectual não se choca mais com a ideia de homicídio voluntário de si mesmo.

É quase impossível deixar de tratá-lo com zombaria. Racine conta que Boileau, Molière e Chapelle tinham saído alegremente um dia para ir se afogar no Sena.[75] Em outra passagem, ele chama de simples temperamento impulsivo o suicídio de uma jovem que se envenenou porque a acusavam injustamente de estar grávida. Ele conclui que essa não é uma atitude racional: "Esse é o humor das pessoas neste país, e elas levam suas paixões ao extremo".[76] Guy Patin, que relata cinco suicídios em suas cartas, aborda a questão com muita ligeireza: "Quando teria ingerido o antimônio preparado à moda da corte, ela não teria sido muito expedita", escreve a propósito de uma jovem. Em 1699, a princesa Palatine quase entra em êxtase diante do duque de Berry, um garotinho mimado que tenta arrebentar a cabeça porque ela não cede aos seus caprichos,[77] o que não a impede de condenar o suicídio em outra ocasião.

A mesma leviandade está presente na sra. de Sévigné. Ela não tem uma única palavra de censura a Vatel, além de se referir, em tom de zombaria, a uma tentativa de fuga de Lauzun: "Não credes mesmo que ele arrebentará a cabeça na muralha?". Ela mesma, no início da velhice, está desorientada. Em 1689, com 63 anos de idade, escreve à sra. de Grignan:

> Costumo refletir e especular, e considero as condições de vida excessivamente duras. Parece-me que fui arrastada, a contragosto, até essa situação funesta em que é preciso aturar a velhice. Eu a vejo. Eis-me aqui. Mas eu gostaria ao menos de dar um jeito de não ir mais longe, de não trilhar o caminho das enfermidades, das dores, das perdas de memória, das deformações que já quase me mortificam, e ouço uma voz que diz: "Deve-se prosseguir, ainda que a contragosto, ou então, se não o quereis, deve-se morrer", que é um outro extremo que a natureza abomina. No entanto, esse é o destino de tudo que vai um pouco longe demais. Mas um retorno à vontade de Deus, e à lei universal a que estamos condenados, repõe a razão em seu lugar e nos faz ter paciência.[78]

---

75 Racine, *Mémoires*, t.I, p.261.
76 Ibid., t.VI, p.473.
77 Carta de 15 jan. 1699.
78 Sévigné, *Correspondance*, t.III, Paris, 1978, p.767.

Sete anos depois, em 1696, combalida, a velha marquesa acaba desejando morrer:

> Quanto a mim, já não sirvo mais para nada; cumpri meu papel e, se fosse por mim, não desejaria jamais uma vida tão longa; é raro que o fim e a decrepitude não sejam humilhantes. Mas estamos felizes que seja a vontade de Deus a decidir, como todas as coisas deste mundo: tudo fica melhor em suas mãos que nas nossas.[79]

Uma resignação bem amarga. A marquesa aceita com dificuldade "o fim e a decrepitude", além das humilhações da velhice; no entanto, ela se sujeita e bebe o cálice até a última gota. Mas não estamos longe da recusa. E, na mesma época, alguns já se recordam das palavras de Sêneca: "É preciso estar muito bêbado para, depois de ter bebido o vinho, também beber a borra". É o caso de Lioterais, cuja morte Tallemant conta assim: quando "ficou velho e a vida começou a lhe pesar, ele passou seis meses deliberando com toda a franqueza com que tipo de morte se mataria; um belo dia, enquanto lia Sêneca, ele se degolou com um golpe de navalha".[80] Eis aí a prova de uma mudança de mentalidade e da distância entre a teoria moral e a prática. Lioterais comenta abertamente durante seis meses a respeito do modo como irá se suicidar sem que isso provoque qualquer reação.

Tallemant evoca outras mortes voluntárias: um artesão apaixonado pela mulher do marechal de Témines; um homem que fica sabendo que sua amante vai entrar para o convento; uma jovem abandonada pelo noivo e que se deixa morrer de fome à beira de um lago; um certo Thomas, enamorado e assassino da própria irmã, e que o cura enterra com os natimortos. Em 1672, o *Mercure galant* lamenta a sorte de uma mulher traída que se matou depois de ter assassinado o marido. Mathieu Marais relata diversos suicídios durante a Regência, particularmente em 1722. No dia 14 de abril, ele escreve:

> As desgraças de nossa época viram a cabeça de todos [...]. Mazé, uma jovem que outrora fez parte da Ópera, muito bonita, que tinha 3 mil libras de renda

---

79 Ibid., p.1135.
80 Tallemant, op. cit., t.I, p.370.

municipal, e foi levada à ruína pelo Sistema, afogou-se em plena luz do dia em Grenouillère. Estava vestida de vermelho, com moscas[81] no rosto, meias de seda cor da pele, parecia uma noiva.[82]

Depois, no dia 7 de maio:

O conde de Guiscard, jogador profissional, se afogou; outro homem se enforcou, deixando um testamento bem curto em que diz: "Possuo três ações, que dou ao Regente, e minha alma, ao diabo". O proprietário de um cabaré da Rua Montmartre desferiu-se três punhaladas no ventre por causa da infidelidade da amante. Quando lhe aplicaram o primeiro curativo, ele arrancou-o dizendo: "Não me matei para não morrer".[83]

OS SUICÍDIOS NA PRISÃO E A PREOCUPAÇÃO DO GOVERNO

Os corações e as mentes estão inquietos. Entre as esferas mais atingidas estão as prisões, antros de desespero onde os detentos, diante da perspectiva da prisão perpétua ou de sofrer torturas horríveis, preferem se matar. Citamos há pouco o abade de Fleury. Ele não é o único. Saint-Simon menciona um falsário que, em 1714, arrebenta a cabeça nas paredes de sua cela na Bastilha.[84] Em 1717, um soldado assassina o abade de Bonneuil e, ao ser preso, se apunhala.[85]

A partir dos anos 1690, o governo de Luís XIV parece ficar extremamente preocupado com os suicídios de prisioneiros, que ajudam a alimentar boatos e rumores desagradáveis acerca das condições de detenção. A impopularidade das cartas de perdão e do sistema penitenciário já é grande, e é preciso evitar a qualquer preço que a má reputação piore. Em 1702, o próprio confessor do rei, o padre de La Chaize, encarrega um jesuíta de investigar as brutalidades de que seriam vítimas os prisioneiros da Bastilha. Durante

---

81 Pinta no rosto feita com lápis de maquiagem, que era usada para criar melhor efeito. (N. T.)
82 Marais, op. cit., p.275.
83 Ibid., p.289.
84 Saint-Simon, op. cit., t.III, p.970.
85 Ibid., t.VI, p.507.

A ORIGEM DA "DOENÇA INGLESA" 249

seis meses, o religioso, a quem a administração proíbe o acesso à prisão, se esforça para estabelecer contatos no local; em seguida, ele redige um relatório sumário e o encaminha ao rei e ao chanceler Pontchartrain. Este último pede explicações ao diretor da Bastilha, Saint-Mars, que tenta tranquilizar o ministro, afirmando que tudo vai muito bem em seu estabelecimento, e que até o momento nenhum prisioneiro se queixou. No entanto, Pontchartrain fica preocupado, não com a sorte dos prisioneiros, mas com o fato de que informações tão confidenciais tenham podido transpor os muros da fortaleza. Será que os guardas foram indiscretos? O chanceler tenta descobrir quem abriu a boca. Ele escreve ao padre de La Chaize:

> Já que foi recusada a entrada na Bastilha a esse religioso da vossa Companhia, como pode ter acontecido que ao longo de sete meses ele tenha sido tão bem informado de tudo que há de mais secreto, tal como aparece em seu relatório? Sua Majestade ordenou-me que lhe fizesse essa pergunta, e muito lhe agradaria saber quem são as pessoas que podem ter dito todas essas coisas; isso não é algo de somenos importância, já que essas pessoas poderão se dirigir a outros menos discretos que o religioso e fazer mau uso dessas informações.[86]

Faz-se de tudo para abafar as notícias alarmantes que poderiam transpirar. Quando em 1691 um prisioneiro da Bastilha tenta se apunhalar, a administração intervém "para tentar reconduzi-lo ao bom caminho".[87] Em 1696, um burguês de Marselha que se recusava a pagar a capitação[88] é detido e se mata; uma situação difícil para a administração: é preciso fazê-lo passar por louco, custe o que custar – afinal, recusar-se a pagar o imposto não é sinal de loucura? A única preocupação do intendente é evitar o escândalo. Ele escreve ao controlador geral:

> Ordenei ao procurador real e ao juiz ordinário que, se fosse absolutamente imprescindível fazer algumas diligências a respeito deste funesto acidente, eles

---

86 Citado por Minois, *Le Confesseur du roi*: Les directeurs de conscience de la monarchie française, Paris, 1988, p.436.
87 *Correspondance administrative sous Louis XIV*, t.II, p.616.
88 Imposto que se paga por cabeça, e não sobre capitais, rendas etc. (N. T.)

deveriam combinar o momento e o modo com os conselheiros municipais para evitar o escândalo que eles parecem temer,

e o controlador geral ordena que "não se persiga o louco por ter se matado". Ele é enterrado em segredo.[89] Em 1702, quando um jovem peruqueiro se estrangula, a absolvição lhe é recusada e ele é arrastado na grade. Insatisfeito, o chanceler Pontchartrain escreve ao procurador:

> Tínheis razão de dizer ao comissário para não mencionar nas disposições das testemunhas a recusa de absolvição que fora feita a esse infeliz. Rogo que me digais quais são as pessoas que consultastes antes de chegar a vossas conclusões de mandar arrastar o corpo na grade.[90]

Em 1704, Vinache, um prisioneiro da Bastilha, se degola. O marquês de Argenson, assistente geral de polícia, intervém no mesmo instante: é preciso evitar um processo e manter em segredo o acontecimento, como "todas as vezes que aconteceram semelhantes desgraças na Bastilha", escreve ele ao procurador geral, a fim de não alarmar a população:

> Continuo acreditando que é bom calar sobre o modo como ele morreu, e todas as vezes que aconteceram semelhantes desgraças na Bastilha eu sugeri que elas fossem mantidas fora do conhecimento da população, que é muito rápida em exagerar esse tipo de acidente e atribuí-lo a uma crueldade do governo, que ela desconhece, mas que pressupõe.[91]

A frase é reveladora da frequência do suicídio de prisioneiros.

Embora o governo procure camuflar os "acidentes" que acontecem em seus cárceres, ele deseja que as punições contra os suicidas comuns sejam aplicadas. Uma declaração real de 1712 constata, na verdade,

> que os crimes que causam essas mortes continuam na maioria das vezes sem punição, seja pela ausência de advertências que deveriam ser dadas aos oficiais

---

89 *Correspondance des contrôleurs généraux des Finances avec les intendants des provinces*, t.I, n.1517.
90 *Correspondance administrative sous Louis XIV*, t.II, p.720.
91 *Correspondance des contrôleurs généraux des Finances avec les intendants des provinces*, t.II, n.551.

A ORIGEM DA "DOENÇA INGLESA"   251

de justiça, seja pela negligência ou ocultação desses mesmos oficiais, e que as pessoas que têm interesse em impedir que as causas e as circunstâncias dessas mortes sejam conhecidas ajudam, por meio dos sepultamentos que fazem de forma secreta e precipitada, a esconder esses acontecimentos, atribuindo aos religiosos atos contrários à verdade.[92]

Será preciso, portanto, que em cada caso de morte suspeita o juiz instaure um processo verbal, aplique o selo na testa do cadáver, chame os cirurgiões e convoque as testemunhas.

Mais do que a ordenança de 1670, essa declaração é sintoma do aumento da preocupação dos dirigentes políticos diante do que se poderia chamar, com certo exagero, de psicose do suicídio. Na França, nenhuma cifra é capaz de confirmar os rumores e as impressões repercutidos pelos memorialistas. No entanto, a frequência das alusões nos anos 1680-1720, acrescida do que constatamos na Inglaterra, é inquietante. Embora o Estado esteja interessado em ocultar os suicídios que ocorrem em suas prisões e fechar os olhos diante das mortes voluntárias no clero e na nobreza, ele também tem interesse em reduzir o número de suicídios na população em geral, que prejudicam o vigor e a moral da nação. E, para diminuir os suicídios, ele só conhece um jeito: a dissuasão por meio da repressão implacável dos culpados. Ele acredita que a tolerância crescente que constata na justiça em relação a esse crime, ao facilitar o encobrimento, só pode estimular as mortes voluntárias. Embora os religiosos e os nobres pareçam estar acima da moral comum, por razões de respeitabilidade e honra, é preciso que o povo saiba que, para ele, o suicídio significa o confisco dos bens, a execução do cadáver e o inferno.

Constata-se, aliás, que, a despeito do grande número de exceções, continua-se a punir com violência os suicidas plebeus, sobretudo das classes baixas, que fornecem exemplos a mancheias. Em abril de 1684, um sapateiro de Angers é arrastado na grade e depois pendurado pelos pés por ter se matado "de desespero, em sua casa". Em 1718, uma pobre moça, Marie Jaguelin, de Château-Gontier, grávida de seis meses, se envenena para escapar da desgraça. A infeliz não sabe que só a nobreza pode se permitir impunemente esse tipo de comportamento. Seu cadáver é exumado, julgado e

---

92 Isambert, t.XX, p.575.

arrastado na grade com o rosto virado para baixo; na praça pública, o carrasco abre o ventre putrefato e extrai o que resta do feto, que é levado para a parte do cemitério reservada aos mortos sem batismo. Marie é pendurada pelos pés; seus restos, destroçados, são expostos ao público de modo degradante, depois o cadáver é queimado e as cinzas são jogadas ao vento.[93]

O ENDURECIMENTO DOS CASUÍSTAS

Em paralelo, a Igreja mantém, com todo o rigor, a condenação do suicídio. Os casuístas continuam examinando todas as circunstâncias possíveis a fim de trancar todas as portas de saída. Não se escapa da vida por meio de uma decisão voluntária e saindo pelos bastidores. É proibido fugir, e não se pode de maneira nenhuma – com o perdão da expressão – "sair à francesa". Preocupados em não deixar nenhuma hipótese de fora, os casuístas às vezes se demoram em casos tão excepcionais que chegam às raias do ridículo. Por trás do endurecimento geral de tom e da condenação generalizada, percebe-se a necessidade de reforçar a barreira diante de uma ameaça crescente.

Por isso, Innocent Le Masson, em *Theologia moralis* [Teologia da moral], de 1680, chega a ponto de afirmar que uma pessoa que, em razão de seus sofrimentos, se acusa de um crime que não cometeu, é culpada de suicídio. Em 1687, François de Coco, em *De jure et justitia* [Sobre o direito e a justiça], proíbe até mesmo as ações que muitos casuístas autorizavam no período precedente: saltar do alto de uma torre em chamas, explodir seu navio sem esperança de salvamento, jogar-se n'água para batizar uma criança sem a esperança de sair vivo. Em 1690, a *Theologia speculatrix et practica* [Teologia especulativa e prática] de Du Hamel condena toda morte voluntária. Em 1694, Natalis Alexander escreve em *Theologia dogmatica et moralis* [Teologia dogmática e moral]: "Todos aqueles que erguem sobre si a mão violenta incorrem na condenação eterna". Retomando o caso da equipagem, ele também declara que é proibido explodir o navio e se jogar n'água sem esperança de escapar; o condenado a morrer de fome que recusa os alimentos que lhe levam escondido e o depravado que encurta a vida por meio de seus excessos

---

93 Lebrun, op. cit., p.305.

A ORIGEM DA "DOENÇA INGLESA"

são igualmente culpados. Em 1695, o bispo de Grenoble manda imprimir uma *Théologie morale* [Teologia moral] que condena radicalmente todos os tipos de suicídio, e transforma esse ato no "mais criminoso" de todos os assassinatos, porque ele é, na verdade, um crime contra a humanidade e contra a natureza humana, que é "ultrajada na pessoa de cada um dos homens". Além disso, "o homicídio de si mesmo é muito mais contrário ao altruísmo do que os outros homicídios, já que o altruísmo bem harmonioso deve começar sempre por si mesmo". Em 1703, a *Theologia moralis* [Teologia moral] de Henno examina de novo o caso de uma criança não batizada que se afoga: é proibido mergulhar para batizá-lo caso não exista nenhuma possibilidade de sair vivo. Outro caso: um doente contagioso portador de uma doença mortal está em um barco; ele não tem o direito de se jogar n'água para salvar os outros passageiros.

Um dos casuístas mais célebres da época é Jean Pontas, um normando nascido em 1638, doutor nos dois direitos, autor de inúmeros livros e subpenitenciário[94] de Notre-Dame de Paris. Em 1715 ele publica *Dictionnaire des cas de conscience* [Dicionário de casos de consciência], que durante muito tempo servirá como obra de referência, já que será reeditado em 1724, 1726 e 1730, traduzido para o latim em Genebra em 1731 e 1732, em Augsburgo em 1733, em Veneza em 1739, e ainda reeditado em 1847 pelo abade Migne com os comentários de Collet.[95] Pontas não deixa nenhuma possibilidade de se matar, sob qualquer pretexto que seja, e multiplica os exemplos dos casos mais excepcionais: um magistrado investido da autoridade suprema e que comete um delito passível da pena de morte não tem o direito de se matar; é proibido matar um soldado ferido mortalmente que suplica que acabem com ele.

Esse rigor extremo é ratificado pelo direito canônico, os estatutos diocesanos e as ordenanças sinodais; o abade Fleury escreve, por exemplo, que a recusa de sepultura é necessária para inspirar "o terror nos vivos". Aterrorizar os vivos para impedi-los de se matar: a que extremo chegaram os dirigentes sociais para obrigar as pessoas a continuar vivas! O fortalecimento

---

94 Penitenciário é o padre encarregado pelo bispo de absolver alguns casos reservados. Subpenitenciário é o padre subordinado a ele e que pode substituí-lo. (N. T.)
95 Pontas, *Dictionnaire des cas de conscience*, Paris, 1847, 2v.

dessa postura revela um profundo fracasso. Se a existência na Terra parece uma catástrofe insuportável para um número crescente de homens e mulheres é porque aqueles que estão encarregados de organizar essa existência são incompetentes. Mas, em vez de procurar melhorar as condições de vida aqui embaixo, pretende-se convencer as pessoas de que sua sorte será ainda pior se elas tentarem fugir. Cada um deve esperar pacientemente a ordem de libertação.

Pois é fora de questão criar raízes neste mundo. A morte continua desejável. A ambiguidade se perpetua: por um lado, é preciso que o crente se convença de que este mundo é mau (daí a necessidade de não torná-lo agradável) e que deseje a morte; mas, por outro, que ele se recuse terminantemente a procurá-la. Esse exercício de equilíbrio que já dura vários séculos é cada vez mais difícil de realizar. As duas crises de consciência que marcam o advento do espírito moderno abalaram profundamente a postura tradicional: entre 1580 e 1620, começaram a questionar se era melhor ser ou não ser; entre 1680 e 1720, depois de um século de reflexão, muitos começaram a responder fazendo uma opção: alguns optam pelo além imediato, outros por um aperfeiçoamento das condições de vida neste mundo. As duas tendências preocupam a Igreja, que tem necessidade de manter a tensão: permanecer neste mundo aspirando ao além.

SUBSTITUTOS ESPIRITUAIS E TOLERÂNCIA NA PRÁTICA

Algumas correntes chegam a um meio-termo, a que denominamos de substituto do suicídio. A espiritualidade do aniquilamento perdura e permite se aproximar ao máximo da morte sem jamais dar o último passo: anestesiar o desejo de morte ou enganá-lo oferecendo-lhe todos os sinais aparentes de satisfação. É exatamente isso que encontramos na postura "aniquiladora" do padre jesuíta Claude-François Milley, cuja vida transcorre entre 1688 e 1720, no contexto da crise de consciência europeia, e que morre cuidando dos pestilentos de Marselha. Em 1709, ele escreve: "Passou o tempo de viver; a morte de tudo que é natural deve ser nosso destino"; "É preciso ficar suspenso entre o Céu e a Terra, não podemos continuar a nos dar importância". Não somos nada, um quase nada; o que é preciso, como escreve Jean Deprun,

A ORIGEM DA "DOENÇA INGLESA" 255

é que esse nada por natureza se torne um nada consciente.[96] Convençamo-
-nos de que não somos nada, aniquilemo-nos, declara o padre Milley: "O que
mais poderia fazer um pequeno nada senão se aniquilar diante do Ser? Não
é essa a ordem justa e natural? É preciso que o nada não seja nada e não se
considere algo".[97]

Poderemos avaliar o caráter perturbador e extremamente ambíguo dessas palavras aos aproximá-las da última frase do testamento do abade Meslier, ateu, que provavelmente se deixa morrer de fome em 1729: "Os mortos
aos quais estou prestes a me juntar não se incomodam mais com nada e não
se preocupam mais com nada. Terminarei, portanto, me anulando, mas é
porque sou pouco mais que nada, e em breve não serei nada". Não ser nada:
é o que buscam tanto o piedoso abade Milley, permanecendo vivo, como o
materialista abade Meslier, deixando-se morrer. O discurso deles é praticamente idêntico. Mais do que nunca, a espiritualidade do aniquilamento desponta como um substituto do suicídio.

O quietismo, que conhece o apogeu entre 1680 e 1720, também não
é desprovido de ambiguidade. Na origem do amor puro também existe a
necessidade do aniquilamento, do despojamento completo de si mesmo.
Essa postura não deixa de provocar angústia e desespero: "O modo mais
doloroso de morrer para si mesmo é morrer para tudo que existe de mais
íntimo [...] Sentir-se morrer para aquilo em que reside a vida intelectual e
moral", escreve Maine de Biran.[98] Existe em Fénelon uma forte atração pelo
aniquilamento, que, nessa alma sensível, decorre da repulsa por si mesmo:
"Alma sofrida, coração presa da melancolia e do tédio, ele contemplava aflito
'um certo fundo inexplicável' de seu ser moral; ele tinha, então, uma sensação de repulsa",[99] diz Paul Hazard. É por isso que o abandono completo,
o despojamento total, a indiferença a tudo, que lhe sugere a sra. Guyon, o
seduz tanto.

O quietismo apresenta, no entanto, um aspecto mais alarmante, que
não tarda a ser revelado pelo vigilante Bossuet em *Écrits sur les maximes des*

---

96 Deprun, *La Philosophie de l'inquiétude en France au XVIIᵉ siècle*, Paris, 1979.
97 Citado por Bremond, *Le Courant mystique au XVIIIᵉ siècle:* L'abandon dans les lettres du père
Milley, Paris, 1943.
98 Biran, *Journal*, p.122.
99 Hazard, *La Crise de la conscience européenne*, Paris, 1961, p.400.

saints [Textos sobre as máximas dos santos]. É que, para Fénelon, a marcha para o despojamento e para o abandono total pode passar pelo desespero completo: baseando-se em São Francisco de Sales, que atravessou uma crise profunda antes de encontrar o equilíbrio espiritual, ele afirma que pode ser proveitoso permitir que o penitente acredite que foi condenado ao inferno e que Deus não tem a intenção de salvá-lo. Doutrina perniciosa, declara Bossuet, pois permite que o homem creia em uma heresia ao não lhe dizer que Deus tem a intenção de salvar todo mundo; e doutrina perigosa, pois contém um risco enorme de "fazer que alma caia na tentação do desespero. A tentação do desespero consiste em induzir a alma a crer, de maneira indiscutível, que não existe salvação para ela, [...] o que é o cúmulo do desespero, já que ela está convencida indiscutivelmente disso".[100] Enquanto para Fénelon a aceitação da certeza da condenação eterna representa o ápice do autossacrifício absoluto, que abre a porta para a paz, para Bossuet ela é "um ato realmente desesperado e o cúmulo da blasfêmia". No caso, a Águia de Meaux está preocupada com as ambiguidades de certas correntes espirituais que flertam com o desespero, o aniquilamento e o desejo de morte.

Bossuet procura manter o equilíbrio que deve servir de base para a vida cristã. Estamos no vale de lágrimas em que devemos exaltar nossas provações enquanto aspiramos à felicidade eterna do além. Sim, a vida não passa de uma preparação para a morte: "O cristão nunca está vivo na Terra, porque está sempre mortificado, e a mortificação é um ensaio, uma aprendizagem, um primórdio da morte", declara na *Oraison fúnebre de Marie-Thérèse d'Autriche* [A oração fúnebre de Maria Teresa da Áustria]. Essa morte, devemos desejá-la sem nunca experimentá-la. Mas, para que a tensão se mantenha, é preciso conservar a esperança de salvação.

Não obstante, tanto Bossuet como Fénelon aprovam alguns suicídios bíblicos, como o de Sansão. Eles vão até mesmo um pouco mais longe, já que Bossuet parece, em alguns momentos, aprovar as mortes voluntárias por causa da honra: "Não duvido que um homem de bem possa preferi-la à vida, e que, em algumas ocasiões, tenha até mesmo o dever de fazê-lo".[101]

---

100 Bossuet, *Troisième Écrit sur les maximes des saints*, em *Œuvres complètes de Bossuet*, Bésançon, 1836, t.X, p.286.
101 Id., *Pensées chrétiennes et morales sur divers sujets*, XXIX.

A ORIGEM DA "DOENÇA INGLESA" 257

Fénelon, por outro lado, exalta os mártires cristãos voluntários, e nos *Dialogues des morts* [Diálogos dos mortos] endereça a Catão um discurso extremamente eloquente para justificar seu suicídio.

Nos seminários, cuja rede se completa no final do século XVII, procura-se formar um clero de acordo com o ideal cristão da Reforma Católica: estar no mundo sem ser do mundo. O padre deve se mortificar, se humilhar, morrer para si mesmo matando seu amor-próprio e desejar a morte. Tronson, superior do seminário de Saint-Sulpice, recomenda aos seminaristas o seguinte exame de consciência:

> Examinemos se nós odiamos a nós mesmos e nossa carne, como devem fazer os verdadeiros penitentes. Temos considerado que existe em nós um fundo de maldade abominável, que nos leva continuamente a ofender a Deus, e temos nos tratado com todo o rigor que merece o escravo sempre prestes a se revoltar e a se insurgir? Temos realmente aceitado nos encontrarmos mal alimentados, malvestidos, ocupados com atividades vis, sujeitos a muitas enfermidades, desprovidos de qualquer talento, servindo apenas para sermos desprezados e desmoralizados por todos; e isso com a convicção de merecer legitimamente todos esses estados, e que eles não seriam rigorosos demais para pecadores que merecem ser execrados por todas as criaturas? Temos tido uma enorme aversão por nossa carne, como se ela fosse nosso maior inimigo, desconfiando dela, vigiando cada um de seus movimentos, preocupando-nos em persegui-la sem trégua, sem desejar celebrar com ela nem paz nem trégua? Abraçamos o fervor do apóstolo, fazendo que ela receba os castigos que merece, e desejando ardentemente nos separar dela?[102]

Esses jovens serão confrontados nas paróquias com casos de suicídio. É preciso prepará-los. Em 1701, Matthieu Beuvelet publica em Lyon *Instructions sur le Manuel pour servir à ceux qui dans les séminaires se préparent à l'administration des Sacrements* [Instruções sobre o manual para atender àqueles que se preparam nos seminários para administrar os sacramentos], que

---

102 Tronson, *Examens particuliers sur divers sujets propres aux ecclésiastiques et à toutes les personnes qui veulent s'avancer dans la perfection*, Paris, 1823. As mesmas recomendações podem ser encontradas na obra anônima *De l'éducation des ecclésiastiques dans les séminaires*, Paris, 1699.

permanecerá durante muitos anos uma obra de referência. Ficamos um pouco surpresos de constatar que, ao contrário da dureza dos casuístas e dos tratados de teologia moral, na prática ele recomenda a tolerância. Deverá ser recusada a sepultura religiosa "àqueles que, por desespero ou cólera (não por loucura), buscaram a morte, a menos que antes de morrer eles tenham dado algum sinal de contrição"; para esses, bastará uma única testemunha, cuja palavra não deverá ser posta em dúvida. A passagem sugere deliberadamente que será preciso sempre adotar a postura mais generosa e contentar-se com o menor indício de arrependimento para permitir a sepultura cristã. Só essa disposição já basta para tornar caducas as centenas de volumes de moral abstrata e de casuística, pois, sejam quais forem as circunstâncias, sempre será possível supor a loucura ou o arrependimento. Essa possibilidade explica a facilidade com que as famílias obtêm o sepultamento dos suicidas e a ausência de condenações. Como vimos, elas existem, mas em casos excepcionais e particularmente horríveis. Todos os textos são apenas aquilo que querem fazer deles quem os aplica. O rigor teórico, muitas vezes necessário para conseguir dissuadir, fica atenuado no momento da execução.

O DILEMA GANHA FORMA

A segunda crise da consciência europeia, de 1680 a 1720, também não deixa de assinalar um começo de ruptura na esfera da morte voluntária. Os anos de 1580 a 1620 fizeram a pergunta: ser ou não ser? Apesar dos esforços das autoridades para negar essa pergunta, o século XVII refletira sobre ela. E as primeiras respostas aparecem nos anos 1680-1720, respostas estas que começam a preocupar os responsáveis e que irão se multiplicar no século XVIII.

A grande maioria dos intelectuais escolhe ser. É preciso também que esse ser, que essa existência valha a pena ser vivida, o que está longe de ser o caso para um grande número de pessoas. Depois de Bayle e de Fontenelle, erguem-se as primeiras vozes para exigir uma reorganização deste mundo, a fim de torná-lo mais habitável para a maioria. Aqueles que pensam que é possível fazer deste mundo um mundo melhor começam a contestar os privilégios, as injustiças e as instituições. A ideia da felicidade terrena aparece e começa a seduzir os pensadores. Comecemos tornando a religião alegre, escreve na Inglaterra o conde de Shaftesbury, retomando em parte a influência do humanismo devoto. Sejamos alegres, tenhamos humor, "em suma, milorde, a maneira melancólica com que tratamos a religião é, a meu ver, o que a torna tão trágica, e o que faz que ela gere, na verdade, tantas tragédias macabras no mundo. Minha opinião é esta: desde que tratemos a religião de maneira adequada, nunca poderemos usar um excesso de bom humor em relação a ela".

É também com bom humor que as instituições não tardarão a ser atacadas: as *Cartas persas* são de 1721, uma simples entrada enquanto se espera por Voltaire, Diderot, D'Holbach e os outros. Sim, queremos ser, mas com a condição de reorganizar este mundo, de transformar o vale de lágrimas em um jardim de delícias. Essa será a mensagem dos filósofos.

Uma pequena minoria de intelectuais escolhe a outra alternativa: não ser; eles preferem partir imediatamente ou assim que esta vida se tornar insuportável, e exigem poder fazê-lo com toda a liberdade. O que alguns começam a reclamar é o direito de escolher, o direito de responder eles mesmos à pergunta fundamental: ser ou não ser? Essa liberdade de escolha estará no centro do século XVIII.

As autoridades, em especial as religiosas, avaliam que essa liberdade não pode existir. Porém, ao rejeitar tanto o que os partidários do ser como o que os partidários do não ser propõem, elas ficam em uma posição extremamente delicada. Tornar a permanência na Terra agradável demais é pôr fim à aspiração da salvação eterna no além, motor da moral; autorizar o ser humano a dispor de sua vida é contrariar o plano divino e eliminar as provações indispensáveis que nos permitem ganhar o Céu. Portanto, não existe alternativa, mas uma obrigação: ser infeliz na esperança de ser feliz. O melhor que o ser humano pode fazer aqui embaixo é administrar sua infelicidade passageira. Solução cada vez mais mal aceita por um século cujas aspirações se traduzem em uma adaptação da pergunta de Hamlet: ser feliz ou não ser.

– 9 –

O DEBATE SOBRE O SUICÍDIO NO SÉCULO DAS LUZES: DA MORAL À MEDICINA

Ser ou não ser: a questão apresentada no ocaso do Renascimento, amadurecida e ruminada nos salões e círculos intelectuais no século XVII, transforma-se, no século XVIII, em debate público. Retirada dos tratados em latim e das discussões discretas, ela aparece em plena luz do dia, a despeito dos esforços governamentais para abafá-la. Jamais se falara e se escrevera tanto sobre a morte voluntária; multiplicam-se as tomadas de posição e escrevem-se tratados inteiros a respeito dela, a favor ou contra. Ela é um fenômeno social com nome próprio: suicídio. Para alguns, ela é até mesmo uma moda sofisticada, como tudo que supostamente vem da Inglaterra. Em Londres, nos anos 1780, organizam-se debates públicos sobre o assunto. O *Times* do dia 27 de fevereiro de 1786 anuncia um desses debates sobre o tema: "Será o suicídio um ato de coragem?"; a entrada custa 6 *pence*. Em 1789, o mesmo jornal declara que o suicídio é "agora um tema comum nas conversas de todas as categorias sociais". Outro debate é organizado logo depois do suicídio de um francês em Greenwich Park; ele reúne uma multidão tão grande e animada que foi preciso prolongá-lo.

Situada no cruzamento entre religião, justiça e costumes, a questão não poderia deixar indiferentes os filósofos. Todos vão se referir a ela em um momento ou outro, e seus textos contribuirão em grande medida para inflamar o debate, a ponto de seus adversários responsabilizá-los pelo suposto aumento dos casos de mortes voluntárias. Os avanços do "deísmo", do "livre pensar", do "ateísmo" e do "espírito filosófico" serão os bodes expiatórios convenientes dos defensores da rígida moral tradicional, alarmados e desnorteados com o aumento da ameaça suicida.

UM ELEMENTO SINTOMÁTICO: A PROLIFERAÇÃO DE TRATADOS CONTRA O SUICÍDIO

A grande quantidade de tratados contra o suicídio a partir de meados do século é reveladora dessa preocupação.[1] Isso começa com *Les Lettres persanes convaincues d'impiété* [As cartas persas impregnadas de irreligião], do abade Gaultier, em 1751, que recorre a velhos argumentos: matar-se é um crime contra Deus, contra a sociedade e contra as leis. No mesmo ano, o tratado anônimo *Les Hommes* [Os homens] declara que é desonroso "ter qualquer traço em comum" com aqueles que defendem a morte voluntária. Em 1755, o cavalheiro de C., em *L'Honneur consideré em lui-même* [A honra considerada em si mesma], reduz os suicidas a três categorias: os falsos corajosos,

---

1 Tratados mencionados: Gaultier, *Les Lettres persanes convaincues d'impiété*; *Les Hommes*; Chevalier de C., *L'Honneur considéré en lui-même et relativement au duel*; Gauchat, *Lettres critiques ou Analyse et réfutation de divers écrits modernes contre la religion*, Paris, 1756; Dupin, *Observations sur un livre intitulé De l'esprit des lois*; *La Religion vengée*; Caraccioli, *La Grandeur d'âme*; Pompignan, *Instruction pastorale sur la prétendue philosophie des incrédules modernes*; Formey, *Principes de morale*; Lacroix, *Traité de morale ou Devoirs de l'homme envers Dieu, envers la société et envers lui-même*; Flexier, *Catéchisme philosophique ou Recueil d'observations propres à défendre la religion chrétienne contre ses ennemis*; La Boissière, *Les Contradictions du livre intitulé De la philosophie de la nature*; Barruel, *Les Helviennes*; *La Petite Encyclopédie ou Dictionnaire des philosophes*; Camuset, *Principes contre l'incrédulité à l'occasion du Système de la nature*; Castillon, *Observations sur le livre intitulé Le Système de la nature*; D'Audierne, *Instructions militaires*; Dumas, *Traité du suicide ou du meurtre volontaire de soi-même*; Richard, *Défense de la religion*; *Exposition de la doctrine des philosophes modernes*; *Dictionnaire de Trévoux*.

desprezíveis, os desesperados e os hipocondríacos, que dão nojo. Como bons soldados, devemos ocupar nossos postos até o fim, e Deus colocou em nós o amor pela vida como uma "ordem secreta" para cuidar de nossa proteção. Em 1756, Gauchat, em *Lettres critiques ou Analyse et réfutation de divers écrits modernes contre la religion* [Cartas críticas ou análise e refutação de diversos textos modernos contrários à religião], declara que tolerar o suicídio significa permitir todos os assassinatos; o suicídio destrói famílias e nações, e nem ao menos é corajoso: matar-se "é muito fácil". É preciso manter, custe o que custar, a severidade das leis sobre o assunto, em particular a punição dos cadáveres. É também o que pensa Dupin em 1757, em *Observations sur l'Esprit des lois* [Comentários sobre o espírito das leis], que preconiza "leis severas".

No mesmo ano, uma obra coletiva com o título sugestivo de *La Religion vengée* [A religião vingada] dedica um longo arrazoado à refutação das defesas do suicídio, em dois blocos com dez pontos cada um. Antes de mais nada, dez argumentos contra a morte voluntária: ela desqualifica a natureza humana; já que não temos o direito de matar quem nos faz sofrer, não temos o direito de nos matar porque estamos sofrendo; o suicídio é contrário ao desejo de felicidade, já que ele conduz à condenação eterna; não somos proprietários de nossa vida; não devemos desertar do posto que nos foi designado por Deus e pela natureza; se permitirmos o suicídio daqueles que estão sofrendo demais, toleraremos todos os suicídios, pois a ideia de sofrimento insuportável é subjetiva; o soberano tem direitos sobre nossa vida; a sociedade é prejudicada pelo suicídio; o suicídio é proibido em todas as nações mais esclarecidas; a natureza exige que amemos a vida.

Seguem-se dez objeções que os defensores do suicídio poderiam fazer, e as respostas que lhes devem ser dadas. 1) A lei não proíbe o suicídio, pois continua havendo exceções. Resposta: as exceções são previstas justamente para defender a vida. 2) A busca da felicidade é mais importante que o amor pela vida. Resposta: o suicídio conduz à infelicidade eterna. 3) Nosso corpo é desprezível. Resposta: ao conservá-lo, temos a possibilidade de sofrer e, portanto, de ser mais virtuosos. 4) Não causamos nenhum mal à alma nos matando, já que ela é imortal. Resposta: nós a privamos do prazer da virtude. 5) A vida é um presente, mas podemos renunciar a um presente se for preciso pagar muito caro por ele. Resposta: a felicidade eterna nunca é cara demais. 6) O suicídio permite evitar crimes. Resposta: é o mesmo que dizer que podemos nos envenenar para evitar a doença. 7) Todos os povos praticam o suicídio. Resposta: todos os povos esclarecidos o condenam. 8) A natureza nos induz a evitar o mal. Resposta: se Deus quisesse nos chamar para si, ele simplesmente nos faria morrer. 9) Matar-se é um ato de coragem. Resposta: é um ato de covardia ou de loucura. 10) Quando Deus, proprietário da casa que é nosso corpo, estraga essa casa destruindo nossa saúde, é sinal de que o locatário deve desocupar o local. Resposta: não somos locatários de nossos corpos, e sim zeladores, encarregados de tomar conta da casa. O autor conclui dessa lista heterogênea que o suicídio continua sendo um crime, mesmo entre os pagãos ilustres, além de aprovar as sanções penais, que considera eficazes: "Os legisladores pretenderam intimidar, e, até certo ponto, o sucesso corresponde a essa intenção".

Caracccioli, em *La Grandeur d'âme* [A grandeza da alma], de 1761, acredita que é preciso ser um "verdadeiro imbecil" para encontrar qualquer grandeza no suicídio, que nos lança no inferno. Mesmo que não exista uma certeza absoluta quanto a este último, é estúpido correr o risco. Em 1763, em *Instruction pastorale sur la prétendue philosophie des incrédules modernes* [Conselho pastoral sobre a suposta filosofia dos incrédulos modernos], Lefranc de Pompignan critica a admiração dos filósofos pelos suicídios antigos. Em 1765, o protestante Formey, em *Principes de morale* [Princípios de moral], condena todos os suicídios em nome da lei natural. Segundo ele, os argumentos católicos do soldado que deve permanecer em seu posto e da obediência ao quinto mandamento não são muito eficazes, pois em certos casos eles podem ser revertidos a favor do suicídio. Ele diz que apenas aqueles que se matam "porque sua paciência se esgotou e que as doenças ou as torturas lançam no desespero" são, a rigor, desculpáveis. Em 1767, Lacroix, em *Traité de morale ou Devoirs de l'homme envers Dieu, envers la société et envers lui-même* [Tratado de moral ou deveres do homem para com Deus, para com a sociedade e para consigo mesmo], qualifica a atitude de Catão e de Brutus de "arrogância estúpida", e atribui o suicídio à covardia.

Em 1771, Flexier ataca os "filhos do prazer" que procuram desculpar todos os suicídios, enquanto Simon de La Boissière, em *Les Contradictions du livre intitulé De la philosophie de la nature* [Contradições do livro intitulado Sobre a filosofia da natureza], contesta as distinções feitas entre os bons e os maus suicídios; elas só ajudam a "diminuir o pavor que deve causar esse atentado contra si mesmo". O suicídio é sempre a prova de uma "alma vil". O abade Barruel e a *Petite Encyclopédie* [Pequena enciclopédia] condenam a complacência dos contemporâneos em relação à morte voluntária. Ainda em 1771, Camuset, em *Principes contre l'incrédulité à l'occasion du Système de la nature* [Princípios contra a incredulidade a propósito do Sistema da natureza], e Castillon, em *Observations sur le livre intitulé Le Système de la nature* [Comentários sobre o livro intitulado Sistema da natureza], atacam D'Holbach e reafirmam que o suicídio é, certamente, uma ofensa contra Deus e a sociedade.

Em 1772, em *Instructions militaires* [Instruções militares], o padre de Audierne condena toda forma de suicídio, direta ou indireta: explodir com seu navio ou na defesa de uma fortificação para evitar que ela caia em mãos inimigas é um pecado contra Deus, contra a pátria, contra a natureza, contra as leis civis e canônicas. Não devemos nem mesmo sacrificar nossa vida para salvar a de outra pessoa, quanto mais para evitar a miséria, escapar de uma tentação ou salvar a honra.

Em 1773, o protestante Dumas publica em Amsterdã o *Traité du suicide ou du meurtre volontaire de soi-même* [Tratado do suicídio ou do assassinato voluntário de si mesmo], uma diatribe contra todas as formas de morte voluntária. Ele se empenha em refutar todos os argumentos filosóficos e ataca o jurista Beccaria, que exigia a descriminalização do suicídio. Tanto para ele como para seu correligionário Formey, uma vez que o suicídio é um crime, deve ser punido, e as penas aplicadas devem intimidar as pessoas a fim de evitar o contágio. Em 1775, Richard, em *Défense de la religion* [Defesa da religião], ataca os suicídios antigos, em especial o de Pitágoras. Em 1785, *Exposition de la doctrine des philosophes modernes* [Exposição da doutrina dos filósofos modernos] ele equipara suicídio, parricídio e regicídio.

Dicionários e enciclopédias estampam no verbete "suicídio" opiniões profundamente desfavoráveis. O comentário do *Dictionnaire de Trévoux* [Dicionário de Trévoux] é lapidar: "O suicídio é a receita dos covardes, que não têm a paciência de sofrer nem a coragem de aguentar o peso de uma desgraça, e Catão, ao se apunhalar, foi o maior dos insensatos, não o maior dos romanos". O cristão que se mata de medo dos castigos eternos é impulsivo, e quem o faz por motivos filosóficos é louco, prossegue o dicionário, que censura o mau exemplo dado pela literatura e pelo teatro, além dos grandes do setor.

A *Encyclopédie méthodique* [Enciclopédia metódica] não é mais favorável. Ela exprime duas opiniões diferentes, o que ressalta uma vez mais o caráter extravagante da obra, considerada geralmente um bloco monolítico de propaganda filosófica. Desse modo, o verbete "Suicídio" é tratado duas vezes, por autores diferentes. O volume *Jurisprudence* [Jurisprudência][2] limita-se a recordar as penas aplicadas aos suicidas, ressaltando seus exageros e incoerências. Por trás da aparente neutralidade aflora a crítica: "Atualmente, condenamos os cadáveres daqueles que cometeram homicídio contra si mesmos a serem arrastados em uma grade, com o rosto virado para baixo, e, em seguida, a serem pendurados pelos pés; e lhes negamos sepultura". Quando é possível, o julgamento é imediato, "para tornar o exemplo da punição mais impactante"; senão, "por causa do cheiro nauseabundo que o cadáver exala", processa-se a memória do culpado. Mas isso tudo só se aplica "àqueles que se matam a sangue-frio, na plena posse das faculdades mentais, e por medo da tortura". Aqueles que se matam "em estado de loucura", "ou mesmo que estão sujeitos a desordens mentais passageiras", não são incomodados, e, na dúvida, presume-se que estavam loucos. O verbete lembra que, na Roma antiga, suicidar-se por tédio vital era considerado "sinal de sabedoria e de heroísmo", e que só se confiscavam os bens em caso de suicídio cometido por um criminoso já condenado. A crítica da prática contemporânea está implícita.

A OPOSIÇÃO RELIGIOSA

O tom é completamente diferente no verbete "Suicídio" do volume *Théologie* [Teologia], escrito pelo abade Bergier, cônego de Notre-Dame e confessor do filho mais moço do rei.[3] Autor de diversas obras filosóficas, entre as quais *Examen du matérialisme ou Réfutation du Système de la nature* [Análise do materialismo ou refutação do Sistema da natureza] (1711), nas quais se mostrava defensor das penas mais rigorosas – com um propósito dissuasivo – em relação aos suicidas, ele escreve uma verdadeira diatribe contra a morte voluntária. O tom é definido já no início: suicidar-se é, na verdade, a "ação

---

2 *L'Encyclopédie méthodique*, t.VII, v. *Jurisprudence*.
3 Ibid., t.III, v. *Théologie*.

de se matar para se livrar de um mal que não se tem a coragem de suportar". Essa conduta é cada vez mais frequente em nossos dias: "Nossos documentos públicos registraram a grande quantidade de suicídios ocorridos em nosso século; dificilmente se encontrará um único que não decorra, de perto ou de longe, da libertinagem". Os romanos, pelo menos, se matavam por motivos válidos; nós, "é quando perdemos o dinheiro, ou nos excessos de uma paixão desvairada por um objeto que não vale a pena". Os avanços desse flagelo se devem ao espírito filosófico: "Hoje em dia, o abuso da filosofia chegou a ponto de querer fazer apologia desse crime". "Vários incrédulos" sustentam que o suicídio não é proibido nem pela lei natural nem pela lei divina, e para afirmar isso eles se baseiam na atitude de alguns mártires, aprovada pelos Patriarcas.

É o que o abade Bergier se empenha em refutar. Deus nos dá a vida, que é um presente, "apesar do que possam dizer os sofistas atrabiliários", e só ele pode dispor dela. Recebemos a vida para servir à sociedade, e cada um tem sua utilidade: "Ainda que ele servisse apenas como um exemplo de paciência, isso já seria muito, e ninguém pode dispensá-lo". Falta virtude àquele que se mata, pois ele não é capaz de sofrer. Além disso, se ele se mata, é bem capaz de matar os outros: é um criminoso em potencial. Os males que sofremos são sempre merecidos; não temos o direito de nos esquivar deles.

Em seguida, o abade Bergier responde às objeções: o suicídio priva a sociedade de um membro, o que é mais grave do que privá-la de um nascimento hipotético em razão do celibato eclesiástico. E Jesus? Não se suicidou? Questão antiga, já levantada na época dos Patriarcas, e que alguns filósofos não tinham deixado de apresentar de novo para constranger a Igreja. Assim, D'Holbach escreveu em *Système de la nature*:

> Ao censurar o suicídio, o cristianismo e as leis civis dos cristãos são muito inconsequentes. O Messias ou o Filho de Deus dos cristãos, se é verdade que ele morreu por sua própria vontade, foi, evidentemente, um suicida. Podemos dizer o mesmo de um grande número de mártires que se apresentaram ao suplício de modo voluntário, bem como dos penitentes que foram recompensados por se deixarem morrer aos poucos.[4]

---

4 D'Holbach, *Système de la nature*, XIV.

Barbeyrac, d'Alembert, Delisle de Sales, Rochefort e Mérian também levantaram o problema, ao qual o abade Bergier responde como pode. Jesus, diz ele, dá sua vida para salvar a vida de todos os homens; isso não é um suicídio, é um sacrifício, sem contar que ele sabia que iria ressuscitar. Em *Examen du matérialisme* [Análise do materialismo], ele acrescentou uma resposta infeliz: Jesus não se suicidou, "a menos que se queira acusar Sócrates do mesmo crime", o que faziam justamente muitos dos defensores da moral tradicional.

No que toca aos mártires, também não se pode falar de suicídio, pois sua intenção não era se matar, e sim mostrar aos perseguidores que seus esforços eram inúteis: é o "altruísmo heroico", que ajudou a pôr fim às perseguições. Quanto às virgens que, como Santa Pelágia, se mataram para escapar do estupro, elas agiram bem, pois, ao se deixar violentar, existe sempre o "perigo de consentir no pecado e sucumbir à fraqueza da natureza": antes a morte do que arriscar a mínima pitada de gozo carnal.

E os suicídios bíblicos? Nesse caso, é indispensável diferenciar dois tipos de situação. Abimeleque, Saul, Aitopel e Zimri são reprovados; Razis encontra-se no mesmo caso dos mártires; Sansão e Eleazar sacrificam a vida pela nação, e, portanto, não são verdadeiros suicidas. Tirando casos muito particulares, o quinto mandamento tem alcance absoluto: "Não matarás"... exceto se a sociedade exige, como em caso de guerra ou por uma decisão da justiça.

Entre os casuístas, a oposição ao suicídio continua tão sistemática como no período precedente. Percebe-se, contudo, em Santo Afonso de Ligório um certo número de exceções, embora elas se refiram a situações muito pouco comuns. Em *Instruction pratique pour les confesseurs* [Orientação prática para os confessores], ele lembra que

> não é permitido a ninguém se matar direta e deliberadamente, sem a autorização ou a inspiração divina, por meio da qual muitos mártires se deram a morte sem pecar. Por isso, os equilibristas (isto é, quem se balança nas cordas presas a lugares elevados), os que tomam veneno ou os que se deixam picar por serpentes, correndo risco de vida, cometem um grande pecado.[5]

---

5 *Œuvres complètes du bienheureux Alphonse Marie de Liguori*, Paris, 1827, t.23, p.426-7.

Depois, retomando os casuístas dos séculos XVI e XVII, ele acrescenta:

> Às vezes é permitido se expor ao perigo em nome de causas justas, segundo a doutrina partilhada por um grande número de doutores. Desse modo, o soldado não deve abandonar seu posto, mesmo prevendo que será atingido pela morte, e essa é uma opinião geral. É permitido ceder seu alimento a um amigo que se encontra em uma situação difícil, assim como a tábua – a que confiamos a salvação – a outro; [...] ela é bem mais provável, pois existe uma grande diferença entre se dar a morte e deixar de defender a vida, o que é lícito quando existe uma causa justa. [...] É permitido, em caso de incêndio, se jogar pela janela, desde que se tenha, com isso, a esperança de escapar de uma morte iminente.

Do mesmo modo,

> é lícito pôr fogo em seu barco, ainda que pondo em perigo a própria vida, quando o bem geral exige que ele não caia em mãos inimigas. [...] Ainda que uma jovem não possa se dar a morte, ela pode, no entanto, se expor ao perigo de morte para não ser violentada; e isso não parece improvável se for por amor da castidade, assim como pelo risco de pecado que sempre resulta de tais ocasiões. É permitido ao culpado não fugir quando pode fazê-lo, e até mesmo se apresentar ao juiz para ser condenado, mesmo quando a pena merecida for a morte.

A respeito das mortificações, Afonso de Ligório escreve:

> É permitido se mortificar por meio de jejuns e penitências por amor da virtude, ainda que abreviando a vida em muitos anos (desde que, contudo, essas penitências não sejam indiscretas), porque existe uma diferença entre abreviar de maneira incontestável a vida e permitir sua abreviação por amor à virtude.

Com isso, ele abre o flanco à crítica dos filósofos, particularmente de D'Holbach, que não deixam de ressaltar a semelhança entre o suicídio e a mortificação. Ele admite, por fim, "que ninguém tem qualquer obrigação de conservar sua vida (a menos que ela seja indispensável ao bem comum) por meios extraordinários ou muito dolorosos, como a amputação de uma perna, a retirada de uma pedra do rim ou outras soluções semelhantes".

Teólogos e moralistas costumam relacionar a questão da mutilação à do suicídio. Nesse aspecto, a discordância é profunda no que concerne à castração, muitas vezes praticada por exigência dos bispos para alimentar o coro das catedrais. O maior número de castrados se encontra na capela pontifical, e essa tradição só será interrompida no final do século XIX. Afonso de Ligório a aceita, então, embora com reserva,

> desde que, contudo, a criança esteja de acordo, e que ela não corra risco de vida, porque, para quem se encontra na miséria, a conservação da voz pode ser de grande importância e modificar seu destino; pois os eunucos podem parecer úteis para o bem comum ao contribuir, com seu canto, na retenção dos fiéis no seio das igrejas; porque, em poucas palavras, essa operação se degenerou em hábito e é autorizada por alguns prelados.

AS OBRAS CONTRA O SUICÍDIO NA INGLATERRA

Seja ela rígida, como no caso do abade Bergier, ou maleável, como no caso de Afonso de Ligório, a doutrina católica se preocupa com o avanço das ideias favoráveis ao suicídio. A mesma reação é perceptível no mundo protestante. Na Inglaterra, os não conformistas, que ocupam o lugar dos puritanos, acusam os deístas de desmoralizar a sociedade. Richard Steele e Thomas Beach se revoltam contra o culto de Catão na alta sociedade.[6] Em 1730, Henley escreve *Cato Condemned* [Catão condenado].[7] Berkeley atribui a proliferação de suicídios à "filosofia menor": "Enquanto a filosofia menor prevalecer, assistiremos diariamente a um número maior de suicídios", ele escreve em *Alciphron*.[8] George Cheyne, autor de *The English Malady*, também responsabiliza os divulgadores das filosofias antigas. John Wesley, fundador do metodismo, sugere que se endureçam as penas contra os suicidas, e que se deixem apodrecer seus corpos no patíbulo, enquanto outros pedem que os cadáveres sejam utilizados para dissecação. Alguns pastores anglicanos se recusam a

---

6 Steele, *Tracts and Pamphlets*, Nova York, 1967.
7 Henley, *Cato Condemned, or the Case and History of Self-Murder*.
8 *The Works of George Berkeley, Bishop of Cloyne*, Londres, 1950, t.III, p.92.

O DEBATE SOBRE O SUICÍDIO NO SÉCULO DAS LUZES

271

sepultar os suicidas, mesmo quando eles foram reconhecidos como loucos.[9] Para muitos, Satã não para de trabalhar, induzindo um número crescente de homens e mulheres a se matar. Isaac Watts retoma essa ideia ao escrever *A Defense against the Temptation of Self Murder* [Uma defesa contra a tentação do assassinato de si]. Em 1754, *Discours sur le meurtre de soi* [Discurso sobre o assassinato de si], obra anônima, recomenda o jejum e a oração para lutar contra a tentação do suicídio, e em 1755 Francis Ayscough pronuncia o *Discours contre le meurtre de si* [Discurso contra o assassinato de si], transformando o diabo no responsável por esse crime.[10]

Histórias inquietantes vêm reforçar essa crença. O *London Evening Post* de 11 de setembro de 1760 revela que Francis David Stirn, um célebre assassino, se suicidou na prisão depois de escrever na parede: "Ó Lúcifer, Filho da aurora! A que ponto te precipitaste no inferno, junto desta cova". Em 1765, um cocheiro deixa um bilhete de suicídio em forma de advertência: "Não permitais jamais que o diabo tome conta de vós". Em 1783, uma mulher se afoga depois de escrever que lutara contra o diabo. Em 1792, John Abbott se envenena depois de terem-no ouvido se levantar no meio da noite dizendo: "Oh! Eis que o diabo toma conta de mim, orai por mim, orai por mim".[11] Outras vezes, menciona-se a visão de fantasmas de suicidas que gemem por estarem sendo torturados no inferno.

Os metodistas estão particularmente convencidos do papel de Satã no suicídio. John Wesley relata inúmeros casos em seu jornal *Arminian Magazine*. Por exemplo, em 1763, o caso de Richard Rodda, que declara:

> Foi assim que o diabo me induziu a me matar. Certo dia, quando estava segurando uma navalha, ele me disse que aquele era um bom instrumento para fazê-lo. Acrescentou também que se eu o fizesse seria feliz para sempre. Mas algo em mim respondeu que nenhum assassino tinha a vida eterna dentro de si [...]. Por fim, joguei a navalha no chão e caí de joelhos. Deus me ouvira e expulsara o exterminador.[12]

---

9 Umfreville, *Lex coronatoria*, Londres, 1760.
10 Ayscough, *A Discourse against Self-Murder*, Londres, 1955.
11 Casos relatados por MacDonald; Murphy, op. cit., p.212.
12 *Arminian Magazine*, t.IV, 1784, p.356.

O *Arminian Magazine* é uma fonte abundante de histórias desse tipo. Pregadores metodistas também relatam disputas com o diabo em suas autobiografias. É o caso de John Valton, um ex-católico filho de imigrantes franceses, várias vezes induzido por Satã a se enforcar, bem como o do poeta William Cowper, um evangelista de temperamento inflamado.

Mas, por outro lado, os metodistas são acusados pelos anglicanos de serem eles mesmos agentes do suicídio, ao difundir o pavor do inferno. Em agosto de 1743, a *Norwich Gazette* responsabiliza o pregador Ball pela morte de uma mulher. O anglicano John Jones acusa o pregador John Berridge de deixar seus ouvintes loucos de desespero, e de ter provocado o suicídio de dezoito deles. O *Times* retoma as mesmas acusações; é à pregação dos metodistas, pode-se ler na edição de 3 de maio de 1788, "que devemos atribuir o grande número de assassinatos cometidos em Londres e em seus arredores". No dia 4 de abril do mesmo ano, o *Times* publica a carta de um pregador de Daverhill que se queixa de estar sendo acusado do suicídio de uma mulher por ter dito à sua congregação que eles estariam todos condenados ao inferno se não seguissem seus ensinamentos. Vários médicos especializados em doenças mentais o confirmam: segundo Alexander Crichton e William Pargeter, os metodistas favorecem a melancolia suicida por sua obsessão com o inferno e a felicidade eterna.[13]

A complexidade da situação religiosa torna o debate ao mesmo tempo mais confuso e mais explosivo na Inglaterra. O mito da "doença inglesa" está profundamente arraigado, provocando o surgimento de uma grande quantidade de textos acusatórios que buscam os responsáveis pelo fenômeno. Além disso, esses textos alimentam o mito: o fato de se discutir tanto o suicídio nesse país comprova que ele é mais afetado que os outros. De fato, encontramos na Inglaterra um número maior de tratados que versam exclusivamente sobre a morte voluntária do que na Europa continental, onde a questão é abordada no interior de obras de moral ou de crítica social muito mais genéricas. O termo suicídio ou assassinato de si mesmo raras vezes aparece nos títulos dos livros publicados no continente, pois ali a morte

---

13 Crichton, *An Inquiry into the Nature and Origin of Mental Derangement*, Londres, 1798; Pargeter, *Observations on Maniacal Disorders*, Reading, 1792.

voluntária é um aspecto específico dentro de um conjunto mais vasto. Na Inglaterra, ela é um centro de interesse por si só.

Além do mais, as acusações são ambivalentes e contraditórias. Por um lado, responsabiliza-se pelo aumento do suicídio o livre pensamento, o espírito filosófico, o ateísmo de parte da aristocracia, elemento de desmoralização; e, por outro, o excesso de fervor religioso, a exaltação e o fanatismo dos não conformistas e das seitas, elemento de desespero escatológico. Entre os dois, o clero anglicano, que se apresenta como modelo de equilíbrio, favorecendo uma religião razoável e nacional, contrária aos excessos, elemento de harmonia psicológica e social e a melhor garantia contra o suicídio.

OS FILÓSOFOS: FAVORÁVEIS AO SUICÍDIO?

No continente, e na França em particular, a situação é aparentemente mais simples e mais maniqueísta. Dois campos se defrontam: o da moral tradicional, defendido em conjunto pela Igreja Católica e pelo Estado absolutista, e o da moral racional, conciliadora e crítica, baseado em valores mais humanos do que religiosos, defendido pelos partidários do "espírito filosófico". Os primeiros acusam os últimos de defender a desmoralização e a corrupção dos costumes, ao corroer as bases divinas da moral, e de favorecer o suicídio livre, elemento de desagregação social.

Visão caricatural que não resiste a uma análise mais precisa. Aqueles a quem chamamos de filósofos das Luzes estão, na verdade, muito longe de ser apologistas do suicídio. A posição deles a respeito desse problema é variável e escapa a qualquer tentativa de sistematização. Aliás, eles se recusam a ser considerados defensores da morte voluntária. Se as pessoas se matam, dizem eles, não é por causa de argumentações filosóficas, é porque elas sofrem, física ou mentalmente. "Não são os aforismos que incitam os homens a tomar uma decisão tão violenta", escreve D'Holbach (um dos mais tolerantes em relação ao suicídio);

> é um temperamento alterado pelos sofrimentos, é uma constituição biliosa e melancólica, é um defeito estrutural, é uma desregulação da máquina, é a necessidade, e não especulações racionais, que despertam no homem a decisão de

se matar. Enquanto lhe sobrar lucidez, ou enquanto houver esperança – esse bálsamo supremo de todos os males –, não há nada que o induza a trilhar esse caminho.[14]

Basta examinar a conduta pessoal desses "gurus" para constatar que eles quase nunca dão o exemplo com atitudes suicidas. Quantos filósofos se deram a morte? Entre os mais renomados, nenhum. É preciso esperar 1794, com o suicídio de Chamfort, por motivos muito pouco filosóficos; os outros, em número reduzido, são nomes obscuros como Pidansat de Mairobert. O suicídio do sueco Johann Robeck teve grande repercussão, mas é um caso único. Aliás, o sujeito é praticamente desconhecido. Luterano convertido ao catolicismo que tentara entrar na Companhia de Jesus, ele desponta, sobretudo, como um espírito frágil. Em 1735, escreve um tratado em latim justificando o suicídio, *De morte voluntaria philosophorum et bonorum vivorum* [Sobre a morte voluntária dos filósofos e dos homens de bem]. Mal terminara de escrever o livro, ele se veste com seus trajes mais bonitos, pega um barquinho em Brême, afasta-se da costa remando, depois desaparece. Seu corpo será encontrado na praia alguns dias depois, e seu tratado será publicado no ano seguinte.

O caso é espetacular, mas será que podemos transformá-lo em exemplo da atitude filosófica? Os filósofos iluministas amam demais a vida para imitar esse gesto desesperado. Mesmo Rousseau, tantas vezes miserabilista,[15] não é atraído pela aventura. Confrontados com o dilema de Hamlet, os filósofos escolhem maciçamente "ser". Eles não se decidem, de modo algum, a morrer por ideias. O martírio e o sacrifício da vida são, na verdade, sinais de fanatismo que eles combatem: "Eu aceitaria ser o confessor da verdade, não o mártir", escreve Montesquieu. E Voltaire corrobora: "Não quero aumentar o número de mártires". O filósofo de Ferney reserva apenas sarcasmos para os fanáticos que se deixam matar para defender suas ideias: Polyeucte é um "trouxa", da mesma maneira que os fanáticos do ateísmo, "loucos que têm de ser internados nos asilos". Os suicidas ilustres da Antiguidade tampouco

---

14 D'Holbach, op. cit., I, p.262-3.

15 Adepto do miserabilismo, tendência literária e artística que se caracteriza pela representação sistemática da miséria humana. (N. T.)

lhe inspiram admiração: a história de Lucrécia é uma fábula que Cunegundes evita imitar. Para outros, como Regnard, ela é objeto de gozações picantes.

O próprio Sócrates não escapa da crítica: em 1763, os espectadores de uma tragédia aplaudem seu amigo Críton, que o aconselha a fugir,[16] e ele praticamente não tem imitadores no século XVIII: o filósofo Wolf, ameaçado pelo rei da Prússia de ser enforcado se não deixasse a universidade de Halle, onde propagava o ateísmo, apressa-se a desaparecer. O italiano Radicati, que emigrara para a Inglaterra, escreve:

> É uma máxima geralmente aceita por este século esclarecido que um homem sábio não deve jamais se expor ao menor perigo por querer instruir o populacho, ou para refutar uma opinião dominante, por mais perniciosa que ela seja para a sociedade. Pois são vistas como ridículas e fantasistas as ideias patriotas das quais os heróis da Antiguidade se orgulhavam. Esses gregos e romanos famosos [...] agora seriam considerados loucos, indignos de viver em razão do mau exemplo que dariam aos homens.[17]

Em suma, os filósofos, por razões diferentes, preconizam a mesma atitude prática que a Igreja: continuemos vivos. Como os religiosos, eles também condenam o substituto do suicídio que é o duelo, e não encontram palavras duras o bastante contra essa perversão aristocrática, comparável aos sacrifícios humanos, segundo D'Holbach, e à antropofagia, segundo D'Argens; Diderot critica vivamente "as leis sanguinárias da questão de honra", contra as quais é preciso lutar mesmo utilizando os preconceitos religiosos. Voltaire, Rousseau, Bernardin de Saint-Pierre e Sedaine erguem-se contra o duelo, e acusam o clero de excesso de complacência em relação a ele. Eles ficam satisfeitos ao perceber que, com a ajuda da covardia, a frequência desses assassinatos rituais diminui, além de preconizar medidas mais severas que Gorguereau, um juiz de Paris, regulamenta em um tratado de 1791.[18]

---

16 *Correspondance littéraire, philosophique et critique par Grimm, Diderot, Raynal*, etc., Paris, 1877-1871, t.V, p.286.

17 Radicati, *Recueil de pièces curieuses sur les matières les plus intéressantes*, Roterdã, 1736, I, 15.

18 Em relação a este tema, veja Favre, *La Mort au siècle des Lumières*, Lyon, 1978, p.298-300.

Outro ponto de convergência entre os filósofos e a Igreja, mas sempre por razões diferentes: se não se deve procurar a morte, tampouco se deve temê-la. Os filósofos acusam o clero de cultivar o medo da morte por causa do que vem imediatamente depois, o julgamento, no contexto de uma pastoral do temor do inferno. Portanto, eles se esforçam em combater o imaginário do macabro. "A morte não é nada", escreve em 1757 Glénat em *Contre les craintes de la mort* [Contra os temores da morte]. Por sua vez, D'Holbach tenta desmistificar a passagem derradeira em *Réflexions sur les craintes de mort* [Reflexões sobre os temores da morte] e em *Système de la nature* [Sistema da natureza]; em 1766, Voltaire faz o mesmo em *Sophronime et Adelos* [Sofronima e Adelos]. D'Holbach sugere que se substitua a "imagem" pela "ideia" da morte, a visão aterrorizante e falsa pela noção intelectual. É a morte cristã que é terrível e desumana: "No leito de morte, igual a um criminoso, ele treme com a aproximação do juízo supremo. A ideia de um Deus bom ou vingativo o impede de se entregar aos últimos arroubos da natureza. Ele afasta friamente a família e os amigos e se dispõe a comparecer diante do tribunal supremo", escreve Sylvain Maréchal.[19]

Em contrapartida, o clero e os filósofos se unem para proclamar que a morte nos presta um grande serviço ao nos livrar das misérias da existência. É D'Holbach também que, em *Réflexions sur les craintes de la mort*, procura nos convencer de que "é bom estabelecer alguns princípios capazes de reduzir nosso apego à vida e, por conseguinte, de nos fazer encarar a morte com mais indiferença". A morte, diz ele, põe um ponto final na velhice e em suas misérias; nesta vida, o conjunto de desvantagens supera o de vantagens; mesmo aqueles que são ricos e respeitados são infelizes, pois ficam expostos à inveja e angustiados com as paixões; entre os homens, encontramos "um em dez mil" que é feliz. Assim, a morte "só pode gerar em proveito deles uma transformação geralmente vantajosa".

Quanto ao além, os filósofos estão divididos, embora todos se mostrem tranquilos. Os que creem em Deus se dizem convencidos de sua bondade: "Eu busco a imortalidade, e ela está dentro de mim. Alma minha, engrandecei! Precipitai-vos na imensidão! Voltai para o grande Ser", escreve Montesquieu. O Deus dos deístas não previu o inferno eterno, não é um Deus

---

19 Maréchal, *Dictionnaire des athées anciens et modernes*, Grabit, 1800, p.xx.

vingativo; portanto, podemos transpor a passagem com confiança, como nos convida Rousseau. Os materialistas são igualmente confiantes: "A morte é o fim de tudo", escreve La Mettrie; "depois dela, repito, um abismo, um nada eterno; tudo foi dito, tudo foi feito; o conjunto de vantagens e o conjunto de desvantagens é o mesmo; chega de se preocupar, chega de representar um personagem: a farsa acabou".[20] A morte é a entrada no nada, por definição inimaginável, mas cuja comparação mais tranquilizadora é o sono, um sono que não corre o risco dos pesadelos que faziam Hamlet hesitar.

Nessas condições, por que continuar hesitando? A posição dos filósofos se mostra, afinal, extremamente ambígua. Demonstrando pouco apreço pelo suicídio, ao mesmo tempo que retiram o caráter ameaçador da morte, eles só podem justificar a vontade de viver fazendo um balanço positivo da existência, o que não é o caso de todos, como vimos no exemplo de D'Holbach. Na verdade, cada um deles tem muita dificuldade de encontrar uma posição coerente. Por trás da tranquilidade de fachada, por trás do otimismo um pouco forçado, por trás dos sarcasmos e da indiferença, o complexo de Hamlet continua presente.

SUICÍDIO LITERÁRIO: AFETAÇÃO EPICURISTA OU EXORCISMO?

Uma característica muito perturbadora desse século aparentemente tão leviano é o fascínio que seus intelectuais sentem pela morte, característica ressaltada de forma admirável por Robert Favre na tese *La Mort au siècle des Lumières* [A morte no Século das Luzes]. O macabro está presente por toda parte na literatura, em especial as histórias de suicídio, com tramas muitas vezes horripilantes. Contudo, esses autores que se dizem livres das superstições, que não param de falar em morte voluntária, quase nunca põem fim à vida. Será que devemos enxergar nessa dialética atração-aversão uma forma de exorcizar a tendência ao suicídio de alguns autores, e, em outros, um jeito de sentir medo para apreciar mais os prazeres da vida, uma suprema afetação epicurista, como sugere Robert Favre? Não é impossível.

---

20 La Mettrie, Système d'Épicure, *Œuvres philosophiques*, Berlim, 1774, p.257.

Primeira constatação: as pessoas se matam às centenas na literatura, sem uma palavra de censura. É impossível recapitular aqui todas as mortes voluntárias que pululam nos romances de Bastide, Bernardin de Saint-Pierre, Charpentier, Madame de Charrière, Diderot, Dubois-Fontanelle, Florian, La Dixmerie, La Haye, Léonard, Lesage, Loaisel de Tréogate, Louvet, Mademoiselle de Lussan, Marivaux, Marmontel, Mouhy, o abade Prévost, Regnard, Restif de La Bretonne, Madame de Riccoboni, Madame de Tencin, Madame de Villedieu e Voltaire. Albert Bayet fez um esboço sumário dessas mortes, classificando-as segundo os motivos: suicídios altruístas, suicídios destinados a salvar a honra, suicídios devidos ao remorso ou ao desejo de expiação, suicídios por amor.[21] Ele realizou a mesma tarefa a propósito do teatro, concluindo o seguinte:

> Desse modo, a tragédia agonizante ensina a mesma moral que ensinava em seu surgimento. O abade Desfontaines tem razão em criticá-la por diminuir a "repulsa pelo suicídio". Não somente as peças a que acabamos de assistir não fazem dele um tema horripilante, mas elas o apresentam, em casos bem específicos, como a solução normal, elegante ou obrigatória.[22]

Como no século XVII, a tragédia fornece formas sedutoras exaltam a beleza do gesto suicida:

> *Quando se perdeu tudo, quando não existe mais esperança,*
> *A vida é um opróbrio, e a morte um dever.*[23]

> *É a última formação de heróis desarmados.*[24]

> *... a morte não passa de um instante*
> *Que o coração nobre desafia e que o covarde espera.*[25]

---

21 Bayet, op. cit., p.636-40.
22 Ibid., p.644.
23 *Mérope*, II, 7.
24 Marivaux, *Annibal*, V, 9.
25 Crébillon, *Catilina*, V, 6.

O DEBATE SOBRE O SUICÍDIO NO SÉCULO DAS LUZES

Quando um perigo premente nos deixa desamparados,
Merecer a morte não é esperá-la de outro:[26]

Não deixemos que o povo seja juiz do meu destino,
Mas sim, como cristão nos entreguemos à morte.[27]

Trêmulos, os criminosos são arrastados ao suplício.
Os mortais generosos dispõem da sua sorte.
Por que esperar a morte das mãos de um senhor?
Será que o homem nasceu então para ser tão dependente?[28]

É Voltaire, na fala de Alzira, que resume o sentimento geral que emanava das tragédias do Século das Luzes:

Ora, esse Deus a quem sirvo me deixa sem saída!
Proibindo que minhas mãos atentem contra meus dias!...
Eia! Que crime é esse então perante esse Deus ciumento
Apressar um momento que ele a todos prepara?
Ora, do cálice amargo de uma desgraça tão duradoura
É preciso beber em longos goles a borra insuportável?
Este corpo vil e mortal é, então, tão sagrado
Que o espírito que o move não pode deixá-lo a seu bel-prazer?[29]

Mesmo os autores conhecidos por sua superficialidade às vezes se deixam levar por reflexões desesperadas, como Marivaux em *Spectateur français* [Espectador francês].[30] Relatos agradáveis como *As cartas persas* estão recheados de massacres e passagens mórbidas: a respeito deles, Robert Favre usou a frase "delírio de suplícios e sangue".[31] Circulam histórias sobre a suposta morte brutal de personagens reais: o suicídio de Rousseau, a morte de Prévost durante uma autópsia, a loucura de Gilbert, a agonia de Voltaire.

---

26 Decaux, *Marius*, V, 4.
27 Lanoue, *Mahomet*, II, 4, 7.
28 *L'Orphelin de la Chine*, V, 1.
29 Voltaire, *Alzire*, V, 3.
30 Favre, op. cit., p.439.
31 Ibid., p.430.

A literatura também aposta bastante no mito da morte, como se os autores procurassem sentir medo:

> Nada mais são que falsos suicídios, perigos inventados, assassinatos malogrados, sepultamentos prematuros e miraculosamente corrigidos, apatias providenciais, suplícios interrompidos, salvação alcançada contra toda probabilidade, fantasmas falsos.[32]

A técnica do falso suicídio não é utilizada apenas na literatura, mas também experimentada por alguns artistas e autores: Hubert Robert adora sentir medo escalando as ruínas do Coliseu ou se perdendo nas catacumbas. Outros simulam o enforcamento, cujo caráter afrodisíaco foi ressaltado pelos médicos Bichat e Cabanis,[33] e que o marquês de Sade utilizará em seus romances, como *A nova Justine*: "Experimentar a morte para despertar a consciência da vida e o gozo que está vinculado a ela é uma experiência que a literatura põe ao alcance de todos. [...] Na verdade, não é esse o desejo muito antigo de fazer uma viagem ao país da morte e retornar?",[34] pergunta-se Favre.

Vale tudo para evocar a morte: a moda das ruínas, dos jazigos e dos monumentos funerários que decoram os parques à inglesa, que favorece a reflexão hedonista sobre a passagem do tempo e o vazio da vida; a prática do devaneio em um retiro selvagem, no coração dos Alpes, como preconiza Senancour, que permite entrar em contato com "essa dura necessidade que cria para desfazer" que o outono evoca, refletir sobre todas as desgraças que entristecem a condição humana, para, segundo Feucher d'Artaize, "tornar a morte menos hedionda". O "desejo de morte" é um dos sentimentos expressos com mais regularidade nos círculos intelectuais do século XVIII, do abade Barthélemy, que escreve em 1770: "Confesso que estou muito cansado de viver e que não teria nenhuma dificuldade em morrer", a Rousseau, que declara em 1770: "Se me oferecessem aqui embaixo a possibilidade de escolher o que eu quero, eu responderia: a morte".

---

32 Ibid., p.426.
33 Bichat, *Recherches physiologiques sur la vie et la mort*, Paris, 1800; Cabanis, *Rapports du physique et du moral de l'homme*, Paris, 1802, 2v.
34 Favre, op. cit., p.428-9.

Como complemento, é de bom-tom arrepender-se de ter nascido, de ter entrado neste mundo infeliz. "Malditos aqueles de quem eu nasci", escreve Gilbert, que, ao lado de muitos outros, repete as palavras de Jó. Portanto, o mínimo que se pode fazer é se recusar a transmitir a vida: "Por que dar a vida àquele que se parecerá convosco?", pergunta Madame de Staël; e Dorval, um herói de Diderot, desespera-se com a ideia de se tornar pai, de jogar um ser "em uma confusão de preconceitos, extravagâncias, vícios e misérias". Diderot, que no entanto se opõe ao suicídio, resumiu em uma carta a Sophie Volland uma definição da vida que parece ser amplamente partilhada por seus contemporâneos:

> Nascer na imbecilidade, em meio à dor e aos gritos; ser o joguete da ignorância, do erro, da necessidade, das doenças, da maldade e das paixões; retornar, passo a passo, à imbecilidade; do momento em que balbuciamos até o momento em que deliramos, viver entre patifes e charlatães de todo tipo, morrer entre um homem que lhe apalpa o pulso e outro que lhe perturba a cabeça; não saber de onde viemos, por que viemos ou para onde vamos: eis aí o que chamamos de presente mais importante de nossos pais e da natureza: a vida.

A constatação é surpreendente e subverte as imagens tradicionais do Iluminismo: desde que Robert Favre nos apresentou as provas, sabemos que o século XVIII é pessimista. Preparando o romantismo, esse século flerta com a ideia da morte, e o suicídio seria um de seus temas de reflexão favoritos. Isso pode assumir o comportamento de um jogo literário obscuro, apreciado pelas pessoas distintas que se vangloriam em imitar as novidades vindas do outro lado da Mancha. Mesmo os autores que condenam publicamente a morte voluntária não escapam desse contágio.

O caso do abade Prévost é um bom exemplo. Um abade estranho, de resto, muito pouco apegado aos preceitos religiosos, como haverá muitos nesse século, de Meslier a Syeyès. Antigo aluno dos jesuítas, ele ingressa primeiro no exército e depois na Companhia de Jesus, abandonando-a por uma aventura amorosa. Volta ao exército, depois ingressa na ordem dos beneditinos após um período de grande devassidão. Pregador e professor de Teologia durante algum tempo, ele foge do mosteiro e vai para a Inglaterra, para escapar a uma ordem de prisão; tendo se tornado preceptor, e expulso mais uma vez por se envolver com uma mulher, ele parte para a Holanda e volta à Inglaterra, onde passa a viver com uma bela aventureira. De retorno à França, graças à proteção do príncipe de Conti, de quem se torna capelão, endividado até o pescoço e com a ameaça de ir para a Bastilha, ele foge para Bruxelas e depois para Frankfurt. Regressando a Paris coroado pelo sucesso literário, retoma parcialmente a vida religiosa, vindo a morrer de derrame cerebral em 1763 na floresta de Chantilly.

O caráter macabro e sangrento muito acentuado dos romances e contos desse personagem ambíguo e desconcertante, aterrorizado e fascinado pela morte, impressionou seus contemporâneos. Em suas obras, as pessoas matam e se matam com crueldade e deleite; os suicídios são numerosos e aparentemente inevitáveis, fatais, ao passo que em suas obras morais ele estampa uma dura condenação desse ato. Seu jornal *Le Pour et le Contre* reúne histórias, em geral trágicas, que terminam em lições de moral extremamente tradicionais que, escritas pelo mesmo autor de *Manon Lescaut*, não deixam de causar surpresa.

O suicídio de um pastor anglicano em 1734 lhe oferece a oportunidade de realizar uma "reflexão sobre o suicídio", na qual ele mostra que a morte voluntária é, em todos os casos, um pecado grave. Se somos cristãos, escreve ele, devemos temer a condenação eterna, e, portanto, se matar é insensato: "O cristão que se mata é um desequilibrado". Ou então temos uma postura filosófica, e, nesse caso, quem põe fim aos seus dias é louco. De fato, o que ele pode esperar se suicidando? "Tomado simplesmente em si mesmo, esse desejo é um absurdo que não condiz com nenhuma postura esclarecida". Ter mais prazeres? Se ele os espera do acaso, tem muito poucas chances de sucesso, além de abandonar o certo pelo muito duvidoso; se os espera de Deus, não tem chance nenhuma, pois ele constrange o Criador. Livrar-se dos sofrimentos? Isso é algo totalmente ilusório, pois, nesse caso, seria preciso que a morte resultasse no nada, "o que, entre todas as ilusões, talvez seja a menos crível". Em vez disso, ele deve contar com o aumento dos sofrimentos, como castigo. "O autor destas reflexões conclui que elogiar aqueles que se dão voluntariamente a morte é demonstrar respeito por loucos e desequilibrados".[35]

---

35 *Le Pour et le Contre*, t.IV, Paris, 1734, p.64.

O DEBATE SOBRE O SUICÍDIO NO SÉCULO DAS LUZES

Estranho personagem, que parece mergulhado na incoerência, e a respeito do qual nos perguntamos o que ele poderia esperar desse além que ele se recusa a considerar como um nada. Do suicídio que ele estampa em seus romances e que condena em *Le Pour et le Contre*, qual exorciza o outro? Deve-se aceitar, decerto, a ambiguidade de Prévost, que, encarnando seu tempo, hesita entre a vida e a morte, entre o refinamento e a vulgaridade, entre a fé e o ateísmo.

AS EXPLICAÇÕES DE MONTESQUIEU

Todos os filósofos se interessam pelo suicídio, mas se alguns os condenam firmemente, e se alguns outros, provocando escândalo, reivindicam a total liberdade de dispor da própria vida, a maioria deles – e os mais famosos – se questiona, hesita, se contradiz, fica no meio-termo.

A postura de Montesquieu ilustra bem essas nuances. Em três ocasiões, ele evoca o problema do suicídio de ângulos diferentes. Em 1721, dedica ao tema a décima sexta carta persa, na qual critica violentamente a repressão judicial do suicídio:

> As leis europeias contra aqueles que se matam são terríveis: fazem que eles morram, por assim dizer, uma segunda vez: são arrastados indignamente pelas ruas; são caluniados; seus bens são confiscados. Parece-me, Ibben, que essas leis são muito injustas. Quando estou acabrunhado pela dor e pelo desprezo, por que querem me impedir de pôr fim aos meus sofrimentos e me privar cruelmente de um remédio que está ao meu alcance?[36]

Montesquieu está preocupado em demonstrar que o suicídio não prejudica nem a sociedade nem a Providência. A sociedade, segundo ele, baseia-se em um benefício mútuo: se eu não me beneficio mais com esse contrato, tenho a liberdade de me retirar. A vida me foi dada como um bem; se eu não a sinto mais como um bem, posso devolvê-la. Segunda objeção: ao separar a alma do corpo, que Deus uniu, a pessoa desorganiza a Providência. Resposta:

---

36 Montesquieu, *Les Lettres persanes*, carta 76.

Quando minha alma se separar de meu corpo, haverá menos ordem e menos harmonia no universo? Acreditais que essa nova combinação seja menos perfeita e menos dependente das leis gerais? Pensais que meu corpo, que se tornou uma espiga de trigo, um verme, um gramado, terá se transformado em uma obra da natureza menos digna dela? E que minha alma, livre de tudo que havia de terreno nela, terá se tornado menos sublime?

Na verdade, é a arrogância que nos convence de que somos tão importantes a ponto de nossa morte alterar a ordem da natureza.

Portanto, a carta não se manifesta a respeito das motivações do suicídio, limitando-se a mostrar que ele não é um delito. No entanto, na edição de 1754, Montesquieu acrescenta prudentemente uma décima sétima carta, uma resposta curta, tímida e formal de Ibben a Usbek: nossas desgraças servem para expiar nossas ofensas, e nós devemos nos submeter ao Criador, que decidiu unir nossa alma ao nosso corpo.

Em 1734, Montesquieu retoma o tema do suicídio em *Considérations sur les causes de la grandeur des Romains et de leur Décadence* [Considerações sobre as causas da grandeza dos romanos e de sua decadência]. Ele analisa os suicídios de romanos, mas não parece partilhar o entusiasmo dos admiradores da Antiguidade. Ao menos estabelece diferenças:

> Brutus e Cássio se mataram com uma precipitação indesculpável; e não se pode ler essa passagem de suas vidas sem sentir pena da república, que foi, assim, abandonada. Catão se deu a morte no fim da tragédia; eles a iniciaram, de alguma forma, com a morte deles.[37]

Por que tantos romanos se matavam? Por causa da influência do estoicismo, da tradição das vitórias e da escravidão, que tornava a derrota insuportável para os comandantes, do desejo de escapar dos julgamentos e do confisco dos bens, de "uma espécie de questão de honra" e de "uma bela oportunidade de ser herói". Além do mais, levados pelo entusiasmo, eles cometiam suicídio sem sequer pensar na morte. Não existe aqui juízo de valor. Montesquieu termina essa passagem com uma análise psicológica da

---

37 Id., *Considérations sur les causes de la grandeur des Romains et de leur décadence*, XII.

O DEBATE SOBRE O SUICÍDIO NO SÉCULO DAS LUZES

atitude suicida, que, explica ele, não é de modo algum uma busca da morte, mas um gesto supremo de amor por nós mesmos:

> O amor-próprio, o amor por nossa conservação, se transforma de tantas maneiras, e atua por meio de princípios tão opostos que nos leva a sacrificar nosso ser por amor dele; e nos temos em tão alta conta que consentimos em deixar de viver, por meio de um instinto natural e obscuro que faz que nos amemos mais do que a nossa própria vida.

Catorze anos mais tarde, Montesquieu acrescenta um diagnóstico médico, examinando desta vez, em *O espírito das leis*, a "doença inglesa", cuja existência ele não contesta de modo algum, e que atribui aos efeitos psicológicos do clima:

> Não percebemos, nas histórias, que os romanos tenham se matado sem motivo; mas os ingleses se matam sem que se possa imaginar nenhuma razão que os induza a fazê-lo, eles se matam até em plena felicidade. Entre os romanos, esse gesto resultava da educação, estava relacionado a seu modo de pensar e às suas tradições: entre os ingleses, ele resulta de uma doença; está relacionado ao estado físico da máquina, e independe de qualquer outra causa. Aparentemente é um defeito de filtragem do suco nervoso; a máquina, cujas forças motrizes se veem a todo momento sem ação, está cansada de si mesma; a alma não sente dor, mas uma certa dificuldade de viver. A dor é um mal local que provoca o desejo de que essa dor cesse: o peso da vida é um mal que não tem nenhuma razão específica, e que nos provoca o desejo de ver o fim desta vida.[38]

Essa análise permite que Montesquieu insinue uma crítica social, ao ressaltar que se "as leis civis de alguns países têm motivos para estigmatizar o homicídio de si mesmo", na Inglaterra não se pune mais, pois se considera que todos os suicidas são loucos – o que, como vimos, não é inteiramente correto. Portanto, longe de fazer a apologia da morte voluntária, Montesquieu se limita a analisar as razões que levam os indivíduos a se suicidar em algumas culturas e a exigir a abolição da repressão desse ato.

---

38 Id., *De l'esprit des lois*, XIV, 12.

VOLTAIRE: "NÃO É PRÓPRIO DAS PESSOAS AMÁVEIS SE MATAR"

Voltaire, que ridiculariza abertamente Lucrécio, não é mais entusiasta. Ele reserva seus sarcasmos às sanções religiosas e civis que atingem o cadáver e penalizam a família do suicida. O suicídio, em si mesmo, o intriga, despertando muito mais sua curiosidade que sua simpatia. Ele o menciona muitas vezes, documentando-se e buscando as razões que induzem certas pessoas a deixarem esta vida à qual ele é tão apegado. Seu temperamento, na verdade, o predispõe pouco à morte voluntária, salvo em alguns períodos em que ele fica particularmente acabrunhado com o espetáculo da burrice humana: "Desejo morrer", escreve em 1753. De tanto ruminar os horrores que pululam na história e na sociedade contemporânea, ele sente nojo da vida, que parece tão absurda, "plena de ruídos e de fúria, sem nenhum significado"; ele assume às vezes tons shakespearianos para denunciar a armadilha da existência, insuportável e, no entanto, tão difícil de deixar. A humanidade não passa de uma "reunião abominável de criminosos infelizes", vivendo nesse pequeno globo que "contém apenas cadáveres". Ela é um formigueiro, onde a única coisa que conta é a sobrevivência do todo: "Somos formigas continuamente esmagadas e substituídas; e para que essas formigas reconstruam suas casas, e para que elas inventem algo que se pareça a uma polícia e a uma moral, quantos séculos de barbárie!"[39]

Ter uma visão tão lúcida da humanidade e não ceder à tentação do niilismo dá prova de um temperamento excepcional. O próprio Voltaire parece às vezes surpreso com isso. Retomando La Fontaine, ele escreve em 1764:

É melhor sofrer que morrer,
Esse é o lema dos homens.

Lema que pode parecer o cúmulo do absurdo: por que teimar em assistir a uma peça que julgamos detestável, e mesmo em participar dela às vezes? Se havia alguém que tinha mil razões para cometer um suicídio filosófico, esse alguém era Voltaire. E, no entanto, ele nunca considerou essa saída, como também o fariam os existencialistas. Não são aqueles que criticam o

---

39 Voltaire, nota escrita à margem de *Lois de Minos*.

absurdo mais irreparável deste mundo que o deixam voluntariamente, e sim aqueles que são mais apegados a seus valores. A lucidez com certeza impede que os primeiros sejam vítimas de desilusões, fontes de desespero. Segundo Frederico II, Voltaire teria tentado se matar uma vez, mas o caso foi logo esquecido: "seja por tenacidade, por covardia ou por sabedoria", escreve o patriarca de Ferney, ele se mantém vivo durante 84 anos. Seu principal estimulante é a ironia e o sarcasmo, a determinação de denunciar a farsa odiosa que é a história do mundo, de "fazer os homens se voltarem para si mesmos e fazê-los sentir que, na verdade, eles não passam de vítimas da morte, que devem ao menos se consolar uns aos outros".[40] Ridicularizar a humanidade é a melhor maneira de não participar de seu absurdo: "Eu me deito sempre com a esperança de ridicularizar o gênero humano ao despertar. Quando essa capacidade me faltar, será um sinal incontestável de que devo partir".[41] Esse remédio contra o desespero é poderoso, como reconhece Diderot, que, ao terminar *Essai sur les mœurs* [Ensaio sobre os costumes], agradece a Voltaire por ter lhe ensinado a se "indignar".

É no artigo "Sobre Catão e o suicídio" do *Dictionnaire philosophique* [Dicionário filosófico] que Voltaire trata da morte voluntária de maneira mais extensa. Partindo de casos concretos, ele esboça uma análise das razões que levam certas pessoas a se matar. Não haveria uma parcela de hereditariedade? Eu "quase assisti", ele escreve em 17 de outubro de 1769, ao suicídio de um homem sério, de idade madura, sem envolvimentos amorosos e que não estava na miséria; ele deixou um bilhete fazendo a apologia do suicídio, que não foi publicado de medo que ele provocasse uma epidemia. No entanto, o pai e o irmão também tinham se matado com a mesma idade:

> Que a natureza disponha a tal ponto os órgãos de uma linhagem inteira que em uma certa idade todos os membros dessa família terão a predisposição de se matar é um problema que nem toda a sagacidade dos anatomistas mais atentos é capaz de resolver. Decerto o efeito é inteiramente corpóreo, mas é uma corporalidade oculta. Ora! Qual é o princípio secreto que não está oculto?

---

40 Id., *Précis du siècle de Louis XIV.*
41 *Voltaire's Correspondance*, org. Besterman, 103 v., n.14519, Genebra, 1953-1965.

O "oculto", no caso, é a antevisão do código genético.

Outros exemplos: Philippe Mordaut, primo do conde de Peterborough, um jovem de 27 anos, bonito, rico, amado, com tudo para ser feliz, que mete uma bala na cabeça porque "sua alma estava cansada do seu corpo"; Richard e Bridget Smith, dois pobres coitados, que se enforcam e deixam um bilhete expressando a confiança de que Deus os perdoará; lorde Scarborough, que se mata pois se vê diante de uma situação insuportável, entre uma amante que ele ama e que não pode desposar e uma noiva a quem prometeu casamento. Tédio vital, pobreza, paixão contrariada, essas parecem ser as causas mais frequentes. Esses exemplos vêm da Inglaterra. Porém, mais perspicaz do que Montesquieu, Voltaire não atribui nenhuma importância à explicação "climática" e ao mito da "doença inglesa". Segundo ele, a ilusão vem do fato de que as gazetas inglesas noticiam livremente os casos de suicídio, ao passo que os jornais franceses são censurados e proibidos de abordar o assunto. Se noticiássemos todos os casos, "poderíamos, nesse aspecto, ter a infelicidade de fazer frente aos ingleses".

Contudo, não há motivo de pânico nem se deve temer nenhuma epidemia de suicídio: "A natureza pensou em tudo; a esperança e o medo são recursos poderosos de que ela se serve para conter muitas vezes a mão do infeliz prestes a se abater sobre si". O homem é feito de tal maneira que prefere suportar todos os sofrimentos em vez de pôr fim à vida: "Os apóstolos do suicídio nos dizem que é permitido deixar a casa quando se está cansado dela. Muito bem, mas a maioria dos homens prefere dormir em uma casa horrorosa do que passar a noite ao relento". É isso que também constata a Velha em *Cândido*: "Quis me matar uma centena de vezes, mas ainda amava a vida. Essa fraqueza ridícula talvez seja uma das nossas tendências mais funestas. Pois existe algo mais idiota do que querer carregar eternamente um fardo que sempre se quis lançar por terra?".

A força do instinto de sobrevivência é tamanha que é preciso uma extraordinária firmeza de caráter para se matar. É por isso que Voltaire rejeita a acusação de covardia utilizada com frequência contra aqueles que se suicidam: "É preciso uma alma forte para superar assim o instinto mais poderoso da natureza. Essa força é às vezes a força de uma pessoa impetuosa; mas isso não a torna uma pessoa frágil". E Voltaire reconhece a grandeza d'alma dos ilustres suicidas romanos, grandeza a tal ponto inconcebível que ele se permite

O DEBATE SOBRE O SUICÍDIO NO SÉCULO DAS LUZES

duvidar da verdade histórica dos fatos: "Ninguém há de negar que a abnegação de Codrus seja bela, na hipótese de ela ser verdade", e embora Catão seja "o orgulho eterno de Roma", a história de Lucrécia é uma lenda. Quando ao filósofo Lucrécio, Voltaire o felicita repetindo as palavras de Memmius: "Ele tinha sofrido e não sofre mais. Ele usou do direito de sair da casa quando ela está prestes a ruir. Vive enquanto tiveres uma esperança legítima: perdeste-a, morre; era a sua regra, é a minha". A conduta de Arria é "sublime", e quando ele toma conhecimento do suicídio dos amantes de Lyon, escreve: "Isso é mais corajoso que Arria e Petus". Em contrapartida, ele conta que teriam ouvido o cardeal Dubois dizer a si mesmo: "Mata-te então! Covarde, tu não ousarias".

No entanto, Voltaire também consegue enxergar os casos específicos de suicídio, sobretudo o das moças que "se afogam e se enforcam por amor": seria melhor que elas "dessem ouvidos à esperança de transformação, tão comum no amor como nos negócios". Em uma carta de 1754 à sra. du Deffand a propósito de uma jovem "a quem os jesuítas tinham virado a cabeça e que, para se livrar deles, partira para o outro mundo", ele escreve: "É uma escolha que eu não faria, pelo menos por ora, pois obtive rendas vitalícias de dois soberanos, e ficaria inconsolável se minha morte enriquecesse duas cabeças coroadas". É com o mesmo tom ligeiro que ele trata a carta sobre o suicídio que encontramos em *A nova Heloísa* de Rousseau:

> Suas instruções são admiráveis. Ele sugere, de início, que nos matemos; e afirma que Santo Agostinho é o primeiro a ter pensado que não era sensato procurar a morte. Segundo ele, assim que o tédio se instaura, deve-se morrer. Mas, mestre Jean-Jacques, é muito pior quando nos entediamos! O que devemos fazer, então? Responda-me. Se acreditássemos no que dizes, todas as pessoas pobres de Paris se despediriam deste mundo.[42]

Para Voltaire, muitos suicídios também estão relacionados à loucura, ao passo que outros revelam uma "doença" que induz a pessoa a se matar por motivos injustificáveis. Um dos elementos favoráveis ao desenvolvimento de tendências suicidas é a ociosidade, de modo que "um jeito quase

---

42 Voltaire, Lettres à Monsieur de Voltaire sur la Nouvelle Héloïse, em *Mélanges*, Enc. La Pléiade, Paris, 1961, p.404.

infalível de não ceder à tentação de vos matardes é ter sempre alguma coisa para fazer". É por essa razão que as pessoas se matam mais na cidade: "O camponês não tem tempo de ser melancólico. São os ociosos que se matam. [...] a solução seria um pouco de exercício, a música, a caça, a comédia, uma mulher amável". De todo modo, caso decida se matar, deixe sempre transcorrer oito dias antes passar ao ato. Seria muito surpreendente que o instinto de conservação não se impusesse depois desse prazo.

Em relação aos amigos que têm a tentação de pôr fim aos seus dias, Voltaire multiplica os apelos: "Não é próprio das pessoas amáveis se matar, isso faz parte dos espíritos insociáveis como Catão, Brutus [...], mas, quanto às pessoas bem-educadas, é preciso que elas continuem vivas", escreve ele ao inglês Crawford.[43] Ele reconforta diversas vezes a sra. du Deffand, que tem tendência a cair na melancolia. Quando fica sabendo do suicídio de alguém conhecido, ele lamenta; chega a ficar muito abatido ao saber da morte do amigo Jean-Robert Tronchin, mas se esforça em compreender: "Em geral, não culpo ninguém", escreve.[44] Não é sem uma ponta de ironia, é óbvio, que ele se abstém ostensivamente de criticar um de seus antigos mestres jesuítas: "Não pretendo perscrutar os motivos de meu antigo superior, o padre Bennassès, jesuíta, que se despede de nós à noite e que, na manhã seguinte, depois de rezar a missa e lacrar algumas cartas, se jogou do terceiro andar. Cada um tem seus motivos para fazer o que faz".[45]

A liberdade: nessa esfera como nas outras é, em definitivo, a palavra final da sabedoria:

> Recebi certo dia uma carta circular de um inglês na qual ele oferecia uma recompensa a quem provasse da melhor maneira possível que é preciso se matar quando a ocasião se apresenta. Não lhe respondi. Não tinha nada a lhe provar: bastava que ele examinasse se amava mais a morte do que a vida.[46]

O suicídio é um caso de liberdade individual. Ele não prejudica nem Deus, nem a natureza, nem a sociedade. Quando o Ingênuo, desesperado, pergunta:

---

43 *Voltaire's Correspondance*, op. cit., n.15692.
44 Ibid., n.18473.
45 Voltaire, *Dictionnaire philosophique*, art. De Caton et du suicide.
46 Ibid.

"Pensais, portanto, que existe alguém na Terra que tenha o direito e o poder de me impedir de pôr fim à vida?", Gordon evita exibir-lhe os lugares-comuns batidos por meio dos quais se tenta provar que não é permitido usar a liberdade para deixar de existir quando se está muito mal, que não se deve deixar a casa quando não se pode mais permanecer nela, que o ser humano está na Terra como um soldado em seu posto: como se importasse ao Ser dos seres que a reunião de uma porção qualquer de matéria ocorresse em um lugar ou em outro; motivos inúteis que um desespero inquebrantável e consciente se recusa a ouvir, e aos quais Catão responde apenas com uma punhalada.[47]

O suicídio não prejudica a sociedade, ou então, "se o suicídio prejudica a sociedade, eu pergunto se os homicídios voluntários e legitimados por todas as leis que se cometem na guerra não prejudicam um pouco mais o gênero humano".[48] Afinal, "a República não sentirá minha falta, como não sentiu antes que eu nascesse". Retomando o antagonismo entre Montaigne e Pascal a propósito do suicídio, Voltaire repete a argumentação:

> Filosoficamente falando, que mal faz à sociedade um homem que a deixa quando não pode mais servi-la? Um velho tem pedra no rim e sofre de dores insuportáveis; dizem a ele: "Se não deixardes que se extraia a pedra, ireis morrer; se a extrairmos, podereis ainda passar um ano tartamudeando, babando e se arrastando, entregue a si mesmo e aos outros". Suponho que o velhote decida, então, não depender mais de ninguém: eis aí, aproximadamente, o caso apresentado por Montaigne.[49]

Nem os textos cristãos originais nem as leis romanas proibiram o suicídio. Voltaire retoma essa questão em *Commentaire sur le livre Des délits et des peines* [Comentário sobre o livro Dos delitos e das penas], a propósito do tratado de Beccaria. Para alcançar seus objetivos, ele utiliza o tratado de Duvergier de Hauranne, que mostra que a proibição de matar permite todas as exceções possíveis assim que os dirigentes da sociedade sentem a necessidade disso.

---

47 Id., *L'Ingénu*, cap.xx.
48 Id., nota sobre o ato V de *Olímpia*.
49 Id., Sur les Pensées de Monsieur Pascal, *Lettres philosophiques*, XXX.

Sacrificar a própria vida também é aprovado quando se trata de defender o Estado, a pátria, o soberano. Por que seria proibido por conveniência pessoal? "Não pretendo fazer aqui a apologia de um ato que as leis condenam; mas nem o Antigo nem o Novo Testamento jamais proibiram que o homem deixe a vida quando não pode mais suportá-la. Nenhuma lei romana condena a morte de si mesmo."[50]

As sanções aplicadas contra o cadáver e a família são, portanto, intoleráveis:

> Continuamos arrastando o cadáver em uma grade, continuamos atravessando com uma estaca o cadáver de um homem que morreu por vontade própria; tornamos sua memória indigna; desonramos sua família o mais que podemos; punimos o filho por ter perdido o pai, e a viúva por estar privada do marido. Confiscamos até os bens do morto, o que, na verdade, convém ao patrimônio dos vivos, aos quais ele pertence. Esse costume, como vários outros, deriva do direito canônico, que priva da sepultura aqueles que morrem de morte voluntária. A conclusão disso é que não se pode herdar de um homem que supostamente não tem herança no Céu. O direito canônico, no capítulo *De poenitentia* [Sobre a penitência], assegura que Judas comete um pecado maior se estrangulando do que vendendo Nosso Senhor Jesus Cristo.[51]

Voltaire está em seu elemento: denunciar o absurdo das leis penais do Antigo Regime, cuja iniquidade está em condições de demonstrar. Por isso, retoma o assunto em *Prix de la justice et de l'humanité* [O valor da justiça e da humanidade], declarando que os suicidas

> pouco se importam, quando estão bem mortos, que a lei da Inglaterra ordene que eles sejam arrastados pelas ruas com uma estaca atravessada no corpo ou que, em outros Estados, os bondosos juízes criminalistas os mandem pendurar pelos pés e confisquem seus bens, mas para os herdeiros isso é importante. Não vos parece cruel e injusto privar o filho da herança do pai, apenas porque ele é órfão?[52]

---

50 Id., *Commentaire sur le livre Des délits et des peines*, XIX, Du Suicide.
51 Ibid.
52 Id., *Prix de la justice et de l'humanité*, art. V, Du suicide.

O DEBATE SOBRE O SUICÍDIO NO SÉCULO DAS LUZES

São muitas as passagens na mesma linha.[53] Mas Voltaire não é, de modo algum, um apologista do suicídio; ele o desaconselha aos amigos, sem deixar de compreender aqueles que o cometem.

AS HESITAÇÕES DOS FILÓSOFOS

Quanto a Diderot, ele é claramente contrário ao suicídio. Sim, ele lembra na *Enciclopédia* que a Bíblia contém exemplos positivos de morte voluntária, que mártires como São Pelágio e Santo Apolinário são "verdadeiros suicidas", que a morte de Cristo é voluntária, que as mortificações abreviam a vida, que John Donne encontrou uma forma de justificar esse ato; ele também reconhece a nobreza dos suicídios romanos clássicos, e escreve, na esteira de Sêneca, que "arrancar o punhal de Catão é invejar sua imortalidade".

Diderot é o suposto autor de um verbete da *Enciclopédia* que retoma os argumentos clássicos: Deus nos deu a vida e nos dotou do instinto de preservação; destruir-se é destruir sua obra; ninguém é inútil na sociedade, e nada garante que a vida seja uma infelicidade maior do que a morte. À maneira dos casuístas, o verbete condena todos os casos de suicídio, inclusive os cometidos por ignorância, pois resultam de uma falta de controle das paixões.

Se a autoria desse verbete é duvidosa, o ponto de vista exposto está presente em duas obras assinadas inequivocamente por Diderot. Em *La Marquise de Claye et Saint-Alban* [A marquesa de Claye e Saint-Alban], ele descarta definitivamente a tentação do suicídio filosófico: "O tédio vital é falso, e só existe em uma mente perturbada ou confusa. E ele é apenas momentâneo". Além do mais, diz ele, todos têm a obrigação de se dedicar às suas famílias e aos seus amigos, argumento que é retomado no *Essai sur les règnes de Claude et Néron* [Ensaio sobre os reinados de Cláudio e de Nero]: "É raro

---

53 Em uma carta de 27 de setembro de 1769 a Servan, Voltaire escreve: "Um estrangeiro entediado da vida, e muitas vezes com ótimos motivos, tem a ousadia de separar a alma do corpo: e, para consolar o filho, dão seus bens ao rei, que, quase sempre, atribui a metade à primeira jovem da Ópera que manda pedir por intermédio de um de seus amantes; a outra metade pertence de direito aos financistas gerais" [financista que, na França do antigo Regime, recebia os impostos indiretos. (N. T.)].

prejudicarmos apenas a nós mesmos". Sensível à acusação de que os filósofos favorecem o suicídio, Diderot pede que eles adotem uma atitude responsável. Para ele, Catão e Sêneca não ajudaram a causa filosófica. Ele procura, na medida do possível, dissuadir aqueles que demonstram a intenção de se matar, como o jovem Desbrosses, que o deixa profundamente preocupado. Os suicídios que ele insere em seus romances são casos de desespero incompreensíveis ou abomináveis, próprios para provocar aversão por esse ato.

Para reduzir o número de suicídios, é preciso implantar condições sociais, políticas e culturais que estimulem o otimismo, a confiança, a alegria de viver e a esperança: lutar contra a miséria, a injustiça, a tirania, a ignorância, a superstição e a glorificação da morte e do além:

> São estas as causas principais do suicídio. Se as ações do governo de repente lançam na miséria um grande número de indivíduos, os suicídios fatalmente ocorrerão. Sempre que o gozo excessivo conduzir ao tédio, as pessoas irão se livrar de suas vidas; sempre que o luxo e os maus hábitos da nação tornarem o trabalho mais assustador do que a morte; sempre que as superstições macabras e um ambiente triste ajudarem a gerar e a alimentar a melancolia; sempre que opiniões meio filosóficas e meio teológicas inspirarem um desprezo igual pela morte.[54]

Encontramos em D'Alembert a mesma condenação, acompanhada de compreensão. Argumentando em nome da moral "puramente humana", ele ressalta o aspecto antissocial do suicídio. Dito isto,

> nos perguntamos: será que o motivo de se manter vivo seria suficientemente poderoso para um infeliz esmagado pelo sofrimento, para quem a dor e a miséria transformaram a vida em um fardo? Respondemos que, então, esse motivo deve ser reforçado por outros mais poderosos que a revelação lhes acrescenta.[55]

De todo modo, é inútil e injusto "aplicar punições a uma ação da qual a própria natureza já nos mantém suficientemente afastados" e cujo culpado não tem condições de suportá-las. O suicídio é em si mesmo condenável,

---

54 Diderot, Essai sur les règnes de Claude et de Néron, *Œuvres complètes*, III, org. Assézot e Tourneux, 1875-1877, p.244.
55 D'Alembert, Éléments de philosophie, *Œuvres*, t.I, Paris, 1821, p.227.

O DEBATE SOBRE O SUICÍDIO NO SÉCULO DAS LUZES 295

mas não passível de punição, já que devemos considerá-lo "tanto um ato de pura demência, uma doença que seria injusto punir, pois ele pressupõe que a alma do culpado esteja em um estado no qual não pode mais ser útil à sociedade, como um ato de coragem, que, humanamente falando, pressupõe uma alma determinada e invulgar".[56] Dizer que o suicídio é um ato de covardia é tão ridículo como tratar de covarde aquele que morre diante do inimigo para evitar a vergonha de fugir. A mensagem, portanto, é ambígua, mas ela desculpa a morte voluntária ao mesmo tempo que a desaconselha.

La Mettrie mostra-se mais desconcertante, já que em *Anti-Sénèque* [Anti-Sêneca] ele parece concordar com os estoicos e declara que "é violar a natureza conservá-la para seu próprio tormento [...] quando a vida não traz bem algum e que, pelo contrário, é assediada por uma grande quantidade de males terríveis, será que se deve aguardar uma morte desonrosa?",[57] ao passo que em *Système d'Épicure* [Sistema de Epicuro] ele ataca o "monstro" que quebra todos os vínculos para se matar:

> Não, não serei o corruptor do gosto inato que temos pela vida [...]. Mostrarei aos simples as enormes vantagens que a religião promete a quem tiver a paciência de suportar aquilo que um homem ilustre chamou de mal de viver [...]. Os outros, aqueles para quem a religião não passa daquilo que ela é, uma fábula, não podendo retê-los através de vínculos rompidos, tentarei seduzi-los com sentimentos generosos. Apresentar-lhes-ei uma esposa, uma amante aos prantos, filhos aflitos [...]. Qual é o monstro que, separando-se da família, dos amigos e da pátria por causa de uma dor momentânea, não tem como único objetivo se livrar dos deveres mais sagrados?[58]

O marquês D'Argens, mais coerente, avalia que "o crime daqueles que se matam é indesculpável, seja qual for o modo que se queira encará-lo". O suicídio põe a sociedade em perigo; é preciso "ter aversão a um crime que abre a porta a todos os males" e "cobrir de vergonha e desonra a memória dos suicidas".[59]

---

56 Ibid.
57 La Mettrie, Anti-Sénèque ou Discours sur le bonheur, *Œuvres philosophiques*, t.II, Berlim, 1796, p.186.
58 Id., Système d'Épicure, op. cit., p.37.
59 D'Argens, *Lettres juives*, t.IV, carta 145, Haia, 1738.

Mérian é igualmente categórico. Em uma pesquisa publicada pela Academia de Berlim, ele afirma que todo suicídio é o resultado de uma doença mental. Não existe, diz ele, suicídio filosófico. Se existe suicídio é porque existe desespero, e este último é uma forma de "delírio" do mesmo modo que o martírio voluntário. Portanto, a solução não seria, em nenhum caso, religiosa, pois, pelo contrário, conhecemos muitos "imbecis atrabiliários" que não ousariam se suicidar de medo do inferno cometerem crimes para serem conduzidos à morte. A melhor solução ainda são as penas repressivas atuais, uma "proteção excelente" contra o suicídio. Sim, elas atingem as famílias, isto é, os inocentes, mas "um particular, uma família não são nada quando se trata da sociedade".[60] Palavras assaz inesperadas vindas de um filósofo.

Elas estão em total contradição com a posição de Delisle de Sales, que considera injusto o modo com que se punem os suicidas e suas famílias. Em *Mémoire adressé aux législateurs par la veuve d'un citoyen puni pour crime de suicide* [Relato endereçado aos legisladores pela viúva de um cidadão punido por crime de suicídio], ele critica vivamente as leis absurdas que não impedem que ninguém se mate e que deixam inocentes na rua expostos à execração da opinião pública: "Se utilizássemos a política para prevenir os suicídios em vez de puni-los! Se ao menos os castigos infligidos ao crime não recaíssem jamais sobre a inocência!". Quanto ao ato em si, Delisle de Sales declara que não se deve classificar "todas ações desse gênero na categoria de crime ou de virtude". De modo geral, os suicidas antigos tinham motivos válidos, e "as cinzas desses célebres patriotas sempre serão respeitáveis para o filósofo, mesmo que ele os desaprove", muito embora seja possível perceber por trás de expressões como "o fanatismo do amor pela pátria" sérias restrições.

Qual é o critério para definir o que é um "bom" suicídio? "Em geral, é o interesse público que deve levar aos suicídios, ou que, pelo menos, os justifica." Longe de esclarecer a situação, esse princípio leva Delisle de Sales a adotar uma casuística imprecisa. Desse modo, Demóstenes e Catão, embora fossem "cidadãos magnânimos", agiram mal, assim como uma viúva que se matasse para que falassem dela; mas se ela o faz por amor ou por causa do sofrimento, "eu não justifico um suicídio semelhante, mas meu coração

---

60 Mérian, *Sur la crainte de la mort, sur le mépris de la mort, sur le suicide*, Histoire de l'Académie royale des sciences et belles-lettres.

sensível fica indignado de pôr a heroína do amor ao lado de Robeck[61] e dos anglófilos".[62]

Helvetius e d'Argenson estão embaraçados com a mesma questão. Para eles, tudo depende igualmente das motivações. "Deixe que duas pessoas se precipitem em um abismo", escreve o primeiro, "é uma ação comum a Safo e a Cúrcio; mas a primeira lança-se nele para escapar das desgraças do amor, e o segundo, para salvar Roma; Safo é uma louca e Cúrcio é um herói [...]. O público nunca vai chamar de tolice aquilo que que é para o seu benefício[63]". Quanto àqueles que se matam por desgosto com a vida, "eles merecem quase tanto o nome de sábios quanto o de bravos". Para d'Argenson, os Antigos, que se mataram de acordo com os princípios estoicos, são admiráveis, mas hoje em dia alguém se mata "quase sempre" por más razões.[64]

Vauvenargues, que despreza a morte, avalia que "o desespero é o maior de nossos erros" e "mais enganoso do que a esperança". Maupertuis é, de maneira geral, contrário ao suicídio, que todo cristão deve considerar criminoso. Mas, fora do cristianismo, a questão se apresenta de modo diferente. Os estoicos utilizavam esse remédio contra o destino, e ele está sempre à disposição de quem é vítima de seus semelhantes: "Um navio que volta da Guiné está cheio de Catões que preferem morrer do que sobreviver às custas de sua liberdade". O suicídio talvez seja a solução mais racional, pois não existe "nem honra nem razão para ficar atormentado por males dos quais é possível escapar através de um sofrimento momentâneo". O apego à vida é tamanho que o ato de se matar jamais poderia ser um sinal de covardia. Quanto ao cristão, se ele está realmente convencido de que o suicídio provoca a condenação eterna, só lhe resta continuar vivo; caso contrário, seu gesto comprovaria que ele está louco.[65]

Em março de 1757, o jornal Le Conservateur publica um longo artigo intitulado "Sobre a velhice", que também diferencia a postura cristã da dos povos guiados "unicamente pela razão humana". A pretexto de reverenciar

---

61 Johan Robeck foi um filósofo sueco-alemão (1672-1735) que escreveu um ensaio em que aceitava o suicídio do ponto de vista teológico. (N. T.)
62 Sales, *Philosophie de la nature*, 3.ed., Londres, 1777, p.117-20.
63 Helvétius, De l'esprit, *Œuvres complètes*, Londres, 1781, p.132.
64 D'Argenson, *Essais dans le goût de ceux de Montaigne*, Amsterdã, 1785, p.48.
65 Maupertuis, *Essai de philosophie morale*, 1751, V.

o cristianismo, o autor utiliza um tom zombeteiro que serve apenas para ressaltar ainda mais o caráter irracional da moral tradicional. O artigo será motivo de escândalo. Existe algo mais racional do que se matar em vez de suportar os sofrimentos incuráveis da velhice? pergunta o autor. Será que o próprio Estado não deveria nos obrigar a isso, se ele realmente quer nos garantir a felicidade?

> Se tivéssemos aos 80 anos o mesmo vigor que temos aos 30, poucos seriam aqueles que desejariam partir nessa idade. Não me refiro à lei divina que obriga que cada um guarde seu posto até que o Ser supremo o mande sair; é um motivo específico, e, em discursos do tipo dos meus, pode ocorrer muito bem que se faça uso apenas de motivos comuns. [...] Será que a política, sempre preocupada em nos assegurar um estado de paz e felicidade, não deveria nos obrigar a recorrer ao suicídio quando não existe um meio de pôr fim à nossa miséria, se nós, por fraqueza, o recusamos?

De todo modo, Deus decidiu de outra maneira. Seja feita a sua vontade:

> Sua misericórdia nos pôs neste mundo para que permaneçamos aqui enquanto lhe aprouver: esperemos a velhice como uma das maiores atribulações da vida, como a ocasião propícia para expiar nossos crimes e escapar, por meio de uma sensação passageira, dos tormentos eternos.

Dubois-Fontanelle encara os suicídios de forma mais genérica, e busca os meios mais eficazes para diminuí-los. A legislação truculenta então em vigor não tem nenhuma eficácia, escreve ele, ajudando, ao contrário, a fazer publicidade desses atos, o que é prejudicial para a moral pública: "Talvez fosse melhor abafar esses acontecimentos que afligem a humanidade e não lhes dar publicidade por meio de procedimentos que não resolvem nem o passado nem o futuro, e que recaem apenas sobre os vivos". Abafar os casos, ocultá-los, fechar os olhos, erguer um muro de silêncio: essa já é a postura do governo real, e ela se imporá amplamente nos séculos XIX e XX; trata-se de deixar o suicídio cair no esquecimento onde fora deixado durante séculos até o Renascimento, isto é, transformá-lo em um dos raros assuntos tabu da sociedade moderna. Um método que, não sendo eficaz nem corajoso, é

O DEBATE SOBRE O SUICÍDIO NO SÉCULO DAS LUZES

prático. Mas o que mais se poderia fazer?, pergunta-se Dubois-Fontanelle. Os preceitos morais e as argumentações são inúteis para as mentes que "apresentam sinais de demência de um gênero mais ou menos estranho". A única solução verdadeira seria "tornar os homens felizes". Isso não seria admitir que não existe solução? Para salvar as aparências, o moralista a prescreve, apesar de tudo: "A grande solução de que o suicídio necessita está nas mãos do governo. Ela consiste em vigiar os costumes, parar com o excesso de luxo e pôr fim às tragédias públicas, que aumentam e agravam as tragédias particulares".[66]

Vários outros filósofos e moralistas se lançaram na batalha do suicídio, tanto no campo favorável como no campo contrário a ele. Na maioria dos casos até, eles combatem dos dois lados ao mesmo tempo. Marmontel exalta o gesto de Catão e denuncia, em outra passagem, os "sofismas capciosos" de Montesquieu, qualificados de "paliativos frívolos da mais cega violência".[67] Le Noble diferencia entre a "moral mundana", segundo a qual o ato de Catão é covarde, e a "moral humana", que pode dar ao suicídio um aspecto virtuoso.[68] Embora admita que é possível sacrificar a vida por outra pessoa, Robinet declara que o suicídio é uma afronta a Deus, à natureza e à sociedade.[69] Donesle escreve que aqueles que justificam o suicídio "não devem ser diferenciados dos assassinos", que os amantes "que apertam o laço da corda ou se envenenam" são loucos, que Catão, Brutus, Otão e Pórcia são culpados, ao mesmo tempo que admite que Otão é um herói caso tenha se sacrificado para evitar a guerra civil entre os romanos.[70] D'Artaize declara que "o suicídio nada mais é do que a covardia da coragem", embora reconheça que "ele é um terrível ato de generosidade para o nosso aprimoramento, um refinamento da liberdade", e elogie Arria e Catão, o qual, de todo modo, "hesitou" um pouco demais antes de se matar.[71] Toussaint admite o suicídio quando é motivado por um gesto virtuoso; Barbeyrac vê nele um ato de coragem em si, mas uma fraqueza moral; Camuset trata Catão de "pigmeu" da sabedoria;

---

66 Dubois-Fontanelle, *Théâtre et œuvres philosophiques*, t.II, Londres, 1785, p.125.
67 Marmontel, Morale, *Œuvres complètes*, XVII, Paris, 1818, p.268; Id., *Des moeurs*, p.379.
68 Le Noble, *L'École du monde*, t.VI, p.141.
69 Robinet, *Dictionnaire universel des sciences, morale, économique, etc.*, art. Suicide, Londres, 1783.
70 Denesle, *Les Préjugés du public sur l'honneur*, III, Paris, 1766, p.423.
71 D'Artaize, *Prisme moral ou Quelques pensées sur divers sujets*, Paris, 1809.

Lévêque apresenta uma explicação fisiológica do suicídio: uma falta de espíritos ativos no fluido nervoso, ao passo que Chevignard vê nele apenas um ato de loucura: "Matar-se é o cúmulo da loucura. Quais podem ser os motivos? Desespero ou covardia".

SUICÍDIO E LOUCURA

Não obstante, avança entre muitos filósofos a ideia de que o suicídio é um caso de loucura ou de disfunção psicológica, pertencendo, portanto, muito mais ao campo da medicina do que ao campo da justiça ou da religião. As pesquisas científicas da época ajudam, pouco a pouco, a desculpabilizar o ato suicida.

As explicações de tipo climático vão nesse sentido. Montesquieu não é o único a lhe dar destaque. Para George Cheyne, o clima oceânico, frio, úmido e instável, ajuda a fazer que gotículas de água penetrem nas fibras do corpo humano, levando-as a perder a firmeza e predispondo-as à loucura suicida. A suposta influência da Lua também deve ser classificada no mesmo tipo de causa. Corrente nos séculos XVI e XVII e mais rara no século XVIII,[72] a questão da influência da Lua no comportamento humano reaparece, na verdade, nos anos 1780 de forma diferente, relacionando-a à meteorologia: nos tratados de Toaldo (1784) e de Daquin (1792),[73] a influência da Lua na atmosfera é apresentada como uma causa do mau funcionamento do cérebro de certas pessoas predispostas.

Além das causas psicológicas, todos os excessos das paixões e das atividades físicas e mentais são considerados fenômenos que perturbam o cérebro e podem gerar melancolia e mania suicida. A própria *Enciclopédia*, no verbete "Mania", indica causas como "as paixões da alma, as contenções do espírito, os estudos forçados, as meditações profundas, a cólera, a tristeza, o medo, as mágoas intermináveis e agudas, o amor desprezado". Quando lemos *Essai sur les opérations de l'entendement humain* [Ensaio sobre as atividades do entendimento humano] de Jean-François Dufour, publicado em 1770, nos

---

72 Mead, *A Treatise Concerning the Influence of the Sun and the Moon*, Londres, 1748.
73 Toaldo, *Essai météorologique*, traduzido por Daquin em 1784; Daquin, *Philosophie de la folie*, Paris, 1792.

O DEBATE SOBRE O SUICÍDIO NO SÉCULO DAS LUZES   301

perguntamos como ainda podem existir pessoas equilibradas quando cada função fisiológica se tornou responsável pela hipocondria, pela melancolia, pela mania, pela histeria, pela loucura:

> As causas evidentes da melancolia são tudo aquilo que imobiliza, esgota e perturba essas mentes; temores enormes e repentinos, as afeições violentas da alma causadas por arroubos de alegria ou por intensas afeições, longas e profundas meditações sobre um mesmo assunto, um amor violento, as vigílias, e todo exercício frenético da mente realizado sobretudo à noite; a solidão, o medo, a histeria, tudo aquilo que impede a formação, a reparação, a circulação, as diversas secreções e excreções do sangue, em especial no baço, no pâncreas, no epíploon, no estômago, no mesentério, nos intestinos, nas mamas, no fígado, no útero e nas veias hemorroidais; por conseguinte, a hipocondria, as doenças agudas mal curadas, principalmente a histeria e o causus,[74] todas as medicações ou excreções excessivamente abundantes ou eliminadas, e, em consequência, o suor, o leite, os mênstruos, o líquido amniótico, o ptialismo[75] e a sarna incubada. A dispermia produz comumente o delírio conhecido como erótico ou erotomania; os alimentos frios, terrestres, duráveis, duros, secos, azedos, adstringentes, igualmente as bebidas, as frutas cruas, as substância farinosas não fermentadas, um calor que queima o sangue em razão da sua longa duração e grande intensidade, uma atmosfera sombria, pantanosa, estagnante.

O excesso de estudo, o excesso de devoção e o excesso de meditação estão entre as principais causas da melancolia depressiva, por intermédio dos elementos líquidos do corpo humano. Encontramos uma descrição importante deles no *Dictionnaire universel de médecine* [Dicionário universal de medicina] de James, cujos seis volumes foram traduzidos para o francês de 1746 a 1748. Centro de todas as funções imaginativas e intelectuais, o cérebro fica desregulado se a circulação do sangue e dos humores se fizer de forma irregular: muito rápida, muito lenta, muito violenta. Encontramos a mesma teoria em *De melancholia et morbis melancholicis* [Sobre a melancolia e a doença dos

---

74 Palavra utilizada por Hipócrates para designar uma espécie de febre remitente caracterizada por calor e sede exagerados. (N. T.)
75 Salivação excessiva; sialismo. (N. T.)

melancólicos] de Loray, publicado em 1765. Essa situação pode gerar suicídios passivos, por meio da simples apatia e do estupor melancólico, como nos casos noticiados pela *Gazette salutaire* no dia 17 de março de 1763:

> Um soldado ficou melancólico por ter sido recusado pelos pais de uma moça que ele amava de perdição. Tornou-se uma pessoa pensativa e passou a reclamar de uma forte dor de cabeça e de um torpor constante nessa região. Emagreceu a olhos vistos; o rosto empalideceu; ficou tão fraco que evacuava sem perceber [...]. Não tinha nenhum delírio, embora não apresentasse nenhuma reação positiva e parecesse ter a mente completamente absorta. Nunca pediu comida nem bebida.

Outra explicação: o melancólico é inteiramente desconectado do mundo exterior porque suas fibras estão frouxas ou, pelo contrário, imobilizadas por uma tensão excessiva. Buffon tem ainda outra teoria, que transforma o suicida em vítima de sua fisiologia. Em *Homo duplex* [Homem duplo], ele mostra que nosso humor é controlado pelo papel desempenhado por dois princípios contraditórios: "O primeiro é uma luz pura acompanhada de calma e serenidade, uma fonte salutar da qual emanam a ciência, a razão e a sabedoria; o outro é um falso clarão que só brilha por meio da tempestade e na escuridão, uma torrente impetuosa que avança e provoca à sua passagem as paixões e os erros". Quando o segundo princípio predomina, produz o que chamamos de "vapores". Quando os dois princípios se enfrentam com a mesma força, a tentação do suicídio vem espreitar o indivíduo: "Esse é o momento de tédio mais profundo, desse horrível desgosto conosco mesmos que deixa apenas o desejo de deixar de existir e que só nos permite a ação necessária para nos destruirmos, virando friamente contra nós as armas da loucura". Nessa situação, a vontade é impotente, e o homem é, então, "o mais infeliz de todos os seres", impelido de maneira irresistível ao suicídio. Do mesmo modo, d'Andry, em *Recherches sur la mélancolie* [Pesquisas sobre a melancolia], publicado em Paris em 1785, diferencia três estados melancólicos, dois dos quais conduzem à morte: o delírio maníaco e a hipocondria.

No século XVIII, a hipocondria é um diagnóstico levado muito a sério para explicar as tendências suicidas, sobretudo a partir do tratado de Richard Blackmore de 1725, *Treatise of Spleen and Vapours, or Hypochondriacal and Hysterical Affections* [Tratado da melancolia e dos vapores, ou afecções hipocondríacas e histéricas]. A hipocondria e a histeria são definidas como uma "constituição morbífica dos espíritos", e em meados do século Whytt relaciona entre os sintomas "o desânimo, o abatimento, a melancolia ou até mesmo a loucura".[76] Em 1775, em Halle, Alberti publica *De morbis imaginariis hypochondriacorum* [Sobre a doença imaginária dos hipocondríacos], no qual estabelece a ligação entre a hipocondria e o desejo de morte.

Embora a tendência suicida decorra de transtornos psicofisiológicos, ela é passível de tratamento, como já sugerira Voltaire. Whytt recomenda o quinino, muito bom contra "a fraqueza, o desânimo e o abatimento". O sarro também tem a propriedade detergente para desbloquear as vias circulatórias. "Até onde eu pude observar", escreve Whytt, "o sarro solúvel é mais útil nas afecções maníacas ou melancólicas que dependem de humores nocivos".[77] Muzzel o receita contra "a loucura e a melancolia", enquanto Raulin atribui uma função dissolvente à fuligem de chaminé, às cochonilhas-da-umidade, ao pó da pata de camarão e à liga de antimônio e estanho.[78] Doublet exalta as virtudes dos banhos de chuveiro.[79] Acrescentemos ainda as viagens, que podem ajudar a dissipar a ideia fixa, as temporadas no campo e a música. Quanto aos espetáculos e romances, seu efeito é contestado, mas, na maioria das vezes, considerado prejudicial. O teatro perturba a imaginação, sobretudo das mulheres, que ficam excitadas com paixões imaginárias. Ora, como dissemos, a literatura exalta o suicídio, muitas vezes apresentado como um ato nobre e heroico. Os moralistas cristãos denunciam há muito tempo a influência perniciosa dessas intrigas imaginárias. No final do século XVIII, médicos e psicólogos começam a lhes dar razão. O espetáculo do mundo já não está suficientemente cheio de horrores para que se precise ainda inventar mais, a pretexto de retratar as paixões? Espetáculos e romances pervertem os costumes: essa é a ideia desenvolvida por Beauchesne em 1783 em *De l'influence des affections de l'âme dans les maladies nerveuses des femmes* [Sobre a influência das afecções da alma nas doenças nervosas das mulheres].

---

76 Whytt, *Traité des maladies nerveuses*, t.II, trad. franc., Paris, 1777, p.132.
77 Ibid., p.364.
78 Raulin, *Traité des affections vaporeuses*, Paris, 1758, p.340.
79 Doublet; Colombier, Instructions sur la manière de gouverner et de traiter les insensés, *Journal de médecine*, ago. 1785.

O excesso de atividade intelectual, que endurece o cérebro, também pode ter efeitos nocivos sobre o estado de espírito. Em 1778, Tissot adverte seus colegas dos riscos que eles correm em *Avis aux gens de lettres sur leur santé* [Advertência às pessoas letradas sobre sua saúde]. Para os médicos, a religião também parece assumir cada vez mais o papel de acusada, embora esse ponto ainda seja questionado por alguns autores como o alemão Moehsen, que em 1781 ressalta o caráter terapêutico e tranquilizador da religião tradicional, enquadrando o fiel, assegurando o perdão de seus pecados por meio da confissão e da penitência e acompanhando-o em todas as etapas importantes da vida.[80] Essas considerações não encontram mais eco entre os pensadores esclarecidos, que denunciam os efeitos devastadores da pastoral do medo nas mentes frágeis. Lemos no verbete "Melancolia" da *Enciclopédia*:

> A forte impressão causada por certos pregadores excessivamente revoltados e o medo exagerado que eles geram dos castigos com que nossa religião ameaça aqueles que não obedecem às suas normas provocam nas mentes frágeis transformações surpreendentes. Vimos no hospital de Montélimar várias mulheres que tinham sofrido ataques de mania e de melancolia depois de um sermão que tivera lugar na cidade; elas continuavam impressionadas com as descrições horríveis que, de forma imprudente, lhes tinham sido apresentadas; elas só falavam em desespero, vingança, punição etc., e uma delas não queria tomar nenhum remédio, acreditando que estava no inferno e que ninguém poderia extinguir o fogo pelo qual ela julgava estar sendo devorada.

Para o médico Pinel, a religião pode levar as pessoas ao desespero, à loucura e ao suicídio. A prova, segundo ele, é que, "examinando os registros do hospício de alienados de Bicêtre, encontramos inscritos muitos padres e monges, além de camponeses desnorteados diante do quadro pavoroso do além".[81] As acusações feitas pelos filósofos devem, é claro, ser relativizadas, na medida em que se assiste justamente, na segunda metade do século XVIII, ao recuo do medo do inferno entre os fiéis.[82] O tema voltará com força durante a Restauração.

---

80 Moehsen, *Geschichte der Wissenschaften in der Mark Brandenburg*, Berlim e Leipzig, 1781.
81 Pinel, *Traité médico-philosophique*, Paris, ano IX, p.458.
82 Minois, *Histoire des enfers*, Paris, 1991, p.294-9.

O DEBATE SOBRE O SUICÍDIO NO SÉCULO DAS LUZES

Sejam quais forem as causas, porém, a população do século XVIII tem a nítida impressão de que o número de loucos está aumentando, como deixou claro Michel Foucault. Na França, são criadas em meados do século inúmeras instituições especializadas no internamento dos alienados, e o número de internos aumenta até os anos 1770, estabilizando-se em seguida. No Império, estabelecimentos semelhantes abrem ou reabrem em Frankfurt em 1728, perto de Bremen em 1764, em Brieg, no Schleswig, em 1784, em Bayreuth em 1791; na Áustria, é aberto um asilo em Wurzburg em 1743; na Inglaterra,

> depois de 1700 mais ou menos, enquanto os asilos e os médicos de loucos começam a proliferar, a prova de que um morto havia sido internado em um hospício ou tratado por um especialista em doenças mentais começa a ser acolhida nas investigações como uma prova de suicídio. Esse testemunho imunizava o defunto contra um veredito de *felo de se*, embora também assegurasse, praticamente, que se tratava de suicídio, independentemente das outras provas apresentadas.[83]

As casas de Liverpool, Manchester e York, fundadas em 1777 – e de Londres, onde o hospital São Lucas, reconstruído a partir de 1782, é previsto para 220 alienados –, já são insuficientes no final do século. O exame e os cuidados regulares que os internos recebem ajudam a reforçar a associação da loucura com o suicídio entre o corpo médico e a opinião pública. William Black calculava que 15% dos internos em Bedlam eram pessoas que tinham tentado se matar pelo menos uma vez.[84] Para grande parte dos intelectuais, a maioria dos casos de suicídio estava relacionada a uma dose de loucura. É o que pensa sobretudo Walpole.

Essa constatação serve apenas para estimular o movimento em defesa da descriminalização do suicídio. Embora violentamente contrário a qualquer argumento favorável à morte voluntária, Adam Smith admitia:

---

83 MacDonald; Murphy, op. cit., p.233.
84 Black, *A Dissertation on Insanity*, 2.ed., Londres, 1811, p.13-4.

> Existe, é verdade, uma espécie de melancolia [...] que parece estar acompanhada do que se poderia chamar de desejo irresistível de autodestruição [.....]. As pessoas infelizes que perecem dessa forma lamentável são indivíduos que não merecem censura, e sim compaixão. Tentar puni-los quando eles estão fora do alcance de uma punição humana é tão absurdo quanto injusto.[85]

Em 1788, William Rowley escreve: "Aquele que se suicida é, incontestavelmente, *non compos mentis*, e, portanto, o suicídio deveria ser considerado sempre um ato de loucura".[86]

Embora o apelo não seja ouvido, o importante é que tenha sido lançado. Ele demonstra a evolução indiscutível realizada no final do século XVIII, sob a pressão simultânea dos júris populares e das discussões filosóficas, divulgadas pelos salões, pela imprensa e pelos livros. Embora o debate sobre o suicídio tenha atingido toda a elite pensante do Século das Luzes, as opiniões continuam divididas. Em nenhum caso os filósofos fizeram a apologia do suicídio. Quase todos se mostram hesitantes e constrangidos. Embora sejam pessimistas em relação ao mundo e à sociedade, eles preferiram conclamar as pessoas a transformá-los em vez de fugir deles. "Os filósofos expressaram apenas reflexões pessimistas sobre a vida, mas não levaram ao ponto de ruptura e de desespero as ruminações sobre o desencanto com a vida", escreve Robert Favre.[87]

Suas discussões ajudaram, no entanto, a desculpabilizar e a banalizar a ideia de morte voluntária. Em primeiro lugar, ao afirmar que ela decorria essencialmente da loucura. Depois, ao pedir sua descriminalização. Todos estão de acordo sobre este aspecto: é intolerável, bárbaro e, no mínimo, absurdo punir um cadáver e fazer que as verdadeiras sanções caiam sobre os inocentes. A campanha conduzida sobre esse tema tende a dissociar o suicídio do crime. Por outro lado, as alegações do deísmo contribuem de maneira indireta para fazer recuar o medo do inferno, um obstáculo sem dúvida poderoso da morte voluntária para muitos cristãos. Muito embora esse elemento também possa atuar no sentido contrário, já que a certeza do inferno pode

---

85 Smith, *The Theory of Moral Sentiments*, org. D. D. Raphaël e A. L. Macfie, Oxford, 1976, p.287.
86 Rowley, *A Treatise on Female, Nervous, Hysterical, Hypochondriacal, Bilious, Convulsive Diseases [...] with Thoughts on Madness, Suicide, etc.*, Londres, 1788, p.343.
87 Favre, op. cit., p.469.

ser uma causa de suicídio. Por fim, ao diferenciar os suicídios antigos dos suicídios cristãos, a maioria dos filósofos não hesita em exaltar o heroísmo dos primeiros, que são também sacrifícios pela pátria e pela liberdade. Portanto, o suicídio pode ser um ato nobre em um contexto descristianizado, que os filósofos justamente tentam instaurar. Desse modo, eles preparam abertamente a onda de suicídios políticos revolucionários.

É verdade que os filósofos não têm realmente o gosto pelo martírio, mas isso porque até então o martírio é confundido com o fanatismo e a superstição religiosa. Quando se tratar de defender nobres princípios humanitários, eles não serão insensíveis ao sacrifício. Diderot exprimiu essa prudência corajosa em uma carta a Sophie Volland: "Quando não se tem a coragem de admitir o que se diz, o melhor a fazer é se calar. Não quero que as pessoas busquem a morte, mas não quero que fujam dela". E quando, a partir dos anos 1770, o tema da virtude se tornar predominante e se juntar ao retorno avassalador da Antiguidade – o *Juramento dos Horácios* é de 1785 –, em um ambiente pré-romântico, veremos surgir então uma gerações de Catões, Lucrécios, Brutus e Arrias. Acrescentemos os temas da pátria e da liberdade, em um contexto de grandes mudanças políticas: a hora de Roland, Charlotte Corday, Lucile Desmoulins, Beaurepaire, Lux e Romme, além de outros Babeuf, soou.

– 10 –

A ELITE: DO SUICÍDIO FILOSÓFICO AO SUICÍDIO ROMÂNTICO

No século XVIII, novos motivos de suicídio se propagam no seio da elite culta ligada ao movimento filosófico, que tende a justificar a morte voluntária fazendo referência a uma doutrina, em geral o epicurismo. Trata-se de apresentar a própria morte como resultado de um raciocínio coerente: a recusa da vida a partir do momento em que ela nos traz mais sofrimentos do que alegrias. É, antes de tudo, uma postura aristocrática e inglesa. Com a ajuda da anglomania, o suicídio filosoficamente justificado é considerado um ato refinado. Em seguida, a partir dos anos 1770, a juventude é seduzida pelos impulsos românticos: depois de Chatterton, em 1770, e Werther, em 1774, surge o suicídio por desespero amoroso, solidão, vazio na alma, desencanto com a vida, revolta diante da passagem rápida do tempo.

Porém, apesar de alguns casos retumbantes, as pessoas se suicidam mais em palavras do que em atos; fala-se muito em morte voluntária, raramente se passa às vias de fato; e, quando isso acontece, os motivos em geral são menos intelectuais do que dariam a entender as conversas de salão. O suicídio de verdade sempre acontece nas casas simples e nas lojinhas, e isso por um motivo muito simples: o sofrimento.

O SUICÍDIO DOS SMITH (1732)

As declarações filosóficas a respeito do suicídio não são anódinas, mas aqueles que as fazem dispõem de meios, cultura e equilíbrio suficientes para relativizá-las em sua própria vida. Nem sempre acontece o mesmo com aqueles que os ouvem e leem. Em 1732, Radicati, um nobre piemontês exilado em Londres, publica *Dissertazione filosofica sulla morte* [Dissertação filosófica sobre a morte], de espírito epicurista. Ele afirma que o mundo é governado unicamente pelas leis da matéria e do movimento, e que a morte é apenas a transformação de uma forma de existência em outra. A natureza ordenou o mundo para garantir nossa felicidade; a partir do momento em que não podemos mais alcançá-la, temos "uma total liberdade de deixar a vida quando ela se tornou um fardo".

Algumas semanas mais tarde, em abril, um encadernador londrino, Richard Smith, e sua mulher Bridget matam a filhinha de 2 anos e se enforcam em seu quarto. Eles deixam três cartas, das quais uma, endereçada a Brindley, primo do casal, explica o gesto:

a razão que nos fez desejar a morte é um ódio inveterado da miséria; uma desgraça que, por uma série de acidentes, tornou-se absolutamente inevitável para nós. Invocamos o testemunho de todos aqueles que nos conheceram de que nunca fomos preguiçosos nem imprudentes, e que sofremos tanto para ganhar a vida como qualquer um de nossos vizinhos; não tivemos o mesmo êxito. [...] Concluímos que o mundo não poderia existir sem uma causa primeira, isto é, sem a existência de um ser todo-poderoso; porém, ao reconhecer o poder de Deus, não poderíamos deixar de nos convencer de que ele não é implacável, que ele não se assemelha à raça perversa dos homens, que ele não se compraz com a desgraça de suas criaturas. Com essa esperança, entregamos nossas almas em suas mãos, sem sermos presa de terríveis preocupações; e nos submetemos de bom grado a tudo que lhe aprouver ordenar, em sua bondade, a nosso respeito no momento da nossa morte. [...] Por fim, não desconhecemos algumas leis

A ELITE   311

humanas que são feitas para inspirar o terror; porém, indiferentes àquilo em que
nossos corpos podem se tornar depois da vida, nós os deixamos à disposição
da sabedoria dos juízes. [...] A opinião dos naturalistas é que a matéria da qual
nossos corpos são compostos desaparece e se renova em certos períodos da vida;
de sorte que um grande número de pessoas geralmente troca mais de corpo do
que de roupa. Como os teólogos não nos explicam com qual desses diferentes
corpos devemos ressuscitar, é provável também, tanto em relação a este que
temos ao morrer, quanto a qualquer outro, que ele será durante toda a eternidade apenas um pouco de cinza surda e muda.[1]

Coincidência, ou consequência direta do livro de Radicati? O natu-
ralismo epicurista de Smith apresenta semelhanças perturbadoras com a
Dissertazione filosofica sulla morte. Amplamente noticiado pela imprensa, o
acontecimento causa um grande alvoroço em toda a Europa: Voltaire refere-se a ele no *Dicionário filosófico*, e Diderot, na *Enciclopédia*. Os círculos con-
servadores se alarmam: um simples encadernador não poderia ter concebido
essas ideias independentes; as classes populares estão contaminadas pelos
conceitos filosóficos deístas e epicuristas, cujos aspectos mais negativos elas
retêm. Ao longo do século, muitas outras publicações virão se somar à de
Radicati, glorificando os suicídios antigos, como *The Fair Suicide* [O suicídio
respeitável], em 1733, e as elegias de Alexander Pope, até a obra do historiador Edward Gibbon, que exalta a morte voluntária dos romanos em *Declínio e
queda do Império Romano*. Em 1726, Jonathan Swift expressa seu asco pela condição humana em *Viagens de Gulliver*. Por causa dessa humanidade absurda
e odiosa, a imortalidade nos transformaria em detritos horríveis e fétidos,
como os Struldbrugs que o herói encontrou em sua viagem.

O TRATADO DE DAVID HUME

A contribuição mais retumbante para a literatura filosófica favorável
ao suicídio é o tratado de David Hume. Publicado na França em 1770, e na

---

1 A carta está citada *in extenso* em *Histoire d'Angleterre par Monsieur Rapin de Thoyras*, t.XIV, Haia,
1749, p.386-8.

Inglaterra em 1777 junto com outra obra, com o título de *Essays on Suicide and the Immortality of the Soul* [Ensaios sobre o suicídio e a imortalidade da alma], ele foi reeditado recentemente em uma edição fac-símile da edição de 1783.[2] Sua história movimentada ilustra as paixões despertadas pelo tema.

Com apenas 22 páginas, esse tratado não se destaca pela originalidade, salvo no que se refere à questão social. Ele utiliza as três partes do livro para demonstrar que o suicídio não contradiz nossos deveres com Deus, com o próximo e conosco mesmos.

1) O suicídio não é uma afronta a Deus, pois o homem

> pode empregar todas as faculdades que lhe foram dadas para assegurar seu conforto, sua felicidade ou sua preservação. Portanto, o que significa esse princípio de que um homem que está cansado de viver, perseguido pela dor e pela miséria, e que supera bravamente todos os terrores naturais da morte, e escapa desta cena cruel: que tal homem, digo eu, provocou a revolta do seu Criador ao usurpar a função da divina Providência e perturbar a ordem do universo?[3]

Isso é absurdo. Todos os seres criados receberam o poder e a autorização de mudar o curso natural das coisas para assegurar seu bem-estar. Cada uma de nossas ações muda o curso da natureza. Matar-se não o muda mais do que qualquer outro ato voluntário. "Se eu desvio uma pedra que cai na minha cabeça, eu mudo o curso da natureza." Portanto, "se a disposição da vida humana também fosse reservada como esfera particular do Todo-Poderoso, a ponto de transformar sua disposição em uma usurpação dos direitos divinos, seria um ato criminoso tanto agir para preservar a vida como para destruí-la".[4]

Devemos nos submeter à Providência. Que seja. Mas

> quando eu me lanço sobre minha própria espada, recebo a morte do mesmo modo como se ela viesse de um leão, de um precipício ou de uma febre. A submissão que exigis em relação à Providência por toda calamidade que me atinge

---

2 Hume, *Essays on Suicide and the Immortality of the Soul.*
3 Ibid., p.9.
4 Ibid., p.11.

A ELITE 313

não exclui a habilidade e a ação humanas, se eu puder, por meio delas, evitar uma calamidade ou impedi-la: por que não posso empregar tanto um remédio como o outro?[5]

A superstição francesa declara que a vacinação é um sacrilégio, porque produzir a doença é uma usurpação da Providência.

> A superstição europeia declara que é um sacrilégio fixar um prazo para a própria vida, revoltando-nos, assim, contra nosso Criador; e por que não seria um sacrilégio, digo eu, construir casas, cultivar o solo ou navegar pelos oceanos? Em todas essas ações, utilizamos os poderes de nossa mente e de nosso corpo para produzir alguma inovação no curso natural.[6]

Quanto ao argumento do soldado que não deve desertar de seu posto, ele é ridículo. Os diferentes elementos que compõem meu corpo serão incorporados em outros conjuntos e continuarão a desempenhar uma função. "É uma espécie de blasfêmia imaginar que um ser criado pode perturbar a ordem do mundo ou usurpar a esfera da Providência."

2) O suicídio não é prejudicial à sociedade.

> Um homem que se retira da vida não faz mal à sociedade: ele apenas deixa de fazer bem; o que, se é um erro, é um dos menores. Todas as nossas obrigações com a sociedade parecem implicar uma certa reciprocidade. Recebo os benefícios da sociedade; portanto, deveria promover seus interesses [...]. Não sou obrigado a fazer um pequeno bem à sociedade se isso me custa um grande mal; por que, então, deveria prolongar uma existência miserável por causa de uma vantagem fútil que a população possa eventualmente receber de mim?[7]

Além do mais, "suponha que eu seja um peso para a sociedade, suponha que minha vida impeça alguém de ser mais útil à sociedade. Nesses casos, minha recusa da vida deve ser não apenas inofensiva, mas louvável".

---

5 Ibid., p.13.
6 Ibid., p.15.
7 Ibid., p.18-9.

3) O suicídio não é uma afronta a si mesmo. "Creio que nenhum homem rejeitou a vida enquanto valia a pena conservá-la." O suicídio é nosso remédio supremo. "A única maneira por meio da qual podemos ser úteis à sociedade é dando o exemplo, que, se fosse imitado, permitiria que cada um conservasse as possibilidades de ser feliz na vida, e o livraria de todo risco de infelicidade."[8]

Em nota, Hume acrescenta que as Escrituras não nos deram nenhum conselho a respeito do suicídio e que elas ensinam a submissão apenas aos males inevitáveis. O "Não matarás" só se refere à vida dos outros, sobre a qual não temos nenhum poder; de todo modo, a lei de Moisés foi abolida.

Tal é a argumentação desse pequeno tratado que David Hume escreveu por volta de 1755, simultaneamente ao tratado sobre a imortalidade da alma. Porém, no momento de publicá-los, com as provas já prontas, ele decide interromper a publicação: recolhe as cópias e as destrói, da mesma forma como tinham feito Juste Lipse e John Donne um século e meio antes. Essa reviravolta de última hora intrigou os críticos.[9] É pouco provável que ele tenha agido sob pressão. O mais provável é que Hume tenha levado em conta a fragilidade e a mediocridade da maioria de seus argumentos. Devemos acrescentar, decerto, um sentimento de responsabilidade e o fato de que a persistência e a universalidade da desaprovação conferem a esta última uma condição de lei natural que é muito difícil de refutar. Na consciência coletiva, o suicídio é um tabu tão importante como o incesto. Bater de frente com essa proibição é correr o risco de ser marginalizado pelas autoridades e por boa parcela da sociedade. Será que vale a pena correr todos esses riscos por uma obra com a qual sua reputação não tem nada a ganhar? Hume, que não tem nada de dom Quixote, decide não combater os indestrutíveis moinhos de vento que são os preconceitos da consciência coletiva.

Mas alguns exemplares escapam de seu controle. Contam até que um de seus amigos, para quem ele emprestara uma cópia, o teria felicitado antes de dar um tiro na cabeça. A história é uma grande calúnia, mas ela ilustra as paixões suscitadas pelo problema. Um exemplar consegue chegar à França,

---

8 Ibid., p.21-2.
9 Beauchamp analisa essa questão em An Analysis on Hume's "On Suicide", *Review of Metaphysics*, XXX, 1976-1977.

onde é traduzido por D'Holbach e publicado, sem o nome do autor, em 1770. Hume morre em 1776, e seus dois ensaios são publicados na Inglaterra em 1777, sempre sem o nome do autor, que só aparecerá na folha de rosto da edição de 1783, a qual inclui também as duas cartas de Rousseau sobre o suicídio, extraídas de *A nova Heloísa*.

A imprensa literária recebe o livro com extrema má vontade. *The Critical Review* de 1783 qualifica o ensaio de "pequeno manual de gentilismo", contendo princípios nocivos à sociedade e à religião, destruindo "nossos mais sublimes sentimentos e esperanças". O *Monthly Review* também ataca o editor, o qual, no entanto, com prudência acrescentara notas à edição que supostamente refutariam os argumentos de Hume. Retomando o ataque, o *Gentleman's Magazine* de 1784 declara que as contestações do editor só dão mais publicidade às ideias nocivas. No mesmo ano, o bispo George Home, por sua vez, também condena o ensaio de Hume em *Letters on Infidelity* [Cartas sobre a infidelidade].

Os comentários do editor são interessantes, até mesmo convincentes. Ele afirma que as verdades reveladas são o único consolo verdadeiro para o coração do ser humano. Se todos pusessem em prática as ideias de Hume, em pouco tempo a humanidade deixaria de existir: um prenúncio do argumento de Kant. Além disso,

> não apenas é impossível que um homem possa decidir, em um momento qualquer, a respeito da progressão de sua existência, ou da utilidade ou impacto que ele pode ter na sociedade; mas, sem a capacidade de presciência, é ainda mais impossível que ele possa adivinhar a que objetivos ele pode estar destinado a servir nas inúmeras e misteriosas transformações do futuro.[10]

Por fim, argumento importante, se cada um é senhor de sua vida, ele pode delegar seus poderes sobre sua própria existência a outro, o que tem consequências incalculáveis.

Escrever um tratado teórico justificando ou condenando o suicídio e ser confrontado diretamente com um caso real são duas experiências completamente diferentes. Quando a condessa de Boufflers se lamenta por ser

---

10 Hume, op. cit., p.48.

infeliz e ameaça se matar, Hume escreve-lhe, no dia 14 de julho de 1764, não para felicitá-la pela decisão corajosa, mas para expressar seu "terror": "Se existem obstáculos a vossa felicidade, espero que eles sejam de natureza tal que possam ser afastados, e que possam ser tratados com um remédio diverso daquele que mencionais algumas vezes, sobre o qual não posso pensar sem terror".[11]

Hume presenciara, em 1746, o suicídio do major Alexander Forbes, que abrira as veias. Ele o encontrara, como escreve ao irmão em 4 de outubro, "banhado em sangue", mas ainda com vida. Ele chamou um cirurgião, que enfaixou os ferimentos e passou as 24 horas seguintes conversando com Alexander:

> Jamais um homem demonstrara um desprezo mais decidido pela vida nem princípios filosóficos mais determinados, coerentes com sua morte. Ele implorou que eu removesse as ataduras e apressasse sua morte, como última demonstração de amizade. Infelizmente, porém, não vivemos mais no tempo dos gregos e romanos.[12]

Desse modo, confrontado com a aplicação de seus próprios princípios, Hume admite que eles não são mais válidos em sua época. Dizem que ele próprio vivia obcecado com um medo difuso da condenação eterna, o que poderia explicar sua recusa de publicar o tratado. O suicídio é, de fato, uma questão estritamente pessoal e existencial.

Observemos que, com exceção de Robeck, os autores de tratados sobre o suicídio não se suicidam. Mas suas obras não constituem, de modo algum, apologias da morte voluntária. O que elas procuram demonstrar é que, quando a vida se torna sofrida demais, física ou mentalmente, o suicídio é legítimo.

---

11 *The Letters of David Hume*, t.I, org. J. Y. T. Greig, Oxford, 1932, p.452.
12 Ibid., I, p.97-8.

A ELITE   317

D'HOLBACH E CHAMFORT: "A MORTE É O ÚNICO REMÉDIO PARA O DESESPERO"

É o que afirma claramente um contemporâneo de Hume, o barão D'Holbach. Situando-se desde logo no campo materialista, ele não se sente mais constrangido pelas objeções de origem religiosa: "Para que o suicídio fosse punido na outra vida, seria preciso que ele [o suicida] sobrevivesse a si mesmo e, em consequência, levasse para sua futura morada seus órgãos, seus sentidos, sua memória, suas ideias, seu modo atual de existir e pensar", escreve no capítulo "Sobre o suicídio" do tratado *Système de la nature*.

Essa obra aparece em 1770, mesmo ano em que é publicado na França o tratado de Hume, provavelmente traduzido pelo próprio D'Holbach. É visível a influência do filósofo inglês em sua obra. O suicídio, escreve, não prejudica de modo algum a sociedade, pois estamos ligados a ela por um pacto que "pressupõe vantagens mútuas entre as partes contratantes. O cidadão só pode se afeiçoar à sociedade pelos vínculos do bem-estar; rompidos esses vínculos, ele recupera a liberdade". De todo modo,

> que vantagens ou que ajuda a sociedade poderia assegurar a um infeliz reduzido ao desespero, a um misantropo abatido pela tristeza e atormentado de remorso, que não tem mais motivos para se tornar útil aos outros, e que ele próprio entrega os pontos e não tem mais interesse em continuar vivo?

A objeção ao suicídio como ato contra a natureza não é mais admissível. Dizem que a natureza inculcou em nós o amor pela vida. E se nossa natureza, por um motivo ou por outro, nos provoca a repulsa por essa vida?

> Se a mesma força que obriga todos os homens inteligentes a prezar sua existência torna a existência de um homem tão penosa e cruel que ele a considera odiosa e insuportável, ele deixa de fazer parte da sua espécie e a ordem, para ele, deixa de existir; além disso, ao se privar da vida, ele cumpre uma sentença da natureza que quer que ele deixe de existir. Essa natureza levou milhares de anos formando nas entranhas da Terra o ferro que deve pôr fim aos seus dias.

O suicídio não é mais um ato de covardia. O ser humano só se decide a fazê-lo "quando nada no mundo é capaz de alegrá-lo ou de distraí-lo de sua dor. Seja qual for a desgraça, ela é real para ele". É nessa desgraça que ele encontra a força para superar o medo da morte. Aliás, o suicídio é avaliado mais em termos de doença, provocada pelas desgraças ou pelos excessos: "Não existe propriamente nem força, nem fraqueza, nem coragem, nem covardia, existe a doença, seja ela aguda ou crônica". É por isso que as argumentações não podem levar ao suicídio e são incapazes de impedi-lo: "Não são os princípios que motivam os homens a tomar uma decisão tão violenta; é um temperamento alterado pelos sofrimentos, é uma constituição biliosa e melancólica, é um defeito de coordenação, é uma avaria da máquina, é a necessidade, não especulações racionais, que fazem nascer no homem o propósito de se destruir".

O suicídio filosófico não existe. Aqueles que invocam princípios nobres para justificar seu ato apenas mascaram, de maneira consciente ou inconsciente, o sofrimento moral ou físico. Portanto, D'Holbach repele antecipadamente qualquer acusação de que incita as pessoas a se matar. Livros e mais livros de apologia do suicídio não provocarão uma única morte suplementar se ninguém tiver bons motivos para se matar. Por outro lado, seria muito melhor se as pessoas aprendessem a não ter medo da morte. É na exploração desse sentimento que se baseiam todas as tiranias e todas as situações de injustiça. Só é livre quem não tem medo da morte.

Livre da ameaça dos pesadelos que faziam Hamlet hesitar, a morte se transforma no refúgio tranquilo: "Morrer: dormir, nada mais". Os infelizes têm a paz ao alcance da mão:

> Amigos traiçoeiros viram-lhe as costas na adversidade? Uma mulher infiel ofende seu coração? Filhos ingratos e rebeldes atormentam sua velhice? Ele depositou sua felicidade exclusivamente em algum objeto impossível de obter? Enfim, qualquer que seja a razão, o sofrimento, o remorso, a melancolia e o desespero desvirtuaram para ele o espetáculo do universo? Se ele não consegue suportar seus males, que deixe um mundo que, doravante, nada mais é que um pavoroso deserto para ele; que se afaste para sempre de uma pátria desumana que não quer mais considerá-lo como filho; que saia de uma casa que ameaça desmoronar sobre sua cabeça; que renuncie à sociedade, por cuja felicidade ele não pode mais trabalhar, e que apenas sua própria felicidade pode tornar

preciosa [...]. A morte é o único remédio para o desespero; é então que o ferro é o único amigo, o único consolador que resta ao infeliz [...]. Quando nada sustenta mais dentro dele o amor por seu ser, viver é o maior dos males e morrer é um dever para quem deseja escapar da vida.

Devemos supor que o barão D'Holbach tinha um temperamento alegre, e que não foi afetado por nenhum desses motivos, já que morreu de morte natural em Paris, em 1789, com 66 anos de idade. Chamfort, por outro lado, leva ao extremo a lógica do pessimismo filosófico. Para ele, a vida é uma armadilha. Somos jogados neste vale de lágrimas onde

os fluidos físicos e os desastres da natureza humana tornaram a sociedade necessária. A sociedade acentuou as desgraças da natureza. Os defeitos da sociedade levaram à necessidade do governo, e o governo acentua as desgraças da sociedade. Essa é a história da natureza humana.[13]

A vida é uma longa sequência de desgraças. "Viver é uma doença [...], a morte é o remédio." Mas o que torna a armadilha diabólica é que

a natureza, ao nos acabrunhar com tanta desgraça e ao nos dar um apego irresistível pela vida, parece ter agido em relação ao homem como um incendiário que ateasse fogo em nossa casa depois de ter posto sentinelas em nossa porta. É preciso que o perigo seja gigantesco para nos obrigar a pular da janela.

Portanto, o instinto de preservação nos transforma em nossos próprios carcereiros, ao incutir em nós o medo de nossa própria libertação, a morte. A esse instinto, que é nosso mais fiel guardião, os dirigentes acrescentaram o tabu do suicídio: "Ao proscrever a doutrina do suicídio, os reis e os padres quiseram assegurar a longevidade de nossa escravidão. Eles querem nos manter presos em uma masmorra sem saída".[14] Assim, mantidos vivos por nosso próprio instinto e pelos preconceitos sociais, precisamos ter muita coragem para ousar nos libertarmos antes do prazo, uma coragem auxiliada pelas circunstâncias.

---

13 Chamfort, Maximes et pensées, *Œuvres complètes, 1824-1825*, I, p.354.
14 Ibid., n.484.

Chamfort teve essa coragem, no dia 13 de abril de 1794, mas a vida teimou em preservá-lo: como o tiro de pistola só lhe furou um dos olhos, ele teve de cortar a garganta, vindo a morrer apenas algumas semanas mais tarde.

OS ANOS DO SUICÍDIO FILOSÓFICO

Chamfort é um caso extremo. Repetimos: raros e suspeitos são os autênticos suicídios filosóficos, isto é, motivados por um tédio vital, uma sensação do absurdo e do sofrimento da existência. O cura Meslier talvez seja um deles, ele que exprimiu em seu testamento o desejo de aniquilamento:

> Depois disso, que pensem, que julguem, que digam e que façam o que quiserem neste mundo, nada disso me importa. Que os homens se acomodem e se governem como quiserem, que sejam sábios ou loucos, que sejam bons ou perversos, que digam e façam de mim tudo que quiserem depois de minha morte, eu me preocupo muito pouco com isso. Já quase não participo daquilo que se faz no mundo.

O suicídio de Meslier, que não foi formalmente comprovado, é bastante provável e está inteiramente de acordo com o estado de espírito expresso aqui. É difícil imaginar o que ainda poderia estimulá-lo a continuar vivo. Segundo seu confrade, o cura Aubry, ratificado por outros, Jean Meslier teria se deixado morrer de fome em 1729, aos 65 anos de idade:

> Meslier, depois de ter vertido toda a sua bile contra a religião de seus pais, e tendo perdido a visão, pensava apenas em terminar uma carreira cuja duração começava a entediá-lo. Desgostoso da vida, desestimulado pela coação e as violências que se impôs para viver externamente segundo o espírito de seu estado, dilacerado pelos gritos da consciência e pelo medo de que eles se tornassem conhecidos antes de sua morte e lhe trouxessem punições tão merecidas, ele meteu-se na cama, decidido a deixá-la apenas para não mais voltar, agonizou durante alguns dias, recusando sempre o que pudesse prolongar a agonia, e morreu.[15]

---

15 Meslier, *Œuvres complètes*, t.III, Paris, 1972, p.397.

A ELITE

Memorialistas, críticos literários, escritores e jornalistas ficam à espreita dos suicídios filosóficos, sobretudo nos anos 1760 e 1770. As célebres *Mémoires secrets* [Memórias secretas], atribuídas a Bachaumont, que contêm uma crônica de todos os acontecimentos do mundo literário e da sociedade em voga de 1762 a 1787,[16] citam, entre inúmeros *faits divers* mundanos e semimundanos, diversas mortes voluntárias por desespero, sofrimento e cansaço de viver, que elas relacionam à moda inglesa. A curiosidade demonstrada nessas esferas pelos sucessivos autores das *Mémoires* é, em si mesma, reveladora: por trás de uma desaprovação formal expressa-se um interesse não desprovido de admiração, mas, sobretudo, intrigado.

No dia 21 de maio de 1762, lê-se nas *Mémoires* que há vários anos um grande número de pessoas morrera de "esgotamento", isto é, de suicídio por desespero:

> As pessoas interessadas em esconder essas infelicidades domésticas fingiram que se tratava de acidente pessoal. Nos dois últimos meses, já sobe a dez o número de pessoas conhecidas que foram vítima dessa loucura. Esse *taedium vitae* é a consequência da suposta filosofia moderna, que envenenou tantas indivíduos frágeis demais para serem filósofos de verdade.[17]

No dia 5 de maio de 1769, a propósito do suicídio de um jovem que se enforcou por não ter alcançado sucesso no início da carreira teatral, as *Mémoires* lançam um novo grito de alerta:

> É inacreditável que esse anglicismo tenha conquistado até essa classe de cidadãos. Já faz algum tempo que acontecimentos semelhantes vêm se repetindo, isso sem contar aqueles que não são trazidos ao conhecimento público – diversos casos são mantidos em sigilo em consideração às famílias e, aliás, para

---

16 *Mémoires secrets pour servir à l'histoire de la République des Lettres en France depuis 1762 jusqu'à nos jours*, memórias atribuídas a Bachaumont, do nome de Louis Petit de Bachaumont (1690-1771), cuja coletânea de anedotas curiosas de 1762 a 1771 prossegue com Pidansat de Mairobert – que, aliás, se suicida –, depois com Moufle d'Angerville, até 1787. O próprio Bachaumont anotava à mão a sequência de notícias.

17 *Mémoires secrets*, t.XVI, p.153.

impedir a propagação nefasta desse suposto espírito filosófico, igualmente contrário à política, à razão e ao verdadeiro heroísmo.[18]

No dia 26 de setembro de 1770, as *Mémoires* relatam que um barão alemão, oficial do regimento de Anhalt, matou seu cão com um tiro de pistola para que o animal parasse de sofrer, depois se trespassou com a espada, "como um instrumento de morte digno dele". Mais uma vítima do espírito filosófico, constatam as *Mémoires*:

> Parece que o tédio vital que cresce consideravelmente nesta capital foi a causa do suicídio. [...] Isso nos mostra que a própria excentricidade do oficial havia sido calculada e intencional. Não se pode justificar um sangue-frio tão extraordinário. Acusamos novamente o filósofo da moda por autorizar semelhantes crimes, e por estimulá-los de uma forma tão emotiva, por meio da experiência.[19]

No dia 5 de outubro de 1770, o sr. Guillemin, primeiro violino do rei, endividado e "extremamente desesperado",[20] se mata a golpes de faca. No dia 26 de fevereiro de 1772, as *Mémoires secrets* evocam o suicídio de um homem que se matou no interior do país com um tiro de pistola por motivo puramente filosófico, já que deixou um bilhete no qual "declara que, não tendo sido consultado quando trazido à luz, acredita também poder se privar dela sem pedir a opinião de ninguém"![21] No dia 12 de julho de 1774, as *Mémoires* repercutem um caso mais clássico: o sr. de Salis, jovem oficial da guarda suíça, estrangula-se de desespero depois da morte da jovem esposa.[22] No dia 16 de junho de 1775, "dois ingleses se mataram recentemente neste país, e parecem ter vindo buscar forças aqui com essa mania que os franceses emprestaram deles, e da qual hoje eles dão o exemplo".[23] Trata-se apenas de um intercâmbio de métodos adequados, pois se anuncia, no mesmo período,

---

18 Ibid., t.IV, p.234.
19 Ibid., t.V, p.171.
20 Ibid., t.V, p.173.
21 Ibid., t.VI, p.101.
22 Ibid., t.VII, p.189.
23 Ibid., t.VIII, p.79.

A ELITE

que diversos nobres do continente foram à Inglaterra para se suicidar, em uma espécie de peregrinação ao país da morte voluntária. Assim, em 1789, os jornais ingleses noticiam o suicídio de um nobre francês em Greenwich e o suicídio de um general alemão em Hyde Park; em 1797, o filho do "rei da Córsega" dá um tiro na cabeça na abadia de Westminster; no ano seguinte, o duque de Sorrentino faz o mesmo em um café. Em 1789, o caso mais retumbante é o do filho mais moço do chanceler Maupeou, que desembarca na Inglaterra com um grande volume de dinheiro e se mata com um tiro de pistola em Brighton, deixando um bilhete lacônico cujo sentido ninguém entende: "Morro inocente; juro por Deus".[24]

Retornemos à França. No dia 16 de junho de 1775, dia do suicídio dos dois ingleses, as *Mémoires secrets* anunciam que uma cortesã muito conhecida, a srta. de Germancé, abandonada pelo amante, quis se envenenar com ópio. Mas a dose foi insuficiente. Reanimada, ela se vangloria por toda parte de sua aventura:

> O lamentável é que ela ensina a todas as suas colegas que a morte não é nada; que o modo que ela escolheu é muito agradável; que no momento em que a anestesia faz efeito, experimentamos as sensações mais deliciosas. Essa moral, difundida entre as cortesãs e os jovens gabolas libertinos de Paris, pode produzir milhares de acidentes semelhantes.[25]

No dia 2 de fevereiro de 1781, um suicídio intriga as *Mémoires*, o de um notário do clero, rico e sem problemas conhecidos:

> Fala-se muito do célebre suicídio de um sr. Bronod, notário, que se degolou. Ninguém tem dúvida de que o motivo sejam os problemas nos negócios; o que é ainda mais surpreendente, já que ele era o mais rico dos seus confrades, tanto pelo patrimônio como pelas maquinações e os grandes negócios que realizava.[26]

---

24 *The Times* de 19 set. a 6 out. 1789.
25 *Mémoires secrets*, op. cit., t.VIII, p.79.
26 Ibid., t.XVII, p.56.

NATAL DE 1773: "ESTAMOS DESILUDIDOS COM O CENÁRIO UNIVERSAL"

O suicídio filosófico mais retumbante da época é, incontestavelmente, o de dois jovens soldados em uma hospedaria de Saint-Denis, no dia de Natal de 1773. As *Mémoires secrets* lhe dedicam um relato minucioso, mas toda a boa sociedade discute o caso durante semanas, e encontramos ecos dele na correspondência de homens de letras como Grimm e Voltaire, por exemplo. Ainda hoje, sua história não nos deixa indiferentes.

Primeiro os fatos. No dia 24 de dezembro de 1773, dois jovens militares, um mestre de campo de 24 anos, que atende pelo nome extremamente simbólico de Humain, e um dragão de 20 anos, Bourdeaux, dirigem-se à hospedaria L'Épée Royale, próxima da basílica de Saint-Denis. Eles chegam na carruagem do correio vinda de Paris, e até hoje não se sabe o motivo dessa última viagem. Trata-se com certeza de um casal de homossexuais: "Ambos estavam fichados nos registros da polícia de uma maneira pouco honrosa, por seu comportamento ou por seus hábitos", constatam os jornais. O cabeça é o mais jovem, Bourdeaux, antigo aluno dos jesuítas que, a despeito da pouca idade, já exerceu diversas profissões. Ele pertence ao regimento de Belsunce.

Eles pedem uma ceia e um quarto. O fato de faltarem à missa da meia-noite não passa despercebido. No dia 25 de manhã, passeiam na cidade; depois, ao meio-dia, pedem que levem ao quarto um brioche, uma garrafa de vinho e papel. É só o tempo de Bourdeaux escrever dois longos bilhetes de explicação. Em seguida, cada um deles, sentado à mesa, saca a pistola, enfia na boca e atira. Sobre a mesa, um "testamento" e uma carta endereçada ao sr. de Clérac, tenente de Bourdeaux no regimento de Belsunce. Examinemos primeiro esta última:

> [...] Creio ter dito diversas vezes que meu estado atual me desagradava [...]. Desde então, examinei-me mais a fundo e reconheci que esse desgosto se estendia sobre tudo, e que eu estava farto de todos os estados possíveis: dos homens, do universo inteiro, de mim mesmo; precisei tirar uma dedução dessa descoberta.
>
> Quando se está cansado de tudo, é preciso renunciar a tudo. Esse cálculo não me tomou muito tempo; eu o demonstrei sem recorrer à geometria; enfim,

estou prestes a me desfazer do certificado de vida que possuo há quase vinte anos, e que está sob meu encargo durante quinze. [...]

Se existirmos depois desta vida inclemente e se houver perigo em deixá-la sem permissão, eu me esforçarei para obter um minuto e virei vos ensinar. Se nada disso existe, aconselho a todos os infelizes, isto é, a todos os homens, que sigam meu exemplo. [...]

Não devo desculpas a ninguém. Deserto; é um crime; mas eu vou me punir, e a lei será satisfeita. [...] Adeus, meu caro tenente [...]. Continue pulando de flor em flor e extraindo o néctar de todos os conhecimentos e de todos os prazeres. [...]

Quando receberdes esta carta, já terei deixado de existir há no mínimo 24 horas, com a mais sincera consideração, vosso mais dedicado criado: Bourdeaux, outrora aprendiz de pedantes, depois chicaneiro adjunto, depois monge, depois dragão, depois nada.

O "testamento", assinado conjuntamente por Bourdeaux e Humain, expõe os motivos mais gerais do gesto dos dois jovens:

Nenhum motivo premente nos força a interromper nossa carreira, mas o sofrimento de existir um momento para deixar de ser durante a eternidade é o ponto de encontro que nos faz antecipar, conjunta e simultaneamente, esse ato despótico do destino. [...] Provamos todos os gozos, até mesmo o gozo de agradar aos nossos semelhantes; ainda podemos propiciá-los a nós, mas todos os prazeres chegam ao fim, e esse fim é a desgraça deles. Estamos desiludidos com o cenário universal; a cortina caiu para nós, e deixamos nossos papéis para aqueles que são suficientemente frágeis para querer desempenhá-los durante algumas horas ainda. O desgosto pela vida é o único motivo que nos leva a deixá-la. [...] Alguns grãos de pólvora acabam de destroçar as energias dessa massa de carne instável que nossos orgulhosos semelhantes chamam de rei das criaturas.

Senhores da justiça, nossos corpos estão à vossa disposição, nós os desprezamos demais para nos preocuparmos com seu destino. [...]

A empregada desta hospedaria pegará nossos lenços de bolso e de pescoço, bem como as meias que estou usando, além de outras roupas-brancas quaisquer. O restante de nossos pertences será suficiente para pagar as taxas de informação e os processos verbais inúteis que serão feitos a nosso respeito. O escudo de 3 libras que ficará em cima da mesa pagará o vinho que bebemos. Em Saint-Denis, este dia de Natal de 1773.

Assinado: Bourdeau – Humain.

O caso provocou grande alvoroço. Mas as reações demonstram mais espanto do que condenação. A propósito de Bourdeaux, as *Mémoires secrets* observam que "desde os 5 anos de idade ele estava sempre entediado da vida. Esse documento, de estilo delicioso e concebido filosoficamente, indicava que o autor era uma pessoa instruída".[27] Por sua vez, a sra. du Deffand escreve ao amigo Voltaire: "O que dizeis da aventura dos dois soldados de Saint-Denis? Ela merece um livro. Não é só a Natureza que tem o poder de reagir". Grimm, que cita *in extenso* a carta e o testamento, conclui que se trata de mais um exemplo "da devastação que uma filosofia excessivamente temerária pode causar nas mentes despreparadas", mas dissimula mal seu interesse. É estranho que ninguém faça alusão à homossexualidade dos dois soldados, que talvez seja o motivo principal de seu gesto, em razão de não poderem assumir sua paixão em uma sociedade em que a sodomia é um crime inconfessável, passível da pena de morte nos casos flagrantes e extremos. Depois de arrastados, trespassados e pendurados, os corpos dos dois jovens foram queimados e as cinzas jogadas no lixo.

É surpreendente que Albert Bayet, na admirável tese de doutorado de 1922 *Le Suicide et la morale* [O suicídio e a moral], mude subitamente de tom quando aborda esse caso. Essa obra volumosa, primeira história verdadeira do suicídio, e que continua sendo uma referência na matéria pelo volume de informações e a amplitude dos pontos de vista, de uma neutralidade perfeita marcada pela simpatia em relação ao que ele chama de "moral matizada" e suas diversas manifestações históricas, revela uma indignação mal contida contra os dois soldados de Saint-Denis. Embora dedique mais de uma página ao episódio, ele teima em reduzi-lo a um incidente que não merece ser ressaltado. "Interessamo-nos ainda menos por ele", escreve na introdução, depois de ter se referido a Robeck. "Esse *fait divers* tão banal" o deixa furioso e agressivo. "Não fosse o desenlace e teríamos rido", diz ele depois de citar trechos da carta de Bourdeaux. Não passam de "fanfarronadas

---

27 Ibid., t.VII, p.100.

pueris", "elucubrações medíocres", "raciocínios infantis", além de acrescentar que a opinião de Grimm lhe parece "muito indulgente"; os dois jovens não têm nada a ver com "a filosofia de seu tempo". Uma grosseria dessas, única nas oitocentas páginas de uma tese admirável que relata, sem comentários pessoais, centenas de suicídios, mostra que Bourdeaux e Humain, em seu triste conto do Natal de 1773, atingiram, na verdade, o cerne da questão, ousando conciliar seus atos e pensamentos. "Desiludidos com o cenário universal", com um espetáculo de um mundo que consideram absurdo, eles o deixam: logicamente, simplesmente.

Isso provavelmente é o que fez também Marc-Antoine Calas em 1761. Mas seu gesto perdeu todo o significado por causa do famoso "caso" construído em torno de sua morte. Descobrindo o suicídio por enforcamento do filho Marc-Antoine, os Calas procuram esconder a causa da morte. "Não espalhe o boato de que seu irmão arruinou a si mesmo; salve pelo menos a honra de sua família miserável ", pede o pai a seu outro filho, Pierre, de acordo com o testemunho do último.[28] Por essa reação é possível medir o quanto o suicídio é sempre temido nos círculos populares por suas consequências ignominiosas. O resultado, nós sabemos, é que os Calas são acusados de matar seu filho para impedi-lo de se converter ao catolicismo.

O essencial para o nosso tema é o testemunho de sua irmã, Donat Calas, que esclarece as razões do suicídio: o humor melancólico de Marc-Antoine, seu fracasso profissional e a leitura de Plutarco, Sêneca, Montaigne e Shakespeare; o infeliz sabia de cor o monólogo de Hamlet, sobre o qual deve ter refletido com frequência:

> Nosso irmão primogênito Marc-Antoine Calas, origem de todas as nossas desgraças, tinha um humor sombrio e melancólico; ele possuía alguns talentos, mas, não conseguindo ser bem-sucedido nem se licenciar em direito, porque seria preciso agir como um católico ou comprar certificados; não podendo ser negociante, porque lhe faltavam os atributos para tal; vendo-se rejeitado em todos os caminhos da fortuna, entregou-se a um sofrimento profundo. Eu o via lendo com frequência trechos de diversos autores sobre o suicídio, ora de Plutarco ou Sêneca, ora de Montaigne: ele sabia de cor a tradução em verso do

---

28 Voltaire, L'affaire Calas: pièces originales, *Mélanges*, col. La Pléiade, Paris, 1961, p. 547.

famoso monólogo de Hamlet, célebre na Inglaterra, além de passagens de uma tragicomédia francesa intitulada *Sidney*.[29]

É claro que, tanto neste como nos outros casos, o motivo "filosófico" não poderia ser a única causa do suicídio. As pessoas não se matam apenas para imitar os Antigos ou porque aprenderam *Hamlet* de cor: o próprio Hamlet considerava mais prudente continuar vivo.

OS SUICÍDIOS NA ARISTOCRACIA INGLESA: FILOSOFIA OU JOGO?

Também na Inglaterra, os críticos e os satiristas demonstram que as razões filosóficas apresentadas para os suicídios dos aristocratas não passam de pretextos que escondem os verdadeiros motivos: dívidas de jogo e devassidão, em primeiro lugar. Charles Moore, em *Full Inquiry into Suicide* [Investigação completa do suicídio], considera que o jogo, o suicídio e o duelo são o resultado da ociosidade da juventude dourada, disposta a se matar por estúpidas questões de honra. Por exemplo, em 1741, um certo Nourse briga em um cassino de Londres com lorde Windsor, a quem ele desafia para um duelo. Como lorde Windsor recusa, em razão da diferença social que os separa, Nourse se degola. Em 1755, os cavalheiros do clube O Último Guinéu juram se matar depois de dilapidar suas fortunas, e cumprem o prometido.[30] Em 1757, John Brown podia escrever: "O romano se matava porque havia sido infeliz na guerra, o inglês porque tinha sido infeliz no uíste, o herói antigo porque desonrara seu país, o moderno porque não ousa dar as caras no Arthur [casa de jogo]",[31] e o *Connoisseur* declarava que a verdadeira causa dos suicídios aristocráticos era o desespero "provocado pelo esbanjamento deliberado e pela devassidão". Em 1774, John Herries escreve: "Como o luxo e a depravação atuais estão no auge, assim também o suicídio, filho do inferno, a consequência temível da culpa, do remorso e do desespero, começa a contagiar, por meio de sua influência sinistra, mais

---

29 Ibid., p.539.
30 *Connoisseur*, I, Londres, 1755, p.295-6.
31 Brown, *An Estimate of the Manners and Principles of the Times*, Londres, 1757, p.95.

A ELITE

fiéis do que nunca".[32] Caleb Fleming, em *Une dissertation sur le crime contre nature du meurtre de soi-même* [Uma dissertação sobre o crime contra a natureza do assassinato de si mesmo], também relaciona o suicídio ao jogo, à devassidão e ao luxo.[33]

No jornal *World* de 16 de setembro de 1756, Edward Moore sugere, em tom sarcástico, que se crie no mundo inteiro um estabelecimento reservado ao suicida, um "abrigo para suicidas", dentro do qual apartamentos ofereceriam formas refinadas e nobres de se matar: banheiras de mármore alimentadas com água puríssima da fonte, punhais e venenos para os atores, espadas fixadas no solo para os soldados, pistolas carregadas de balas em forma de dado para os jogadores, cordas para a classe média.[34]

A lista de suicídios de aristocratas na Inglaterra na segunda metade do século XVIII é impressionante. Em 1798, o conde de Buckinghamshire catalogou 35 notáveis que tinham se matado desde os anos 1750, dos quais 12 com pistola, 2 com espada e 8 com faca ou navalha. Nenhum foi censurado. Em 1731, Fanny Braddock, celebridade do mundo do jogo, se mata em Bath. Em 1740, o conde de Scarborough se suicida com uma pistola, o mesmo fazendo lorde Montfort em 1755. Membro do Parlamento, este último perdera uma fortuna no jogo. Em 1756, é a vez do duque de Bolton, e em 1766, de John Damer, filho de lorde Milton. Depois de dilapidar uma fortuna colossal, Damer aluga uma suíte em Covent Garden e, no fim de uma derradeira noite de devassidão, mete uma bala na cabeça. Em 1767, Thomas Davers se envenena, deixando uma quadra na qual lamenta por nem mesmo dispor mais dos recursos para morrer como um cavalheiro, pela pistola. Em 1771, Jenison Shafto, que construíra sua fortuna no jogo e que se tornara membro do Parlamento, perde tudo e se mata. Em 1783, William Skrine, ele também membro do Parlamento e célebre jogador, se mata em uma taverna com um tiro de pistola. Em 1784, um jovem que dilapidou a fortuna se suicida "com a maior calma", escreve o *Annual Register*. Em 1785, o capitão James Battersby se mata com uma punhalada depois de ser detido por duelar. Em 1788, George Hesse, amigo e colega de jogo do príncipe de Gales, se suicida

---

32 Herries, *An Address on Suicide*, p.6.
33 Fleming, *A Dissertation upon the Unnatural Crime of Self-Murder*.
34 *World*, 16 set. 1756, p.1161-2.

depois de perder uma grande soma no cassino. O *Times* faz seu panegírico. No mesmo ano se matam o lorde Saye e Sele, no ano seguinte o conde de Caithness, e, em 1797, o visconde de Mountmorres.

Naturalmente, todos esses personagens são considerados loucos pelo médico-legista: um paradoxo tratando-se de suicídios que se pretendem "filosóficos", baseados na razão e em princípios intelectuais! O veredito de loucura, é claro, não engana ninguém. Obtido geralmente por meio de corrupção, como no caso de Edward Walsingham em 1759, ou pela produção de falsos testemunhos, como no caso de John Powell em 1783, ele também resulta de uma averiguação médica. Nada mais fácil, para essas famílias ilustres, do que obter a colaboração de um médico. Em 1765, depois da morte do duque de Bolton, um deles testemunha que este último sofria de uma febre "capaz de privar Sua Graça dos sentidos".[35]

O mundo político inglês é particularmente afetado pelo suicídio: 21 membros do Parlamento se matam no século XVIII, muitos dos quais, como vimos, por motivos estranhos à política. A vítima mais célebre é Sir Robert Clive, o conquistador da Índia. Criticado a propósito de sua administração da Companhia das Índias Orientais, ele se mata em 1774.

O suicídio filosófico, qualquer que seja a realidade que encobre, muitas vezes está ligado à ideia do Iluminismo e da liberdade soberana do homem racional, que pode deixar a vida se ela se tornar um fardo para ele. Frederico II da Prússia, amigo dos filósofos, exemplo do despotismo esclarecido, carrega dezoito pílulas de ópio em uma caixinha de ouro amarrada em uma fita, "dose mais do que suficiente para partir para essas margens sombrias de onde não se volta mais", escreve ele. Muitas vezes, quando as questões militares não vão bem, ele manifesta a intenção de se matar. Depois do desastre de Kunersdorf, passa dois dias deprimido: "Será que valeu a pena nascer? [...] parece-me quase um disparate continuar vivo [...]. Oh! como os mortos são mais felizes do que os vivos!". Após a capitulação de Maxen, ele escreve a Argens: "Estou tão exasperado com os reveses e desastres que me atingem que desejo mil vezes a morte, e a cada dia fico mais cansado de habitar um corpo decrépito e condenado a sofrer". E à irmã:

---

35 MacDonald; Murphy, op. cit., p.128.

A ELITE 331

Como pode um príncipe sobreviver ao seu Estado, à glória de sua nação, à sua própria reputação? [...] Não, não, minha querida irmã, vós pensais de maneira magnânima demais para me dar conselhos tão covardes. A liberdade, essa prerrogativa tão preciosa, será menos preciosa no século XVIII para os soberanos do que foi para os patrícios romanos? E onde está dito que Brutus e Catão teriam levado sua generosidade mais longe do que os príncipes e os reis? [...] A vida certamente não merece que nos apeguemos tanto assim a ela.[36]

Frederico II passa por períodos de depressão, e durante um deles declara: "O dia mais belo da vida é o dia em que a deixamos". Mas seu temperamento ativo logo se impõe novamente. Ele esquece a melancolia por meio de uma atividade incessante: "Nada alivia mais do que uma concentração intensa", ou se dedica a leituras intermináveis, devorando os 36 volumes da *Histoire ecclésiastique* [História eclesiástica] de Fleury e os dezesseis volumes da *Histoire universelle* [História universal] de De Thou. É raro a pessoa se suicidar quando ainda dispõe de energia para realizar tal façanha.

O SUICÍDIO ROMÂNTICO: OS AMANTES DE LYON E ROUSSEAU

Do suicídio filosófico ao suicídio romântico, a distância é mais curta do que parece. Em tese, o primeiro é motivado por uma reflexão intelectual e o segundo por um sentimento. Na verdade, ninguém se mata por puro raciocínio; apenas uma máquina é capaz de se autodestruir ao cabo de uma avaliação. Ninguém tampouco se mata por um puro movimento passional, a não ser que se trate de uma simples loucura. Para os soldados de Saint-Denis, a consciência das dificuldades da vida reforça a constatação de que a condição humana é absurda. No caso dos amantes de Lyon, em 1770, a certeza de um futuro infeliz vem se somar à força da paixão para provocar um dos mais célebres suicídios românticos do século.

Nesse ano, o mestre de armas Faldoni é convencido pelos médicos de que sua morte é iminente. A jovem que ele ama, e que também o ama, declara que não sobreviverá a ele. Os dois amantes decidem se matar em um cenário

---

36 Citado em Gaxotte, *Frédéric II*, Paris, 1972, p.361.

romântico: dentro de uma capela, unidos pelo braço esquerdo, cada um com uma pistola apoiada no coração, uma fita amarrada ao gatilho e unida ao cordão deles de modo a disparar o tiro ao primeiro movimento. A opinião pública se enternece mais do que condena. Os jornais e todo o mundo literário comentam esse *fait divers*, que provoca o surgimento, em 1771, de um conto intitulado *Histoire tragique des amours de Thérèse e de Feldoni* [História trágica dos amores entre Thérèse e Feldoni] e que servirá de inspiração para os romances de Léonard e Pascal de Lagouthe. Deslile de Sales admira o gesto. Quanto a Rousseau, ele escreve o seguinte a propósito do acontecimento:

> *A simples devoção vê nele apenas um crime,*
> *O sentimento admira, e a razão se cala.*

O suicídio romântico, antes de tudo um suicídio por amor, tem inúmeras variantes; esse tema servira de pretexto para Jean-Jacques Rousseau escrever duas célebres cartas sobre o suicídio, incluídas em 1761 em *A nova Heloísa*. Como sempre, é difícil conhecer o sentimento pessoal do autor, já que Rousseau expõe os argumentos através de dois personagens de romance: Saint-Preux apresenta os argumentos favoráveis, em uma carta endereçada a milorde Edouard, e este último, na resposta, apresenta os argumentos contrários.

Primeira carta: Saint-Preux declara que está cansado de viver e que não espera mais nada, que todo homem é livre para pôr fim à vida se ela representa um sofrimento para ele e um peso para os outros; o homem tem o direito de sacrificar seu braço para salvar seu corpo e o direito de sacrificar seu corpo para salvar sua felicidade. Deus nos deu a razão, graças à qual podemos discernir o momento em que devemos deixar a vida; esta última, aliás, é um acúmulo de erros, tormentos e vícios. A religião não ensina que a maneira mais sábia de viver é nos desligarmos do mundo, morrermos para os sentidos? Rousseau não deixa de ressaltar a ambiguidade da espiritualidade do aniquilamento. Além do mais, quando alguém fica tão infeliz que sua dor é mais forte do que o medo da morte, isso não é o sinal de que é melhor partir? Os defensores da moral tradicional, prossegue Saint-Preux, se contradizem: eles afirmam que a vida é um bem e que existe mais coragem em suportá-la do que em morrer. Só um louco aceita suportar voluntariamente os males que poderia evitar. Uma pessoa solitária, que não é útil a ninguém, cujos lamentos incomodam todo mundo, não tem motivo de partir? A Bíblia não proíbe, de maneira nenhuma, o suicídio, e a Igreja baseia-se mais em filosofias pagãs quando pretende o contrário. A proibição de matar contém inúmeras exceções: por que o suicídio não seria uma delas, e a mais lógica de todas, já que se trata de minha própria vida? Será preciso esperar ser expulso da vida, decrépito, paralisado pelas dores, repugnante, desfigurado, desumanizado? Não é mais digno partir como um ser humano, enquanto a morte é desejável?

Resposta de milorde Edouard: sou inglês, não venha me dar aulas sobre o suicídio. Você, que é religioso, como pode pensar que Deus o enviou à Terra por acidente, apenas para existir, sofrer e morrer, sem objetivo, sem propósito moral? Se você nasceu, é porque tem uma missão a cumprir. Você só enxerga os males na vida, ao passo que o bem e o mal estão, na verdade, intimamente mesclados. Você é infeliz agora, mas um dia será consolado. Pensamos que nossos males não terão fim, o que é completamente falso. É preciso distinguir entre os males do corpo e os males do espírito: quando os primeiros são excessivos, incuráveis, e destroem nossas faculdades e pertur- bam nossa razão, então deixamos, verdadeiramente, de sermos seres huma- nos, e o suicídio é aceitável; mas os males do espírito sempre têm remédio, e o tempo é o principal deles. Mas o tempo passa depressa, e só nos restam as boas ações. Não temos o direito de nos revoltar contra o Criador, de trans- formar nossa natureza e prejudicar o propósito para o qual fomos criados. Também temos de nos dedicar à sociedade e ao país.

Esse é o conteúdo das cartas. Os comentaristas deram geralmente mais importância à primeira, apresentando Rousseau como partidário da liberdade de se suicidar. A realidade com certeza é mais matizada. Em pri- meiro lugar, o próprio romance dá razão a milorde Edouard: Saint-Preux não comete suicídio, e se mostra reconhecido ao amigo pelos bons conse- lhos dados com generosidade. Em segundo lugar, o próprio Rousseau não se mata, apesar de se sentir bastante tentado em 1761, 1763 e 1767: a história de seu suicídio é pura lenda. A única exceção que ele parece admitir é o sui- cídio, mencionado por Saint-Preux, da criatura desumanizada por um into- lerável sofrimento incurável. É incorreto, portanto, transformar Rousseau no pai do suicídio romântico.

GOETHE, MESTRE DO SUICÍDIO ROMÂNTICO (WERTHER) E DO SUICÍDIO FILOSÓFICO (FAUSTO)

Goethe certamente tem mais motivos para aspirar a esse epíteto, o que não deixa de lhe causar alguns aborrecimentos. Quando publica, em 1774, *Os sofrimentos do jovem Wether*, ele tem 25 anos de idade e está influenciado pelo suicídio de um jovem que ele conhecia bem, Karl Wilhelm Jerusalem, secretário de legação de Brunswick. Este último se matou por ter sido rejeitado por uma mulher casada que ele amava. Nessa época, Goethe também estava apaixonado por uma mulher casada, Lotte. Esses dramas pessoais, amadurecidos à luz de *Hamlet*, da *Pamela* de Richardson e de *A nova Heloísa*, estão na origem de *Werther*.

A repercussão do romance é sintomática da sensibilidade ambiente. Werther não cria uma moda; é a expressão de um clima ao qual ele dá uma forma. Os debates sobre o suicídio tinham sensibilizado amplamente os círculos cultos desde meados do século. A carta de Saint-Preux data de 1761; o suicídio de Chatterton, os amantes de Lyon e a versão francesa do tratado de Hume, de 1770; a morte dos soldados de Saint-Denis, de 1773. Werther chega no momento em que as paixões sobre a legitimidade da morte voluntária estão se exacerbando. A história desse amor impossível entre um jovem e uma esposa casta que termina em um comovente suicídio representa a união plena da vaga e da vertigem das paixões primordiais: o amor, a morte e a incomunicabilidade irremediável entre as pessoas. A sensualidade contida, a virtude, o destino implacável, a juventude e a morte: tudo que agitava as sensibilidades no final do Antigo Regime encontrava um coroamento e uma expressão poética e melancólica em Werther, cujas palavras a juventude europeia vai aprender como outros tinham aprendido as de Hamlet:

> Morrer! O que isso significa? Veja, nós sonhamos quando falamos da morte. Assisti à morte de várias pessoas; mas o homem é tão obtuso que não tem nenhuma ideia do começo e do fim de sua existência. Ainda agora comigo, contigo! Contigo! Minha querida! E no instante seguinte... separados... desunidos... talvez para sempre! Não, Charlotte, não... Como posso ser aniquilado? Como podes ser aniquilada? Somos, sim... Aniquilar-se! O que significa isso?

A ELITE   335

É uma palavra a mais, um som vazio que meu coração não compreende... Morto, Charlotte! Enterrado em um pedaço de terra fria, tão estreito, tão escuro![37]

O livro é traduzido para o francês em 1775, alcançando quinze edições no espaço de dez anos;[38] um grande número de adaptações é escrito. Quatro traduções inglesas aparecem entre 1779 e 1799, depois outras três antes de 1810. E as imitações começam imediatamente: em 1777, o jovem sueco Karstens se mata com um tiro de pistola tendo um exemplar de *Werther* aberto ao seu lado; no ano seguinte, Christiane von Lassberg, acreditando ter sido abandonada por quem ela ama, afoga-se com um *Werther* no bolso; um aprendiz de sapateiro se joga pela janela com um *Werther* no colete; em 1784, uma jovem inglesa se mata na cama com um *Werther* debaixo do travesseiro, e assim por diante, até Karl von Hohenhauser, em 1835. "Werther provocou mais suicídios do que a mulher mais bela mulher do mundo", escreve Madame de Staël.

A "Werthermania" ganha uma velocidade inquietante. O livro é proibido em algumas regiões e os ataques se alastram: só no ano de 1775 o pastor Goeze acusa Goethe de equiparar a "infâmia" a um ato de heroísmo, o professor Schlettwein o chama de "envenenador público" e o pastor Dilthey o condena. "Goethe é indesculpável, e sua obra tem um propósito visivelmente imoral", escreve o *Mercure de France* em 1804.

A acusação, obviamente, é ridícula: Goethe escreveu um romance, não uma apologia do suicídio. Torná-lo responsável pela morte voluntária de todos esses jovens é acusar toda a literatura. Milhares de romances relatavam suicídios há séculos sem atrair a cólera dos moralistas. Se as reações a *Werther* são tão explosivas é porque muitos têm a impressão de que o suicídio se tornou um "fenômeno social", um temível flagelo com o qual não se tem o direito de brincar.

Preocupado com os supostos efeitos de sua obra, Goethe inserira a partir de 1775 uma quadra no frontispício da segunda versão de *Werther* que terminava assim: "Seja homem, diz ele, não siga meu exemplo". Em 1777, ele visitaria um jovem que lhe escrevera dizendo que sofria do mal do século, para

---

37 Goethe, *Les Souffrances du jeune Werther*, Paris: Gallimard, 1973, p.162-3.
38 Baldensperger, *Goethe en France*, Paris, 1902, p.18.

fazê-lo refletir, e em 1779 ele declarou: "Deus me livre de me ver de novo na situação de escrever um *Werther*". Ele faz alusão ao caso diversas vezes em sua obra, para tentar corrigir a impressão inicial. No fim da vida, faz uma avaliação mais correta das coisas, e quando lorde Bristol, bispo de Derby, critica seu livro, "completamente imoral e abominável", ele responde que os políticos enviam à morte milhões de homens sem peso na consciência.[39]

Goethe também examinou o suicídio filosófico, ao qual ele deu notoriedade e uma dimensão universal ao retomar o tema de Fausto. O poeta alemão encarna, assim, as duas grandes tentações do suicídio no século XVIII. Desesperado por não conseguir alcançar o conhecimento universal e se igualar a Deus, o dr. Fausto constata a inutilidade de seus estudos e de seu saber enciclopédico. Novo Adão que retomou o sonho absurdo de se tornar senhor da criação, não representa ele a humanidade, a iluminista em particular, que não aceita mais a tutela divina e que, orgulhosa de seus conhecimentos, acredita poder tomar seu destino nas mãos? Uma humanidade que descobre subitamente seu fracasso, sua fragilidade, sua pequenez; essa tomada de consciência gera o desespero e a vontade de se matar. Fausto quer ser Deus. Seu monólogo pungente exprime todo o desespero do ser humano que percebe seu vazio:

> Que pena, filosofia! Jurisprudência, medicina e tu também, triste teologia! Estudei-vos a fundo com fervor e paciência: e agora eis-me aqui, pobre louco, tão sábio como antes. Eu me intitulo, é verdade, Mestre Doutor, e há dez anos que exerço uma grande influência sobre meus alunos. E percebo realmente que não é possível conhecer nada! É isso que me enche de raiva! Já perdi a conta, é verdade, da quantidade de tolos, doutores, mestres, escritores e monges que existe no mundo! Nem escrúpulos nem dúvidas me atormentam mais! Não temo nada da parte do diabo nem do inferno; porém, toda alegria também me foi retirada. Na verdade, não creio saber nada de bom nem poder ensinar nada aos homens para aperfeiçoá-los e convertê-los. Por isso, não possuo nem bens, nem dinheiro, nem honra, nem controle do mundo: por esse preço, nem um cão desejaria viver! [...]

---

39 Long, English Translations of Goethe's Werther, *Journal of English and Germanic Philology*, XIV, 1915.

Que pena! E eu me impaciento de novo em minha masmorra! Miserável buraco de muralha, onde a luz suave do céu só consegue penetrar com dificuldade através desses vitrais pintados, através desse amontoado de livros empoeirados e carcomidos, e de papéis amontoados até o teto. A meu redor, vejo apenas copos, caixas, instrumentos, móveis apodrecidos, herança de meus ancestrais. E é esse o teu mundo, e a isso chamam de mundo!

E tu ainda perguntas por que teu coração se aperta dentro do peito, inquieto, por que uma dor secreta impede, dentro de ti, todos os movimentos da vida! E perguntas! E em lugar da natureza viva em que Deus te criou, estás rodeado apenas de fumaça e bolor, de despojos de animais e ossadas de mortos! [...]

Que espetáculo! Mas, que pena! não passa de um espetáculo! Por onde te agarrar, natureza infinita? Não poderia eu também apertar tuas tetas, ali onde o céu e a Terra permanecem suspensos? Queria me embeber desse leite inesgotável. [...]

No fundo do nosso coração, a inquietude vem fazer sua morada, e ali produz sofrimentos profundos, e ali se agita sem parar, destruindo ali a alegria e a serenidade; ela se disfarça sempre com máscaras novas: ora uma casa, um pátio; ora uma mulher, uma criança; é também fogo, água, punhal e veneno! Trememos diante de tudo aquilo que não nos alcançará, e choramos sem parar por aquilo que não perdemos! [...]

Portanto, tudo isso que essa alta muralha me conserva em uma centena de prateleiras não é a própria poeira? Toda essa velharia cujas futilidades me acorrentam a este mundo de versos? Encontrarei aqui o que me falta? Talvez precise ler esses milhares de volumes para constatar ali que os homens se atormentaram com tudo, e que aqui e ali apareceu um homem feliz sobre a face da Terra! Ó, tu, pobre crânio vazio, por que parece que me diriges teu sorriso zombeteiro? É para me dizer que houve um tempo em que teu cérebro, assim como o meu, esteve cheio de ideias confusas? que ele procurou pelo grande dia, e que no meio de um triste crepúsculo ele vagou infeliz na busca da verdade?

Transcorridos dois séculos, Fausto responde a Hamlet. Falando, ele também, a um "pobre crânio vazio", examinou a questão sob todos os ângulos. Ser ou não ser? Mas o que é o ser que não é tudo, que não sabe tudo, que não pode tudo? Um nada. Ora, ele, Fausto, agora sabe que o ser humano não pode controlar o saber universal, a verdade. Então, a escolha está feita: não ser. Afastando os temores de Hamlet, ele escolhe se matar, correndo o risco de encontrar o inferno ou o nada:

> Essa existência sublime, esses encantamentos divinos, como, verme raquítico, podes merecê-los? Deixando de expor teu corpo ao sol aprazível da Terra, arriscando-te a transpor essas portas diante das quais todos tremem. É chegado o momento de provar com ações que a dignidade do homem se iguala à grandeza de Deus! Não se pode tremer diante desse abismo escuro, onde parece que a imaginação se condena a seus próprios tormentos; diante dessa estreita avenida em que o inferno inteiro reluz! ousa com um passo decidido acercar-te dessa passagem: mesmo correndo o risco de te deparares com o nada![40]

CHATTERTON E OS CONCORRENTES DE WERTHER E FAUSTO

Os jovens que cometem suicídio nos anos 1770 e 1780 invocam mais Werther do que Fausto. A partir de 1770, eles também passam a dispor de outro exemplo, que, no caso, não é literário. Nesse ano, o jovem poeta Thomas Chatterton, com 17 anos de idade, se envenena em seu quarto no bairro de Holborn, em Londres. Jovem prodígio, autor de poesias desde os 10 anos de idade, ele compõe textos de estilo medieval de início bastante admirados. Não conseguindo alcançar rápido a glória à qual aspira, e reduzido a extrema pobreza, ele se mata, transformando-se de imediato no símbolo do gênio incompreendido e rejeitado por sua época.

Um grande número de panegíricos é escrito nos meses seguintes à sua morte. Um deles, *Love and Madness* [Amor e loucura], publicado por Herbert Croft em 1780, transforma Chatterton em um verdadeiro mito. Os artistas representam sua morte: em 1775, John Flaxman faz um esboço de *Thomas Chatterton Receiving a Bowl of Poison from Despair* [Chatterton recebendo uma taça de veneno de Desespero], depois um projeto de monumento. Em 1782 aparecem lenços de recordação que o representam escrevendo no celeiro de sua casa, com um longo comentário em honra daquele que tinha "nascido para adornar o tempo em que viveu, mas que caiu vítima do orgulho e

---

40 Goethe, *Fausto*, parte 1.

A ELITE

da pobreza"[41] – e que serviam para secar os rios de lágrimas dos rapazes e das moças românticas do *Sturm und Drang*.[42] Keats, Coleridge, Wordsworth e Vigny manterão vivo o mito no século seguinte. Philip Thicknesse manda instalar uma estátua do jovem em seus jardins. Ainda em 1856, o pintor Wallis representa *The Death of Chatterton* [A morte de Chatterton] em uma composição neoclássica glacial.

Admirado, Chatterton é imitado como Werther. Em 1789, o *Times* relata a trágica história da jovem e bela Eleanor Johnson, de 17 anos de idade, como Chatterton, e desesperada por um amor que ela crê impossível, como Werther. Seu bem-amado é um negro, Thomas Caton, sobrenome bastante adequado às circunstâncias. Imaginando-se rejeitada, Eleanor se envenena e deixa um longo bilhete romântico ao estilo de Werther. O júri a declara não culpada, *non compos mentis*, o que alegra o *Times*, que se emociona com essa versão moderna de Otelo e Desdêmona.[43] Na sequência desse caso, dois debates públicos são organizados em Londres sobre as relações entre o suicídio e a decepção amorosa.

Na França também são registrados casos semelhantes, como o de um jovem que se joga na água porque os pais de sua bem-amada se recusam a lhe dar sua mão. Um abade que ama sua afilhada, fazendo alusão a Abelardo e a Julie d'Étange, resolve se matar; ele escreve: "Um amor tão violento como incontrolável por uma menina adorável, o medo de provocar sua desgraça, a necessidade de escolher entre o crime e a morte, tudo me impeliu a morrer".[44] Grimm relata diversos casos em sua correspondência de 1784 e 1785.[45]

Na Alemanha, o *Sturm und Drang* transforma o suicídio em um dos assuntos da moda entre os jovens. Nesse país, Fausto é um modelo tão admirado quanto Werther. Por meio da morte voluntária, considerada mais libertação do que aniquilamento, "esses sonhadores desejam encontrar a solução do problema do conhecimento, descobrir o que existe por trás do mundo

---

41 Meyerstein, *A Life of Thomas Chatterton*, Londres, 1930.
42 Sturm und Drang ["Tempestade e impetuosidade"] foi um movimento literário alemão do final do século XVIII que exaltava a natureza, as emoções e o individualismo e procurava subverter o culto iluminista do racionalismo. (N. T.)
43 *The Times*, de 28 set. a 12 nov. 1789.
44 Citado em Bayet, op. cit., p.683.
45 Grimm, *Correspondance*, org. Tourneux, t.XIII, p.529; t.XIV, p.197.

exterior percebido pelos sentidos", escreve H. Brunschwig em sua magnífica pesquisa sobre a Prússia do final do século XVIII.[46] Em fevereiro de 1792, Frédéric Schlegel, que se sente atormentado no mundo, escreve ao irmão:

> Por que viver? Você não pode nem me responder nem me aconselhar a viver se quiser encontrar, para me convencer, outros motivos além de sua amizade. Faz três anos que o suicídio é um de meus pensamentos cotidianos. Se eu tivesse prosseguido no rumo que seguia em Goettingue, ele com certeza teria me conduzido rapidamente ao suicídio.[47]

No entanto, embora a morte voluntária pareça estar crescendo no Estado prussiano nesse período, os suicídios propriamente românticos são raros. Todos os jovens falam em suicídio, mas pouquíssimos o cometem: aqueles que passam ao ato são geralmente pessoas solitárias, desiludidas e que sofrem por amor, como Caroline de Günderode ou Heinrich von Kleist. Também esse escritor e dramaturgo de vida aventurosa, filho de oficial, voluntário do exército francês, desertor, defensor do nacionalismo alemão, que zombou do suicídio de Werther em 1801, ao chegar aos 34 anos de idade, em 1811, se mata na companhia de uma jovem que sofre de uma doença incurável.

De todo modo, o problema do suicídio é suficientemente sério na Prússia para que em 1785 Emmanuel Kant lhe dedique uma explicação detalhada em *Fundamentação da metafísica dos costumes*. Para o filósofo, a liberdade de se suicidar não pode, em nenhum caso, satisfazer à exigência do imperativo universal do dever: "Age como se o princípio de tua ação devesse se transformar, por tua vontade, em lei universal da natureza". O raciocínio é o seguinte: o suicídio é motivado pelo sentimento de amor por si mesmo; ora, seria contraditório destruir a própria vida em nome de um sentimento cuja função é justamente proteger a vida. Raciocínio poderoso, mas cuja eficácia pode ser questionada, já que a decisão de se suicidar extrapola os princípios de contradição lógica:

---

46 Brunschwig, *La Crise de l'État prussien à la fin du XVIIIe siècle et la genèse de la mentalité romantique*, Paris, 1947, p.267.
47 Citado ibid.

A ELITE 341

Um homem, depois de uma série de males que o reduziram ao desespero, sente aversão pela vida, continuando suficientemente na posse da razão para poder perguntar a si mesmo se não seria um descumprimento do dever para consigo atentar contra sua vida. O que ele procura descobrir, então, é se o princípio da sua ação pode realmente se tornar uma lei universal da natureza. Este, porém, é o seu princípio: por amor a mim mesmo, eu admito teoricamente abreviar minha vida, se ao prolongá-la tiver mais males a temer do que alegrias a esperar. A questão, portanto, é apenas saber se esse princípio do amor a si mesmo pode se tornar uma lei universal da natureza. Mas, então, percebe-se logo que uma natureza cuja lei seria destruir a vida mesma, precisamente por meio do sentimento cuja função especial é estimular o desenvolvimento da vida, estaria em contradição consigo mesma e, assim, não sobreviveria como natureza; que, portanto, esse princípio não pode, de maneira nenhuma, ocupar o lugar de uma lei universal da natureza, sendo, por consequência, contrário ao princípio supremo de todo dever.

Nos devaneios românticos sobre o suicídio, o tema da passagem do tempo, que rouba nossa juventude e nos conduz a uma velhice temida, desempenha um papel essencial. Também nesse caso, Shakespeare abrira o caminho, relacionando a passagem do tempo ao absurdo da vida no monólogo de Macbeth:

Amanhã, e amanhã, e amanhã, chegando no passo impressentido de um dia após um dia, até a última sílaba do tempo registrado. E cada dia de ontem iluminou, aos tolos que nós somos, o caminho para o pó da morte. Apagai-vos, vela tão pequena! A vida é apenas uma sombra que caminha, um pobre ator que gagueja e vacila durante uma hora sobre o palco e, depois, nunca mais se ouve. É uma história contada por um idiota, cheia de som e fúria, significando nada.[48]

A recusa de envelhecer é particularmente clara no período pré-romântico, resultando na única maneira de evitar a "velhice inimiga": a morte voluntária.

Já que devo morrer, não é o mesmo se matar? A vida é um peso para mim, pois não sinto nenhum prazer e para mim tudo é sofrimento. Ela é um peso

---

48 Shakespeare, *Macbeth*, V, 5.

342 GEORGES MINOIS

porque os homens com quem vivo e viverei, provavelmente para sempre, têm hábitos tão distantes dos meus como a luz da Lua é diferente da luz do Sol.[49]

É Bonaparte, aos 25 anos de idade, que escreve essas palavras, enquanto na mesma época, antecipando Lamartine, o poeta Antoine-Léonard Thomas (1732-1785) chama pela morte, que o poupará da velhice:

> *Se meu coração fosse apaziguado por meus sentidos,*
> *Ó tempo! eu te diria: – Antecipa minha hora final,*
> *Apressa-te para que eu morra;*
> *Prefiro não existir a viver humilhado. [...]*
> *Ó tempo, suspende teu voo, respeita minha juventude.*[50]

Em 1806, Fichte retrata, em *Comentário do segundo Fausto*, o envelhecimento prematuro de seus jovens compatriotas românticos: "Quando eles passavam dos 30 anos de idade, era preciso desejar, para a felicidade e o bem do mundo, que eles morressem, pois a partir desse momento eles viviam apenas para se destruir cada vez mais, eles mesmos e as pessoas de seu círculo mais próximo".[51] Por fim, a Itália também tem seu Werther: é Jacopo Ortis – personagem criado em 1799 por Ugo Foscolo –, que se suicida tanto por amor como pelo sentimento nacional frustrado.[52]

MADAME DE STAËL E A ANÁLISE DO SUICÍDIO

É uma mulher, Madame de Staël, que faz a síntese e o balanço da morte voluntária na era pré-romântica. Filha de Necker,[53] nascida em 1766, gênio precoce, com 8 anos de idade quando *Werther* é publicado, iniciada nos salões no contato com a elite intelectual, ela é atraída pela ideia do suicídio por

---

49 Godechot, *L'Europe et l'Amérique à l'époque napoléonienne*, Paris, 1967, p.68.
50 Thomas, *Ode sur le temps*, v.93-6 e 103.
51 Citado por Bois, *Les Vieux*, Paris, 1989, p.271.
52 Foscolo, *Le Ultime Lettere d'Jacopo Ortis*, 1799.
53 Jacques Necker, economista e político suíço do século XVIII, responsável pela economia da monarquia francesa em três ocasiões durante o reinado de Luís XVI: 1776, 1788 e 1789. (N. T.)

amor, que apoia em um livro de 1796 que trata *De l'influence des passions sur le bonheur des individus et des nations* [Da influência das paixões sobre a felicidade dos indivíduos e das nações].

Espírito ao mesmo tempo metódico e sensível, ela identifica três tipos principais de morte voluntária. O suicídio por amor é o mais facilmente compreensível, e essa morte "é a menos temível de todas: como sobreviver ao objeto pelo qual éramos amados?". O suicídio filosófico, mais raro, pressupõe longas avaliações, "reflexões profundas, longas introspecções". Só membros da elite, capazes de analisar a vida humana com serenidade, podem alcançar esse autêntico tédio existencial. Para ser Fausto, não basta querer; Fausto que, afinal de contas, não se matou. Terceiro caso: o culpado. O suicídio, para ele, é um começo de redenção, pois esse "recurso sublime" não está ao alcance do indivíduo completamente infeliz: "Seria difícil não acreditar em alguns gestos de generosidade no homem que, arrependido, provocasse a própria morte". Foi pensando nesses três tipos de suicídio – do apaixonado desesperado, do filósofo pessimista e do criminoso arrependido – que Madame de Staël escreveu: "Existe algo de sensível ou filosófico no ato de se matar que é absolutamente inacessível ao indivíduo depravado".

Depois de Lipse, Donne, Hume e Goethe, é a vez de Madame de Staël se arrepender de suas declarações sobre a morte voluntária e de tomar consciência, por sua vez, que, nessa esfera, cada um só pode responder por si. O remorso que ela sente em relação àquilo que alguns poderiam ter considerado uma apologia do suicídio a leva a escrever, dezessete anos mais tarde, o tratado *Réflexions sur le suicide* [Reflexões sobre o suicídio], publicado em 1813. Agora não se trata mais de uma defesa, mas de um ensaio "científico", no qual ela examina a questão da morte voluntária de maneira neutra e equilibrada e da forma mais abrangente possível. Esse livrinho marca a transição entre as obras engajadas do século XVIII e os estudos psicológicos e sociológicos do século XIX.

Primeiro ponto: evitemos julgar aqueles que se matam; são pessoas infelizes que merecem compaixão, não ódio, elogio ou desprezo:

> A desgraça excessiva faz nascer a ideia do suicídio. [...] Não se deve odiar os excessivamente infelizes por detestar a vida; não se deve elogiar quem sucumbe a um peso gigantesco; pois se conseguisse avançar carregando esse peso, sua força moral seria maior.

Psicologicamente, existe sempre no suicídio uma parcela de insensatez que acompanha os paroxismos das paixões:

> Não obstante, estávamos errados ao afirmar que o suicídio era um ato de covardia: essa declaração forçada não convenceu ninguém; contudo, nesse caso deve-se diferenciar a coragem da firmeza. Para se matar, é preciso não temer a morte; mas não saber sofrer revela falta de firmeza moral. É necessária uma espécie de raiva para derrotar em si o instinto de preservação da vida, quando não é um sentimento religioso que lhe exige o sacrifício. A maioria daqueles que não foram bem-sucedidos ao tentar o suicídio não repetiram a tentativa, porque existe no suicídio, como em todos os atos desequilibrados da vontade, uma certa loucura que sossega quando chega perto demais de seu objetivo.[54]

O suicídio se deve à influência do sofrimento sobre a alma humana, em geral por intermédio da ruína econômica ou da desonra. A decisão sempre é precipitada demais: a desonra nunca é duradoura, o remorso deveria nos estimular a viver para reparar nossas faltas, o verdadeiro amor não provoca o suicídio, pois não é isso que desejaria aquele ou aquela que se ama. O sofrimento físico quase nunca é causa de suicídio, pois ele não provoca a revolta. A causa mais frequente, portanto, é o amor-próprio.

Na segunda parte, Madame de Staël examina as relações entre suicídio e vida religiosa:

> A resignação obtida por meio da fé religiosa é um tipo de suicídio moral, e é isso que o diferencia tanto do suicídio propriamente dito; pois a renúncia a si mesmo tem por objetivo a dedicação ao próximo, e o suicídio provocado pelo tédio vital nada mais é do que o luto sangrento da felicidade pessoal.[55]

As hipóteses dos casuístas são ilusórias por serem totalmente inverossímeis, mas a antiga hesitação de Hamlet continua sendo a regra: temos certeza de que a morte põe fim a todos os tormentos? Prudência. No que diz respeito

---

54 Staël, Réflexions sur le suicide, *Œuvres complètes*, t.III, p.179.
55 Ibid., p.185.

A ELITE   345

aos suicídios filosóficos, é preciso diferenciar dois casos: os que se matam porque pensam que é seu dever fazê-lo são dignos de admiração, como Catão,
que comprova que continua sendo um homem livre; por outro lado, os que se
matam por estarem dominados pelas paixões são condenáveis.

O tratado termina com um esboço sociológico do suicídio segundo os
temperamentos nacionais. Os ingleses são os mais inclinados a cometê-lo
porque, apesar das aparências, são muito impetuosos e muito sensíveis à
opinião pública. Nesse caso, o clima não desempenha nenhum papel. Os alemães se matam por "entusiasmo metafísico". Eles têm inúmeras qualidades,
mas, por ora (1813), deveriam pensar mais em libertar sua pátria: "Eles não
devem se ocupar mais de uma sentimentalidade doentia, de suicídios literários". Madame de Staël critica a "aberração" dos alemães que ficaram extasia-
dos com o suicídio de um homem e de uma mulher em uma hospedaria de
Potsdam depois de terem comido e entoado cânticos. Os suicídios franceses
não são nem românticos nem filosóficos; são suicídios intrépidos, que não
têm nada a ver com a melancolia ou as ideias. Quanto aos mediterrâneos, eles
se suicidam pouco, beneficiando-se das "delícias de uma natureza tão bela".

A obra *Réflexions sur le suicide* [Reflexões sobre o suicídio] nos transporta
da moral à sociologia. Passagem certamente prematura, na falta de dados
quantitativos. Madame de Staël continua sendo uma pessoa romântica, e só
examina os suicídios nobres. Entre a população humilde, a realidade coti-
diana do suicídio é menos gloriosa e mais estável: as pessoas se matam há
séculos pelos mesmos motivos – os sofrimentos básicos – sem fazer discurso. Mas esses suicídios não provocam alvoroço, pois não são motivados
por ideias nobres nem correspondem aos cânones do heroísmo, além de
serem cometidos de forma indigna: pela forca, tipo de morte a respeito da
qual Denesle escreve em 1766:

> A forca é um tipo de morte cuja torpeza é tão incontestável que o homem
> que a escolhesse tomado pelo desespero, a menos que pertencesse à escória do
> povo, seria irremediavelmente desonrado entre as pessoas honestas. Há que
> usar veneno, espada ou fogo. A água também é um recurso extremo da plebe.[56]

---

56 Denesle, *Les Préjugés du public sur l'honneur*, Paris, 1766, p.459.

Os suicidas filosóficos vão para o nada, os suicidas românticos vão para o céu e os suicidas comuns vão para o inferno. No entanto, embora o clero continue irredutível, os juristas hesitam cada vez mais, e esses suicídios de origem humilde também penetram discretamente na sociologia com Mercier.

– 11 –

A PERSISTÊNCIA DO SUICÍDIO COMUM ENTRE O POVO

Longe dos salões, das especulações sobre o sentido da vida e dos impulsos românticos, temos aqui o suicídio entre camponeses humildes da Bretanha no século XVIII.[1] Os arquivos do presídio de Rennes guardam dossiês de cerca de vinte processos entre 1715 e 1788. Dezessete referem-se a camponeses e três a citadinos. Amostra reveladora, pela própria secura, da aflição física e moral dessa gente.

CRÔNICA DO SUICÍDIO NA BRETANHA RURAL

No dia 13 de julho de 1715, Brigitte Even, de Spezet, se enforca de tristeza em razão da partida do filho, sorteado para integrar a milícia.

---

1 Utilizamos dados extraídos de um resumo de mestrado datilografado intitulado *Les Suicides em Bretagne au XVIII* siècle, defendido na Universidade de Rennes em 1971 por Guy Barreau.

No dia 23 de fevereiro de 1720, Marquet, um feirante de 35 anos de idade cujos negócios não andam bem, esfaqueia-se várias vezes e depois se joga no Loire, em Nantes.

Na primavera de 1721, Julien Deshoux assiste aos sermões da Páscoa por ocasião de uma missão em Saulnière, baronia de Châteaugiron. As evocações do inferno o enlouquecem: o curador diz que "ele ficou louco por causa dos temores que lhe causaram os sermões", e então se matou.

No dia 3 de abril de 1725, Jacqueline Huet, de Perry, próximo de Louvigné-de-Bais, há muito tempo distante da religião, se enforca.

No dia 23 de janeiro de 1728, André Trumeau, 40 anos, um ex-comerciante que virou delinquente, se enforca perto de Châteaubourg.

No dia 30 de setembro de 1728, o camponês Joseph Castille se enforca em uma macieira, perto de Domagné. Aparentemente o álcool destruíra suas faculdades mentais. Os testemunhos são unânimes: "ele bebia o tempo todo", "ele era perturbado", ele tinha alucinações, dançava seminu, conversava com os pássaros, se banhava com água benta, ficara doente de ciúme. Quando Castille se suicida, faz quinze dias que está bêbado. No entanto, ele é considerado culpado e arrastado na grade.

No dia 2 de fevereiro de 1732, outro bêbado, o ex-açougueiro René Saligaut, se enforca em Antrain. A bebida o tornou violento e ele abandonou a mulher e os filhos. Ele também é condenado.

No dia 21 de outubro de 1736, François Legay, trabalhador agrícola, se enforca em Bain. Ele acabara de vender ovelhas que não lhe pertenciam e gastara o dinheiro. Ele também bebe muito, e é condenado.

No dia 20 de fevereiro de 1742, um camponês se enforca em Kervignec, próximo de Pouldavid. Endividado, tivera os bens penhorados na véspera, ficando na miséria. É condenado.

No dia 1º de março de 1743, Jean Beaubras se mata em Fougeray, por razões desconhecidas.

No dia 29 de novembro de 1769, Françoise Royer, uma jovem de 15 anos, se afoga em Fougères. Fazia muito tempo que ela era o saco de pancadas da mãe, que a mandava mendigar, mal lhe dava o que comer, jogava-a na rua no meio da noite chamando-a de puta e batia nela com um pedaço de pau. Aliás, a mãe não demonstra nenhum pesar com a morte da filha:

A PERSISTÊNCIA DO SUICÍDIO COMUM ENTRE O POVO 349

Foi o diabo que quebrou o pescoço dela, mas ela tem mais de 7 anos de idade, já não estava sob minha guarda [...]. Bem feito, a endiabrada procurava o perigo e encontrou [...]. É uma infeliz, bem que ela me dissera, foi o espírito maligno que lhe virou a cabeça.

No dia 1º de fevereiro de 1773, Michel Talouard, sofrendo de dores insuportáveis por causa do reumatismo e da ciática, se enforca perto de Guérande.

No dia 9 de maio de 1773, o camponês Christophe Caud, sofrendo de febre maligna, se enforca em Vergeal. É condenado.

No final de outubro de 1778, um auxiliar de procurador de Saint-Christophe-de-Vallains, Jean-François Battais, de 21 anos de idade, se enforca em um bosque. Ele também é vítima dos pais, que o mandaram para a prisão por ele levar uma vida dissoluta durante muito tempo. Battais deixa a prisão humilhado e começa a mendigar, pois a família se recusa a ajudá-lo. Ele pede a um amigo que o mate.

No dia 11 de março de 1784, François Grégoire, camponês que morava nos arredores de Lannion, se enforca no sótão. Como não tinham conhecimento de qualquer motivo que justificasse o suicídio, ele é condenado.

No dia 4 de novembro de 1785, um oficial de justiça de Saint-Malo, Guillaume Le Menner, se mata na cama com um tiro de pistola. Trata-se também de um bêbado, mas, no caso desse notável, não se descarta a possibilidade de acidente. Portanto, ele não é condenado.

No dia 7 de março de 1787, Yves Barguil, com 30 anos de idade, um bêbado que já tentara se matar várias vezes, se enforca perto de Quimperlé. Embora há muito tempo ele anunciasse a intenção de se matar, era considerado louco, assim como a mãe. O álcool piora o problema, e sua mulher teve de esconder todas as cordas e fechar o celeiro.

No início de setembro de 1787, Guillaume Buffe, de 40 anos, sofrendo de dores de cabeça e às vezes perdendo o controle, se enforca em Saint-Sulpice.

No dia 22 de janeiro de 1788, Vincent Cadic, um auxiliar de procurador de 19 anos de idade que não consegue suportar a ideia de ficar separado dos pais, se enforca perto de Pontcroix.

Nada mudou desde a Idade Média: a miséria e a decadência física e moral continuam sendo as principais causas da morte voluntária entre a população rural. Existe um único elemento novo: o alcoolismo, que piora os casos de fragilidade mental. Os meios também não mudaram: enforcamento para os homens, afogamento ou veneno para as mulheres, cujo número é cinco vezes maior entre as vítimas. As pessoas se matam de preferência às terças--feiras, entre 8 e 10 horas da manhã, no mês de fevereiro, e um pouco menos em setembro.

O suicídio provoca sempre uma grande agitação na comunidade, além de estimular a formação de grandes agrupamentos de pessoas. Uma "multidão" se forma em volta do corpo de René Saligault. O primeiro reflexo dos familiares é o medo, e geralmente a investigação enfrenta dificuldade para começar por causa da desconfiança das testemunhas, intimidadas pelo aparelho judiciário.

O sentimento predominante em relação ao suicídio é a compaixão. Sistematicamente, os testemunhos insistem nos sinais de loucura, muitas vezes explicada pela influência da lua: um "enlouquece em cada lua crescente", outro "fica mais ou menos perturbado da cabeça segundo as variações da lua", ou ainda "em cada lua nova". No caso de Yves Barguil, uma testemunha declara que, "no período de lua cheia, é evidente que ele tinha a cabeça afetada e mais perturbada do que de costume; sua simples aparência impedia que se fixasse o olhar nele, e até inspirava terror em quem o olhava". Todos os sinais de loucura são cuidadosamente relatados: agitação, exibicionismo, gestos estranhos.

A família e as pessoas mais próximas estão dispostas a tentar de tudo para esconder ou desculpar o suicídio, às vezes com êxito, como no caso de Vincent Cadic, em que a investigação conclui que o jovem de 19 anos acabou se estrangulando enquanto brincava no balanço, pois, se tivesse querido se enforcar, teria escolhido galhos mais altos:

> Não seria impossível fisicamente que, por inabilidade e de brincadeira, Vincent Cadic fosse estrangulado por engano pelo nó corrediço que teria passado ao redor do pescoço, que a postura do cadáver levava a crer nisso, por assim dizer, já que havia uma infinidade de galhos mais altos que Cadic teria escolhido de preferência se tivesse a firme intenção de se matar.

No entanto, a mesma desculpa, alegada em relação a Christophe Caud, é rejeitada.

A tentativa de esconder um suicídio pode chegar até a uma encenação que envolva falsos testemunhos e conivências. É o que acontece depois do suicídio de Jean-François Battais, um jovem expulso pelos pais com o consentimento do tio, um padre. Sentindo-se responsável, a família convence o cura de Saint-Sulpice-de-Vallains a realizar o sepultamento como se tivesse acontecido um acidente, ou melhor, um assassinato. A investigação revela que os pais, tendo encontrado o corpo dentro de casa, espancaram-no com uma alavanca e um bastão para dar a impressão de assassinato, depois foram pendurá-lo no bosque.

O procedimento, extremamente eficaz, permanece inalterado até o fim do Antigo Regime. Acompanhemos o caso de Christophe Caud, o camponês de 56 anos encontrado enforcado em sua casa, no vilarejo de Escures, no domingo, 9 de maio de 1773, às 16 horas. As autoridades são imediatamente avisadas, certamente por intermédio do cura, e no dia 11 de maio, na presença do oficial de justiça real, do procurador fiscal e de outros oficiais, os cirurgiões examinam o cadáver, abrem-no e lavram o processo verbal. No mesmo dia, o corpo é levado à prisão em Vitré, sob a guarda de dois sargentos. Ele é marcado com um carimbo na testa. No dia seguinte, 12 de maio, ele é embalsamado a fim de conservá-lo até a sentença. Nos dias 11, 13 e 21 de maio procede-se à audição das testemunhas, na presença do curador do defunto, mestre Jacques. O cadáver também se encontra presente, mas as testemunhas quase não conseguem identificá-lo, "já que ele está em processo de putrefação". O caso se encerra no dia 2 de setembro de 1775 com o último interrogatório de "mestre Louis Eloy Jacques, curador indicado pelas autoridades", dois anos e quatro meses depois do suicídio. A sentença definitiva é então pronunciada:

> A sé, acolhendo as conclusões dos agentes reais, declarou que o morto Christophe Caud foi devidamente reconhecido culpado de ter se matado e assassinado a si mesmo por meio de uma gravata de musselina presa ao pescoço e, e em seguida, a uma escada servindo de prancha embaixo de sua casa, para cuja reparação e o bem do interesse público ordena que sua memória seja apagada e suprimida para sempre, que seu cadáver seja preso em uma grade e arrastado pelas ruas e cruzamentos comuns e, em seguida, até a praça das liças para ser pendurado pelos pés e erguido na forca, permanecendo ali três horas e, em

seguida, seja jogado no depósito de lixo; declara seus bens móveis adquiridos e confiscados em benefício de quem ele depende, seus custos processuais previamente abatidos deles, e, além disso, condenou a 3 libras de multa em benefício de Sua Majestade, a ser extraída de seus outros bens, além de condená-lo a arcar com as custas.

Sentença executada alguns dias depois, nas ruas de Rennes, sobre o que resta do cadáver. Estamos na época de Luís XVI, no centro do Iluminismo, 24 anos depois da publicação do primeiro volume da *Enciclopédia*, catorze anos depois de *A nova Heloísa*, onze anos depois do tratado de Beccaria, cinco anos depois do tratado de Hume, um ano depois de *Werther*. E este não é o único exemplo: dez anos mais tarde, o corpo de um infeliz camponês dos arredores de Lannion tem o mesmo destino. Sua memória é "apagada" e seus bens, confiscados.

O RECUO DAS CONDENAÇÕES

É preciso, portanto, relativizar as declarações tanto dos contemporâneos como dos historiadores, que afirmam que práticas bárbaras não ocorriam mais no fim do Antigo Regime. Na zona rural, isso nem sempre é verdade. Quando Voltaire escreve em 1777 que os antigos costumes "deixaram de ser levados em conta hoje", que Dubois-Fontanelle declara que os magistrados "fecham os olhos porque a punição aplicada a um corpo privado de sensações é inútil", e que Mercier afirma em 1782 que "não se arrastam mais na grade aqueles que leis ineptas perseguiam depois do trespasse", eles se referem a Paris. Este último acrescenta: "Era, aliás, um espetáculo horrível e repugnante que podia ter sérias consequências em uma cidade cheia de mulheres grávidas".

"A partir da primeira metade do século, os processos por suicídio já são bastante raros; às vésperas da Revolução, pode-se dizer que eles não existem mais",[2] observava Albert Bayet. Essa afirmação é corroborada pela análise

---

2 Bayet, op. cit., p.667.

A PERSISTÊNCIA DO SUICÍDIO COMUM ENTRE O POVO   353

dos arquivos criminais a que ele se dedicou em cerca de trinta bailiados[3] e prebostados,[4] do Tarn a Aisne e da Mayenne a Saône-e-Loire. Ele encontrou quinze processos contra cadáveres de 1700 a 1760, e três de 1760 a 1789, o que, indiscutivelmente, é muito pouco.[5] Dos dezoito processos, cinco transcorrem na região mais ocidental analisada: as sés de Laval e Craon, o que tenderia a demonstrar que a intolerância tradicional era mais aguda no oeste do reino. Só na Bretanha contam-se mais processos contra cadáveres do que nos trinta tribunais de justiça real examinados por Albert Bayet: vinte contra dezoito, e metade termina em execução. No início da Revolução, encontrarão em Quimper, na Bretanha Ocidental, um cadáver salgado cinco ou seis anos antes, esperando pela execução, e cerca de vinte em Saint-Malo.[6]

Grande número de suicídios não gera nenhum processo. No Vermandois, pode-se até detectar a evolução no sentido da tolerância através de quatro exemplos: em 1725, um suicida é enterrado em solo profano; em 1729, outro é sepultado discretamente no cemitério, à noite, sem o repicar de sinos nem cânticos; o mesmo acontece em 1766; em 1782, a coisa parece transcorrer com naturalidade, desde que se previna o juiz.[7] Em Lyon, o jurista Prost de Royer comunica que autorizara, em 1760, o sepultamento de três jovens que tinham se envenenado por desgosto amoroso, avisando a autoridade superior. "Ouso expor", escreve ele, "minhas ideias a respeito da inutilidade e os riscos de um processo." A autoridade não se importa.[8] O mesmo acontecera em relação aos amantes de Lyon. Mesmo na Bretanha, o curador de Guillaume Le Menner declara em 1785: "Ainda que ele tenha cometido homicídio contra si mesmo, isso não é motivo para proceder à instrução de sua memória".

Em Paris, Brissot escreve em 1781 que "outrora" se processavam os suicidas,[9] e em 1790 Pastoret afirma que não se tem conhecimento de nenhuma

---

3 Território sob a jurisdição de um bailio (denominação que, na Idade Média, era dada, em alguns países da Europa, a magistrados com atribuições especiais). (N. T.)
4 Cargo de preboste (denominação comum a vários antigos funcionários reais e senhoriais). (N. T.)
5 Ibid., p.671-2.
6 Corre; Aubry, *Documents de criminologie rétrospective* (*Bretagne, XVIIᵉ-XVIIIᵉ siècle*), Paris, 1895, p.378.
7 Combier, *Les Justices subalternes de Vermandois*, Amiens, 1885, p.43, 134, 140.
8 Royer, reedição do *Dictionnaire* de Brillon, Lyon, 1784.
9 Brissot, *Théorie des lois criminelles*, Paris, 1781.

execução de cadáver desde 1772.[10] Mercier, como dissemos, alegra-se em 1782, no *Tableau de Paris*, com o desaparecimento desses espetáculos "repugnantes". A prioridade agora é a discrição, acrescenta:

> A polícia cuidou para que o público não tomasse conhecimento dos suicídios. Quando alguém comete homicídio contra si mesmo, um comissário aparece sem uniforme, lavra um processo verbal sem provocar o mínimo escândalo e obriga que o morto seja enterrado sem estardalhaço.[11]

Em seu *Journal*, Hardy também cita vários casos de suicídio que não foram seguidos de julgamento: o de um pobre homem enforcado, cuja mulher roubara um pão; o de um banqueiro, em 1769; o de um secretário do rei, em 1771, que se mata com um tiro de pistola por uma questão de dinheiro e que é enterrado no dia seguinte na igreja de Bonne-Nouvelle; o de um jovem operário, em 1772, a quem recusam um certificado e que, ele também, consegue funerais religiosos.[12] No entanto, no mesmo ano, ele menciona a recusa de sepultura a um prevaricador, mas não há execução de cadáver.[13] Na verdade, a rigidez continua maior em relação aos condenados que se matam: em 1768, quando Simon Saladin se suicida na prisão de Toulouse, seu cadáver é arrastado, depois pendurado e jogado no depósito de lixo.[14] As tentativas de suicídio também são punidas com prisão.[15]

A mesma tendência é perceptível na Inglaterra, onde as reações contrárias ao confisco dos bens dos suicidas se multiplicam: "A extrema e evidente crueldade dessa lei faz que ela seja constantemente ridicularizada", pode-se ler no *Gentleman's Magazine* de 1754, o que é confirmado por um jurista em 1776.[16] As estatísticas ilustram essa tendência, já que sob o reinado de Jorge III, a partir de 1760, 97% dos processos de suicidas cujos dossiês foram analisados terminam com um veredito de *non compos mentis*, não culpado

---

10 Pastoret, *Des lois pénales*, Paris, 1790.

11 Mercier, *Tableau de Paris*, t.III, c.258.

12 Hardy, *Mes Loisirs*, org. Tourneux e Vitrac, t.I, Paris, 1912, p.80, 160, 306, 323.

13 Ibid., p.325.

14 Imbert; Levasseur, *Le Pouvoir, les juges et les bourreaux: Vingt-cinq siècles de répression*, Paris, 1972, p.203.

15 *Lettres de Monsieur de Marville au ministre Maurepas, 1742-1747*, Paris, 1896.

16 *Considerations on some of the Laws Relating to the Office of a Coroner*, Newcastle, 1776, p.53-4.

A PERSISTÊNCIA DO SUICÍDIO COMUM ENTRE O POVO 355

em razão de fragilidade mental, e isso alcança todas as categorias sociais. Os defensores da moral tradicional se queixam de que os suicidas sejam sistematicamente considerados loucos.[17] O menor sinal de um comportamento ligeiramente perturbado, ainda que uma única vez, é considerado suficiente, através do testemunho de um vizinho, no caso dos pobres, e de um certificado médico, no caso dos ricos. Em 1776, um jurista constata que os júris se pronunciam "sem nem mesmo um vislumbre de presunção ou de prova que os justifique [...]. Seus julgamentos resultam, em geral, do capricho e da parcialidade".[18] Muitas vezes, essa postura acaba até invertendo o raciocínio: o fato de ter tentado o suicídio é que é considerado uma prova de loucura. Todos os afogados não identificados também são julgados *non compos mentis*, ao passo que no século XVI o veredito de *felo de se* era sistematicamente pronunciado. Mesmo nos casos evidentes de suicídio, assiste-se ao pronunciamento de vereditos de morte natural: em 1762, em Norwich, William Hutchon se degola porque não consegue mais suportar os sofrimentos provocados por diversas doenças crônicas, entre as quais uma úlcera na perna. O júri, considerando que a causa de seu gesto é a doença, declara a morte "natural".

O fator religioso não é mais levado em consideração: ao contrário do século XVI, o fato de negligenciar os deveres religiosos não é mais um sinal de intervenção do diabo. A secularização é bastante visível em todas as regiões da Inglaterra. Compostos cada vez mais de notáveis que representam as classes médias instruídas, os júris não condenam mais o gesto suicida, apenas o comportamento do indivíduo em relação ao grupo social. Só os suicídios de criminosos, anormais, estrangeiros, marginais e antissociais são condenados; quanto aos outros, os júris respeitam as regras tradicionais, da boa reputação familiar e dos elementos de estabilidade social. Como o poder real não tem mais interesse nas condenações, os jurados têm a liberdade de se pronunciar como quiserem, e seus vereditos, arbitrários, têm um único objetivo: ratificar a responsabilidade social. Eles se mostram tolerantes com o suicídio dos devedores insolventes, que em geral despertam compaixão. Pode-se chegar até mesmo a considerar que o pagamento das dívidas é um

---

17 Por exemplo Watts, *A Defense against the Temptation of Self-Murder*; Ayscough, *Duelling and Suicide Repugnant toRevelation, Reason and Common Sense*, Londres, 1774.
18 *Considerations on the Office of a Coroner*, p.45-6.

sinal de loucura, como no caso relatado pelo *Times* no dia 9 de abril de 1790: com relação a um homem encontrado enforcado em uma casa de Bath, "o júri, levando em conta as circunstâncias, não hesitou em dar o veredito de lunatismo, quando um de seus membros declarou que 'o defunto deveria estar louco, pois na véspera lhe pagara integralmente uma promissória vencida havia apenas três meses'". A prova foi considerada convincente: ele só poderia estar louco.

Como na França, a Inglaterra também é implacável com os condenados e os réus que se matam para escapar da justiça. De 1760 a 1799, dos quinze vereditos de *felo de se* pronunciados em Londres, dez se referem a réus. Em 1783, quando um fiscal de impostos chamado John Powell, acusado de especulação, se mata e é declarado louco, o *Gentleman's Magazine* observa que

> se um criminoso de Newgate [a prisão] tivesse se matado do mesmo modo por causa da ansiedade decorrente de seu processo, um número muito pequeno de jurados teria hesitado em dar um veredito contrário. [...] O suicídio está por demais na moda hoje para ser considerado o gesto de um lunático.[19]

No dia 26 de janeiro de 1793, David Mendes, de Londres, se mata quando era suspeito de dois crimes: seu cadáver é executado.[20] Em dezembro do mesmo ano, um ladrão comum se enforca em sua cela de Newgate. O corpo é exibido pela cidade, seguido por uma enorme procissão composta pelos xerifes, os oficiais de justiça da City e cerca de cinquenta policiais; uma grande multidão se comprime para assistir ao espetáculo, sobretudo quando jogam o cadáver em uma vala e lhe enfiam uma estaca no peito: "O povo acorreu em grande número nessa ocasião", assegura o *Times*.[21] Ao contrário de Sébastien Mercier, as massas urbanas adoram esse "espetáculo horrível e repugnante". Também não se permite que a família trapaceie o processo: em 1731, a família de um sapateiro que se enforcara e que havia sido declarado *felo de se* o enterra às pressas no jardim. Alguns dias depois, as autoridades mandam desenterrá-lo e o enterram novamente debaixo do leito carroçável.[22]

---

19 *Gentleman's Magazine*, LII, part. I, 1783, p.539.
20 *The Times*, 28 jan. 1793, p.4.
21 Ibid., 10 e 13 dez. 1793.
22 *Fog's Weekly Journal*, 20 mar. 1731.

Outra prova da mudança de atitude em relação ao suicídio: a criação de associações de ajuda à reinserção dos sobreviventes da tentativa de morte voluntária. Na verdade, os suicídios malogrados são em número muito maior do que os bem-sucedidos. Para evitar recaídas, seus autores são recolhidos aos asilos, às casas de trabalho e às prisões. Em 1774, surge na Inglaterra a "Sociedade Humana", especializada inicialmente no salvamento das pessoas que se afogam. Como a maioria delas é candidata ao suicídio, a sociedade se transforma rapidamente em uma associação filantrópica de ajuda aos sobreviventes; em 1797, ela já conseguira salvar 350 deles.[23]

UM AUMENTO DO SUICÍDIO NA SEGUNDA METADE DO SÉCULO XVIII?

Uma instituição como essa também é sintomática da preocupação crescente dos dirigentes e das autoridades morais, políticas e religiosas diante da escalada do fenômeno do suicídio. A impressão do recrudescimento do número de mortes voluntárias é um sentimento vago e irracional, observado diversas vezes desde o século XVI. Pela primeira vez, na segunda metade do século XVIII, as pessoas dispõem de estatísticas, ainda muito confusas para extrair evidências, mas suficientemente importantes para justificar uma certa preocupação.

Na Inglaterra, os boletins de mortalidade londrinos indicam um recrudescimento do número de suicídios em 1749, 1755, 1765, 1772 e 1778, com números anuais superando às vezes meia centena. No entanto, a curva geral é estável, até mesmo declinante, mas a opinião pública, extremamente impressionada pelos anos difíceis, tira conclusões inquietantes. Dentre os desesperados, o número de homens é o dobro do mulheres, o que se explica tanto pela violência e eficácia dos métodos utilizados como pelo fato de que os homens possuem mais bens que podem ser confiscados, o que ajuda a aumentar a proporção de vereditos de suicídio.

Todas as categorias sociais são afetadas, sem exceção. Não obstante, a proporção de nobres e notáveis é fortemente subestimada, em razão da

---

23 Gregory, *A Sermon on Suicide*, Londres, 1797.

facilidade com que esses grupos obtêm vereditos de morte acidental ou por doença. Um traço marcante e revelador da sociedade do Antigo Regime, se compararmos com as estatísticas atuais, é a grande proporção de suicídios de crianças e adolescentes: precisamente 33% dos 1.001 mortos voluntários cuja idade é conhecida na Inglaterra entre 1541 e 1799 tinham menos de 14 anos. A faixa de 10 a 14 anos chega a deter o recorde absoluto em número de suicídios: 159, contra 150 da faixa de 15 a 19 anos e 121 da faixa de 20 a 24 anos.[24]

Esse fenômeno se deve sobretudo ao costume amplamente difundido de pôr crianças e adolescentes para trabalhar como empregados domésticos ou aprendizes em casas de família, onde elas quase sempre são maltratadas, submetidas a um regime excessivamente severo e até mesmo a atos de selvageria. Os júris demonstram pouca tolerância com esse gênero de suicídio. Compostos por proprietários que muitas vezes têm, eles próprios, jovens de ambos os sexos sob sua guarda, eles temem enfraquecer a ordem social demonstrando compaixão por seus dependentes. Quando, em 1779, um aprendiz de Westminster, Thomas Empson, se enforca depois de ser chicoteado com tiras de couro por seu mestre, ele é declarado louco – mas isso é raro. Em 1778, uma criança tenta se matar ao ser aprisionada pela patroa por não ter trazido uma quantidade suficiente de batata do mercado.[25] Quanto às meninas, elas podem ser levadas ao suicídio ao engravidar em decorrência das exigências do patrão. A imprensa é extremamente discreta a respeito desses acontecimentos. A rigidez excessiva de alguns pais também pode ser causa de suicídio: em 1729, uma criança se mata com medo de apanhar do pai por ter jogado um pedaço de vidro no irmão.[26] Outra se mata porque perdeu um chapéu novinho e seu pai ameaçara espancá-la até a morte caso isso acontecesse.[27]

Depois das crianças, as pessoas idosas fornecem os maiores contingentes de suicidas: 18% dos 1.001 casos ingleses descobertos têm mais de 60 anos. O destino dos velhos e o desprezo que eles sofrem nessa sociedade

---

24 MacDonald; Murphy, op. cit., quadro, p.251.
25 *Annual Register*, t.XXI, p.172.
26 *Fog's Weekly Journal*, 5 jul. 1729.
27 *Weekly Miscellany*, 13 jan. 1737.

bastam para explicar o fato. Muitos não dispõem de recursos e estão expostos a todo tipo de doença.[28]

As causas comuns de suicídio nas classes médias e baixas estão ligadas principalmente às vicissitudes de um cotidiano duro e implacável. Elas não mudaram muito desde a Idade Média, mas agora as conhecemos bem melhor graças aos bilhetes suicidas, cada vez mais frequentes, fenômeno que não se deve apenas ao aumento do índice de alfabetização. Voltaire afirma que os bilhetes suicidas são comuns desde meados do século, e Mercier escreve em 1782: "Vários suicidas adotaram o costume de escrever previamente uma carta ao diretor da polícia a fim de evitar qualquer dificuldade após sua morte. Essa atenção é recompensada com a oferta de sepultura".[29] O suicida procura, assim, inserir seu gesto dentro de uma lógica, dar-lhe um sentido e uma continuidade, para que seu sacrifício possa ter consequências sobre as pessoas mais próximas ou sobre a sociedade como um todo, caso se trate de um motivo mais geral. Essa prática se insere, portanto, em uma abordagem racional da morte voluntária e na consideração do aspecto social do ato.

Na Inglaterra, esses bilhetes são publicados com frequência nos jornais, acentuando o aspecto dramático de alguns suicídios, que podem chegar ao exibicionismo. Os suicidas humildes, aliás, se inspiram nos relatos lidos na imprensa por meio da transcrição de frases, como foi o caso de uma pobre mulher que mal sabia escrever, encontrada em 1783 no Tâmisa. Outros se inspiram em exemplos famosos da época como Chatterton ou Werther. Existe sempre a vontade de continuar no controle de sua morte aos olhos do mundo e de impedir interpretações incorretas. Os bilhetes suicidas revelam, na verdade, o desejo de viver, ao permanecer depois da morte e ao dar a seu gesto uma eficácia que não conseguiu ter em vida. Aliás, alguns pedem explicitamente que sua carta seja publicada nos jornais.

Às vezes, trata-se de pura vingança, destinada a infernizar a vida do culpado por meio do remorso. Em 1750, John Stracy deixa este bilhete suicida à mulher:

---

28 Veja, a esse respeito, Minois, *Histoire de la vieillesse de l'Antiquité à la Renaissance*, Paris, 1987; e Bois, *Les Vieux, de Montaigne aux premiers retraités*, Paris, 1989.

29 Mercier, op. cit., t.III, c.258.

Minha querida, este é para informá-la de que você é a causa fatídica desta ação; seu comportamento em relação a mim me deixou perturbado. Poderíamos ter vivido felizes e respeitando um ao outro se seu comportamento tivesse sido igual ao meu. Espero que o homem que foi a causa disto possa refletir sobre essa triste catástrofe.[30]

Na maioria das vezes, o bilhete suicida é uma maneira simples de se desculpar, mostrando que a pessoa foi induzida àquele gesto por um destino injusto. Como se quisesse se acalmar, o desesperado exprime assim a certeza de ser salvo pela misericórdia divina: "Espero ser salvo, pois não fiz mal a ninguém", escreve Lewis Kennedy em 1743,[31] tal como faz um barbeiro em 1758.[32] Outros sustentam sua fé deísta, e até mesmo materialista.

Os bilhetes suicidas levam a cabo a secularização da morte voluntária, já que eliminam dela o papel do diabo, inserindo-a em uma lógica racional e humanamente explicável. O público se acostuma a ler essas cartas, a tomar conhecimento do suicídio como de um fato comum, um *fait divers*, e não mais como um ato criminoso. Afirmação do individualismo e da liberdade, como também um modo de influenciar a sociedade, o bilhete suicida é típico do espírito iluminista.

O que ele nos ensina a respeito dos motivos do suicídio mostra que eles permanecem imutáveis e previsíveis. Problemas conjugais e problemas familiares continuam sendo uma causa de instabilidade e angústia: infidelidade e desentendimento no lar são os principais fatores que levam os homens à morte. Tristeza depois da morte de um filho ou parente, miséria, dívidas, vergonha, remorso, e humilhação decorrente de uma acusação qualquer são os outros motivos mais frequentes. Os jornais relatam amiúde os enforcamentos de moças seduzidas e abandonadas grávidas. O suicídio por amor não é raro entre a população humilde, o que às vezes deixa os jornais e as autoridades desconcertados, pois tendem a associar esse motivo à nobreza de berço. Por isso, no dia 20 de fevereiro de 1790 o *Times* expressa sua desaprovação a propósito do suicídio de uma jovem. Os suicídios geralmente são tratados

---

30 *Gentleman's Magazine*, 1750, p.473.
31 Ibid., 1743, p.543.
32 *Annual Register*, 1758, p.99.

com escárnio: as histórias de amor nas choupanas não podem ser tão sérias como nos castelos. Os casamentos impossíveis devido às diferenças sociais também provocam desesperos fatais, condenados com rigor, como tudo que contraria a boa ordem e os valores estabelecidos.

Ressaltemos, por fim, o caráter pernicioso de alguns costumes frequentes sob o Antigo Regime, que podem levar os espíritos sensíveis ao suicídio. É o caso do charivari, tumulto que acompanha geralmente as novas núpcias das viúvas, e que demonstra de maneira festiva a desaprovação pública. Denominado *rough music* na Grã-Bretanha, ele às vezes dá lugar a atos particularmente maldosos. No dia 29 de março de 1736, o *Caledonian Mercury* relata que uma mulher espancada publicamente e de maneira indecente nessa ocasião se matou em razão da humilhação sofrida.[33]

As estatísticas inglesas confirmam a predominância da primavera e do início do verão como estação do suicídio: dos 12.348 casos analisados entre 1485 e 1715, 43,8% se situam, com efeito, entre abril e julho, ao passo que o outono, de setembro a dezembro, em um período de mesma duração, representa apenas 25,1% das mortes voluntárias. A diferença diminui um pouco no contexto urbano, onde o ritmo das estações naturais afeta menos o comportamento individual e social, embora continue bastante clara: de 1.583 suicídios ocorridos em Londres de 1715 a 1799, 40,1% são cometidos na primavera e 29% no outono.[34] Percebe-se esse contraste em todas as épocas e em todos os países, até hoje. Os primórdios da primeira estatística, na primeira metade do século XIX, confirmam isso amplamente: em Berlim, dos 582 suicídios registrados de 1812 a 1822, 36,9% ocorreram na primavera, contra 29,2% no inverno; em Paris, de 1817 a 1825, de 3.184 suicídios, as proporções são, respectivamente, de 42% e 26,4%, e para a França inteira, em 1845, de um total de 3.092 casos, de 39% e 29,5%.[35] Não há dúvida de que o papel da fisiologia e da cronobiologia, esta ainda mal explorada, são importantes. É preciso acrescentar as circunstâncias culturais que transformam tradicionalmente a primavera na estação das festas do renascimento, dos noivados, dos casamentos em julho, circunstâncias que aumentam o

---

33 Thompson, Rough music: le charivari anglais, *Annales ESC*, 1972, n.2, p.385-410.
34 MacDonald; Murphy, op. cit., quadro, p.313.
35 Chevalier, *Classes laborieuses et classes dangereuses*, p.473.

desespero dos solitários, dos abandonados e dos marginalizados de todo tipo. Estação dos amores, a primavera é o tempo das grandes decepções, e também o tempo das doenças, que se abatem sobre organismos fragilizados pelo inverno e pela quaresma.

Embora no século XVIII o índice de suicídio pareça particularmente baixo nos países escandinavos, com números de 1,8 e 1,2 por 100 mil habitantes na Suécia e na Finlândia, respectivamente, no período entre 1754 e 1782, no final do século, no entanto, ele está em clara ascensão, com, respectivamente, 2,9 e 1,6 entre 1783 e 1813.[36] Na Alemanha, em 1742, Süssmilch demonstra preocupação diante do aumento do número de suicídios em uma obra precursora dos estudos demográficos, *Die göttliche Ordnung* [O sistema divino]. O que não passa ainda de impressão se cristaliza nos anos 1780 com os primeiros números dignos de confiança. Um cronista, que obtém informações das autoridades berlinenses, apresenta um total de 239 suicídios na capital prussiana de 1781 a 1786 – ou seja, 8% das mortes –, com 136 afogamentos, 53 enforcamentos, 42 mortes por tiro e 8 que se degolaram. Outros números alarmantes são fornecidos por Frankurt-am-Main. Até mesmo em um vilarejo como Kuenzelsau-am-Kocherfluss são registradas quatro mortes voluntárias em três anos.[37] H. Brunschwig mostrou que as condições socioeconômicas da Prússia favorecem o aumento do índice de suicídio, pois a urbanização rápida acentua o enfraquecimento dos tradicionais vínculos familiares e religiosos, desestruturando uma sociedade em plena mutação, que experimenta crescimento demográfico e crise econômica. Mais habitantes, em uma situação mais precária, indivíduos muitas vezes entregues à própria sorte, sem poder contar com a solidariedade habitual: parece que todas as circunstâncias favoráveis estão reunidas.

Em relação à França, embora não existam estatísticas confiáveis no final do Antigo Regime, alguns números começam a vir à tona. Quanto às impressões, elas são convergentes. Em 1771, Grimm declara que vive em "um tempo em que a mania de se matar se tornou extremamente comum e frequente";[38] em 1773, Feller, no *Catéchisme philosophique* [Catecismo filosófico],

---

36 Números citados por Chesnais, *Histoire de la violence*, Paris, 1981, p.238.
37 Brunschwig, *La Crise de l'État prussien à la fin du XVIIIe siècle et la genèse de la mentalité romantique*, Paris, 1947.
38 Grimm, *Correspondance*, t.IX, p.231.

referindo-se a suicídios, "tão frequentes neste século", os transforma "num efeito da incredulidade";[39] em 1777, as *Mémoires philosophiques du baron de X* [Memórias filosóficas do barão de X] retomam a mesma ideia, ao passo que Voltaire pensa que os franceses se matam tanto quanto os ingleses, sobretudo na cidade; em 1772, Hardy confirma: "Os exemplos de suicídio se multiplicavam diariamente em nossa capital, onde pareciam adotar, em relação a isso, todo o caráter e a inventividade da nação inglesa";[40] Caraccioli se refere a uma época "fértil em escândalos parecidos"; Fulgence Bedigis, Buzonières e Camuzet proclamam a uma só voz: as pessoas se matam muito mais do que antes, e a culpa é do espírito filosófico.

Os números não passam de estimativas, algumas das quais são subestimadas, como as cinquenta mortes voluntárias apresentadas por Voltaire em relação a Paris em 1764, e outras extremamente superestimadas, como os 1.300 suicídios anuais anunciados em 1781 pelo abade Barruel em relação à capital. Segundo este último, a França teria perdido 130 mil pessoas por suicídio em meio século.[41] A estimativa feita por Sébastien Mercier em *Tableau de Paris* [Quadro de Paris] parece mais razoável: 150 suicídios por ano na capital.[42] Esse número corresponderia a um índice situado entre 18 e 25 por 100 mil habitantes, o que equivale à média francesa em 1990: 21 por 100 mil.

A situação em Paris é ainda mais grave do que em Londres. Em Londres, é o rico que se mata, e em Paris, o pobre:

> Porque o definhamento destrói o inglês abastado, e o inglês abastado é o mais caprichoso dos homens, e por conseguinte o mais entediado. Em Paris, os suicídios ocorrem nas classes baixas, e na maioria das vezes esse crime é cometido nos sótãos ou nos quartos mobiliados.

Se temos a impressão de que o suicídio é mais frequente na Inglaterra, prossegue Mercier, é porque lá se fala livremente dele nos jornais, ao passo que na França as autoridades fazem o possível para esconder a verdade:

---

39 Feller, *Catéchisme philosophique*, Paris, 1773, p.139.
40 Hardy, *Mes Loisirs*, Paris, 1772, p.323.
41 Barruel, *Les Helviennes*, t.IV, Paris, 1781, p.272.
42 Mercier, *Tableau de Paris*, t.III, c.258, Amsterdã, 1782, p.193.

Nenhum jornal anuncia esse gênero de morte; e daqui a mil anos, quem escrever a história a partir desses jornais poderá pôr em dúvida o que apresento aqui: contudo, é a mais pura verdade que o suicídio é mais comum hoje em Paris do que em qualquer outra cidade do mundo conhecido.[43]

"A polícia cuida para que o público não tome conhecimento dos suicídios." Um comissário vem discretamente à casa do morto, sem uniforme, e o cura é obrigado a enterrar o morto sem fazer drama. É por essa razão também que não se fazem mais execuções públicas. Sébastien Mercier toca aqui, com lucidez, em um problema essencial: o da postura dos governantes diante do suicídio. A questão é tratada de maneira completamente diversa na França e na Inglaterra.

DEVE-SE FALAR DO SUICÍDIO?

Na monarquia absoluta francesa, o rei, dono da vida de seus súditos, não pode tolerar que eles disponham livremente dela, o que enfraqueceria seu reinado e sua autoridade; como representante de Deus na Terra, ele também tem o dever de reprimir esse crime tão grave aos olhos da Igreja. Ao mesmo tempo, o suicídio é percebido implicitamente como um fracasso de seu governo em assegurar o bem-estar dos súditos: é uma reprovação, uma condenação de seu reinado, que pode ser um fator de desmoralização e impopularidade. Portanto, o governo deve, ao mesmo tempo, reprimir e esconder o crime, o que contraria todas as tradições do direito penal do Antigo Regime, em que a pena também devia servir de exemplo dissuasivo para a população. Castigar em público um criminoso comum é mostrar a todos que a ordem está assegurada no país; o castigo tranquiliza e intimida ao mesmo tempo, e o condenado atrai sobre si a hostilidade popular. Expor o castigo de um suicida é algo muito mais ambíguo, pois mostra a todos que existem pessoas tão infelizes que preferem a morte a viver no reino; e como esses desesperados não prejudicaram ninguém nem ameaçaram a sociedade, existe o risco

---

43 Ibid., p.196.

A PERSISTÊNCIA DO SUICÍDIO COMUM ENTRE O POVO   365

de que a hostilidade popular se volte mais contra o carrasco do que contra as vítimas, que merecem mais compaixão do que censura.

Até o século XVII, a postura repressiva prevalece sem grandes preocupações morais, tal a condenação universal do suicídio. No século XVIII, o governo tem de levar em conta a evolução da opinião pública, que começa a considerar que, mais do que criminosos, os suicidas são vítimas corajosas. Vêm daí o constrangimento do poder e as medidas contraditórias adotadas por ele para tentar, ao mesmo tempo, proibir o suicídio, puni-lo e encobri-lo.

Em termos cronológicos, primeiro se procura reforçar a repressão clássica. A declaração de 1736 retoma a de 1712 e proíbe o sepultamento de cadáveres vítimas de morte violenta antes da decisão do magistrado criminal. Em 1737, após o suicídio de um prisioneiro, o parlamento de Paris recorda que, longe de extinguir o crime, o suicídio criou outro, e que o bailio deve iniciar uma ação. Em 1742, uma nova sentença do Châtelet de Paris proíbe os sepultamentos não autorizados. Em 1749, um despacho do parlamento de Paris dispõe "que as ordenanças, os despachos e os regulamentos do Tribunal serão executados segundo sua forma e teor". Portanto, até meados do século prioriza-se a repressão, que alimenta o medo do suicídio na zona rural.

Em *Souvenirs* [Recordações], Cournot conta que, por volta de 1750, "o suicídio era um acontecimento muito raro que deixava a cidade inteira consternada, aterrorizada com os castigos da outra vida, com o despacho macabro da justiça temporal que geralmente se seguia ao suicídio e com o estigma que ele incutia na família.[44] Ainda em 1768, a lei é reafirmada em todo o seu rigor em uma ordenança referente à Córsega. No entanto, começam a pipocar resistências por toda parte, sobretudo no sul do reino. Por volta de 1755, em Puylaurens, o cadáver de um sapateiro que se suicidara é raptado da prisão por pessoas armadas, e, no mesmo ano, em Castres, a multidão protesta contra a execução do cadáver de um artesão que se enforcara. Acontecimentos semelhantes levam o governo a assumir uma atitude prudente.

Em uma segunda fase, o acobertamento ganha corpo. Em primeiro lugar, proibindo todos os textos que fazem apologia ao suicídio. A declaração de 1757, que aplica a pena de morte a todos os autores de obras que atacam a religião, visa em particular aos livros sobre o suicídio. Alguns são

---

44 Cournot, *Souvenirs*, org. Bottinelli, Paris, 1913, p.20.

queimados, como o *Système de la nature* de D'Holbach, e trechos são censurados, como uma frase do *Bélisaire* de Marmontel favorável a Catão. Em 1762, em *Extraits des assertions dangereuses et pernicieuses* [Sumários de afirmações perigosas e perniciosas], obra contrária aos jesuítas, registra-se contra estes últimos uma frase favorável ao suicídio, e em 1770 Séguier ataca o *Systéme de la nature* devido a suas declarações favoráveis à morte voluntária.

O governo vai além, impondo silêncio em torno dos casos de suicídio: as gazetas são proibidas de falar das mortes voluntárias, como lembram Voltaire, Dubois-Fontanelle e Sébastien Mercier. De fato, os jornais franceses da segunda metade do século XVIII não mencionam o assunto. É como se houvesse um acordo tácito entre as autoridades civis e religiosas e as famílias. Fim das execuções, sepultamentos discretos; o suicídio só é evocado à meia-voz. O suicídio não existe: a estratégia da avestruz instaura as condições ideais para a perpetuação e o fortalecimento do tabu.

A postura da Inglaterra é diametralmente oposta. Ali, o suicídio é um *fait divers*: ele é exposto em todos os jornais, com inúmeros comentários que ajudam imensamente a banalizar e secularizar o fato. A expansão extraordinária da imprensa forja uma mentalidade diferente da que predomina no continente, uma mentalidade muito mais aberta e livre: já em 1753, são vendidos 7,4 milhões de exemplares de jornais no país, e 15 milhões em 1792. Para cada exemplar, três ou quatro leitores, pois muitos são consultados nos cafés, nas *public houses*[45] e nas hospedarias. Neles encontramos diariamente um relatório dos suicídios, o que reforça a ideia da "doença inglesa". Já em 1720, o *Mercurius Politicus* declara que as pessoas se matam mais na Inglaterra do que em todos os outros países do mundo reunidos, e os estrangeiros ficam boquiabertos com a frequência dos suicídios: "Esses assassinatos de si mesmo são extremamente frequentes aqui, e são cometidos tanto por pessoas de boa família como pela escória da população", escreve em 1733 o barão prussiano Pollnitz. Em 1737, o *Gentleman's Magazine* publica a seguinte carta de um estrangeiro: "Durante várias semanas após minha chegada a esta metrópole da Inglaterra eu não consegui controlar o assombro que me

---

45 Nomenclatura formal de *pub* . (N. T.)

A PERSISTÊNCIA DO SUICÍDIO COMUM ENTRE O POVO 367

causou a notícia de tantos assassinatos de si que se cometiam quase diariamente".[46] Montesquieu, como vimos, também é vítima dessa ilusão.

Os jornais não se contentam em mencionar as mortes voluntárias: descrevem as circunstâncias, avaliam as causas, publicam os bilhetes suicidas e, se for preciso, não hesitam em inventar; eles também imprimem as cartas dos leitores, contrárias ou favoráveis à morte voluntária, tomando posição em alguns casos. Essa literatura toda desmistifica o suicídio, transformando-o em um ato natural. Embora a maioria dos jornais expresse sua hostilidade de princípio em relação ao "assassinato de si mesmo", a forma como eles retratam os diferentes casos, simpatizando com os sofrimentos dos suicidas e explicando seu desespero, estimula, na verdade, a compaixão pelas vítimas.

A JURISPRUDÊNCIA FAVORÁVEL À DESCRIMINALIZAÇÃO DO SUICÍDIO

É na Inglaterra, país em que o suicídio parece ser encarado da forma mais liberal, que, no entanto, ele será descriminalizado mais tardiamente. Por toda parte, os jurisconsultos discutem a respeito do aspecto penal do suicídio, e embora os partidários da repressão continuem defendendo a necessidade de manter as sanções, a corrente favorável à tolerância se fortalece muito rápido. Em 1760, o juiz inglês Édouard Umfreville preconiza, na obra *Lex coronatoria*, que o veredito *felo de se* se restrinja apenas aos casos de suicídio de criminosos. Quanto aos outros, em particular aqueles que se dão a morte sob o efeito de uma forte emoção, de um problema emocional, de uma tristeza, de uma enfermidade, da doença, o *non compos mentis* se impõe. Em 1764, surge o célebre tratado *Dos delitos e das penas*, de Beccaria, que mostra a inutilidade, a ineficácia e a injustiça da repressão ao suicídio: "Ainda que o suicídio seja um delito punido por Deus", não cabe ao Estado retirar

de cada um de seus membros a liberdade de se ausentar para sempre [...]. O suicídio é um crime que não parece admitir punição, rigorosamente falando; pois ela só pode ser aplicada ao inocente ou a um corpo insensível. No primeiro caso,

---

46 *Gentleman's Magazine*, t.VII, 1737, p.289.

ela é injusta e tirânica, pois a liberdade política pressupõe que todas as punições sejam inteiramente pessoais; no segundo, ela tem o mesmo efeito que chicotear uma estátua, por exemplo.[47]

De todo modo, como se pode ler em 1776 em um tratado anônimo inglês, não existe nenhuma maneira de decidir se, no momento do suicídio, a vítima estava consciente de seu ato ou não, já que os médicos trabalham sobre um corpo morto.[48] Na França, embora a resistência perdure até por volta de 1770, depois dessa data os jurisconsultos são quase unânimes em exigir o abrandamento ou a supressão das penas, e o movimento se acentua nos dez anos que antecedem a Revolução. Em 1742, Bretonnier limita-se a evocar que na alçada do parlamento de Paris os suicidas são processados, condenados a ser arrastados na grade e têm os bens confiscados.[49] No ano seguinte, Boutaric faz a mesma observação, embora fique surpreso que se continue a aplicar um procedimento "tão violento e profanador".[50] Em 1757, Serpillon descreve a prática sem opinar sobre o assunto.[51] No mesmo ano, Muyart de Vouglans é um dos últimos a se pronunciar enfaticamente a favor da repressão, da execução de cadáveres e do confisco. Para ele, o suicídio por *taedium vitae* é particularmente odioso, porque é inspirado pela irreligiosidade, devendo, portanto, ser duramente reprimido; é um crime contra Deus, contra o príncipe e contra a família.[52] Aliás, ele critica vivamente Montesquieu pela tolerância demonstrada em relação a essa ação.[53]

Rousseau de La Combe, teoricamente da mesma opinião, protesta contra o hábito que vai se consolidando de fechar os olhos ao suicídio. Mas ele deixa claro que "é correto presumir que uma pessoa de bom senso não pode tomar a decisão de se matar", e é raro que o suicídio não possa ser

---

47 Beccaria, *Traité des délits et des peines*, org. Cujas, 1966, p.128 et seq.
48 *Considerations on the Coroner*, Londres, 1776, p.44.
49 Bretonnier, *Recueil par ordre alphabétique des principales questions de droit qui se jugent diversement dans les différents tribunaux du royaume*, Paris, 1742, p.182.
50 Boutaric, *Explication de l'ordonnance de Louis XIV sur les matières criminelles*, t.II, Toulouse, 1743, p.262.
51 Serpillon, *Code criminel ou Commentaire de l'ordonnance de 1670*, t.III, Lyon, 1757, p.960.
52 Vouglans, *Institutes au droit criminel*, Paris, 1757.
53 Id., *Lettre sur le système de l'auteur de l'Esprit des lois, touchant la modération des peines*, Bruxelas, 1785.

A PERSISTÊNCIA DO SUICÍDIO COMUM ENTRE O POVO 369

desculpado em razão da doença, da loucura, da tristeza e do desespero.[54] Em 1771, depois de relembrar o procedimento, Jouse constata no *Traité de la justice criminelle en France* [Tratado da justiça criminal na França] "que só se pune assim aqueles que se matam a sangue-frio, na plena posse das faculdades mentais e por medo da tortura", e que, "na dúvida, sempre se supõe que aquele que se matou o fez mais por loucura ou tristeza do que em consequência de algum crime cometido".[55] Denisart, Cottereau, Héricourt e Guyot também se limitam a relembrar a prática.[56]

A partir de 1780, a neutralidade deixa de ser razoável. A pressão a favor da descriminalização se acentua. Nesse ano, a Academia de Châlons-sur-Marne introduz no concurso um tema sobre "as maneiras de suavizar os rigores da lei penal". O primeiro prêmio é atribuído a Brissot, que faz uma defesa emocionante da tolerância. A lei não deve punir esse ato,

> porque não nos acostumamos a considerar como covarde todo homem suficientemente corajoso para enfrentar por vontade própria o trespasse. Sua intrepidez é um delírio, não uma covardia, e o opróbrio é reservado apenas aos covardes [...]. É preciso tornar feliz o ser que traz dentro de si o germe fatal do suicídio, e não puni-lo inutilmente quando ele não mais existe.[57]

Brissot retoma essa questão no ano seguinte, mostrando que a sociedade deve se preocupar em prevenir as causas do suicídio, não em punir o ato. Implicitamente, ele responsabiliza a estrutura social e política.[58]

Bernardi, segundo colocado no concurso de Châlons, vai exatamente no mesmo sentido: a ação do governo "deve consistir, antes, em remontar à origem desse crime do que em puni-lo por meio de castigos impotentes sobre um cadáver inanimado, e cujo resultado é desonrar uma família inocente".[59]

---

54 La Combe, *Traité des matières criminelles*, t.III, 6.ed., Paris, 1769, p.422.
55 Jousse, *Traité de la justice criminelle en France*, t.IV, Paris, 1771, parte IV.
56 Denisart, *Collection de décisions nouvelles*, Tours, 1778; Cottereau, *Le Droit général de la France et le droit particulier de la Touraine et du Lodunois*; Héricourt, *Supplément aux lois civiles de Domat*, Paris, 1787; Guyot, *Répertoire universel et raisonné de jurisprudence*, Paris, 1785.
57 *Les Moyens d'adoucir les rigueurs des lois pénales*, discurso premiado pela Academia de Châlons-sur-Marne, 1781, p.60.
58 Brissot, *Théorie des lois criminelles*, Paris, 1781, p.343.
59 *Les Moyens d'adoucir...*, op. cit., segundo discurso, p.110.

Ele também aborda de novo a questão no ano seguinte, declarando que os suicidas devem ser tratados como loucos.[60] O ano de 1781 também assiste à publicação de um tratado de Vermeil que exige a descriminalização completa do suicídio,[61] exigência reiterada em 1784 por Dufriche de Valazé.[62]

A *Bibliothèque philosophique* [Biblioteca filosófica] de Brissot, com a qual colaboram inúmeros autores que participarão da Revolução, inclui projetos legislativos que criticam com vigor as leis contra o suicídio, "de uma crueldade gratuita inventada para enriquecer o fisco e desonrar as famílias". Trata-se de uma "tirania insuportável". Todos têm direito à liberdade: "O homem só se apega à vida pelo prazer; quando sua existência é percebida unicamente por meio da dor, ele é livre para deixá-la".[63]

Em 1789 e 1790 são publicados ao menos cinco tratados exigindo a descriminalização do suicídio. Toda sanção é "ilusória e inútil", escreve Chaussard.[64] Arrastar um corpo morto na grade é um "suplício que mal toleraríamos nos antropófagos", exagera Pastoret.[65] "Esse castigo antigo e ignóbil só pode fazer que lamentemos as fraquezas humanas, sem corrigi-las", acrescenta Thorillon, que também se opõe com firmeza à injustiça do confisco.[66] Para Vasseli, o suicídio talvez seja um gesto de fraqueza ou de covardia, mais certamente um ato de loucura, contudo em nenhum caso um crime: aquele que se dá a morte

> não perturba a tranquilidade pública. Ele não fere os costumes, não ataca nem a propriedade, nem a segurança, nem a honra de seus concidadãos. Talvez desagrade a Deus, mas não ofende a religião. Então, com que direito, ou melhor, de que maneira puni-lo? Logo, a nossas leis insensatas é que caberia insultar um cidadão depois de morto?[67]

---

60 Bernardi, *Principes des lois criminelles*, Paris, 1781.
61 Vermeil, *Essai sur les réformes à faire dans notre législation criminelle*, Paris, 1781.
62 Valazé, *Lois pénales*, Paris, 1784.
63 *Bibliothèque philosophique*, t.V, p.401 e 184.
64 Chaussard, *Théorie des lois criminelles*, Paris, 1789.
65 Pastoret, *Des lois pénales*, Paris, 1790.
66 Thorillon, *Idées sur les lois criminelles*, Paris, 1788.
67 Vasselin, *Théorie des peines capitales*, Paris, 1790.

A PERSISTÊNCIA DO SUICÍDIO COMUM ENTRE O POVO 371

Para Boucher d'Argis, a lei contra o suicídio é "impotente e atroz", e para Philippe de Piépape "em nenhum caso o suicídio deve ser perseguido, pois se deve presumir que ele resulta de uma alteração das faculdades morais ou, o que dá no mesmo, de um violento estado d'alma que é incompatível com a capacidade de reflexão".[68]

Sãos as cargas finais contra uma legislação moribunda, que em grande medida já se tornara letra morta com a cumplicidade das autoridades e das famílias. Há muito tempo o clero paroquial se mostra bastante conciliador a respeito da sepultura eclesiástica. A declaração de 1712 já se queixava da impunidade de fato de que desfrutavam vários suicidas, e em 1725 funcionários lamentam a falta de cooperação, e até mesmo a oposição, de inúmeros membros do baixo clero. Em todos os casos de suicídio, são as autoridades laicas que tomam a iniciativa.

Os *cahiers de doléances*[69] abordam muito raramente a questão das leis contra o suicídio, sinal de que elas não incomodam mais muita gente em 1789, a tal ponto que seu desaparecimento nem será notado: o código penal de 1791 nem toca nela. Nessa época, o suicídio já fora descriminalizado há muito tempo na maioria das colônias inglesas da América. O confisco é abolido na Pensilvânia e em Delaware em 1701; as penas são abolidas em Maryland, Nova Jersey e Virgínia nos anos 1780. Na Europa, elas desaparecem pouco a pouco: em Genebra, a última execução de cadáver ocorre, sem dúvida, em 1732; em 1735, todos os suicidas são declarados loucos e a lei é oficialmente suprimida em 1792. Na Prússia, a legislação que pune o suicídio desaparece em 1751; na Baviera, é preciso esperar 1817, e, na Áustria, o código de 1787 ainda proíbe o sepultamento cristão.

Na Inglaterra, a descriminalização é bastante tardia: as sanções religiosas são abolidas apenas em 1823, e as sanções civis em 1870. É preciso esperar 1961 para que o suicídio deixe de ser considerado crime. Execuções de cadáveres ainda acontecem na primeira metade do século XIX, detenções por tentativa de suicídio ainda se produzem na segunda metade do século e vereditos de *felo de se* ainda são emitidos até a Primeira Guerra Mundial.

---

68 Piépape, *Suite des observations sur les lois criminelles de la France*, Paris, 1790.
69 "Cadernos de queixas". São registros nos quais a assembleia de cada uma das circunscrições francesas, encarregadas de eleger os deputados para os Estados Gerais, anotava petições e queixas da população. (N. T.)

VIDA RELIGIOSA E VIDA MILITAR: DO PENSAMENTO SOBRE A MORTE AO GESTO DE MORTE

Entre os parceiros do debate sobre o suicídio no século XVIII, dois grupos têm uma posição peculiar: os autores religiosos católicos e os militares; dois círculos completamente opostos por suas atividades, suas estruturas mentais e sua postura diante da morte voluntária.

Como os filósofos não deixaram de observar, a espiritualidade cristã favorece o desejo de morte, que ela sublima através das mortificações. As doutrinas do aniquilamento perduram no século XVIII através das doutrinas da morte para o mundo, dando lugar a uma estranha literatura em que se mesclam o despojamento espiritual e a aspiração à morte física:

> Morrei para o mundo, morrei para os vossos pais, os vossos amigos, as criaturas, as vossas paixões e vós mesmos; não amem nada daquilo que devereis deixar, e, por fim, useis desta vida apenas aquilo que pode vos ser útil para vos preparardes para bem morrer.[70]

Estes são os conselhos de Bridaine a seus seguidores, ao passo que dom Du Sault proclama seu apego à morte: "Quero, ó morte, fazer aliança contigo. [...] Tomar-te-ei por irmã, por esposa, por amiga. [...] Farei minha morada no sepulcro, tua casa. [...] Despojar-me-ei a partir de agora, em teu favor, de tudo aquilo que possuo sobre a terra".[71]

Jacques-Joseph Duguet compara o batismo do cristão a uma deposição no túmulo. O cristão deve ser um morto-vivo, conduzir-se como um morto:

> Não morremos apenas com Jesus Cristo, mas, além disso, somos enterrados com ele pelo batismo. [...] A morte, precisamente enquanto tal, não esconde os traços do rosto nem a imagem do corpo, não separa inteiramente do convívio com outros homens [...], não leva a esquecer aquele que ainda se vê; ela torna até mesmo mais viva a lembrança de suas ações e de seu mérito,

---

70 Bridaine, *Sermons*, I, 2.ed., Avignon, 1827, p.210.
71 Du Sault, *Le Religieux mourant ou Préparation à la mort pour les personnes religieuses*, Avignon, 1751, p.15-6.

e parece que jamais o consentimento para elogiar um morto é mais comum do que quando ele acaba de expirar e que não é mais objeto de inveja. A morte, por fim, ao ocupar os vivos com o cortejo fúnebre daquele que os deixou [...], o transforma no objeto da atenção de todos.

Mas sua sepultura logo faz que a lembrança dele se perca; ela o separa inteiramente do mundo, para sempre [...]; depois de algum tempo, não se sabe até se ele existiu. [...] E procurar saber quem foi ele se torna uma espécie de pesquisa [...]. Esta é a imagem de outra sepultura, que olha para a alma: [...] nossa vida, que deve ser secreta e oculta, como a que Jesus Cristo tem agora no seio de seu pai, é composta de trevas e humilhação; ela só se conserva no sepulcro.[72]

O padre Grignon de Montfort, calculando que morrem diariamente 140 mil pessoas no mundo, cisma na morte que o espera: "Não deveria eu desejar um momento tão precioso?". É o que repetem incansavelmente milhares de obras piedosas do século XVIII, com exceção das obras do padre de Lombez e do abade Grou, que denunciam o perigo dessa espiritualidade mórbida.

O mosteiro é muitas vezes comparado a um sepulcro. É o lugar em que se abandona a vida para mergulhar no silêncio e na devoção. Ao reunir todas essas facetas espirituais e literárias do século XVIII, Robert Favre percebeu a profunda convergência entre espiritualidade e filosofia, para além de sua oposição superficial, em seu desejo de morte e, portanto, em sua tendência suicida:

Existe tanta distância assim entre a *Préparation de la mort* [Preparação para a morte] e *Réflexions sur les craintes de la mort* [Reflexões sobre os temores da morte] do barão D'Holbach, a partir do momento em que as crenças se desfazem e que resta apenas a dolorosa experiência da condição humana? As lições de um catolicismo que exalta o sofrimento e a grande quantidade de consolos filosóficos que levavam a se desprender da existência eram passíveis de convergir nesse ponto. A vida não merece que o homem se apegue a ela, desprezá-la permite ao menos tolerá-la enquanto ela nos retém, perdê-la é, em suma, desejável: a morte abre o caminho da paz, até mesmo do florescimento de nosso ser. [...] Mas é insinuar que o suicídio foi a grande tentação do século, de um século em que a nostalgia

---

72 Duguet, *Le Tombeau de Jésus-Christ et l'explication du mystère de la sépulture*, Paris, 1731, p.133-50.

do sublime conduziu à glorificação do suicídio, e também do sacrifício com o qual gostamos de confundi-lo.[73]

Contudo, esse desejo de morte que os religiosos e os filósofos compartilham não conduz nenhum deles ao suicídio. Por mais pessimista que ela seja, a reflexão sobre o mundo e sobre a vida serve de antídoto ao desejo de morte. Eles continuam como Hamlet diante da pergunta: ser ou não ser? Ora, o simples fato de formular essa pergunta já é escolher ser. Refletir é ser; refletir sobre as desgraças e o absurdo da vida já é se elevar acima dessas desgraças e desse absurdo, e, portanto, controlá-los. Esta é, talvez, uma das grandes lições, inesperada, do século XVIII: refletir sobre a morte, e até mesmo desejá-la, é renunciar a procurá-la, pois significa desfrutar da essência da humanidade: pensar nela mesma e em seu fim.

Por outro lado, se os filósofos e os religiosos se suicidam pouco, o índice de morte voluntária entre os militares é particularmente elevado. As *Mémoires secrets* de Bachaumont citam, além dos dois jovens soldados de Saint-Denis, o caso de um oficial da guarda suíça e o de um oficial do regimento de Anhalt. Na Prússia, a proporção é enorme, já que metade dos 239 suicidas berlinenses do período 1781-1786 são militares, que se matam de preferência durante as grandes manobras de primavera. Na França, existem verdadeiros clubes de suicidas dentro dos regimentos suíços do rei, e cânticos militares como *Sur le remparts de Strasbourg* [Sobre as muralhas de Estrasburgo] revelam como são frequentes as mortes voluntárias no exército.[74] Esse comportamento está presente entre os veteranos e os inválidos: em 1772, quinze deles se enforcam, um depois do outro, no mesmo gancho do Hôtel des Invalides.[75]

Jean-Pierre Bois, que examinou em sua tese a vida desta última instituição,[76] tornou públicos os dossiês de vários ex-militares que deram cabo da própria vida. Eis aqui alguns casos: no dia 22 de maio de 1725, Jean La Vallée, 55 anos, dos quais 37 de serviço, originário da Guiana, se degola na enfermaria; no dia 18 de janeiro de 1734, Louis Godefroy, 55 anos, originário

---

73 Favre, *La Mort au siècle des Lumières*, Lyon, 1978, p.464-6.
74 Tetaz, *Le Suicide*, Genebra, 1971.
75 Chevalier, *Classes laborieuses et classes dangereuses*, Paris, 1990, p.467, n.1.
76 Bois, *Les Anciens Soldats dans la société française au XVIIIᵉ siècle*, Paris, 1990.

de Perche, que sofre de dores na coxa direita desde que recebeu um tiro de fuzil no cerco de Friburgo, e de reumatismo no ombro direito, se enforca; no dia 10 de julho de 1743, Jacques Villain, 55 anos, dos quais 32 de serviço, se afoga em um poço; no dia 29 de julho de 1762, Pierre Rhémy, 48 anos, originário de Estrasburgo, cujas pernas e pés estão congelados desde a campanha da Boêmia, se mata na prisão; no dia 2 de dezembro de 1780, Jacques Libersier, 46 anos, que sofre de uma doença de pele, se enforca no fumatório dos enfermeiros.

As estatísticas do século XIX confirmam amplamente o índice bastante elevado de suicídio entre os militares. Em 1805, no campo de Boulogne, Napoleão tem de tomar providências, equiparando o suicídio à deserção. No período de 1875-1885, para o qual dispomos de números confiáveis, constatamos que os militares se matam duas vezes mais do que os civis na França, três vezes mais na Inglaterra, quatro vezes mais na Alemanha, seis vezes mais na Áustria, sete vezes mais na Rússia e nove vezes mais na Itália.[77] Duas causas principais estão na origem desse fenômeno: os rigores do regulamento e da vida militar em geral, elementos de frustração e medo, quanto aos motivos; a convivência com a violência e a posse de uma arma de fogo, quanto aos meios. Os militares têm sempre ao alcance da mão o meio de se matar, o que, em um período de depressão, elimina o lapso de tempo entre a decisão de se suicidar e o ato em si, um lapso de tempo que pode favorecer a reflexão. O filósofo primeiro se questiona, e acaba se satisfazendo com a reflexão, pois, quanto mais reflete, menos os dados lhe parecem claros; ao se aprofundar, a reflexão provoca a dúvida e, em consequência, a indecisão. Pela própria formação profissional, o soldado age primeiro.

No momento em que eclode a Revolução Francesa, o debate europeu sobre o suicídio está no auge. Percebem-se duas orientações majoritárias: de um lado, o suicídio passa a ser considerado, na maioria dos casos, como a consequência de um ato de loucura passageira cometido sob o efeito de um choque mental, o que torna o autor irresponsável; do outro, sejam quais forem a causa e o grau de responsabilidade da vítima, as sanções se revelam inúteis e injustas. Majoritariamente, a morte voluntária é um ato pernicioso, talvez condenável, mas fora do alcance de qualquer condenação. Ao demonstrar

---

77 Chesnais, op. cit., p.305.

que o suicídio era um fato sociológico e psicológico, os filósofos também demonstraram a necessidade de se debruçar sobre as causas puramente humanas dele, por meio da medicina, da psiquiatria, da psicologia, da sociologia e da política.

No século XVI, o suicídio era uma questão entre o diabo e o pecador; era um problema apenas de moral religiosa, sancionado pelas autoridades civis e eclesiásticas. Embora não tenha desaparecido por completo, no fim do período iluminista essa concepção deu lugar, em grande medida, a uma concepção secularizada na qual o suicídio é visto como um problema entre a sociedade e a psicologia individual. A responsabilidade do indivíduo se dilui em um conjunto complexo e transforma o "criminoso" em vítima: vítima de sua psicologia cerebral, vítima das desgraças que atingem seus familiares, vítima do comportamento dos mais próximos que contraria suas relações afetivas ou sua sensibilidade, vítima de uma organização política e social que conduz à miséria e ao desespero.

O direito acompanha lentamente a evolução cultural. No final do século XVIII, a descriminalização do suicídio está em curso por toda parte. Ela vem acompanhada geralmente de uma conspiração do silêncio, em particular na França, onde os dirigentes políticos e religiosos começam a tomar consciência, embora de maneira imprecisa, que o índice de suicídio exprime o nível de bem-estar do grupo social.

EPÍLOGO

DA REVOLUÇÃO AO SÉCULO XX, OU DO LIVRE DEBATE AO SILÊNCIO

Podemos tirar algumas lições dos sobressaltos revolucionários que, no espaço de dez anos, permitem vivenciar regimes políticos e sociais extremamente diferentes. A primeira é uma constatação: qualquer que seja sua natureza, o poder procura impedir e encobrir o suicídio. O súdito devia dedicar sua vida ao rei; o cidadão deve conservar a sua pela pátria. Portanto, nem pensar em desertar. O contrato social exige que cada um participe na manutenção do Estado, que, em troca, vela pelo bem-estar de todos.

DESCONFIANÇA DOS GOVERNOS REVOLUCIONÁRIOS EM RELAÇÃO AO SUICÍDIO

Jornais, manuais, discursos políticos: todos os instrumentos por meio dos quais se implanta a nova moral demonstram uma hostilidade total ao suicídio. Os suicídios políticos retumbantes mal são mencionados nos jornais. Quanto aos suicídios comuns, o silêncio impera, o que desta vez não se justifica pelas ordens governamentais. Se, excepcionalmente, um panfleto aborda a questão, ele retoma a linha tradicional. Quando um atendente do Châtelet se mata após ser detido, seu gesto recebe o seguinte comentário: "Todo homem que crê na eternidade sabe que somente o Ser supremo é o juiz da vida dos homens; que é proibido pelas leis divinas e humanas matar e se matar. A vida é um presente do Céu cuja disposição pertence à sociedade".[1]

Os manuais patrióticos e os catecismos do novo regime usam a mesma linguagem. O *Catéchisme moral républicain* [Catecismo moral republicano] qualifica o suicídio de "crime"; o *Petit Code de la raison humaine* [Pequeno código da razão humana] proíbe que se procure a morte; em *Principes d'une saine morale à l'usage des écoles primaires* [Princípios de uma moral sadia para uso das escolas primárias], Gerlet escreve em 1795: "Existe mais coragem em suportar as desgraças do que em se livrar delas por meio da morte. É mais nobre seguir Régulo[2] do que imitar Catão". O *Journal des philanthropes* [Jornal dos filantropos] destaca o tradicional argumento cristão do amor-próprio e declara que "a devoção não se traduz no suicídio".

A morte voluntária dos patriotas, ainda que por uma boa causa, nem sempre é apreciada nos grupos e organizações populares. Quando em 1794 o cidadão Gaillard se mata em Lyon para escapar dos contrarrevolucionários, ocorre um debate acalorado entre aqueles que o consideram um mártir do patriotismo e aqueles que veem nele um covarde. Em compensação, quando os contrarrevolucionários se matam, as pessoas aplaudem por vê-los morrer de forma "aviltante".

As discussões sobre a pena de morte também representam uma ocasião para demonstrar hostilidade ao suicídio. Em 1791, Pétion, em um discurso perante a Assembleia Constituinte, considera que a proibição de atentar

---

1 Citado por Bayet, op. cit., p.691.
2 Conta a tradição que Marco Atílio Régulo (299-246 a.C.), prisioneiro dos cartagineses, teria sido enviado a Roma para tentar convencer seus compatriotas a fazer a paz. O combinado era que, se ele não tivesse êxito em sua embaixada, deveria retornar a Cartago para ser executado. Convencido de que Cartago se encontrava fragilizada por suas contradições internas, ele discursou perante os romanos, exortando-os a atacar Cartago. Ao término do discurso, e honrando a palavra dada, ele retornou a Cartago, onde foi torturado e executado. (N. T.)

EPÍLOGO

contra a própria vida é evidente. Em 1796, *Le Moniteur*[3] reproduz um relato de Valant sobre a pena de morte – relato plenamente aprovado pela Convenção, que exige sua publicação –, no qual ele demonstra que o suicídio é proibido pois é contrário à natureza, pois quem pode se matar também pode matar os outros, pois o inocente que se mata mostra que está louco. Em seguida, ele examina dez casos nos quais Lipse admitia o suicídio, e os refuta um a um: não é permitido se matar pela pátria, apenas enfrentar a morte por ela; se matar por um amigo não é suicídio; ninguém deve se matar por medo, nem quando acredita ser uma pessoa inútil, nem para escapar da pobreza, pois, como se sabe, dinheiro não traz felicidade; ninguém deve se matar, tampouco, para escapar de uma doença incurável, pois permanecendo vivos podemos desfrutar do "carinho" das pessoas; ninguém deve se matar depois de uma castração, como mostram os exemplos de Orígenes e Abelardo; por fim, ninguém deve se matar para pôr fim a uma dor aguda, nem para escapar da decrepitude da velhice.

Essa literatura demonstra, na verdade, que o poder político, em nome da coesão social, não pode admitir o direito ao suicídio. O governo revolucionário não pode tolerar, em particular, o suicídio dos prisioneiros políticos, mesmo que estes últimos estejam condenados à morte. Decerto existe um aspecto fiscal nessa postura, já que, ao se matar, o acusado escapa da condenação e, portanto, do confisco de seus bens. É por isso que, após o suicídio de vários girondinos ricos, a Convenção aprova em brumário do ano II um decreto segundo o qual

> os bens de todo indivíduo cuja condenação tenha sido decretada ou contra o qual o acusador público do Tribunal Revolucionário tiver produzido o auto de acusação e que se infligir a morte são tomados e confiscados em proveito da Nação, da mesma maneira e nas mesmas formas como se ele tivesse sido condenado.

Existe, contudo, um motivo mais profundo para a cólera das autoridades: é que o condenado que se suicida impede que elas demonstrem sua autoridade. Como explicar de outra maneira as cartas do ministro do Interior

---

3 *Le Moniteur*, VIII, p.548: "De la garantie sociale considérée dans son opposition avec la peine de mort".

se lamentando, durante o Terror, do estado deplorável da Conciergerie, onde 27 condenados à morte tentaram se "destruir", as cartas de Fouquier-Tinville anunciando providências para evitar que os futuros guilhotinados se matem, as de um comissário temendo que o chefe da prisão não consiga impedir o suicídio de 24 condenados à morte?[4] A República tem uma ligação com seus símbolos: a guilhotina é um deles, fundamental; é o instrumento de punição dos inimigos do povo. É imprescindível, portanto, que estes últimos morram por meio dela, e não se hesita em lhe trazer feridos, moribundos e até mesmo mortos. Robespierre é guilhotinado com o maxilar esmagado; Soubrany, Bourbotte e Darthé estão semimortos quando sobem ao cadafalso, assim como Babeuf, que ainda traz no peito a lâmina da faca com a qual tentou se matar. Quanto a Dufriche de Valazé, que se matou diante do tribunal, aplicam-lhe uma segunda morte, de certa forma patriótica, guilhotinando seu cadáver. Gouette e Guérin têm a mesma sorte em Marselha, em março de 1794.

Por meio da execução de cadáveres, o governo revolucionário retoma espontaneamente a prática do Antigo Regime, demonstrando de modo involuntário que o suicídio é a arma suprema da liberdade individual diante da tirania coletiva do Estado, seja ela qual for. Uma arma contra a qual todos os poderes e todas as leis são impotentes. Matar o cadáver é a única e risível réplica do Estado, e, às vezes, este chega até a querer comemorar – como depois do suicídio de Roland, Pétion e Buzot –, por meio de uma inscrição, a morte "desonrosa" do inimigo do povo, que se colocou fora do alcance de sua autoridade.

A SÍNTESE ENTRE CATÃO E WERTHER

As grandes transformações políticas e as reviravoltas inesperadas de situação, em um clima de violência exacerbada, explicam a frequência dos suicídios políticos durante a Revolução. Superando quinze séculos de cristianismo, o final do século XVIII se reconcilia com a tradição romana. Contudo,

---

4 Tuetey, *Répertoire général de l'histoire de Paris pendant la Révolution*, t.VII, n.1892; t.VIII, n.1774 e n.2867.

esses suicídios políticos talvez tenham alguma relação com a moda literária do suicídio sentimental do final do Antigo Regime.[5] Roland e seus êmulos talvez representem, em um formato patriótico, uma espécie de síntese entre Catão e Werther, entre a tradição romana e a tradição romântica.

Como deixar de constatar a persistência da atmosfera literária do final do Antigo Regime na Revolução, expressa pela sensibilidade pré-romântica que exalta o suicídio e, em particular, o suicídio a dois? O romancista guadalupense Nicolas-Germain Léonard, nascido em 1744, faz a ligação entre as duas épocas. Impressionado com a história dos amantes de Lyon, ele escreve em 1771 *Épître à un ami sur le dégoût de la vie* [Epístola a um amigo sobre a aversão pela vida], seguido, em 1773, de *Le Tombeau des deux amants* [O sepulcro dos dois amantes] e, em 1783, de *Lettres de deux amants habitants de Lyon* [Cartas de dois amantes habitantes de Lyon]. Ora, essas obras são reeditadas em Paris em plena Revolução, no ano VII. Os acontecimentos políticos não põem fim aos impulsos sentimentais, e depois de 1789 continuam a ser escritos romances e tragédias com suicídios por amor, como *Coelina* e *Victor*, de Ducray-Duminil, e *Isule et Orovèze*, de Lemercier.

No entanto, por ser suspeito de defender uma postura aristocrática, o tema é ofuscado em proveito do suicídio patriótico, e a mistura de ambos às vezes apresenta resultados estranhos. É o caso da sra. Roland, que, pensando em se matar na prisão em 1793, escreve um bilhete suicida para o marido e outro para Buzot; o mesmo acontece com Lebas, que, pressentindo a chegada do 9 de Termidor, escreve à mulher: "Se não fosse crime, eu daria um tiro na sua cabeça e me mataria: pelo menos morreríamos juntos". Patrice-Louis Higonnet também cita o caso de Sophie de Monnier, uma amante de Mirabeau que se suicida em 1789; do casal Dunel, que toma veneno depois do fracasso da insurreição de Prairial; de Boutry, que se mata com um tiro de pistola quando vêm prender sua mulher; de um *sans-culotte* da seção de Popincourt, que mata a mulher e a filha a machadadas e depois tenta o suicídio, e também de Tallien e Thérésa Cabarrus, de Lodoiska, de Mary Wollstonecraft.[6] Em 1793, Olympe de Gouges sugere a Robespierre que ambos se suicidem no Sena para reparar seus crimes.

---

5 Higonnet, Du suicide sentimental au suicide politique, *La Révolution et la mort*, p.137-50.
6 Ibid., p.140-1.

Como era natural no novo contexto político, a literatura revolucionária põe novamente em voga o suicídio à moda antiga. André Chénier escreve um *Caïus Gracchus* [Caio Graco] e um *Brutus et Cassius* [Brutus e Cássio], Sobry um *Thémistocle* [Temístocles], Chéron de la Bruère e Tardieu um *Caton d'Utique* [Catão de Útica] e Arnaut uma *Lucrèce* [Lucrécia]. A sra. Roland escreve em *Mémoires* [Memórias]:

> Enquanto houver diante de nós uma carreira na qual possamos praticar o bem e dar um belo exemplo, é conveniente não abandoná-la; a coragem consiste em preenchê-la apesar das adversidades. Porém, se a tirania lhe impõe um fim, podemos antecipá-lo, sobretudo se a energia para aguentar seu derradeiro esforço não deva ser vantajosa a ninguém.

Na carta a Buzot, ela faz a apologia da morte voluntária como afirmação da liberdade suprema: "Se o sofrimento renitente prende em teus passos algum inimigo, não permitas que uma mão mercenária se erga contra ti, morre livre como vives, e que essa coragem intrépida, que é minha justificativa, dê cabo dele com teu gesto derradeiro".

Também aqui existe continuidade entre o Antigo Regime e a Revolução. Um grande número de revolucionários retomam as ideias apresentadas vários anos antes em suas obras. É por isso que Goujon, autor em 1790 do romance suicida *Damon et Phintias ou les Vertus de la liberté* [Damon e Fíntias ou as virtudes da liberdade], aplica ao seu próprio caso a ideia de suicídio como recusa da vitória da opressão, depois da derrota de Prairial. Antes de se matar, aprisionado no forte de Taureau, próximo a Morlai, ele escreve, no *Hino à liberdade*:

> *Sacrifiquemos o restante dos nossos dias*
> *Aos nossos irmãos e aos nossos amigos;*
> *Antes que lâminas inimigas*
> *Os esmaguem com um jugo por demais funesto.*
> *Para defender a verdade,*
> *Afrontemos a fúria dos maus.*
> *Morramos todos pela igualdade,*
> *Sem a qual não existe pátria.*

EPÍLOGO

Para Patrice-Louis Higonnet,

também podemos considerar a morte de Goujon como uma transposição política de uma tendência suicida anterior, tendência que se manifestou em um primeiro momento pelo viés de uma literatura de gênero sentimental que irá se politizar depois. Em 1790, o outro é uma mulher querida. Em 1795, o outro só pode ser a própria Nação.[7]

O caso de Romme seria idêntico. Marat flertou a vida inteira com a ideia do suicídio. Em 1770-1772, quando se encontra na Inglaterra, ele escreve *Les Aventures du jeune comte Potowski* [As aventuras do jovem conde Potowski], romance em que o suicídio é onipresente; em 1774, ele escreve o *Plan de législation criminelle* [Projeto de legislação criminal], reeditado em 1790, no qual defende o direito ao suicídio; no dia 25 de setembro de 1792, com uma pistola apontada à cabeça, ele declara na tribuna da Convenção: "Se, na fúria que eu demonstrava, tivessem aplicado o decreto de acusação contra mim, eu teria estourado os miolos". Os excessos de seu jornal, *L'Ami du peuple*, representam autênticas provocações que levam a um assassinato contra o qual Marat nada fez para se proteger. O comportamento de Charlotte Corday, uma espécie de Brutus feminina, não é, ele mesmo, suicida?

OS SUICÍDIOS REVOLUCIONÁRIOS E CONTRARREVOLUCIONÁRIOS: A VOLTA DE BRUTUS E DOS MÁRTIRES

A série de suicídios políticos durante a Revolução é impressionante. Ela começa com os girondinos, cujo espírito elitista deve muito aos filósofos e que preferem a morte livre e voluntária à desonrosa e popular guilhotina. Declarado fora da lei, Jean-Marie Roland foge para a Normandia, onde, ao tomar conhecimento da condenação da mulher, grita: "Não quis continuar vivendo em um mundo manchado de crimes", e se mata. Condorcet, detido por ser amigo de girondinos, se envenena; Clavières tira a própria vida enquanto declama os versos de Voltaire:

---

7 Ibid., p.145.

Os criminosos trêmulos são arrastados ao suplício,
Os mortais corajosos dispõem da própria sorte.

Barbaroux, Buzot e Pétion declaram: "Decidimos deixar a vida e não testemunhar o jugo que vai assolar nossa infeliz pátria", e se matam, assim como Lidon, Dufriche de Valazé, Rebecqui.

O caso de Adam Lux é especial. Esse habitante de Mainz de 28 anos, discípulo de Jean-Jacques Rousseau, perturbado pela proscrição dos girondinos, quer pôr fim à vida de maneira espetacular, na tribuna da Convenção, com um tiro de pistola, depois de dizer aos representantes do povo: "Desde o dia 2 de junho, a vida me causa aversão. Eu, discípulo de Jean-Jacques Rousseau, seria covarde a ponto de contemplar tranquilamente esses homens, de ver a liberdade e as virtudes subjugadas e o crime triunfante? Não!". Suicídio-protesto, sacrifício destinado a despertar a consciência popular. Na carta que envia a Guadet e a Pétion para lhes comunicar seu plano, ele se explica nestes termos:

> O triunfo do crime me instigou a fazer um sacrifício com meu sangue e a terminar minha vida inocente por meio de uma morte mais útil à liberdade do que minha vida jamais poderia ser. Eis aqui, portanto, meu primeiro motivo e aquele que me estimula. O outro é honrar a memória de meu mestre J.-J. Rousseau por meio de um ato de patriotismo acima da calúnia e de qualquer suspeita. [...] Minha decisão de morrer só pode ser tomada e executada por um espírito que, com isso, se basta a si mesmo. Pertenço à coletividade, não a um partido.

Adam Lux não porá seu plano em execução. Entusiasmado pelo gesto de Charlotte Corday, ele se apaixona pela jovem ao vê-la passar na charrete que a conduz ao cadafalso. Ele decide, então, morrer do mesmo modo que ela. Escreve seu panegírico, é preso e conduzido perante o Tribunal Revolucionário, onde troca algumas palavras com Dumas acerca do sentido da morte voluntária. Diante da Assembleia, Dumas qualifica de "insensata" sua ideia de suicídio, acrescentando: "Observo que o cidadão de bem só derrama seu sangue pela pátria e por sua liberdade". Adam Lux replica: "A ideia de se matar não é insensata, quando se comprova que a morte de um único homem pode causar mais bem à pátria do que sua vida, e acrescento que existe uma

EPÍLOGO

certa língua da virtude que não se pode falar com aqueles que desconhecem sua gramática". E conclui: "Queria fazê-lo porque queria ser livre". Ao escolher a morte na guilhotina, devido ao amor impossível por Charlotte, Adam Lux realizou a síntese entre Catão e Werther.

Os montanheses, por sua vez, optam por se suicidar no Termidor, também para escapar do cadafalso: o caçula Robespierre se mata jogando-se pela janela; o primogênito tenta se suicidar com um tiro de pistola e falha, como Carrier e Couthon, ao passo que Osselin crava um prego no peito; Lebas e a mulher do marceneiro Duplay se matam. O quarteto derradeiro foi detido depois da insurreição de Prairial de 1795. Romme, Duquesnoy, Goujon, Duroy, Soubrany, Bourbotte, os "mártires de Prairial", tentam se matar: os três primeiros conseguem; os três últimos são conduzidos à guilhotina. O mesmo destino de Babeuf e Darthé, que morrem no cadafalso depois de terem se apunhalado, ao passo que Boubon se joga do alto de uma escada. Todos têm consciência de que estão retomando os exemplos ilustres dos romanos. O suicídio é, para eles, o refúgio do homem livre.

No campo realista e contrarrevolucionário, as pessoas se lançam à morte com o mesmo ardor. Nesse caso, porém, não se invoca o aval nem de Brutus nem de Catão, e sim dos mártires cristãos. É longa a lista daqueles que se denunciam ou que buscam a morte por pura provocação, em todas as categorias sociais, da filha de operários de Feurs que pisoteia os símbolos tricolores diante do Tribunal Revolucionário, até o conde de Fleury, que escreve a Dumas, presidente desse mesmo Tribunal: "Monstro infame, [...] declaro compartilhar a opinião dos acusados. Podes me fazer sofrer a mesma sorte". Ou ainda a jovem Marie-Jeanne Corrié, que grita "Viva o rei!" à passagem de uma seção de *sans-culottes*, e que, teimosa, declara que "se é para viver infeliz ela preferia morrer", ou mesmo Charles Voillemier, que se denuncia como aristocrata "que deseja acima de tudo o restabelecimento da realeza. Espero que me façam justiça prontamente", e tantos outros.[8] Alguns se matam diretamente, como o coronel Chantereine, comandante da guarda real, o *chouan*[9] Boishardy, um grande número de realistas depois da derrota de Quiberon,

---

8 Bayet citou diversos casos, op. cit., p.718-9.
9 Rebelde realista das províncias ocidentais durante a Revolução Francesa. O nome vem de Jean Cottereau, conhecido como Jean Chouan, chefe dos rebeldes. (N. T.)

outros depois da derrota do exército dos *chouans*. Launay, diretor da Bastilha, o duque de Châtelet e o conde de Sombreuil também tentam pôr fim à própria vida.

Exasperados pelas paixões, muitos eclesiásticos rebeldes desconsideram as condenações contra o martírio voluntário e buscam por vezes a morte. Aimé Guillou os homenageia em 1821 em *Les Martyrs de la foi pendant la Révolution française* [Os mártires da fé durante a Revolução Francesa]. Devem ser considerados mártires "aqueles que confessaram a fé diante dos juízes, sabendo que seriam condenados à morte por essa confissão; e aqueles que preferiram morrer a ofender a Deus com uma mentira que lhes teria salvado a vida".

Alguns contrarrevolucionários, porém, se mostram contrários ao suicídio, a começar pelo rei, que, quando lhe tiram a faca, pergunta: "Consideram-me tão covarde a ponto de me matar?". O marquês de Charette tem a mesma postura indignada, declarando "que o suicídio nunca fez parte de seus princípios e que ele o [considera] uma covardia". Lavoisier e Vergniaud também se recusam a tirar a própria vida.

Os dois lados apresentam suicídios "altruístas": um soldado de Charette que põe o chapéu deste último para morrer em seu lugar, uma criada da sra. de Lépinay que troca de lugar com ela no patíbulo, um grande número de esposas e noivas que não aceitam sobreviver ao marido ou ao amado. Os suicidas patrióticos são proclamados mártires da liberdade, como o jovem Bara, que, em 1793, reedita ao contrário o gesto heroico do cavaleiro de Assas em 1760, que gritou "Viva a República!" em vez de "Viva o rei!"; é também por terem se recusado a dar o mesmo grito que Richer, Pinot, Chataignier e a mulher do tenente-coronel Bourgeois se matam no próprio local ou se afogam; representantes em missão, como Tellier em Chartres e Bayle em Toulon, tiram a própria vida para apagar seu fracasso. O general Blosse se suicida em Château-Gontier assim que os realistas chegam.

Militares que cometem suicídio para não se render existem em todas as épocas. A Revolução, com seus voluntários imbuídos de entusiasmo patriótico, é pródiga em acontecimentos do gênero: os marinheiros do *Vengeur* em 1794, o comandante do *Chéri* em 1798, os soldados de Bellegarde que vão pelos ares com o forte, o general Moulin, para escapar dos vendeenses. Um desses gestos dá origem a celebrações oficiais: como Nicolas-Joseph

EPÍLOGO

Beaurepaire, oficial encarregado da defesa de Verdun contra os austro-
-prussianos, suicidou-se em 1792 em vez de se render, a Comuna de Paris
decide, no dia 8 de setembro, dar seu nome à seção das Termas de Juliano,
que se tornam seção Beaurepaire; no dia 13 de setembro, um decreto lhe
concede as honras do Panteão, com a seguinte inscrição em comemoração
ao seu suicídio: "Ele preferiu pôr fim à própria vida do que capitular diante
dos tiranos". Em *Le Moniteur*, Delaunay aproveita o caso para criticar o "preconceito incoerente" que qualifica de fraqueza "a coragem de Brutus e de
Catão". Por sua vez, em *Le Courrier des 83 départements* de 14 de setembro
Gorsas ataca "esses imbecis que cometem a asneira de criticar" o suicídio,
concluindo assim:

> Quando desesperamos de tudo, quando estamos a ponto de fugir ou cair pri-
> sioneiro, quando a morte é o único recurso para não perder a honra ou a liber-
> dade, quando, ao romper o nó de uma existência inútil ao Estado, podemos dar
> um belo exemplo, então, resumindo, o suicídio não é uma virtude?

Em 21 de abril, Lesur apresentara sua tragédia *Apothéose de Beaurepaire*
[Apoteose de Beaurepaire], na qual se louvava o suicídio patriótico:

> *Deus nos pôs no mundo para sermos felizes,*
> *Acreditar que ele nos criou para sermos infelizes*
> *É negar sua bondade, sua profunda sabedoria:*
> *Nós vivemos por meio dos direitos que ele nos dá;*
> *Quando o homem é privado deles, é um mal que a vida* [...].
> *Assim, quando vemos a liberdade roubada,*
> *Quando os tiranos vitoriosos nos apresentam as cadeias,*
> *Deus, que pune o universo por alguns de seus erros,*
> *Diz a cada um de nós: "Põe fim aos teus dias,*
> *Quem perde a liberdade deve maldizer a luz".* [...]
> *Beaurepaire, enviado a Verdun por sua pátria,*
> *Serve-a melhor com sua morte do que se vivesse cem anos:*
> *Vemos o que um francês faz pela liberdade* [...].
> *Que cânticos imortais celebrem Beaurepaire!*
> *Ele morreu por todos nós, não podia fazer melhor.*

Ele dá um belo exemplo, ele gerou guerreiros;
Ele deixa em nosso corações o embrião da glória.[10]

Quando estoura a Revolução, a moda da Antiguidade atinge o apogeu na arte e na literatura. O neoclássico, o estilo "pompeano",[11] se impõe nas residências aristocráticas e até mesmo burguesas, trazendo com ele todo um contexto de austeridade, virtude e heroísmo contido, de que dão prova os quadros de David, em particular *A morte de Sêneca.* Catão e Brutus fazem parte do universo cultural de inúmeros futuros chefes revolucionários, além de encarnar a vitória da liberdade suprema sobre os tiranos. Os estoicos, que forneceram tantos exemplos de suicídio político, também são muito admirados. Será que uma geração que não estivesse tão impregnada de exemplos romanos teria fornecido tantos suicídios políticos? De certa maneira, os suicídios de Beaurepaire, Adam Lux, Roland, Robespierre, Babeuf e tantos outros são o resultado da síntese entre o espírito filosófico e o espírito romântico, que promoveram a ideia da morte voluntária como um gesto supremo de liberdade.

PERSISTÊNCIA DO SUICÍDIO COMUM

Mas o que se passa com o "povo" em cujo nome esses combates são travados? Antes de mais nada, não existe nenhum indício importante em termos quantitativos que confirme os rumores alarmistas habituais. Albert Bayet desmascara a lenda de que ocorreram 1.300 suicídios em Versalhes em 1793, a qual, no entanto, continua a ser propagada em obras recentes.[12] No dia 13 de agosto de 1790, pode-se ler em *Le Journal général de la cour et de la ville:* "Os suicídios se tornam cada vez mais frequentes; por vezes a miséria, com mais frequência o desespero, são essas as verdadeiras causas que levam tantos infelizes a pôr fim a seus males abreviando seus dias". Não obstante, nenhum montante confirma essas declarações, e os jornais continuam tão

---

10 Lesur, *Apothéose de Beaurepaire,* cena IV.
11 Diz-se do estilo influenciado pelas pinturas e objetos encontrados nas ruínas de Pompeia. (N. T.)
12 Chesnais, op. cit., p.241.

EPÍLOGO

reservados sobre o assunto como durante o Antigo Regime. É preciso esperar um relato de 4 de novembro de 1796 para tomar conhecimento de que ocorrem em Paris "muitos suicídios, que eles são exagerados e aos quais se dá como motivos a miséria e o desespero". No dia 11 de junho de 1797, o *Sentinelle* fornece, pela primeira vez, uma estimativa: 60 suicídios na capital em cinco meses, o que dá uma média anual extremamente próxima da apresentada por Sébastien Mercier em 1782: 144 mortes voluntárias em 1797 e 147 em 1782, o que não impede o *Journal de l'Indépendance* de escrever em maio de 1798 que ocorrem mais suicídios em Paris do que em todas as capitais europeias reunidas. Durante o Império, Jean Tulard também apresenta o montante anual de 150 suicídios, com um crescimento claro em 1812: duzentas mortes voluntárias.

A pesquisa memorável de Richard Cobb sobre um dossiê da justiça de Paris nos permite compreender perfeitamente hoje a natureza dos suicídios ocorridos na capital francesa de outubro de 1795 a setembro de 1801.[13] E 274 casos de morte súbita relatados dizem respeito, com certeza, a suicídios: 211 homens e 63 mulheres. Apenas 25 foram cometidos com arma de fogo, enforcamento ou defenestração; 249 são afogamentos no Sena. Uma curiosidade que talvez não seja uma coincidência: um aluno de David se joga do alto de uma torre de Notre-Dame.

O estudo desses 274 casos traz uma primeira confirmação: as pessoas se matam sobretudo na primavera e no começo do verão – 45% dos suicídios estão agrupados em quatro meses, de abril a julho. Domingo, segunda-feira e sexta-feira são os dias piores, com 44 suicídios para cada um, ao passo que sábado registra apenas 29. As mulheres se suicidam mais jovens: a maioria entre 20 e 30 anos, e por motivos puramente pessoais, que não têm nada a ver com os acontecimentos políticos. A maioria dos homens se mata entre 40 e 50 anos – segundo Richard Cobb, a idade das desilusões. Quanto aos mais jovens, o cansaço da guerra e o medo de ser convocado para uma nova campanha podem ter desempenhado um papel não desprezível. Ao contrário do que se constata na Inglaterra, o número de adolescentes é muito pequeno, uma dezena no total.

---

13 Cobb, *Death in Paris* [trad. franc.: *La Mort est dans Paris:* Enquête sur le suicide, le meurtre, et autres morts subites à Paris au lendemain de la Terreur, Paris, 1985].

Um fato marcante é a imensa proporção de celibatários: dois terços do total, incluindo os divorciados. A solidão é um elemento determinante, mesmo para aqueles cuja família mora na mesma cidade; trata-se em geral de pessoas que caíram na miséria e deixaram de frequentar os parentes. A composição socioprofissional é extremamente variada, mas indica uma maioria bastante expressiva de profissões subalternas como carregador, cocheiro, trabalhador braçal, barqueiro, costureira, lavadeira e passadeira. Os soldados estão uma vez mais sobrerrepresentados, com 23 casos, ou seja, 8,5% do total: muitos desertores e homens que rejeitam a perspectiva de uma nova campanha, em uma época na qual se vive em estado de guerra. Várias profissões ligadas à alimentação e ao vestuário também, mas um número muito reduzido de criados. As categorias sociais abastadas estão muito pouco representadas; percebe-se apenas a presença de um jovem ex-cônsul geral em Filadélfia e do filho de um rico fabricante de lençóis de Châteauroux.

A prática do suicídio em Paris revela a importância do efeito de contágio, tanto sobre o local como sobre o período. Alguns lugares são conhecidos pela frequência de afogamentos: 35 casos em Passy, 15 na ponte de Sèvres, 11 no cais dos Invalides, 10 no porto da École, a jusante do Louvre. Aliás, 75% dos casos dizem respeito a pessoas que moram a alguns minutos a pé do rio. O período é a primavera, com uma frequência particularmente alta em março de 1796, março de 1797, abril e julho de 1798 e março-abril de 1799, sem que se possa, no entanto, falar de "epidemias". A maioria se joga na água entre 9 horas da manhã e meio-dia, decerto após uma noite de reflexões angustiantes, e com o desejo de chamar a atenção: os afogamentos discretos e noturnos são muito raros. Portanto, o caso "típico" é o de um quarentão desesperançado que se afoga em Passy em um domingo de abril no final da manhã, usando suas roupas mais bonitas. Os processos verbais são taxativos nesse ponto: "Essa preocupação com a aparência", escreve Richard Cobb, "chegava a ponto de incluir acessórios como punhos rendados, luvas, uma grande gravata colorida, peitilho bordado e botas de dupla face calçadas por cima dos chinelos".[14]

Na maioria das vezes, as causas do suicídio continuam misteriosas. O fato de as vítimas quase sempre serem pobres não significa automaticamente que a miséria esteja na origem de seu gesto. Não há dúvida de que

---

14 Ibid., p.37.

esse é o motivo que leva as mães de família a se jogarem na água com os filhos durante os períodos de grande escassez, como em 1794 e 1795. Mas um único caso desse tipo é assinalado na amostragem analisada por Richard Cobb: o de uma lavadeira de 47 anos que se afoga com a filha de 9 anos em maio de 1798. Para os outros casos, na falta de bilhetes suicidas, as causas permanecem desconhecidas.

Quando relatados, os testemunhos das pessoas mais próximas não esclarecem quase nada. Os familiares declaram na maioria das vezes que nada permitia prever o que aconteceu, que o infeliz saíra de casa sem fazer alusão ao suicídio, que eles não sabiam mais nada; às vezes, alguns comportamentos estranhos são relatados, mas fica claro sempre o desejo de se distanciar do ato em si, de não se envolver de maneira nenhuma com ele. O que choca à primeira vista nesses ambientes de pobreza é a secura e a insensibilidade. Um comerciante de vinho do subúrbio de Saint-Antoine que vem reconhecer o corpo do irmão resgatado do Sena limita-se a dizer que não pretende pagar pelo enterro.[15] O suicídio gera constrangimento e má consciência no entorno, que são rapidamente contidos. A discrição, que já era habitual no Antigo Regime, é ainda mais fácil, já que as autoridades civis e religiosas deixaram de reagir. Desde o código penal de 1791, o suicídio deixou de ser um delito perante o direito civil; quanto à Igreja, no momento ela passa por uma série de contratempos para tentar intervir. O concílio nacional de 1797 é omisso a respeito do suicídio.

Como acabamos de constatar, a interrupção de todas as formas de repressão não se traduz no aumento do índice de suicídio, prova de que a legislação não tem qualquer influência sobre a pessoa desesperada que decide se matar. Em compensação, os vivos que pertencem ao círculo mais próximo da vítima sentem sempre o mesmo mal-estar, uma mistura de pena com um vago sentimento de culpa, por não ter conseguido tornar suportável a existência de seu familiar ou amigo. O suicídio permanece um estigma tanto para a família como para a coletividade, que vivenciam a morte voluntária de um de seus membros como seu próprio fracasso. Aliás, ao atribuir ao suicídio causas sociais, os estudos sociológicos do século XIX vão reforçar esse sentimento de culpa e, em paralelo, o desejo de encobri-lo.

---

15 Ibid., p.97.

O SÉCULO XIX E A CULPABILIZAÇÃO DO SUICÍDIO

Com o século XIX, saímos dos limites cronológicos deste ensaio para entrar em uma etapa muito diferente da história do suicídio. Vamos nos limitar, portanto, a sugerir as orientações que parecem se consolidar nas primeiras décadas do século.

A constatação que parece se impor é que, nesse momento, procura-se destruir o que os três séculos precedentes tinham conseguido alcançar de maneira lenta, difícil e incompleta, ou seja, o reconhecimento do suicídio como fato social que devia ser abordado sem preconceitos, um ato trágico sem dúvida, mas que é preciso tentar compreender sem condená-lo *a priori*. Do Renascimento ao Iluminismo, o suicídio deixa pouco a pouco o gueto dos tabus e dos atos contra a natureza. Descriminalizado, ele continua objeto de discussões ríspidas, mas essas discussões ajudam a desmistificar, a secularizar e a banalizar a morte voluntária. Depois do interlúdio revolucionário, as autoridades morais, e até mesmo políticas, levadas pelo espírito de reação e de restauração, dedicam-se a empurrar vigorosamente o suicídio para dentro do pacote de proibições de atos contra a natureza do qual, segundo elas, ele jamais deveria ter saído. Como essas autoridades não têm mais um poder coercitivo na esfera moral, elas vão procurar interiorizar a repressão ao suicídio na consciência individual. Sua ação é ainda mais eficaz porque, de maneira surpreendente, o desenvolvimento das ciências humanas ajuda, de forma bastante inconsciente, a reforçar o complexo de culpa individual e coletivo em relação ao suicídio. As estatísticas que começam a surgir permitem que se avalie a amplitude exata do fenômeno. A psiquiatria e a sociologia põem em destaque a responsabilidade das fragilidades morais e mentais do indivíduo, bem como as deficiências e injustiças da estrutura social.

O índice de suicídio se modifica, e dessa vez existem estatísticas para comprová-lo. Cada região, cada grupo social e cada contexto socioeconômico contém uma determinada proporção de mortes voluntárias mais ou menos constante, que os sociólogos conseguem aos poucos circunscrever.[16] Para nos atermos à primeira metade do século XIX, em 1850 o índice de suicídio varia de 3,1 por 100 mil pessoas na Itália a 25,9 na Dinamarca. A anomalia inglesa

---

16 Moron, *Le Suicide*, Paris, 1975.

EPÍLOGO

está presente, mas no sentido contrário: desde que as estatísticas surgiram nos anos 1800, constata-se que o índice britânico de suicídio é nitidamente inferior à média europeia, o que confirma a importância da imprensa na criação do mito da "doença inglesa" no século XVIII.

Em *História da violência no Ocidente, de 1800 aos nossos dias,* Jean-Claude Chesnais fez a síntese das conclusões referentes à prática do suicídio no século XIX. Ele ressalta o aumento muito significativo dos índices, que seria uma decorrência dos efeitos desagregadores da Revolução Industrial: enfraquecimento dos vínculos tradicionais e da religião, emancipação do indivíduo, cujo isolamento é crescente, importância das oscilações econômicas e miséria operária, cuja influência sobre o suicídio foi ressaltada por Louis Chevalier em *Classes laborieuses et classes dangereuses* [Classes trabalhadoras e classes perigosas]. Acrescentemos, em relação à classe burguesa e à elite intelectual, a moda romântica e as correntes filosóficas do desespero e do pessimismo de Schopenhauer, Bahnsen, Taubert, Hartman, Leopardi e Kierkegaard. O que não faltam, aliás, são exemplos de suicídios célebres nesse século trágico: artistas, filósofos, políticos e generais se matam por motivos tão variados como a loucura, a angústia existencial, a ambição frustrada, o amor desesperado, a vergonha e o remorso. Podemos citar o general Pichegru, o barão Gros, Vincent van Gogh, Gérard de Nerval, Friedrich Nietzsche, o general Boulanger, Paul Lafargue e sua esposa, Laura Marx, Guy de Maupassant e seu irmão Hervé, o coronel Henry. No conjunto da França, o número anual de suicídios passa de 1.827, no período de 1826 a 1830, a 2.931, no quinquênio 1841-1845, ou seja, um crescimento de 70%, que alarma os moralistas e explica em parte a proliferação de obras sobre o assunto durante a Monarquia de Julho.

Como de costume, as autoridades civis procuram ocultar os fatos da opinião pública. Em 1829, os *Annales d'hygiène* trazem o seguinte: "Os jornais deveriam se abster de noticiar qualquer modalidade de suicídio. Temos fortes razões para acreditar que esse tipo de publicidade induziu mais de uma vez um grande número de pessoas, que já estavam mal-intencionadas, a apressar o fim da vida". Quando o duque de Bourbon, príncipe de Condé, se enforca no dia 27 de agosto de 1830, a *Gazette de France* não menciona o motivo da morte, enquanto o *Journal des Débats* fala em apoplexia, e a *Quotidienne* em assassinato. Em 1844, Michaud escreve: "É impossível dizer que o duque de Bourbon se suicidou, que o último dos Condé se enforcou. Ao pronunciar essas palavras, acreditaríamos estar caluniando de maneira indigna a memória desse príncipe".

No dia 19 de julho de 1870, Prévost-Paradol se mata. No *Figaro*, no *La Patrie* e no *Journal des Débats* ele morreu devido "ao rompimento de um aneurisma", e para Camille Rousset "ele caiu fulminado". É também um rompimento de aneurisma o responsável pela morte por suicídio do ministro do Interior Charles Beulé em 1874.

Enquanto isso, a Igreja, que assumira uma postura menos rígida no fim do Antigo Regime, passa a atacar com violência a morte voluntária. Lamennais usa palavras extremamente duras para condenar "esse tipo de assassinato"; ele exige o restabelecimento das leis contra o suicídio para proteger a sociedade, pois "qualquer um que se julgue senhor de sua vida, qualquer um que esteja disposto a deixá-la está, na verdade, fora do alcance de todas as leis; sua única regra e freio é a própria vontade". Durante a Restauração, surgem conflitos entre as autoridades civis e o clero, que recusa mais uma vez os sepultamentos nos cemitérios. Em 1819, Decazes se queixa ao bispo de Quimper "do fervor de uma devoção excessivamente inclinada à severidade", a propósito da recusa em enterrar um notário de Bannalec, "acusado de suicídio". Por sua vez, o cura de Recouvrance, em Brest, escreve em 1821: "Quanto aos suicidas, recusei-me a enterrar quatro deles desde que estou em Recouvrance, sem enfrentar a menor contrariedade. Recusei até os objetos da igreja, como cruz, pias de água benta e mortalhas".[17]

Como doravante nenhuma norma escrita prevê o procedimento a ser seguido, a prática varia conforme a paróquia e o cura. Porém, ainda em 1917, o novo código de direito canônico declara que a sepultura eclesiástica deve ser recusada "àqueles que tiraram a própria vida de caso pensado";[18] ela pode ser concedida em caso de dúvida a respeito das faculdades mentais no momento do ato. Aqueles que tentaram se matar não podem participar das ordens sagradas. Em 1980, uma declaração da Sagrada Congregação para a Doutrina e a Fé explicitará:

---

17 Citado por Le Gallo, *Clergé, religion et société en Basse-Bretagne de la fin de l'Ancien Régime à 1840*, t.II, Paris, 1991, p.735.
18 Cânone 1240, 1 e 3.

EPÍLOGO

Todo homem tem o dever de adaptar sua vida ao desígnio de Deus. Isso lhe foi preconizado como um bem que já deve dar seus frutos aqui na Terra, mas que só encontra sua perfeição plena na vida eterna. Por conseguinte, a morte voluntária, ou seja, o suicídio, é tão inaceitável como o homicídio; semelhante ação constitui, na verdade, da parte do homem, a recusa da soberania de Deus e do seu projeto amoroso. Além do mais, o suicídio muitas vezes é uma recusa a se amar, uma negação da aspiração natural à vida, uma renúncia diante dos deveres de justiça e caridade em relação ao próximo, em relação às diferentes comunidades e em relação à sociedade como um todo, embora às vezes intervenham, como se sabe, fatores psicológicos que podem atenuar e até retirar a responsabilidade. Não obstante, dever-se-á diferenciar claramente do suicídio o sacrifício por meio do qual, por uma causa superior – como a glória de Deus, a salvação das almas ou o serviço dos irmãos – se oferece ou se arrisca a própria vida.[19]

O mesmo documento lembra que é terminantemente proibido provocar a morte de uma pessoa doente, mesmo que a doença seja incurável, ou seja, o que se conhece como eutanásia:

Entende-se por eutanásia uma ação ou omissão que, por sua natureza ou intenção, causa a morte com o propósito de eliminar a dor. [...] É necessário afirmar com grande determinação que nada nem ninguém pode autorizar a morte de um ser humano inocente, feto ou embrião, criança ou adulto, velho, doente incurável ou agonizante. Além disso, ninguém pode pedir esse gesto homicida para si mesmo ou para outros sob sua guarda, nem pode aprová-lo de modo explícito ou implícito. Nenhuma autoridade pode impô-lo ou permiti-lo legitimamente. Na verdade, trata-se da violação de uma lei divina, de uma afronta à dignidade da pessoa humana, de um crime contra a vida, de um atentado contra a humanidade.[20]

Voltemos ao século XIX. Os moralistas laicos, ateus ou religiosos, mostram-se tão contrários à prática do suicídio como a Igreja. Jules Simon, Renouvier, Bazard, Enfantin, todos eles exprimiram, de maneira sucinta, sua

---

19 *Ecclesia*, n.1990, 28-29.
20 Ibid., 29.

desaprovação. Para Renouvier, a autorização da morte voluntária permitiria que o homem "se livrasse de todos os deveres em relação ao próximo no momento que isso lhe fosse conveniente". Para Cabet, o suicídio faz parte das "perversões da antiga organização social". Para Augusto Comte, essa "prática antissocial deve ser banida".

A própria medicina ajuda a transformar o suicídio em uma "doença vergonhosa". Desde o início do século XIX, as pesquisas do dr. Pinel vão nesse sentido. No *Tratado médico-filosófico sobre a alienação mental ou a mania*, publicado no ano IX (1801), ele relaciona a tendência suicida a uma fragilidade mental que leva o indivíduo a exagerar os acontecimentos desagradáveis de sua vida. "Um estado doentio crônico, a lesão grave de uma ou diversas vísceras e um definhamento gradativo também podem agravar a percepção de que a vida é insuportável e precipitar uma morte voluntária."[21] Para curar a tendência suicida, um choque violento pode ser benéfico. Pinel dá alguns exemplos disso. Um escritor atraído pela morte voluntária dirigia-se ao Tâmisa para se jogar nele; atacado por ladrões, ele fica com medo e se defende; desde então, nunca mais sentiu vontade de se suicidar. Um relojoeiro tentara se matar com um tiro de pistola; tendo conseguido apenas estraçalhar a bochecha, ele ficou com tanto medo que se curou.[22] Em compensação, os tratamentos brandos podem ser ineficazes. Pinel conta que em 1783 ele tratou um operário que tinha "uma propensão incontrolável de se jogar no Sena"; atribuindo essa perturbação a uma doença gástrica, ele lhe receita "bebidas relaxantes" e soro de leite, mas depois de alguns meses o homem se mata.[23] O dr. Pinel percebe, portanto, que a repressão é a melhor maneira de curar as tendências suicidas. Passa-se da esfera médica para a esfera moral: "Instrumentos draconianos de repressão e um imponente sistema de terror devem secundar os outros efeitos do tratamento médico e do regime".[24]

A medicina do início do século XIX tende, assim, a culpabilizar a melancolia depressiva e a propensão ao suicídio, utilizando o "tratamento moral" baseado na punição, como se fosse uma perversão qualquer. Guislain indica, por exemplo, alguns "sedativos morais" como a ducha forte, a cadeira

---

21 Pinel, *Traité médico-philosophique sur l'aliénation mentale ou la manie*, Paris, ano IX, p.188.
22 Ibid., p.242.
23 Ibid., p.241.
24 Ibid., p.188.

EPÍLOGO

giratória, a cadeira do castigo, o isolamento, a fome e a sede, as ameaças, os ataques ao amor-próprio.[25] Em 1834, Leuret aconselha:

> Não utilizem palavras de consolo, pois elas são inúteis; não recorram aos argumentos, eles não convencem. Não fiquem tristes em relação aos melancólicos, sua tristeza alimentará a tristeza deles; não demonstrem alegria diante deles, isso os deixaria magoados. Muito sangue-frio e, em caso de necessidade, rispidez. Que sua lucidez seja a regra de conduta deles. Uma única corda ainda vibra neles, a corda da dor; tenham a coragem de tocá-la.[26]

A primeira metade do século XIX desfaz, em parte, o que o século XVIII tinha criado: as explicações de tipo físico e natural que desde Montaigne substituíam pouco a pouco as explicações sobrenaturais agora são descartadas em proveito de explicações morais. Assim, a teoria climática por meio da qual alguns filósofos explicavam o temperamento suicida dos ingleses dá lugar em 1818, com Spurzheim, a uma teoria de tipo político-moral: se os ingleses tendem a se matar mais do que os outros é porque os excessos da liberdade são fonte de desequilíbrios e frustrações. A liberdade de consciência é particularmente perniciosa: como "todo indivíduo tem a permissão de pregar a quem quiser ouvi-lo", já não se sabe mais onde está verdade: "As pessoas ficam desesperadas para encontrar a verdade". A liberdade gera ao mesmo tempo incerteza e insegurança, causadoras do medo, da loucura e do suicídio.[27]

Esse tipo de análise sociológica, que associa o suicídio ao espírito da Revolução Industrial materialista – do qual ele seria uma das aberrações –, é defendido ostensivamente em 1855 por Brière de Boismont no ensaio *De l'influence de la civilisation sur le suicide* [Da influência da civilização sobre o suicídio]:

> Dentre as influências que nos pareceram mais marcantes, citaremos em primeiro lugar a melancolia moderna, que não tem mais a fé e se compraz em uma incerteza perigosa e em uma total incapacidade de ação. Em seguida vêm: o ideal democrático, isto é, a crença generalizada de que é possível conseguir tudo, e as

---

25 Foucault, op. cit., p.346, n.2.
26 Leuret, *Fragments psychologiques sur la folie*, Paris, 1834, p.321.
27 Spurzheim, *Observations sur la folie*, Paris, 1818.

decepções cruéis que resultam disso, o excesso da teoria dos interesses materiais, as desgraças inseparáveis da concorrência ilimitada, os estímulos insaciáveis do luxo, o sentimento das privações que fica mais agudo devido ao maior desenvolvimento intelectual, o enfraquecimento do sentimento religioso, a predominância da dúvida e das ideias materialistas, as agitações políticas e a destruição decorrentes delas.

Para Pinel, que escreve durante o Império, a causa do medo não é a liberdade religiosa, mas, ao contrário, a tirania de uma religião. No fundo, o raciocínio é o mesmo: a loucura suicida se deve a causas morais. Aliás, escreve ele, "o gênero de tendência suicida mencionado pelo autor de *O espírito das leis*, e que independe dos motivos mais importantes para tirar a própria vida como a perda da honra ou da fortuna, não é uma doença típica da Inglaterra, estando longe de ser rara na França";[28] e dá exemplos de "melancolia com carolice":

> Um missionário, por meio de suas arengas inflamadas e da imagem das tribulações da outra vida, apavora tanto um viticultor crédulo que este acredita piamente estar destinado ao fogo eterno e só pensa em salvar a família e fazê-la desfrutar das glórias do martírio.[29]

O tratamento sugerido é isolar o doente, impedindo que ele tenha qualquer contato com os objetos religiosos.

De uma maneira ou de outra, na primeira metade do século XIX o suicídio é considerado uma forma de loucura. Em 1822, Fabret declara que ele "deve ser considerado um delírio"; em 1828, Regnault escreve que esse ponto de vista "perpassa, em princípio, todos os textos que tratam da loucura"; em 1840, Debreyne constata que, "em geral", os médicos pensam que as tendências suicidas são uma forma de alienação mental; em 1845, Bourdin é categórico: o suicídio "é sempre uma doença e sempre um ato de alienação mental".

---

28 Pinel, op. cit., p.146.
29 Ibid., p.72.

São sobretudo os textos de Esquirol, escritos durante a Monarquia de Julho, que fundamentam a teoria psiquiátrica. Aliás, ele às vezes se contradiz: "O homem só põe fim aos seus dias em um estado de delírio, e todos os suicidas são alienados", escreve em 1838, ao passo que, no ano seguinte, na obra *Les maladies mentales* [As doenças mentais], ele atribui causas morais à angústia suicida:

> Se o homem não fortaleceu sua alma por meio das crenças religiosas, dos preceitos morais, dos hábitos de ordem e de conduta correta, se ele não aprendeu a respeitar as leis, a cumprir os deveres com a sociedade, a suportar as vicissitudes da vida, se ele aprendeu a desprezar seus semelhantes, a desdenhar os autores de seus dias, a ser autoritário em seus desejos e caprichos, coisas certamente equivalentes, aliás, ele estará mais disposto do que qualquer um a terminar voluntariamente sua existência assim que sofrer alguns desgostos ou alguns reveses. O homem precisa de uma autoridade que controle suas paixões e governe suas ações. Entregue à própria fraqueza, ele se torna indiferente, depois inseguro; nada sustenta sua coragem, ele está desarmado contra os sofrimentos da vida, contra as angústias do coração.

Portanto, para onde quer que nos voltemos, o suicídio é um tabu que é preciso ainda envolver em silêncio. Afronta a Deus, depravação moral de uma pessoa que não respeita os valores estabelecidos, debilidade mental, tragédia ligada à anarquia libertária e ao materialismo, ou a um excesso de beatismo – em todo caso, doença da mente, da consciência e da sociedade –, o suicídio é reprimido juntamente com todos os outros interditos sociais.

O folclore, que se tenta recolher então por toda parte, revela, à sua maneira, a rejeição da morte voluntária e do horror que ela inspira. Na Bretanha, quando alguém passa a corda em volta do pescoço, não consegue retirá-la, pois o diabo faz pressão sobre seus ombros; as almas dos suicidas vagueiam eternamente entre o céu e a terra, uivando nos locais do suicídio; as almas dos afogados atraem os passantes para dentro d'água; perto de Grenoble, os enforcados vêm puxar os pés dos vivos para pedir que se rezem missas em sua intenção; na Creuse, os suicidas são condenados a devolver eternamente as pedras para os leitos dos rios; na Polônia, eles viram assombrações e aterrorizam os vivos. Por toda parte, o folclore apresenta uma imagem muito negativa dos suicidas.

Desse modo, o século XIX anulou, em grande medida, o resultado das reflexões realizadas do Renascimento ao Iluminismo. O Renascimento apresentara a questão: ser ou não ser; o século XVII tentara abafá-la produzindo substitutos para ela, e o século XVIII tinha aberto o debate, que mostrara que o suicídio tinha motivos diversos. No século XIX o debate é encerrado: ser ou não ser é uma questão inconveniente, inoportuna e chocante. Portanto, silêncio. Sim, o suicídio existe, as estatísticas o comprovam amplamente; porém, se é possível tentar explicar suas origens, legitimá-lo está fora de questão. O suicídio é uma doença mental, moral, física e social. Pelo menos quanto a isso as autoridades políticas, religiosas e morais estão de acordo.

Fragilidade, covardia, loucura, perversão: o suicídio é tudo menos uma manifestação da liberdade humana, o que os mais audaciosos pensadores entre os séculos XVI e XVIII tinham procurado sugerir. Eles tiveram a ilusão de pensar que Lucrécio, Catão e Sêneca talvez fossem dignos de admiração. Delírios como esses não têm mais cabimento. O parêntese se fechou; as ciências do século XX não questionaram essa postura.

Contrastando com o silêncio constrangedor que se instaura em torno do suicídio, surge uma vasta literatura especializada nos séculos XIX e XX: milhares de títulos lançados até hoje, entre artigos, comunicados em colóquios e livros. Quanto mais escondemos os suicídios concretos, mais falamos do suicídio abstrato, um sinal de que a morte voluntária continua incomodando. A questão de Hamlet não para de renascer das cinzas. As ciências humanas e a medicina tentam explicar esse comportamento desconcertante e intrigante. O suicídio horroriza, ao mesmo tempo que continua sendo a solução definitiva ao alcance de todos, que nenhuma lei, nenhum poder no mundo consegue proibir.

SOCIOLOGIA, PSICANÁLISE, MEDICINA E SUICÍDIO

E, no entanto, a decisão de recorrer a ele continua sendo um mistério, cujo contexto as grandes teorias vêm esclarecendo há um século. Em 1897, Émile Durkheim publica sua famosa análise sociológica *O suicídio*, bastante documentada, baseando-se em estatísticas da época, e cujas conclusões, embora muito criticadas desde então, conservam uma capacidade explicativa admirável. Para ele, o suicídio tem, antes de mais nada, causas sociais que permitem dividi-lo em três categorias: suicídio egoísta, que atinge os indivíduos menos integrados em seu grupo familiar, religioso ou político; suicídio altruísta, que diz respeito às sociedades que apresentam um nível de integração exagerado que pode justificar que a pessoa se sacrifique pelo grupo; suicídio anômico, devido à desorganização dos mecanismos sociais, que deixam de assegurar a satisfação das necessidades básicas. Essa teoria sociológica foi completada em 1930 por Maurice Halbwachs em *Les Causes du suicide* [As causas do suicídio], livro que define como ponto comum de todos os tipos de suicídio a solidão: "O sentimento de uma solidão definitiva e irremediável é a causa única do suicídio".

Em 1905, Sigmund Freud dá sua primeira explicação do suicídio como a inversão da agressividade contra o ego. Se, em razão da pressão social, a agressividade do ser humano não consegue se exprimir contra seu verdadeiro objeto – esta ou aquela pessoa odiada –, ela se volta contra o próprio sujeito. Em 1920, contudo, Freud apresenta outra teoria, bastante contestada: a de que existe em cada pessoa um instinto de morte, a *destrudo*, que se oporia ao instinto de vida e de reprodução, a *libido*, e que, em alguns casos, poderia assumir o controle se não fosse sublimado por meio de substitutos como o sacrifício pessoal na dedicação aos outros. A primeira teoria de Freud é ilustrada por esta frase de Flaubert a Louise Colet em 1853: "Desejaríamos morrer, já que não podemos fazer que os outros morram, e todo suicídio talvez seja um assassinato reprimido". Por essa ótica, o índice de suicídio tende a aumentar nas sociedades mais organizadas, naquelas em que a violência exterior é a mais regulamentada, e o índice de suicídio seria, então, inversamente proporcional ao índice de homicídio.

Terceiro grande eixo explicativo: a explicação individualista ao mesmo tempo genética e psicológica de Jean Baechler em *Les Suicides* [Os suicídios] em 1975. Tanto para ele como para Jack Douglas – em *The Social Meaning of Suicide* [O significado social do suicídio], de 1967 –, a morte voluntária não deve ser analisada a partir de estatísticas, mas a partir de casos individuais. O suicídio é um comportamento exclusivamente humano e pessoal: tanto os suicídios de animais como as epidemias de suicídio não passam de invenções. O ser humano se mata por motivos ao mesmo tempo genéticos e psicológicos. O patrimônio genético atribui a cada um certa agressividade e certa capacidade de se adaptar às provações da vida. Além disso, algumas situações são particularmente favoráveis a um elevado índice de suicídio: a falta de integração a um grupo, o rigor excessivo do código moral, que multiplica as ocasiões de erro e de vergonha, os períodos de paz. Em compensação, é baixo o número de suicídios em período de guerra, que reforça a solidariedade e oferece uma razão para viver, entre as pessoas casadas, e em particular entre os católicos solidamente integrados à sua paróquia. A medicina, por sua vez, fornece elementos de explicação. Assim, é provável que, além do leque de recursos disponíveis para se suicidar, o índice maior de mortalidade masculina nessa esferas se deva à secreção de testosterona, hormônio masculino que causa a agressividade.

Todas essas explicações, que se completam mais do que se contradizem, ressaltam a complexidade desse ato. A decisão de pôr fim à vida resulta de inúmeros fatores, dos quais muitos independem da vontade, para não mencionar apenas, evidentemente, suicídios conscientes. No entanto, a escolha final continua sendo do indivíduo. "Não existe nada mais misterioso do que o suicídio", escreveu Henry de Montherland em *Le Treizième César* [O décimo terceiro César]. "Quando pretendo explicar as razões de um suicídio qualquer, tenho sempre a impressão de estar cometendo um sacrilégio. Pois só o suicida poderia tê-las conhecido e teria condições de compreendê-las. Eu não digo: de torná-las compreensíveis; na maioria das vezes elas são variadas e inextricáveis, e fora do alcance de um terceiro."

NECESSIDADE DO DEBATE

Se um terceiro não consegue compreender, que dirá julgar. Não obstante, a reprovação, implícita, continua presente, tanto no século XX como outrora. As contradições permanecem as mesmas: admiração pelos suicídios literários, pelos suicídios guerreiros de militares que se recusam a abandonar o posto, pelos suicídios de resistentes que engolem o cianureto para não falar sob tortura, e, ao mesmo tempo, condenação de todos os suicídios ordinários de infelizes cujos motivos não parecem suficientemente nobres. O século, no entanto, foi pródigo em suicídios de personalidades, Catões e Sênecas modernos que deixaram a vida com toda a dignidade, de Stefan

EPÍLOGO

Zweig a Henry de Montherlant, de Roger Salengro a Pierre Bérégovoy, de Jan Palach a Cesare Pavese, de Arthur Koestler e sua mulher a Bruno Bettelheim, de Marilyn Monroe a Jean Seberg, de Patrick Dewaere a Achille Zavatta, de Romain Gary a Yves Laurent, de Mike Brandt a Dalida, de Jean-Louis Bory a Yukio Mishima, de Max Linder a Maiakóvski, e tantos outros. Para todos, trata-se de um gesto de liberdade digno de respeito, como escreveu Odile Odoul a propósito da morte de Bruno Bettelheim em 13 de março de 1990:

> Talvez ele tenha se suicidado justamente porque, com a velhice e o declínio físico, a capacidade de pensar livremente lhe fora tirada. [...] Trata-se menos de um gesto de desespero do que da coragem de levar às últimas consequências seus princípios de vida.[30]

Reencontramos aqui as marcas de Montaigne, Donne, Lipse, Hume, D'Holbach e Rousseau, de todos aqueles que, do Renascimento ao Iluminismo, procuraram mostrar que nem todos os suicídios são iguais, e que esse gesto podia ter um significado nobre. Abafado desde o início do século XIX, o debate está ressurgindo por intermédio desses exemplos famosos. Ele assume também uma nova dimensão com o problema específico da eutanásia. Essas questões são importantes demais para ser escamoteadas e abafadas. A sociedade não vai conseguir escapar nem do debate sobre o suicídio e a eutanásia nem do debate sobre as manipulações genéticas, pela simples razão de que é seu próprio futuro que está em jogo.

É verdade que os legisladores parecem não ter compreendido isso, como demonstra o modo como foi adotada a lei de 31 de dezembro de 1987 que reprime a incitação ao suicídio. Para além do motivo que teria justificado a aprovação dessa lei, a saber, a publicação do folheto *Suicide, mode d'emploi* [Manual do suicídio], considerado, correta ou incorretamente, como um estímulo ao suicídio, é o espírito da discussão que é revelador. Na verdade, para os parlamentares que prepararam essa lei, "a medicina demonstrou que os candidatos ao suicídio pertencem ao campo da patologia",[31] o que, de todo modo, é uma interpretação extremamente exagerada quando levamos em

---

30 Odoul, Bruno Bettelheim est mort, *Agora*: Autour du suicide, p.89.
31 Relatório Dailly, doc. Senado, 1982-1983, n.359, p.9.

conta a lista de suicidas mencionada antes. Aliás, o legislador se contradiz ao afirmar na mesma página que a crise econômica foi um fator de aumento do suicídio entre os jovens, o que significa que as causas determinantes são as condições socioeconômicas, não a loucura.

Em última análise, tanto hoje como no século XVIII, os responsáveis continuam silenciosos a respeito do problema do suicídio. A lei de 31 de dezembro de 1987 é, antes de mais nada, dissuasiva: limitar a livre manifestação das opiniões sobre a morte voluntária por medo de um processo, processo, aliás, pouco provável, pois ele chamaria a atenção para um assunto que se quer abafar. "Desse modo, por temer um processo cujo resultado nunca é inteiramente seguro, o suicídio poderia acabar se tornando um assunto tabu", escreveu em 1990 Danielle Mayer em um artigo que analisava as motivações profundas e as implicações da lei de 1987.[32] "O suicida é um estraga-prazeres", observou por sua vez F. Zenati,[33] pois ele perturba o equilíbrio social e mina a autoconfiança da sociedade, que se sente culpada ou, pelo menos, na posição de acusada. "Desse modo", conclui Danielle Mayer,

> tanto por seu significado como por suas consequências, o suicídio incomoda a sociedade, que poderia ser tentada, se não ficasse atenta a isso, a reagir – de uma maneira instintiva – por meio do emprego excessivamente amplo de seu instrumento favorito de autoproteção que é o direito de reprimir.

É justamente essa questão que havia sido levantada por um certo número de pensadores por ocasião das crises da consciência europeia entre os séculos XVI e XVIII. De Montaigne a Hume, eles não tinham demonstrado que o ser humano não pode evitar a questão do "ser ou não ser", pois ela está no centro de toda existência verdadeiramente humana e digna? Longe de incitar ao suicídio, essa pergunta estimula a mente humana a aprofundar o sentido da vida, com o risco de pôr em destaque o sentimento de absurdo. Não é esse risco que faz, em parte, a grandeza da humanidade? Mas o próprio absurdo da existência pode ser aceito: "Tiro, assim, do absurdo três

---

32 Mayer, En quoi le suicide intéresse-t-il le droit?, *Agora*, p.29-36.
33 Zenati, Commentaire de la loi du 31 décembre 1987 tendant à réprimer la provocation au suicide, *Revue trimestrielle de droit civil*, 1988, p.427.

consequências: minha revolta, minha liberdade e minha paixão", escreveu Albert Camus. "Por meio unicamente de uma manobra da consciência, transformo em regra de vida o que era um convite à morte, e recuso o suicídio."

Os séculos XVI, XVII e XVIII iniciaram a discussão que apresenta a questão da liberdade humana. Ao abafar o debate, os séculos XIX e XX censuraram a liberdade fundamental ao mesmo tempo que impuseram o dever de viver, estimulando-o por meio de explicações sobrenaturais e ideológicas. O recuo dessas explicações gerais deveria permitir a retomada do debate interrompido no fim do Iluminismo.

CONCLUSÃO

A alternância entre "eu sei" e "que sei eu?" dita o ritmo da história intelectual. Nos períodos de equilíbrio e estabilidade, o pensamento aprofunda as respostas; nos períodos de crise, ele faz as perguntas. Na busca pela verdade, a mente humana passa das certezas à dúvida, causa de novas e ilusórias certezas. Se estas últimas são tranquilizadoras, as dúvidas são estimulantes. A alternância, aliás, não é rigorosa, e a luta é permanente. Durante os períodos de crise de consciência, o volume de dúvidas chega a abalar as certezas, que resistem e utilizam a força para abafar as perguntas. Pois os responsáveis e os dirigentes políticos e religiosos são contrários às dúvidas. Se governar é prever, também é saber. Não se dirige com dúvidas, mas com certezas. Em nome de quê se poderia regulamentar de outro modo a vida social? Como, em particular, será possível governar pessoas que nem mesmo têm a certeza de que devem continuar vivas? Que ascendência se terá sobre súditos ou cidadãos que têm toda a liberdade de morrer a seu bel-prazer? Como lhes inspirar confiança se alguns deles demonstram a cada dia sua desconfiança e seu desespero ao preferir a morte à vida?

A questão da liberdade que cada um tem sobre a própria vida ressurge, no entanto, quando, em consequência de crises profundas, os valores tradicionais são questionados. É o que acontece a partir do Renascimento, pela primeira vez desde a vitória do cristianismo e da implantação da cristandade medieval. A pergunta de Hamlet traduz o mal-estar ligado ao nascimento da modernidade.

É preciso esperar o período contemporâneo, com uma nova crise da consciência europeia, cujos valores incontestáveis são novamente subvertidos, para que se faça de novo a antiga pergunta. As filosofias do absurdo certamente devem ter pensado nela. Curiosamente, elas rejeitaram a solução da morte voluntária, qualificada por Jean-Paul Sartre de abandono total da liberdade, e por Karl Jaspers de "gesto intransigente de desrespeito à vida". Albert Camus, por sua vez, recusa o suicídio. Hoje, quando os intelectuais demonstram menos interesse pelo assunto do que no século XVIII, o debate reaparece pressionado pelas estatísticas. É que a ruína das crenças e das ideologias coloca um número cada vez maior de indivíduos em uma situação de desespero. A França, com 12 mil suicídios anuais "bem-sucedidos" e 120 mil tentativas malogradas, não é um caso único. O suicídio mata ali muito mais do que as estradas: uma vítima a cada 50 minutos, e essa cifra não para de aumentar.

Como sempre, as autoridades políticas e religiosas se calam, concordando com a lei de 31 de dezembro de 1987. Seus reflexos não mudaram ao longo dos séculos, insinuando que o suicídio é uma acusação feita contra a organização social, criticada pela incapacidade de assegurar a felicidade de seus membros. Está na hora de retomar o debate onde Hume, Rousseau e Kant o deixaram.

O período que vai do Renascimento ao Iluminismo mostrou que a morte voluntária também é um fenômeno "de classe". O suicídio entre as elites, que diz respeito a um número limitado de indivíduos, obedece a convenções e a um ritual que sofre os efeitos da moda. As pessoas se matam com arma branca ou pistola, instrumentos nobres, e por causas nobres: honra, dívidas, amor. Esses suicídios, aliás, são em grande medida tolerados por autoridades indulgentes, pois não contestam a ordem social. A punição contra os cadáveres e contra os bens dos suicidas aristocráticos é rara. Os intelectuais, por sua vez, falam de suicídio, mas o cometem muito pouco, mesmo aqueles que são favoráveis à sua liberalização. Os suicídios filosóficos são extremamente raros, o que indica que o livre debate sobre a morte voluntária pode desempenhar, como certas formas de vida religiosa, um papel de derivativo e sublimação.

Entre o povo, as causas de suicídio são surpreendentemente estáveis durante o Antigo Regime. As impressões de contemporâneos, os relatos de memorialistas, os artigos da imprensa inglesa no século XVIII e alguns documentos judiciais são fontes incompletas – e quase sempre parciais –, mas

CONCLUSÃO

permitem constatar que o índice de suicídio permanece relativamente constante, com algumas exceções, e que a imensa maioria dos casos se deve a um excesso de sofrimento – físico, moral e sentimental.

Como dissemos, a repressão contra esse suicídio comum e prosaico é feroz: cadáver arrastado sobre a grade, pendurado pelos pés, queimado ou jogado no depósito de lixo, ou, na Inglaterra, enterrado sob uma estrada importante com uma estaca enfiada no peito; o inferno é garantido e os bens confiscados. Diante dessa brutalidade judicial, a oposição aumenta entre os séculos XVI e XVIII. Não que o suicídio seja considerado um ato heroico e louvável, mas a população rural se opõe pelo fato de que esses atos públicos humilham famílias inteiras por causa do erro de um de seus membros, e o confisco de bens reduz à pobreza os herdeiros inocentes. Os avanços do individualismo a partir do Renascimento contribuem bastante para personalizar as responsabilidades morais e rejeitar as punições coletivas.

O suicídio de pessoas do povo, cometido quase sempre por enforcamento ou afogamento, é vivenciado como uma vergonha familiar, e procura-se, de modo sistemático, camuflá-lo como acidente ou atribuí-lo a um gesto de loucura. Aliás, o debate de ideias sobre o suicídio das elites leva as autoridades do século XVIII a reprimi-lo com mais prudência e discrição. Desse modo, estabelece-se aos poucos um consenso entre o cura, a família e a autoridade civil para escamotear o suicídio, o que ajuda a torná-lo um tabu, com cada uma das partes tendo interesse em ocultar o acontecimento.

O debate de ideias sobre o suicídio, nascido no século XVI e amplificado até o século XVIII, deixa as autoridades constrangidas e as estimula a restringir gradativamente a repressão, com o objetivo de fazer silêncio sobre um problema que aflige a consciência coletiva. Os filósofos pleiteiam a descriminalização do suicídio e, alguns deles, o reconhecimento da dignidade e da grandeza de algumas mortes voluntárias. Embora a descriminalização seja, de fato, obtida, ela é acompanhada de um silêncio reprovador em torno do suicídio na mentalidade coletiva. Ser ou não ser: não há dúvida de que a questão é constrangedora demais para ser apresentada impunemente. Mesmo os humanistas e filósofos mais audaciosos hesitam em pensar sobre o assunto.

Concentramos nossa análise nos séculos XVI, XVII e XVIII porque se trata de um período privilegiado de reflexão sobre a morte voluntária. Os séculos XIX e XX, que registraram um avanço extraordinário das ciências humanas baseado em um volume enorme de estatísticas, certamente mereceriam um livro específico. No entanto, a despeito dos inúmeros tratados sociológicos, não se pode afirmar que a questão tenha realmente avançado em termos de compreensão desde os filósofos iluministas. Dispomos hoje de todas as informações estatísticas sobre o suicídio, mas a questão de fundo pouco avançou, e não avançará enquanto se admitir tacitamente que é óbvio que viver a qualquer preço é melhor do que a morte.

O buraco negro e escancarado do aniquilamento revolta e amedronta, e aqueles que se precipitam nele de maneira voluntária são considerados loucos. Mas essa recusa coletiva e individual não é ditada pela aversão irresistível de cada um a se lembrar de uma sorte que ele sabe que, inevitavelmente, será a sua?

Apesar de tudo, é através do caso extremo da eutanásia que o problema reaparece nos dias de hoje, apesar das pressões das autoridades morais e políticas – aquelas teimando em afirmar que mesmo os sofrimentos extremos e incuráveis têm um valor positivo, e estas temendo os descontroles. Devido a esses motivos, milhares de seres desumanizados por sofrimentos intoleráveis são condenados a viver. Na dramática transformação de valores a que assistimos, os debates, polarizados em torno da bioética, não deveriam também contemplar uma tanato-ética?

REFERÊNCIAS BIBLIOGRÁFICAS

Apesar do avanço recente da pesquisa histórica no campo do suicídio, o número de obras dedicadas exclusivamente a ele ainda é limitado, e a maior parte da documentação está espalhada em uma grande quantidade de obras sobre a morte, o direito penal, a psicologia, a medicina, a psiquiatria, a sociologia, a literatura, a teologia e a demografia, as quais, evidentemente, não cabe enumerar aqui.

Portanto, mencionaremos apenas: 1. as principais obras gerais sobre o suicídio; 2. as análises históricas fundamentais referentes ao suicídio na Antiguidade e na Idade Média; 3. as pesquisas dedicadas exclusivamente a esse tema em relação aos séculos XVI, XVII e XVIII, com exceção de obras mais gerais sobre a morte.

OBRAS GERAIS SOBRE O SUICÍDIO

Até onde se sabe, mais de 5 mil artigos e livros de sociologia, psicologia e medicina foram publicados desde o século XIX sobre esse assunto. Portanto, mencionaremos apenas os clássicos.

Autour du suicide. *Agora*, n.14-15, jun. 1990.
BAECHLER, J. *Les Suicides*. Paris: Calmann-Lévy, 1975.
BAYET, A. *Le Suicide et la morale*. Paris: Alcan, 1922.
CAVAN, R. *Suicide*. Chicago: University of Chicago Press, 1928.
DAUBE, D. The Linguistics of Suicide. *Philosophy and Public Affairs*, v.1, n.4, 1972.

DURKHEIM, E. *Le Suicide*. Paris: Les Presses Universitaires de France, 1897.
FEDDEN, H. *Suicide, a Social and Historical Study*. Londres: Peter Davies, 1938.
FRISON-ROCHE, M.-A. *Le Suicide*. Paris: [s.n.], 1994.
JACCARD, R.; THEVOZ, M. *Manifeste pour une mort douce*. Paris: Grasset, 1992.
MORON, P. *Le Suicide*. Paris: PUF, 1975.
O'DEA, J. *Suicide, Studies on its Philosophy, Causes and Prevention*. Nova York: Putnam, 1882.
_____. *Le Suicide*, dossiê de *L'Histoire*, n.189, jun. 1995.

OBRAS SOBRE A HISTÓRIA DO SUICÍDIO NA ANTIGUIDADE E NA IDADE MÉDIA

BOURQUELOT, F. Recherches sur les opinions et la législation en matière de mort volontaire pendant le Moyen Age. *Bibliothèque de l'École des Chartes*, III, 1841-1842.
DABADIE, F. *Les Suicides célèbres*. Paris: F. Sartorius, 1859.
DELCOURT, M. Le suicide par vengeance dans la Grèce ancienne. *Revue d'histoire des religions*, CXIX, 1939.
FABER, M. D. *Suicide in Greek Tragedy*. Nova York: Sphynx Press, 1970.
GARRISSON, G. *Le Suicide dans l'Antiquité et dans les Temps modernes*. Paris: Rousseau, 1885.
GRISÉ, Y. *Le Suicide dans la Rome antique*. Paris: Les Belles Lettres, 1982.
KANY, J. *Le Suicide politique à Rome et en particulier chez Tacite*. Reims, 1970. Tese (Doutorado).
LEFAY-TOURY, M.-N. *La Tentative de suicide dans les romans français du XIIE siècle*. Paris: [s.n.], 1979.
LEGOYT, A. *Le Suicide ancien et moderne*. Paris: Drouin, 1881.
MURRAY, A. *Suicide in the Middle Ages*. Oxford: Oxford University Press, 2009.
RIST, J. M. Suicide. *Stoic Philosophy*. Londres: Cambridge University Press, 1969.
ROMI. *Suicides passionnés, historiques, bizarres, littéraires*. Paris: Serg, 1964.
SCHMITT, J.-C. Le suicide au Moyen Age. *Annales ESC*, v.31, n.1, jan.-fev. 1976.
WENZEL, S. *The Sin of Sloth*: Acedia in Medieval Thought and Literature. Chapel Hill: University of North Carolina Press, 1967.
WILIE, R. Views on Suicide and Freedom in Stoïc Philosophy and some Related Contemporary Points of View. *Prudentia*, V, maio 1973.

OBRAS QUE TRATAM EXCLUSIVAMENTE DO SUICÍDIO DO SÉCULO XVI AO SÉCULO XVIII

BARREAU, G. *Les Suicides en Bretagne au XVIIIE siècle*. Rennes, 1971, Tese (Mestrado), Universidade de Rennes.
BARTEL, R. Suicide in Eighteenth Century England: the Myth of a Reputation. *Huntington Library Quarterly*, XXXII, 1960.

REFERÊNCIAS BIBLIOGRÁFICAS

BEAUCHAMP, T. L. An Analysis on Hume's "On Suicide". *Review of Metaphysics*, XXX, 1976-1977.

BELLEFONT, G.-L. de. Du désir de mort. *Les Œuvres spirituelles de Madame de Bellefont*. Paris: [s.n.], 1688.

BURTON, R. *The Anatomy of Melancholy*. 3v. Londres: Jackson, 1948. [Ed. bras.: *A anatomia da melancolia*. Trad. de Guilherme Gontijo Flores. 5v. Curitiba: Editora da UFPR, 2011-2013.]

COBB, R. *Death in Paris*. Oxford: Oxford University Press, 1978. [Trad. franc.: *La mort est dans Paris:* Enquête sur le suicide, le meurtre et autres morts subites à Paris au lendemain de la Terreur. Paris: Le Chemin Vert, 1985.]

CROCKER, L. The Discussion of Suicide in the Eighteenth Century. *Journal of the History of Ideas*, n.1, XIII, 1952.

DAFFNER, H. Der Selbstmord bei Shakespeare. *Shakespeare Jahrbuch*, 1928.

DENNY, W. *Pelicanicidium*: or the Christian Adviser against Self-Murder. Londres: [s.n.], 1652.

DONNE, J. *Biathanatos*. Org. M. Rudick e M. P. Battin. Nova York: Garland Press, 1982.

DUMAS, J. *Traité du suicide ou Du meurtre volontaire de soi-même*. Amsterdã: Changuion, 1773.

DUVERGIER DE HAURANNE, J. *Question royalle*. Paris: Toussainct du Bray, 1609.

Encyclopédie méthodique. Tomo VII, v. *Jurisprudence*, artigo "Suicide". Paris-Liège: Panckoucke/Plomteux: 1784-1787.

FLEMING, C. *A Dissertation upon the Unnatural Crime of Self-Murder*. Londres: Edward and Charles Dilly, 1773.

GARRISSON, G. *Le Suicide en droit romain et en droit français*. Toulouse: Université de Toulouse, 1883.

HAEBERLI, L. Le suicide à Genève au XVIIIe siècle. *Pour une histoire quantitative*. Genebra: Presses Universitaires Romandes, 1975.

HAIR, P. E. H. A Note on the Incidence of Tudor Suicide. *Local Population Studies*, 5, 1970.

HENLEY, J. *Cato Condemned, or the Cause and History of Seef-Murder*. Londres: [s.n.], 1730.

HERRIES, J. *An Address on Suicide*. Londres: [s.n.], 1776.

HIGONNET, P.-L. Du suicide sentimental au suicide politique. *La Révolution et la mort*. Toulouse: Presses Universitaires du Mirail, 1991.

HUME, D. *Essays on Suicide and the Immortality of the Soul*. Org. J. V. Priee. Bristol: [s.n.], 1992. [Coleção Key Textes].

KUSHNER, H. I. *Self-Destruction and the Promised Land*. New Brunswick: Rutgers University Press, 1989.

LEECH, C. Le dénouement par le suicide dans la tragédie élisabéthaine et jacobéenne. *Le Théâtre tragique*. Paris: Éditions du Centre National de la Recherche Scientifique, 1962.

MACDONALD, M.; MURPHY, T. *Sleepless Souls*: Suicide in Early Modern England. Oxford: Oxford University Press, 1990.

MÉRIAN. Sur la crainte de la mort, sur le mépris de la mort, sur le suicide. *Histoire de l'Académie royale des sciences et belles-lettres*, 1763. Berlim: [s.n.], 1770.

MINOIS, G. L'historien et la question du suicide. *L'Histoire*, n.189, jun. 1995.

MOORE, C. *Full lnquiry into Suicide*. Londres: J F & C Rivington, 1790.

PAULIN, B. *Du couteau à la plume*: Le suicide dans la littérature anglaise de la Renaissance. Lyon: Éditions l'Hermès, 1977.

PHILIPOT, T. *Self-Homicide-Murder*. Londres: [s.n.], 1674.

PRINCE, J. *Self-Murder Asserted to be a Very Heinous Crime*. Londres: B. Bragge, 1709.

_____. *A Sad and Dreadful Account of the Self-Murther of Robert Long, alias Baker*. Londres: [s.n.], 1685.

SCHÄR, M. *Seelennôte der Untertanen*: Selbstmord, Melancholie und Religion im Alter Zürich. 1500-1800. Zurique: [s.n.], 1985.

SENA, J. *The English Malady*: the Idea of Melancholy from 1700 to 1760. Princeton: Princeton University Press, 1967.

SNYDERS, S. The Left Hand of God: Despair in Medieval and Renaissance Tradition. *Studies in the Renaissance*, VII, 1965.

SPROTT, S. E. *The English Debate on Suicide from Donne to Hume*. Lasalle: Open Court, 1961.

STAËL, Madame de. Réflexions sur le suicide. *Œuvres complètes*. Paris: Firmin-Didot frères, 1861.

STEVENSON, S. J. The Rise of Suicide Verdicts in South-East England: the Legal Process. *Continuity and Change*, II, 1987.

SYM, J. *Life's Preservative*. Londres: M. Flescher, 1637.

WATTS, I. *A Defense against the Temptation of Self-Murder*. Londres: [s.n.], 1726.

WITHERS, W. *Some Thoughts Concerning Suicide, or Self-Killing*. Londres: [s.n], 1711.

WYMER, R. *Suicide and Despair in Jacobean Drama*. Londres: Harvester, 1986.

ZELL, M. Suicide in Pre-Industrial England. *Social History*, XI, 1986.

SOBRE O LIVRO

Formato: 16 x 23 cm
Mancha: 27,5 x 42 paicas
Tipologia: Iowan Old Style 10/14,6
Papel: Off-white 80 g/m² (miolo)
Cartão Supremo 250 g/m² (capa)
1ª edição Editora Unesp: 2018

EQUIPE DE REALIZAÇÃO

Capa
Marcelo Girard

Edição de texto
Silvia Massimini Felix (Copidesque)
Tulio Kawata (Revisão)

Editoração eletrônica
Sergio Gzeschnik (Diagramação)

Assistência editorial
Alberto Bononi

Rua Xavier Curado, 388 • Ipiranga - SP • 04210 100
Tel.: (11) 2063 7000
rettec@rettec.com.br • www.rettec.com.br